Desafíos de programación

Steven S. Skiena
Miguel A. Revilla

Desafíos de programación

El manual de entrenamiento para concursos de programación

OJBooks
Valladolid

Desafíos de programación
El manual de entrenamiento para concursos de programación

Cuarta edición en castellano

ISBN: 978-84-122380-4-4
Depósito legal: VA 836-2020

Traducido de la primera edición en inglés de:
Programming Challenges: The Programming Contest Training Manual
Steven S. Skiena y Miguel A. Revilla
Springer-Verlag New York, Inc., 2003. ISBN: 978-0-387-00163-0

Compuesto con X⅂LATEX

Fecha de revisión: 9 de noviembre de 2020

*A nuestras esposas, Renee y Carmela,
e hijos, Abby, Bonnie, Emilio y Miguel.*

*Los desafíos de este libro
no son, ni con mucho, tan difíciles
como el de encontrar tiempo suficiente
para dedicar a las personas que amamos.*

Índice general

Prefacio

Hay una gran variedad de placeres asociados a la programación de ordenadores. El arte tiene su íntima recompensa, la satisfacción que surge de producir algo útil y hacerlo funcionar. La emoción llega con el destello de inspiración que resuelve un problema inasumible hasta ese momento. La búsqueda espiritual de la elegancia puede transformar a un programador en un artista. Hay placeres en la sobriedad, en exprimir hasta el límite el rendimiento de los algoritmos inteligentes y en la programación disciplinada.

Los juegos, puzles y desafíos de los problemas de los concursos internacionales de programación constituyen una gran ocasión para experimentar tales placeres, mientras se mejoran las habilidades en algorítmica y programación. Este libro contiene más de 100 problemas aparecidos en diversos concursos de programación, junto con comentarios sobre la teoría y las ideas necesarias para enfrentarse a ellos. Además, es posible comprobar la corrección de las soluciones creadas por el lector gracias a los sistemas en línea que las valoran. La combinación de este libro con un juez automático proporciona una novedosa y excitante forma de desafiar y mejorar sus conocimientos como programador.

Este libro se puede utilizar para el estudio personal, para la enseñanza de cursos innovadores sobre algorítmica y programación, y como entrenamiento para competiciones internacionales.

Al lector

Los problemas de este libro han sido seleccionados de entre más de un millar de problemas de programación del juez automático Online Judge, disponible en `https://onlinejudge.org`. El juez ha superado con creces los veinticinco millones de envíos realizados por cientos de miles de usuarios de todos los lugares del mundo. Se ha escogido lo mejor de lo mejor, los problemas más divertidos, atractivos e interesantes, de entre todos los disponibles.

Hemos clasificado los problemas por temas y proporcionamos suficiente material de ayuda (principalmente en lo relativo a matemáticas y algoritmos) para que el lector tenga posibilidades reales de resolverlos. Se han incluido programas de ejemplo, para ilustrar conceptos importantes. Al leer este libro y tratar de resolver los problemas, el lector mejorará su comprensión concreta de técnicas algorítmicas como el *backtracking* y la programación dinámica, y de temas avanzados como la teoría de números y la geometría computacional. Estos asuntos bien merecen su atención aunque no pretenda competir nunca en concursos de programación.

Muchos de los problemas son más que una simple diversión. Se refieren a temas fascinantes de las ciencias de la computación y las matemáticas, en ocasiones presentados como pequeños cuentos. Esto, sin duda, generará interés en ampliar los conocimientos, por lo que proporcionamos notas sobre lecturas adicionales, siempre que resulta apropiado.

Nos hemos dado cuenta de que la gente cuya formación radica en el pragmatismo de la programación y la ingeniería de software, no es capaz de apreciar la potencia de los algoritmos. De igual forma, los inclinados hacia la teoría suelen subestimar el esfuerzo que implica convertir un algoritmo en un programa, y cómo una programación inteligente puede acortar el trabajo de un problema complicado.

Por este motivo, la primera parte del libro se centra principalmente en las técnicas de programación, tales como el uso correcto de los tipos de datos y las bibliotecas de programación. Esto sienta las bases para la segunda parte, más orientada a los algoritmos. Es importante dominar ambos campos para ser un programador completo de soluciones de problemas.

Al docente

Este libro está diseñado para servir como libro de texto en tres tipos de cursos:

- De algorítmica, enfocados a la programación.

- De programación, enfocados a la algorítmica.

- Aquellos específicamente diseñados para entrenar a estudiantes para la participación en competiciones, tales como el International Collegiate Programming Contest, a nivel de instituciones universitarias, o la Olimpiada Internacional de Informática (IOI).

Tales cursos pueden llegar a ser muy atractivos para todos los implicados. Es sencillo motivar a los estudiantes gracias a la emoción de la competición, y la reacción positiva cada vez que el juez automático acepta su solución. El algoritmo más obvio puede recibir un mensaje de "Tiempo límite superado" por parte del juez, lo que motiva una búsqueda de eficiencia. Una reflexión adecuada puede contribuir a que una docena de líneas sean más que suficientes. Los mejores estudiantes se verán empujados a intentar resolver problemas adicionales por simple diversión.

Estos cursos también son entretenidos para el profesor. Muchos de los problemas son lo suficientemente ingeniosos como para proporcionar un nuevo punto de vista a temas ya conocidos de la programación y la algorítmica. Encontrar la mejor solución requiere reflexión e inspiración. Resulta excitante descubrir el mejor camino para resolver cada uno de los problemas, y más aún cuando los estudiantes lo hacen por sí mismos.

Entre los aspectos pedagógicos de este libro, podemos encontrar:

- *Complementos a los libros de algoritmos tradicionales* — Aunque el libro pretende ser autónomo, se ha escrito con la idea de que la mayoría de los estudiantes tendrán alguna experiencia anterior sobre diseño de algoritmos. En consecuencia, el libro se ha pensado para que sirva como texto suplementario a los cursos tradicionales de algoritmos, complementando las descripciones abstractas con implementaciones concretas y análisis teóricos de experimentos prácticos. Además, cubre varios temas interesantes que, generalmente, no se incluyen en los libros de texto estándar sobre algoritmos.

- *Proporciona una implementación completa de algoritmos clásicos* — Muchos estudiantes tienen dificultades en el momento de pasar de la descripción abstracta de los algoritmos a un código que funcione. Para ayudarles, hemos incluido implementaciones cuidadosamente escritas de todos los algoritmos importantes, que expondremos usando un subconjunto de C, escogido para que puedan leerlo fácilmente los programadores de C++ y Java. Varios de los desafíos de programación incluidos como problemas se pueden resolver modificando estas rutinas de forma apropiada, lo que proporciona un camino práctico y sencillo para los estudiantes.

- *Ayuda para los estudiantes de todos los niveles* — Los desafíos incluidos en este libro han sido seleccionados para abarcar un amplio espectro de dificultad. Muchos son apropiados para estudiantes principiantes, mientras que otros pondrán a prueba incluso a los preparados para la competición internacional. Se dan indicaciones para la mayoría de los problemas.

  Para ayudar a identificar los problemas más apropiados para cada estudiante, hemos adjudicado a cada uno tres medidas distintas de dificultad. La *popularidad* de un problema (A, B o C) se refiere a la cantidad de personas que lo intentan resolver, mientras que la *tasa de éxito* (baja o alta) mide la frecuencia con que se resuelve. Finalmente, el *nivel* de un problema (de 1 a 4, que corresponde más o menos con el año que se esté cursando) indica lo formado que debe estar un estudiante para tener una posibilidad razonable de resolver el problema.

Al entrenador y al concursante

Este libro ha sido diseñado, específicamente, para servir como manual de entrenamiento para concursos de programación a nivel universitario. Ofrece una referencia sobre temas importantes en matemáticas y en algorítmica, junto con los problemas correspondientes para hacer del lector un experto en la materia.

El juez automático comprueba la validez de los programas enviados, de la misma forma que lo hacen los jueces humanos en el concurso internacional de programación ICPC. Una vez que haya creado una cuenta personal en el juez, puede enviar soluciones escritas en C, C++, Pascal o Java, y esperar a que el veredicto le indique si es correcta o errónea. El juez mantiene estadísticas sobre sus resultados, de forma que puede compararse con los otros miles de participantes.

Para ayudar al competidor, incluimos un apéndice con las técnicas de entrenamiento secretas de los finalistas de los tres principales concursos de programación: el concurso internacional de programación ICPC, la olimpiada internacional de informática (IOI) y el desafío de programadores TopCoder. Incluimos la historia de estas competiciones, le mostramos cómo puede participar en ellas y le ayudamos a conseguir los mejores resultados.

Aproximadamente el 80 % de todos los finalistas del concurso ICPC más reciente, se entrenaron en el juez en línea Online Judge. El hecho de que las finales permitan a los concursantes viajar por todo el mundo, proporciona un incentivo adicional.

¡Buena suerte!

Páginas web relacionadas

Todos los problemas de este libro (y muchísimos más) están disponibles en el juez automático Online Judge (`https://onlinejudge.org`). En cada problema hemos incluido el número que lo identifica en el juez, para facilitar su localización.

Agradecimientos

La existencia de este libro se debe, en gran parte, a la generosidad de todos aquellos que nos han permitido incorporar sus problemas tanto al juez automático como al propio libro. Al menos 17 personas, de cuatro continentes distintos, han colaborado con problemas en este volumen. Estamos especialmente en deuda con Gordon Cormack y con Shahriar Manzoor, cuyo ritmo en la producción de problemas solo es comparable al de Sam Loyd y H. E. Dudeney.

El apéndice incluye una descripción completa de la autoría de los problemas, pero agradecemos muy especialmente la contribución de los siguientes organizadores de concursos: Gordon Cormack (38 problemas), Shahriar Manzoor (28), Miguel A. Revilla (10), Pedro Demasi (8), Manuel Carro (4), Rujia Liu (4), Petko Minkov (4), Owen Astrakan (3), Alexander Denisjuk (3), Long Chong (2), Ralf Engels (2), Alex Gevak (1), Walter Guttmann (1), Arun Kishore (1), Erick Moreno (1), Udvranto Pathik (1) y Marcin Wojciechowski (1). Algunos de estos problemas han sido desarrollados por terceros, a los que también extendemos nuestro agradecimiento.

Seguir la pista de los autores originales de algunos de estos problemas ha resultado casi tan difícil como encontrar al autor de la Biblia. Hemos tratado de identificar a cada autor y, en todos los casos, hemos recibido permiso para publicarlo de alguien que ha dicho hablar en su nombre. Pedimos disculpas si hemos tenido algún descuido. En tal caso, rogamos que nos lo comuniquen, para poder incluir el crédito correspondiente.

El proyecto del juez automático ha pasado por muchas manos diferentes a lo largo del tiempo. Ciriaco García fue el autor original y una pieza fundamental en su mantenimiento. Fernando P. Nájera ha sido el responsable de muchas de las herramientas que ayudan a que el juez sea más cómodo para el usuario. Carlos M. Casas se encarga de que los casos de prueba sean correctos, asegurándose de que, al mismo tiempo, sean justos y exigentes. José A. Caminero y Jesús Paúl ayudaron en la conservación y seguridad de las soluciones recibidas.

Este libro ha sido corregido, en parte, durante un curso impartido en Stony Brook por Vinhthuy Phan y Pavel Sumazin, en la primavera de 2002. Los estudiantes que ese mismo año formaron parte de nuestros fabulosos equipos en el concurso ICPC (Larry Mak, Dan Ports, Tom Rothamel, Alexey Smirnov, Jeffrey Versoza, y Charles Wright), ayudaron revisando el manuscrito y les agradecemos su interés y comentarios. Haowen Zhang contribuyó, de manera significativa, con una cuidada lectura del manuscrito, además de probar los programas y corregir el código.

Damos las gracias a Wayne Yuhasz, Wayne Wheeler, Frank Ganz, Lesley Poliner, y Rich Puttery de Springer-Verlag por toda su ayuda en la tarea de convertir el manuscrito en un libro publicado. Igual que agradecemos a Gordon Cormack, Lauren Cowles, David Gries, Joe O'Rourke, Saurabh Sethia, Tom Verhoeff, Daniel Wright y Stan Wagon sus concienzudas revisiones al manuscrito, que mejoraron significativamente el producto final. La Fundación Fulbright y el Departamento de Matemática Aplicada y Computación de la Universidad de Valladolid han prestado una colaboración esencial, permitiendo a los dos autores trabajar cara a cara. Citigroup CIB, a través del esfuerzo de Peter Remch y Debby Beckman, ha contribuido de forma decisiva a la participación de Stony Brook en el ICPC. Su implicación fue fundamental en la escritura de este libro.

Los autores (febrero de 2003)

Capítulo 1

Introducción

Comenzamos este libro con una selección de problemas de programación relativamente elementales, en el sentido de que ninguno de ellos requiere ideas más avanzadas que las de *arrays* de datos e iteraciones.

Pero, quede claro, que elementales, en este caso, no es sinónimo de fáciles. Estos problemas sirven como una ilustración práctica de como funciona el juez automático, y la necesidad de leer cuidadosamente los enunciados para responder a las exigencias del juez. También nos proporcionan una oportunidad para discutir sobre los estilos de programación más adecuados para completar el trabajo.

Para ayudar al lector en estos primeros pasos, comenzamos con una descripción del juez automático y su funcionamiento. Seguirá un análisis de los distintos lenguajes de programación aceptados y una breve introducción a las estructuras de datos más elementales, antes de pasar a nuestro primer conjunto de problemas. Como en todos los capítulos del libro, hay una serie de sugerencias para algunos problemas y comentarios adicionales sobre la temática que abordan.

1.1 Primeros pasos con el juez

Este libro está concebido su uso conjunto con el sistema `https://onlinejudge.org` que, además, dispone de miles de problemas adicionales.

En esta sección explicamos la funcionalidad básica del sistema, aunque el lector debe ser consciente de que, como todo sitio en la red, este se encuentra en constante evolución, por lo que conviene contrastar lo dicho aquí con las instrucciones proporcionadas en la propia página.

Lo primero que necesita el usuario es tener una *cuenta* con su nombre de usuario y contraseña. En caso de olvido, y como no podría ser de otra manera, la clave será renovada automáticamente mediante los mecanismos oportunos.

1.1.1 El juez automático Online Judge

Todos los problemas de este libro, y muchos más, se encuentran en el portal Online Judge (`https://onlinejudge.org`), uno de los repositorios de problemas de programación más grandes del mundo. Animamos a todos aquellos cuyo *apetito* por programar se haya estimulado con nuestros desafíos, a que continúen sus estudios allí.

1.1.2 Las respuestas del juez

Los estudiantes deben ser conscientes de que, con frecuencia, los sistema de evaluación automática pueden ser muy puntillosos a la hora de considerar una solución correcta. Es muy importante, como ya hemos dicho, interpretar el enunciado del problema perfectamente y no hacer *nunca* suposiciones que no estén explícitamente descritas. Por ejemplo, no hay razón para suponer que los datos de entrada estén ordenados, que los grafos sean conexos o que los enteros usados en un problema sean positivos y razonablemente pequeños, a menos que se exprese de forma concreta.

A semejanza de lo que ocurre con los jueces *humanos* del concurso de programación International Collegiate Programming Contest, el juez automático proporciona al usuario muy poca información sobre lo que está mal en los códigos que envía. Lo más probable es que el juez conteste con uno de los siguientes veredictos:

- *Aceptado (AC)* — El programa es correcto, y se ejecuta dentro de los límites permitidos de tiempo de proceso y de memoria.

- *Error de presentación (PE)* — La salida que produce el programa es correcta, pero no con el formato especificado en el enunciado del problema. Compruebe los espacios, ajustes a derecha e izquierda, saltos de línea, etc.

- *Respuesta incorrecta (WA)* — El programa da una respuesta incorrecta para, al menos, uno de los casos secretos que el juez usa como verificación. Es preciso, por tanto, repasar el código enviado em busca de posibles errores.

- *Error de compilación (CE)* — El compilador no es capaz de procesar el código recibido. El juez le enviará los mensajes de error del compilador. En cambio, el juez ignora los mensajes de aviso que no impiden la compilación.

- *Error en tiempo de ejecución (RE)* — Su programa falla durante la ejecución a causa de un problema de segmentación, de cálculo en coma flotante, o algo por el estilo. El correspondiente mensaje se envía al usuario. Comprobar las referencias a punteros no válidos o casos de división por cero.

- *Límite de tiempo superado (TL)* — Su programa tarda demasiado en procesar al menos uno de los casos de prueba, por lo que probablemente se trata de un problema de eficiencia. Sin embargo, esto no significa que la respuesta a los posibles casos donde no se supero el tiempo permitido sea correcta.

- *Límite de memoria superado (ML)* — Su programa ha intentado utilizar más memoria que el límite fijado por el juez.

- *Tamaño de salida superado (OL)* — Su programa ha intentado escribir demasiado como salida del problema. Lo más probable es que haya entrado en un bucle infinito.

- *Función prohibida (RF)* — Su código fuente ha intentado utilizar alguna función del sistema que el juez no permite, como por ejemplo `fork()` o `fopen()`. Tome las medidas oportunas.

En resumen, y para que quede claro: si su programa es encontrado *culpable* de dar alguna respuesta incorrecta, el juez no le dice cuál de los casos de prueba ha sido, ni le proporciona ninguna indicación sobre el carácter del error. Por eso, es esencial revisar el enunciado cuidadosamente. Incluso cuando el usuario esté *seguro* de que su programa es correcto, el juez puede que siga diciendo que no. Es posible que se le haya pasado por alto algún caso límite o haya dado por supuesto algo que no debiera. Volver a enviar el programa sin realizar ningún cambio carece de sentido. Es mejor leerlo nuevamente hasta estar seguro de que lo que dice el enunciado coincide con lo que el usuario pensaba.

1.2 Elección de *"nuestro armamento"*

¿Qué lenguaje de programación sería preferible usar en los *combates* con el juez? Seguramente el lenguaje que mejor conozca cada cual. En la actualidad, el juez acepta programas escritos en C, C++, Pascal y Java, entre los que probablemente se encuentra su lenguaje favorito. Está claro que, para determinadas tareas de programación, hay lenguajes que son mejores que los demás. Sin embargo, los problemas aquí propuestos desafían mucho más la habilidad para resolver el problema en sí mismo, que cuestiones como portabilidad, modularidad o eficiencia, que son los parámetros usuales que se utilizan para comparar lenguajes.

1.2.1 Lenguajes de programación

Los cuatro lenguajes de programación admitidos por el juez, fueron diseñados en épocas diferentes y con distintos objetivos en mente:

- *Pascal* — Fue el lenguaje de programación más empleado en la enseñanza en la década de los años 1980, y estaba diseñado para fomentar el uso de la programación bien estructurada. Su popularidad ha decrecido, y está al borde de la extinción.

- *C* — Es el lenguaje original del sistema operativo UNIX, fue diseñado para proporcionar a los programadores expertos la potencia para hacer cualquier cosa que fuese necesaria. Esto incluye la posibilidad de ahorcarse uno mismo mediante referencias inválidas a punteros o la selección de tipos no válidos. El desarrollo de la programación orientada a objetos durante la primeros años 1990 conduce al nuevo y mejorado ...

- *C++* — Fue el primer lenguaje orientado a objetos con éxito comercial, en base al hábil truco de mantener la compatibilidad con el antiguo C, al tiempo que incorporaba nuevos tipos de datos abstractos y mecanismos de herencia. C++ se convirtió en el lenguaje de programación preferido para la enseñanza y para la industria a lo largo de la segunda mitad de la década de los años 1990, pero ahora mira por encima del hombro hacia ...

- *Java* — Diseñado como un lenguaje capaz de soportar programas *portables*, Java tiene especiales mecanismos de seguridad para prevenir errores comunes de programación, tales como direccionar fuera de las dimensiones de los *arrays* de datos y el acceso a punteros no válidos. Es un lenguaje de programación todo terreno, que puede hacer todo lo que hacen los otros y más.

Hay que tener en cuenta que cada uno de estos lenguajes soportados por el juez tienen comportamientos diferentes, dependiendo del sistema operativo y del compilador. Por tanto, un programa que funciona en su máquina puede que no lo haga en la máquina del juez. Lea cuidadosamente las notas sobre los lenguajes que aparecen en la página web, para minimizar las dificultades, especialmente si está utilizando Java.

Es interesante observar los lenguajes que los usuarios han venido utilizando. En diciembre de 2002 el juez automático había recibido 1.250.000 programas aproximadamente. Casi la mitad de ellos estaban escritos en C++, y casi otra tercera parte en C. Los programas en Java eran un porcentaje muy pequeño, pero este no es un dato justo, puesto que el juez no aceptó códigos en este lenguaje hasta noviembre de 2001.

También es interesante analizar los veredictos del juez según el lenguaje de programación. Aparecen clasificados en la tabla 1.1, según los códigos para las respuestas descritos en la sección 1.1.2. Los datos de la tabla corresponden al momento de la publicación inicial del libro.

Lenguaje	Total	AC	PE	WA	CE	RE	TL	ML	OL	RF
C	451447	31,9 %	6,7 %	35,4 %	8,6 %	9,1 %	6,2 %	0,4 %	1,1 %	0,6 %
C++	639565	28,9 %	6,3 %	36,8 %	9,6 %	9,0 %	7,1 %	0,6 %	1,0 %	0,7 %
Java	16373	17,9 %	3,6 %	36,2 %	29,8 %	0,5 %	8,5 %	1,0 %	0,5 %	2,0 %
Pascal	149408	27,8 %	5,5 %	41,8 %	10,1 %	6,2 %	7,2 %	0,4 %	0,4 %	0,5 %
Todos	1256793	29,7 %	6,3 %	36,9 %	9,6 %	8,6 %	6,8 %	0,5 %	1,0 %	0,6 %

Tabla 1.1: Veredictos del juez por lenguaje de programación (diciembre de 2002)

Los veredictos son completamente consistentes en su conjunto. Sin embargo, la frecuencia de ciertos tipos de error parece depender del lenguaje. Los programas en C++ superan los límites de tiempo y memoria con más frecuencia que los programas en C, una señal de que C++ consume más recursos. El porcentaje de aceptados en C es ligeramente mayor que en C++, probablemente debido a su popularidad en los inicios del desarrollo del juez. Pascal tiene el porcentaje más bajo de errores debidos al uso de funciones restringidas, lo que refleja sus orígenes como un lenguaje preciso y seguro para que los estudiantes trabajen con él. Java ha tenido, hasta la fecha, un porcentaje de errores de compilación *exageradamente* mayor que la media, pero también da muchos menos errores de ejecución que los otros lenguajes. La seguridad es, ciertamente, una virtud.

La siguiente tabla nos muestra los mismos datos casi diez años y 9 millones de envíos después, en abril de 2012.

Lenguaje	Total	AC	PE	WA	TL	RE	CE	Otros
C	2457449	31,18 %	3,63 %	32,84 %	7,10 %	8,96 %	9,20 %	7,08 %
C++	6351826	34,46 %	3,27 %	36,89 %	8,51 %	7,41 %	7,78 %	1,67 %
Java	673935	25,92 %	1,54 %	31,58 %	11,10 %	12,29 %	15,64 %	1,93 %
Pascal	434528	29,02 %	3,82 %	43,51 %	9,16 %	3,06 %	8,33 %	3,11 %
Todos	9917738	32,83 %	3,26 %	35,82 %	8,36 %	7,94 %	8,69 %	3,09 %
		3256257	323758	3552124	829591	787174	861980	306854

Como se puede ver, las cosas han variado poco, salvo en lo que a Java se refiere, por la mejora del soporte a este lenguaje dado su creciente impacto en la programación, pareja a la práctica desaparición de Pascal, que nuestro juez sigue soportando.

Es posible conjeturar mucho a partir de estos datos, pero su permanencia significativa, a lo largo del tiempo, indica que la principal conclusión es que las herramientas no hacen al hombre. El lenguaje no resuelve los problemas – lo hace la persona.

En abril de 2012, los casi 10 millones de envíos recibidos se distribuían como puede verse en la siguiente tabla, donde aparecen clasificados por años y lenguajes, en cifras absolutas y porcentuales.

Año	Total	ANSI C		C++		Java		Pascal	
1997	4031	3390	84,10 %	639	15,85 %	0	0,00 %	2	0,05 %
1998	42375	24697	58,28 %	13859	32,71 %	0	0,00 %	3819	9,01 %
1999	109202	44860	41,08 %	42226	38,67 %	0	0,00 %	22116	20,25 %
2000	199523	71895	36,03 %	95173	47,70 %	0	0,00 %	32455	16,27 %
2001	345305	124223	35,97 %	187852	54,40 %	3029	0,88 %	30201	8,75 %
2002	610151	227779	37,33 %	305969	50,15 %	13567	2,22 %	62836	10,30 %
2003	874762	282206	32,26 %	481173	55,01 %	37726	4,31 %	73657	8,42 %
2004	998194	279821	28,03 %	607279	60,84 %	41387	4,15 %	69707	6,98 %
2005	1050528	275220	26,20 %	662432	63,06 %	64898	6,18 %	47978	4,57 %
2006	999155	221526	22,17 %	684062	68,46 %	61752	6,18 %	31815	3,18 %
2007	914504	208229	22,77 %	619607	67,75 %	64815	7,09 %	21853	2,39 %
2008	730266	148037	20,27 %	507514	69,50 %	66985	9,17 %	7730	1,06 %
2009	782065	150784	19,28 %	543717	69,52 %	80082	10,24 %	7482	0,96 %
2010	828697	135284	16,32 %	592933	71,55 %	89154	10,76 %	11326	1,37 %
2011	1104715	201236	18,22 %	776199	70,26 %	118430	10,72 %	8850	0,80 %
2012	324265	58262	17,97 %	231192	71,30 %	32110	9,90 %	2701	0,83 %
Total	9917738	2457449	24,78 %	6351826	64,05 %	673935	6,80 %	434528	4,38 %

La figura 1.1 muestra la evolución mensual hasta el momento de la publicación de la versión original inglesa del libro. En ella, se puede observar que el lenguaje C fue el más popular hasta finales de 1999, cuando C++ se puso a la cabeza. Es interesante ver como el pico de demanda se produce todos los años en otoño, cuando los estudiantes están entrenando para las fases regionales del International Collegiate Programming Contest. Cada año aumenta el trabajo de este juez, ya que más y más estudiantes solicitan el juicio de su tribunal.

1.2.2 Utilización de nuestros programas

En el libro aparecen bastantes programas de ejemplo, unos para ilustrar diversas técnicas de programación, y otros con la implementación completa de algoritmos fundamentales.

Nuestros programas de ejemplo están implementados en un subconjunto muy reducido de C, que esperamos sea entendido por todos los lectores con relativa facilidad. C es, de hecho, un subconjunto de C++ y su sintaxis es muy similar a la de Java. Hemos procurado evitar, a lo largo del libro, construcciones raras específicas de C, estructuras de punteros y asignación de memoria dinámica, por lo que los códigos resultantes deberían resultar familiares a los usuarios de cualquiera de los cuatro lenguajes admitidos por el juez.

A continuación, damos unas breves indicaciones sobre C, que pueden ser útiles para la mejor comprensión de los programas.

- *Paso de parámetros* — En C los parámetros se pasan por su valor, lo que significa que, en las llamadas a las funciones, se hacen copias de todos los argumentos. Esto podría

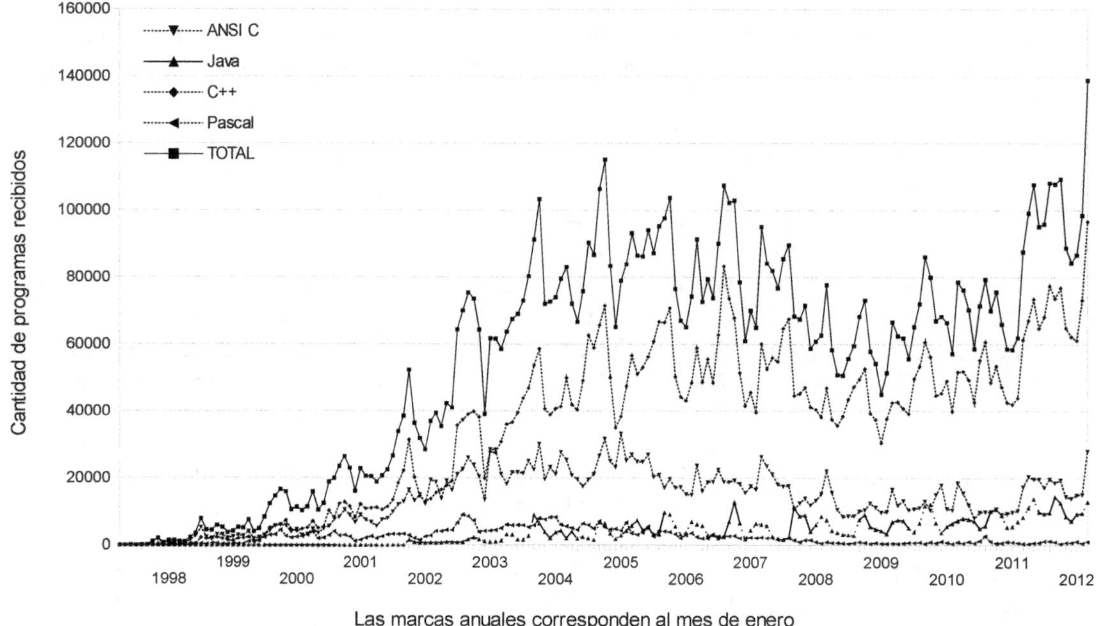

Figura 1.1: Envíos al juez automático por lenguaje de programación (abril de 2012).

sugerir que no es posible escribir funciones con efectos colaterales, pero C permite pasar un puntero a cada argumento que se pretenda modificar dentro del cuerpo de la función.

Solamente usaremos punteros en el paso de parámetros. El puntero a x se escribe como &x, mientras que el objeto apuntado por p se denota como *p. No se debe confundir con el operador de multiplicación.

- *Tipos de datos* — C soporta varios tipos de datos básicos, incluyendo int, float, y char, cuyos nombres deberían ser suficientemente descriptivos. Los int y float de mayor precisión se denominan long y double, respectivamente. Si no se especifica expresamente otro tipo, todas las funciones devuelven un valor de tipo int.

- *Arrays* — Los índices de los *arrays* en C utilizan siempre el rango de 0 a $n-1$, siendo n el número total de elementos. Por tanto, si queremos que el primer índice sea 1, porque así nos conviene, lo mejor será no olvidar que debemos reservar espacio para $n+1$ elementos en el *array*. Durante la ejecución del programa no se efectúa ninguna comprobación sobre la validez de los límites de los *arrays*, por lo que este tipo de errores provocan frecuentemente que el programa no llegue al final.

No siempre somos consistentes en lo que a la posición del primer elemento de cada *array* se refiere. Empezar desde 0 es lo tradicional en el estilo C puro. Sin embargo, a veces es más claro y sencillo comenzar con el 1, aunque tengamos que malgastar una posición de memoria, como precio a pagar por ese privilegio. Tenga cuidado de no equivocarse al leer nuestros códigos.

```c
#include<stdio.h>

int main() {
  long p,q,r;

  while (scanf("%ld %ld",&p,&q)
             !=EOF) {
    if (q>p) r=q-p;
    else r=p-q;

    printf("%ld\n",r);
  }
}
```

```cpp
#include<iostream.h>

void main()
{
long long a,b,c;

while (cin>>a>>b) {
    if (b>a)
        c=b-a;
    else
        c=a-b;
    cout << c << endl;
}
}
```

```pascal
{$N+}
program icpc;
var
  a, b, c : integer;
begin
  while not eof do
  begin
    readln(a, b);
    if b > a then
    begin
      c := b;
      b := a;
      a := c
    end;
    writeln(a - b);
  end
end.
```

Figura 1.2: Ejemplos de E/S estándar en C (izquierda), C++ (centro) y Pascal (derecha)

- *Operadores* — Hay unos pocos operadores, esenciales en C, que pueden parecer misteriosos a algunos lectores. El resto entero de una división, operación denominada *módulo* (aunque usaremos la grafía habitual 'mod', sin tilde, en las expresiones matemáticas), se escribe como %. Los operadores lógicos *AND* y *OR*, que aparecen en las sentencias condicionales, se denotan como && y ||, respectivamente.

1.2.3 E/S estándar

Los programadores en UNIX están familiarizados con los conceptos de filtro y tubería entre programas, que reciben un flujo de entrada y producen un flujo de salida. La salida de uno de dichos programas es apropiada para servir de entrada al siguiente. El paradigma es encadenar muchos pequeños programas trabajando conjuntamente, mejor que producir sistemas de software grandes y complejos que tratan de hacerlo todo.

Esta filosofía de usar pequeños programas (herramientas *software*) ha tomado un fuerte impulso en los últimos años, debido a la popularidad de los interfaces gráficos de usuario (herramientas que permiten programar, básicamente, con el ratón). De hecho, muchos programadores incorporan instintivamente un interfaz de este tipo a cada uno de sus programas. Pero estas herramientas gráficas pueden hacer muy difícil la transferencia de datos de un programa a otro. Es fácil manipular el texto de salida con otro programa, pero, ¿que se puede hacer con una imagen, más que mirarla?

Las entradas y salidas estándar de nuestros jueces automáticos reflejan las reglas oficiales de los concursos ICPC. Los programas tienen que leer los datos de prueba por la entrada estándar y escribir los resultados en la salida estándar. No se permite que los programas abran archivos adicionales, ni que ejecuten ciertas llamadas al sistema.

La entrada/salida estándar es realmente fácil de implementar en C, C++ y Pascal. La figura 1.2 nos muestra un ejemplo sencillo en cada lenguaje, que lee dos números por línea y escribe el valor absoluto de su diferencia. Es importante fijarse en la forma en que su lenguaje favorito comprueba cuándo se ha llegado al final del archivo que está leyendo (condición EOF). La mayoría de los problemas facilitan este proceso de leer la entrada, pues aportan como dato el número de casos a resolver, o describen cómo ha de ser la última línea.

La mayoría de los lenguajes incorporan potentes funciones para manipular entradas/salidas con formato. Cuando se usan adecuadamente, comandos de una sola línea pueden hacer innecesarios los penosos análisis y las complicadas rutinas de formato que escriben todos aquellos que no han leído los manuales.

Sin embargo, en Java, la entrada/salida estándar *no* es fácil de manejar. Los programas en Java que se envíen al juez automático *deben* estar contenidos en un único archivo de código fuente. Tenga en cuenta que el uso de `java::io` está restringido, lo que implica que algunas opciones no están disponibles. Las funciones de red y los hilos tampoco están permitidos. Sin embargo, los métodos (o funciones miembro) de `math`, `util` y otros paquetes corrientes, sí se pueden utilizar. Todos los programas *deben* comenzar con un método main estático en una clase `Main`. No use clases públicas: incluso `Main` debe ser no pública para evitar errores de compilación. A cambio, puede añadir y crear objetos de cuantas clases se necesiten.

En caso de que el usuario esté utilizando un sistema operativo en el que sea difícil el uso de la entrada/salida estándar, tenga en cuenta que el juez define el símbolo `ONLINE_JUDGE` en el proceso de compilación. Por tanto, su programa puede comprobar si dicho símbolo está o no presente, y dirigir la entrada/salida a archivos, cuando lo esté ejecutando localmente.

1.3 Sugerencias sobre programación

Nuestro propósito no es el de enseñar al lector a programar, sino a cómo hacerlo mejor. Suponemos que el lector está familiarizado con los conceptos fundamentales, tales como variables, sentencias condicionales (`if-then-else`, `case`), bucles habituales (`for-do`, `while-do`, `repeat-until`), subrutinas y funciones. Si no es el caso, y desconoce estos conceptos, puede que haya elegido el libro equivocado, pero siempre podrá utilizarlo más adelante.

Es importante que se percate de todo lo que puede hacer con lo que ya conoce. En principio, todos los algoritmos/programas de interés se pueden implementar a partir de lo aprendido en un primer curso de programación. Las potentes características de los modernos lenguajes de programación no son realmente necesarias para escribir códigos interesantes, sólo sirven para hacerlo de forma más clara y eficiente.

Dicho de otra forma, no se llega a ser un buen escritor aprendiendo nuevas palabras, sino teniendo algo que decir. Tras un par de cursos de programación uno conoce todas las palabras necesarias para hacerse entender. Los problemas de este libro pretenden proporcionarle algo interesante que decir.

Ofrecemos ahora unas pocas indicaciones que son básicas en la escritura del código, y de gran ayuda para conseguir escribir programas de calidad. Los ejemplos inadecuados provienen de envíos reales al juez automático.

- *Comience escribiendo comentarios* — Incluya al inicio de los programas y funciones unas pocas líneas explicando qué es lo que se supone que debe hacer. Esto es importante, porque si no puede escribir *fácilmente* estos comentarios, lo más probable es que no está entendiendo muy bien lo que hace el programa. Es evidente que es mucho más fácil depurar los comentarios que el propio código, y creemos que lo que se tarda en escribir estas líneas de más, es un tiempo muy bien empleado. Es cierto que, con la presión de tiempo que se tiene en un concurso, uno tiende a volverse descuidado en este sentido, pero no olvide los riesgos que corre.

- *Documente todas las variables* — Escriba una línea de comentario para cada variable en el momento de declararla, así conocerá en todo momento lo que hace. Repetimos, si no es capaz de describirla fácilmente, es que no sabe por qué está allí. Lo más probable es que tenga que hacer varias lecturas de su programa para depurarlo, y esta descripción es una modesta inversión que agradecerá cuando llegue el momento.

- *Use constantes simbólicas* — Cada vez que vaya a usar una constante en su programa (tamaño de la entrada, constante matemática, dimensiones de una estructura de datos, etc.) declárela como tal al principio del mismo. Del uso de constantes inconsistentes, se derivan errores terriblemente difíciles de encontrar. Por supuesto que el nombre simbólico solamente es útil si luego se usa en el programa cada vez que necesita la constante ...

- *Utilice tipos enumerados solo si tiene una buena razón para hacerlo* — Los tipos enumerados (por ejemplo, variables simbólicas como la booleanas (`true,false`)) pueden ser de gran ayuda para la comprensión de un código. Sin embargo, con frecuencia son innecesarias en programas cortos. Veamos este ejemplo donde se representan los palos (tréboles, diamantes, corazones, picas) de un mazo de naipes de póquer:

```
switch(cursuit) {
    case 'C':
      newcard.suit = C;
      break;
    case 'D':
      newcard.suit = D;
      break;
    case 'H':
      newcard.suit = H;
      break;
    case 'S':
      newcard.suit = S;
  ...
```

El uso de las variables enumeradas (`C,D,H,S`) no aportan nada respecto al uso de la representación original por los caracteres (`'C','D','H','S'`), más que nuevas oportunidades de cometer errores.

- *Use subrutinas para evitar la repetición de código* — Lea el siguiente fragmento de programa que controla el estado de un tablero rectangular, y piense como podría acortarlo y simplificarlo:

```
  ...

    while (c != '0') {
```

```
 4          scanf("%c", &c);
 5          if (c == 'A') {
 6              if (row-1 >= 0) {
 7                  temp = b[row-1][col];
 8                  b[row-1][col] = ' ';
 9                  b[row][col] = temp;
10                  row = row-1;
11              }
12          }
13          else if (c == 'B') {
14              if (row+1 <= BOARDSIZE-1) {
15                  temp = b[row+1][col];
16                  b[row+1][col] = ' ';
17                  b[row][col] = temp;
18                  row = row+1;
19              }
20          }
21  ...
```

En el programa completo, había cuatro bloques de tres líneas, que movían un valor a una celda adyacente. Un simple error al escribir un $+$ o un $-$ tendría consecuencias catastróficas. Sería mucho más seguro escribir una subrutina de intercambio y llamarla repetidamente con los argumentos adecuados.

- *Haga que sus sentencias de depuración sean útiles* — Aprenda a utilizar el entorno de depuración de su sistema. Esto le permitirá interrumpir la ejecución del programa en una determinada sentencia o bajo cierta condición, de forma que pueda ver los valores de todas las variables en ese momento. Normalmente, esto es más rápido y más fácil que escribir un número elevado de sentencias print. Pero si se decide a insertar mensajes de depuración, procure que sean realmente informativos. Escriba todas las variables importantes, y *etiquete* sus valores con el nombre de la variable. En caso contrario, es muy probable que se pierda entre los datos escritos por su propio mecanismo de control de errores.

Actualmente, la mayoría de los estudiantes de ciencias de la computación están muy acostumbrados a la *programación orientada a objetos*, una filosofía de ingeniería de software diseñada para escribir partes de software reutilizables y sacar el máximo provecho de ellas. La programación orientada a objetos es muy útil para construir programas extensos y que se puedan utilizar más de una vez.

Sin embargo, casi todos los desafíos de programación contenidos en este libro están pensados para que se puedan resolver con programas ingeniosos y breves. La idea básica de la programación orientada a objetos no se corresponde con este tipo de programas, por lo que elaborar nuevos objetos complejos (en vez de *usar* objetos predefinidos) probablemente sea una pérdida de tiempo.

La clave para programar con éxito es, sin abandonar nuestro estilo, utilizarlo de forma proporcionada a la escala del trabajo a realizar.

1.4 Tipos de datos elementales

Las estructuras de datos sencillas, como los *arrays*, tienen una ventaja importante sobre otras más sofisticadas, como las listas enlazadas: son sencillas. El uso de tablas estáticas contribuirá a evitar muchos de los errores que, frecuentemente, se cometen al emplear estructuras basadas en punteros.

La característica que define a un profesional experto, es su capacidad para realizar de forma sencilla las tareas que son sencillas. Esto puede convertirse en todo un reto para aquellos que están iniciándose en una materia nuevo. Los estudiantes de medicina son un ejemplo clásico de este problema. Tras recibir unas pocas clases sobre extrañas enfermedades tropicales, un doctor joven teme que cada paciente con un resfriado y un sarpullido pueda tener el virus del Ébola o la peste bubónica, mientras que un médico más experto simplemente le envía a casa con un frasco de aspirinas.

De igual manera, puede que el usuario haya aprendido recientemente algo sobre árboles binarios equilibrados, manejo de excepciones, procesamiento paralelo y varios modelos de herencia entre objetos. Todas son materias útiles e importantes pero, para escribir un programa correcto sobre un problema sencillo, seguramente no son las más adecuadas.

Por tanto, sí, las estructuras basadas en punteros son muy potentes si no se conoce previamente el tamaño máximo en un problema, o para realizar rápidamente operaciones de búsqueda y actualización. Sin embargo, muchos de los problemas que se le proponen resolver aquí tienen los tamaños máximos permitidos en el enunciado. Además, el juez automático concede, como norma general, varios segundos para la ejecución del trabajo, que es suficiente tiempo de cálculo como para que el autor no se preocupe mucho por ello. No hay puntos extra por una ejecución más rápida.

Entonces, ¿cuál es la forma más sencilla y sensata de utilizar las estructuras de datos? Primero, familiarizarse con los *tipos* de datos básicos soportados por su lenguaje de programación. En principio, es posible hacer casi todo lo que uno desee con los siguientes:

- *Arrays* — Este tipo de datos todoterreno permite acceder a los datos por su posición, no por su contenido, de igual manera que los números de las casas en una calle permiten localizarlas por su dirección y no por el nombre de los habitantes. Se utilizan para almacenar secuencias de elementos de un único tipo (enteros, reales, etc.), u objetos compuestos, como los registros. Se pueden usar *arrays* de caracteres para representar cadenas de texto, mientras que los *arrays* de cadenas de texto se pueden utilizar para representar prácticamente cualquier cosa.

  El uso de *centinelas* puede ser una técnica muy útil para simplificar la programación basada en *arrays*. Un centinela es un elemento de guardia que comprueba, de forma implícita, que el programa no intenta sobrepasar los límites del *array* sin tener que realizar una comparación explícita. Por ejemplo, si queremos insertar un elemento x en su lugar correcto entre n elementos en un *array* ordenado a, podemos hacer una comprobación explícita en cada etapa, para ver si hemos llegado al final del *array*, como en el programa de la izquierda:

```
i = n;


while ((a[i]>=x) && (i>=1)) {
        a[i+1] = a[i];


        i=i-1;
}


a[i+1] = x;
```

```
i = n;
a[0] = - MAXINT - 1;


while (a[i] >= x) {
        a[i+1] = a[i];


        i=i-1;
}


a[i+1] = x;
```

o podemos asegurarnos de que el elemento falso a[0] es más pequeño que todos los que podemos encontrar, como en el programa de la derecha. El uso correcto de los centinelas, asegurándose de que su *array* es un poco mayor de lo necesario, puede ser de gran ayuda para evitar muchos errores relacionados con los límites.

- *Arrays multidimensionales* — Cuando uno piensa en *arrays* bidimensionales, lo primero que viene a la mente son rejillas rectangulares, como tableros de ajedrez o imágenes, pero se pueden utilizar de forma más general para agrupar registros de datos *homogéneos*. Por ejemplo, se puede pensar en un *array* de n puntos en el plano $x - y$ como un *array* $n \times 2$, donde el segundo argumento (0 o 1) de $A[i][j]$ determina si nos estamos refiriendo a la coordenada x o y del punto.

- *Registros* — Estos se usan para agrupar datos *heterogéneos*. Por ejemplo, un *array* de registros de gente puede almacenar los nombres de las personas, sus números de identidad, estaturas y pesos en un solo paquete. Los registros son importantes, sobre todo en programas largos, por su claridad conceptual pero, en programas de poco tamaño, frecuentemente, los mismos campos se pueden almacenar en *arrays* separados sin que ello suponga un problema.

La decisión sobre si es mejor usar registros o *arrays* multidimensionales en un determinado problema no está siempre clara. Pensemos en el problema de representar los puntos en el plano $x - y$, del que ya hemos hablado. La representación más obvia sería un registro o estructura como esta:

```
1  struct point {
2      int x, y;
3  };
```

en lugar de un *array* de dos elementos. Una gran ventaja de los registros es que la notación p.x y p.y es más afín a la que usamos de forma natural para trabajar con puntos. Sin embargo, una desventaja de tal representación es que no se puede iterar sobre variables individuales, lo que si es posible con los elementos en un *array*.

Supongamos que se quiere modificar un programa geométrico, para que trabaje con puntos en tres dimensiones en vez de en dos, o incluso en un número arbitrario de dimensiones. Es cierto que se pueden añadir nuevos campos al registro, pero ello nos obligará a ampliar cada cálculo realizado con x e y para incluir también a z. En cambio, usando una representación de *arrays*, cambiar el cálculo de la distancia entre los puntos de dos a tres dimensiones, es tan sencillo como modificar una constante:

```c
typedef int point[DIMENSION];

double distance(point a, point b)
{
    int i;
    double d=0.0;

    for (i=0; i<DIMENSION; i++)
        d = d + (a[i]-b[i]) * (a[i]-b[i]);

    return( sqrt(d) );
}
```

En el capítulo 2, veremos como, a partir de estas primitivas básicas, se pueden construir *estructuras* de datos más avanzadas. Estas nos permitirán trabajar con niveles más altos de abstracción, pero no hay que tener ningún reparo en utilizar tecnología sencilla cuando resulta suficiente para lograr el objetivo.

1.5 Sobre los problemas

Cada capítulo del libro termina con un conjunto de problemas que plantean retos de programación apropiados al contenido del mismo. Estos problemas han sido cuidadosamente seleccionados de entre los varios miles que ofrece la plataforma Online Judge. Hemos tratado de escoger problemas claros, ingeniosos y con distintos grados de dificultad, asegurándonos de que, cada uno de ellos, sea un auténtico desafío.

Se ha modificado el enunciado de los problemas seleccionados, en aras de una mayor corrección y legibilidad, tratando de conservar su esencia, al tiempo que hemos procurado mantener una cierta homogeneidad en los textos. El número de identificación del problema en Online Judge está claramente indicado.

Para dar una idea sobre la dificultad relativa de los problemas, proponemos tres indicadores diferentes. En primer lugar, se gradúa cada problema como A, B o C, en función del número de soluciones correctas recibidas por el juez a lo largo del tiempo. Los problemas de grado A serán más fáciles de resolver o, de alguna forma, más atractivos que los de grado B. En segundo lugar, el porcentaje de soluciones aceptadas como correctas por el juez entre las recibidas para cada problema es calificado como tasa de éxito alta, media o baja. Los porcentajes bajos pueden indicar juicios demasiado estrictos o que se trata de problemas que requieren más sutileza de lo que podría parecer a primera vista. Por ello, estos indicadores no deben provocar una obsesión. Para terminar, damos una calificación subjetiva (de 1 a 4) del nivel académico necesario para resolver cada problema. Los números más altos indican que los problemas son más sofisticados.

Buena suerte... y feliz programación.

1.6 Problemas

1.6.1 El problema de $3n + 1$

ID en Online Judge: 100 — **Popularidad:** A — **Tasa de éxito:** baja — **Nivel:** 1

Consideremos el siguiente algoritmo para generar una secuencia de números. Comenzando con un entero n: si n es par, se divide por 2; si n es impar, se multiplica por 3 y se suma 1. Este proceso se debe repetir para cada nuevo valor de n, finalizando cuando $n = 1$. Por ejemplo, para $n = 22$ se genera la siguiente secuencia de números:

$$22\ 11\ 34\ 17\ 52\ 26\ 13\ 40\ 20\ 10\ 5\ 16\ 8\ 4\ 2\ 1$$

Se *conjetura* (aunque no está demostrado) que este algoritmo termina en $n = 1$ para cualquier entero n. Dicha conjetura se cumple, al menos, para cualquier entero hasta 1.000.000.

Para una entrada n, la *longitud de ciclo* de n es la cantidad de números generados hasta, e *incluyendo*, el 1. En el ejemplo anterior, la longitud de ciclo de 22 es 16. Dados dos números cualesquiera, i y j, se debe determinar la máxima longitud de ciclo correspondiente a un número comprendido entre i y j, *incluyendo* ambos extremos.

Entrada

La entrada consta de una serie de parejas de enteros, i y j, habiendo una pareja por línea. Todos los enteros serán menores de 1.000.000 y mayores de 0.

Salida

Para cada pareja de enteros i y j, escribir i y j en el mismo orden en el que aparecen en la entrada, seguidos de la longitud de ciclo máxima para los enteros comprendidos entre i y j, ambos incluidos. Los tres números deben estar separados entre sí por un espacio, estando los tres en la misma línea y utilizando una nueva línea en la salida por cada línea que aparece en la entrada.

Ejemplo de entrada

```
1 10
100 200
201 210
900 1000
```

Ejemplo de salida

```
1 10 20
100 200 125
201 210 89
900 1000 174
```

1.6.2 Buscaminas

ID en Online Judge: 10189 — **Popularidad:** A — **Tasa de éxito:** alta — **Nivel:** 1

¿Quién no ha jugado al Buscaminas? Este entretenido juego acompaña a cierto sistema operativo cuyo nombre no logramos recordar. El objetivo del juego es encontrar todas las minas ubicadas en un campo de dimensiones $M \times N$.

El juego muestra un número en un recuadro, que indica la cantidad de minas adyacentes al mismo. Cada recuadro tiene, como mucho, otros ocho recuadros adyacentes. El campo, de tamaño 4×4, de la izquierda, contiene dos minas, cada una representada por el carácter "*". Si representamos el mismo campo con los números descritos anteriormente, tendremos el campo de la derecha:

```
*...            *100
....            2210
.*..            1*10
....            1110
```

Entrada

La entrada constará de un número arbitrario de campos. La primera línea de cada campo consta de dos números enteros, n y m ($0 < n, m \leq 100$), que representan, respectivamente, el número de líneas y columnas del campo. Cada una de las siguientes n líneas contiene, exactamente, m caracteres, que describen el campo.

Los recuadros seguros están representados por "." y los recuadros con minas por "*", en ambos casos sin las comillas. La primera línea descriptiva de un campo en la que $n = m = 0$ representa el final de la entrada y no debe procesarse.

Salida

Para cada campo, escribir el mensaje `Field #x:` en una línea, donde x corresponde al número del campo, empezando a contar desde 1. Las siguientes n líneas deben contener el campo con los caracteres "." sustituidos por el número de minas adyacentes a ese recuadro. Debe haber una línea en blanco entre los distintos campos mostrados.

Ejemplo de entrada

```
4 4
*...
....
.*..
....
3 5
**...
.....
.*...
0 0
```

Ejemplo de salida

```
Field #1:
*100
2210
1*10
1110

Field #2:
**100
33200
1*100
```

1.6.3 El viaje

ID en Online Judge: 10137 — **Popularidad:** B — **Tasa de éxito:** media — **Nivel:** 1

Un grupo de estudiantes, miembros de un club, viaja anualmente a diferentes lugares. En ocasiones anteriores, sus destinos han sido Indianápolis, Phoenix, Nashville, Philadelphia, San José y Atlanta. Esta primavera están planeando un viaje a Eindhoven.

El grupo está de acuerdo, previamente, en compartir todos los gastos por igual, pero no resulta práctico compartir cada pago concreto. Así que cada uno de ellos abona sus gastos particulares como las comidas, los hoteles, los taxis y los billetes de avión. Después del viaje, se calculan los gastos de cada estudiante y se intercambia dinero para que el coste neto de cada uno sea el mismo, con precisión de un centavo. En el pasado, el intercambio de dinero ha sido complicado y lento. El programa deberá calcular, a partir de una lista de gastos, cuál es la cantidad mínima que debe cambiar de manos para equilibrar (con precisión de un centavo) los gastos de todos los estudiantes.

Entrada

La entrada incluirá la información de varios viajes. Cada viaje consta de una línea que contiene un entero positivo, n, indicando el número de asistentes al viaje. A continuación, se incluyen n líneas, conteniendo cada una de ellas la cantidad gastada por un estudiante, expresada en dólares y centavos de dólar. No puede haber más de 1.000 estudiantes y cada uno de ellos no puede gastar más de 10.000,00 dólares. Una línea que contiene únicamente un 0 indica el final de la entrada.

Salida

Para cada viaje, mostrar una línea indicando la cantidad total de dinero, en dólares y centavos, que debe intercambiarse para equilibrar los gastos de los estudiantes.

Ejemplo de entrada

```
3
10.00
20.00
30.00
4
15.00
15.01
3.00
3.01
0
```

Ejemplo de salida

```
$10.00
$11.99
```

1.6.4 Pantalla de cristal líquido

ID en Online Judge: 706 — **Popularidad:** A — **Tasa de éxito:** media — **Nivel:** 1

Un amigo ha adquirido recientemente un nuevo ordenador. Hasta ahora, la máquina más potente que había utilizado era una calculadora de bolsillo. Nuestro amigo está un poco defraudado, porque le gustaba más la pantalla de cristal líquido de su calculadora que la de su nuevo ordenador. Para contentarle, escribamos un programa que muestre los números con el mismo estilo que las pantallas de cristal líquido.

Entrada

El archivo de entrada contiene varias líneas, una para cada número que se debe mostrar. Cada línea consta de dos enteros, s y n, donde n es el número que se debe mostrar ($0 \leq n \leq$ 99.999.999) y s el tamaño en el que se imprimirá ($1 \leq s \leq 10$). La entrada finalizará con una línea que contenga dos ceros y que no debe ser procesada.

Salida

Mostrar los números especificados en el archivo de entrada con un estilo similar al de las pantallas de cristal líquido, utilizando un número s de signos "-" para los segmentos horizontales, y un número s de signos "|" para los verticales. Cada dígito debe ocupar, exactamente, $s + 2$ columnas y $2s + 3$ filas. Es importante colocar todos los espacios en blanco necesarios, incluyendo los del último dígito. Debe haber una columna de espacios en blanco entre cada dos dígitos.

Se debe dejar una línea en blanco después de cada número. En la salida siguiente se encontrará un ejemplo de cada dígito.

Ejemplo de entrada

```
2 12345
3 67890
0 0
```

Ejemplo de salida

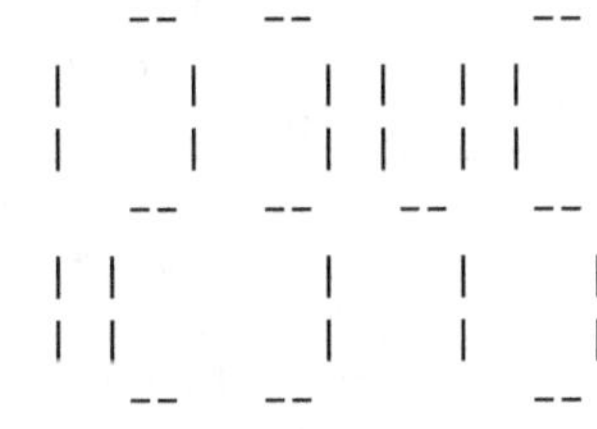

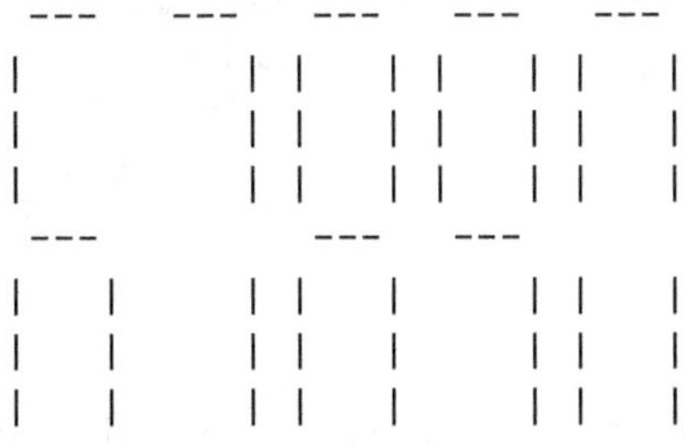

1.6.5 Editor gráfico

ID en Online Judge: 10267 — **Popularidad:** B — **Tasa de éxito:** baja — **Nivel:** 1

Los editores gráficos, como Photoshop, nos permiten modificar imágenes de mapas de bits, de la misma forma que los editores de texto nos permiten modificar documentos. Las imágenes se representan en una matriz de píxeles $M \times N$, donde cada píxel tiene un color determinado.

El cometido consiste en escribir un programa que simule un sencillo editor gráfico interactivo.

Entrada

La entrada consiste en una secuencia de comandos del editor, uno por línea. Cada comando está representado por una letra mayúscula, colocada como primer carácter de la línea. Si el comando necesita parámetros, se proporcionarán en la misma línea, separados por espacios.

Las coordenadas de los píxeles están representadas por dos números enteros, una columna entre $1 \dots M$ y una línea entre $1 \dots N$, donde $1 \leq M, N \leq 250$. El origen se sitúa en la esquina superior izquierda de la tabla. Los colores están determinados por letras mayúsculas.

El editor acepta los siguientes comandos:

I M N	Crea una imagen nueva, de tamaño $M \times N$, con todos los píxeles coloreados inicialmente de blanco (O).
C	Limpia la tabla pasando todos los píxeles a color blanco (O). El tamaño no se modifica.
L X Y C	Colorea el píxel (X, Y) con el color C.
V X $Y1$ $Y2$ C	Dibuja un segmento vertical de color C en la columna X, entre las líneas $Y1$ y $Y2$, ambas incluidas.
H $X1$ $X2$ Y C	Dibuja un segmento horizontal de color C en la línea Y, entre las columnas $X1$ y $X2$, ambas incluidas.
K $X1$ $Y1$ $X2$ $Y2$ C	Dibuja un rectángulo relleno con el color C, donde $(X1, Y1)$ es la esquina superior izquierda y $(X2, Y2)$ corresponde a la inferior derecha.
F X Y C	Rellena el área R con el color C, donde R se define de la siguiente manera: el píxel (X, Y) pertenece a R; cualquier otro píxel que sea del mismo color que el píxel (X, Y) y comparta un lado común con cualquier otro píxel de R, también pertenece a la región.
S $< Nombre >$	Escribe el nombre del archivo exactamente como aparece en el fichero de entrada, seguido por el contenido actual de la imagen.
X	Finaliza la sesión.

Salida

Para cada comando S $< Nombre >$, escribir el nombre del archivo $< Nombre >$ y el contenido actual de la imagen. Cada línea presenta los colores de cada uno de sus píxeles. Consultar el ejemplo de salida.

Si se ejecuta un comando diferente a I, C, L, V, H, K, F, S o X, se debe ignorar toda la línea y pasar al siguiente comando. En caso de que se produzca cualquier otro tipo de error, el comportamiento del programa es impredecible.

Ejemplo de entrada

```
I 5 6
L 2 3 A
S one.bmp
G 2 3 J
F 3 3 J
V 2 3 4 W
H 3 4 2 Z
S two.bmp
X
```

Ejemplo de salida

```
one.bmp
00000
00000
0A000
00000
00000
00000
two.bmp
JJJJJ
JJZZJ
JWJJJ
JWJJJ
JJJJJ
JJJJJ
```

1.6.6 Intérprete

ID en Online Judge: 10033 — **Popularidad:** B — **Tasa de éxito:** baja — **Nivel:** 2

Determinado ordenador tiene 10 registros y 1.000 palabras de memoria RAM. Cada registro o posición de RAM contiene un entero de tres dígitos entre 0 y 999. Las instrucciones se codifican como enteros de tres dígitos y se almacenan en la RAM. El significado de los códigos es:

100	detener
$2dn$	inicializar el registro d con el valor n (entre 0 y 9)
$3dn$	sumar n al registro d
$4dn$	multiplicar el registro d por n
$5ds$	inicializar el registro d con el valor del registro s
$6ds$	sumar el valor del registro s al registro d
$7ds$	multiplicar el registro d por el valor del registro s
$8da$	inicializar el registro d con el valor contenido en la dirección de la memoria RAM apuntada por el valor del registro a
$9sa$	dar al valor de RAM, con dirección en el registro a, el valor del registro s
$0ds$	ir a la posición del registro d salvo que el registro s contenga 0

Todos los registros contienen inicialmente el valor 000. El contenido inicial de la RAM se lee desde la entrada estándar. La primera instrucción a ejecutar se encuentra en la dirección 0 de la RAM. Todos los resultados deben ser reducidos a módulo 1.000.

Entrada

La entrada comienza con una línea que contiene, únicamente, un entero positivo sencillo, indicador del número de casos que se describen a continuación. A esta le sigue una línea en blanco. Dos entradas consecutivas estarán también separadas por una línea en blanco.

Cada caso de entrada puede constar de hasta 1.000 números enteros sin signo de tres dígitos, que representan el contenido de las posiciones consecutivas de la RAM, empezando en 0. Las posiciones de RAM sin especificar, se inicializan con el valor 000.

Salida

La salida de cada caso de prueba es un entero sencillo: el número de instrucciones ejecutadas hasta, e incluyendo, la instrucción *detener*. Puede asumirse que el programa se detiene. Separar la salida de dos casos consecutivos con una línea en blanco.

Ejemplo de entrada	Ejemplo de salida
1	2002
297	
287	
273	
689	
078	
100	

1.6.7 Jaque al jaque

ID en Online Judge: 10196 — **Popularidad:** B — **Tasa de éxito:** media — **Nivel:** 1

La tarea consiste en escribir un programa que lea la configuración de un tablero de ajedrez y detecte si el rey está amenazado (en jaque). Un rey está en jaque cuando se encuentra en una casilla que puede ser atacada por el oponente en su siguiente turno.

Las piezas blancas están se representan con letras mayúsculas y las negras con minúsculas. Las blancas siempre empiezan en la parte inferior del tablero y las negras en la parte superior.

Incluimos un resumen de los movimientos del ajedrez, para quien no esté familiarizado con ellos:

Peón (p o P): sólo puede moverse hacia adelante, una casilla cada vez. Sin embargo, ataca en diagonal, dato interesante para este problema.

Caballo (n o N): tiene un movimiento en forma de L que se muestra a continuación. Es la única pieza que puede saltar sobre otras.

Alfil (b o B): puede moverse diagonalmente tantas casillas como desee, tanto hacia adelante como hacia atrás.

Torre (r o R): puede moverse cualquier número de casillas en dirección vertical u horizontal, tanto hacia adelante como hacia atrás.

Dama (q o Q): puede moverse cualquier número de casillas en cualquier dirección (diagonal, vertical y horizontal) tanto hacia adelante como hacia atrás.

Rey (k o K): puede moverse en cualquier dirección (diagonal, vertical y horizontal) una casilla cada vez, tanto hacia adelante como hacia atrás.

A continuación se muestran ejemplos de los movimientos, donde "*" indica las posiciones en las que la pieza puede atacar a otras:

```
Peón            Torre           Alfil           Dama            Rey             Caballo
........        ...*....        .......*        ...*...*        ........        ........
........        ...*....        *.....*.        *..*..*.        ........        ........
........        ...*....        .*...*..        .*.*.*..        ........        ..*.*...
........        ...*....        ..*.*...        ..***...        ..***...        .*...*..
...p....        ***r****        ...b....        ***q****        ..*k*...        ...n....
..*.*...        ...*....        ..*.*...        ..***...        ..***...        .*...*..
........        ...*....        .*...*..        .*.*.*..        ........        ..*.*...
........        ...*....        *.....*.        *..*..*.        ........        ........
```

Debemos recordar que el caballo es la única pieza que puede saltar sobre otras. El movimiento del peón depende de su color: si es negro, únicamente puede atacar diagonalmente una casilla hacia abajo; por el contrario, si es blanco, únicamente podrá hacerlo hacia arriba. El ejemplo anterior corresponde a un peón negro, descrito por la "p" minúscula.

Entrada

La entrada incluirá un número arbitrario de configuraciones de tableros. Cada uno de ellos constará de ocho líneas de ocho caracteres cada una. Un "." indica una casilla vacía, mientras que las letras mayúsculas y minúsculas determinan la posición de las piezas, como ya se ha indicado. No habrá caracteres no válidos ni configuraciones en las que los dos reyes se encuentren en jaque. La entrada finaliza con un tablero vacío representado únicamente por caracteres ".", que no debe ser procesado. Habrá una línea en blanco entre cada dos configuraciones. Todos los tableros, excepto el vacío, incluirán exactamente un rey blanco y un rey negro.

Salida

El programa debe proporcionar una de las siguientes salidas para cada tablero:

Game #*d*: white king is in check.

Game #*d*: black king is in check.

Game #*d*: no king is in check.

donde *d* es el número de partida empezando desde 1.

<table>
<tr><td>

Ejemplo de entrada

```
..k.....
ppp.pppp
........
.R...B..
........
........
PPPPPPPP
K.......

rnbqk.nr
ppp..ppp
....p...
...p....
.bPP....
.....N..
PP..PPPP
RNBQKB.R

........
........
........
........
........
........
........
........
```

</td><td>

Ejemplo de salida

```
Game #1: black king is in check.
Game #2: white king is in check.
```

</td></tr>
</table>

1.6.8 Votación australiana

ID en Online Judge: 10142 — **Popularidad:** B — **Tasa de éxito:** baja — **Nivel:** 1

En las elecciones australianas los votantes deben valorar a todos los candidatos por orden de preferencia. Inicialmente sólo se considera la primera preferencia, y si uno de los candidatos recibe más del 50 % de los votos, resulta elegido. Sin embargo, si ningún candidato logra ese 50 %, se eliminan todos los candidatos empatados a menor número de votos. Las votaciones que sitúan a esos candidatos como primera elección, se recuentan en favor de los no eliminados que hayan recibido la valoración más alta. Este proceso de eliminación de los candidatos más débiles en favor de los no eliminados que han recibido más votos, continúa hasta que uno de ellos recibe más del 50 % de los votos, o hasta que todos los candidatos restantes están empatados.

Entrada

La entrada comienza con un entero positivo en una línea que indica el número de casos que sigue, describiéndose estos a continuación. Esta línea va seguida por una en blanco. También hay una línea en blanco entre dos entradas consecutivas.

La primera línea de cada caso es un entero $n \leq 20$, que indica el número de candidatos. Las siguientes n líneas incluyen los nombres de los candidatos en orden, cada uno de ellos con 80 caracteres como máximo. Cualquier carácter imprimible es válido. A continuación se incluyen hasta 1.000 líneas, siendo cada una de ellas un voto. Cada voto contiene números desde 1 hasta n en orden arbitrario. El primer número determina al candidato de primera preferencia, el segundo al canditado de segunda, y así sucesivamente.

Salida

La salida de cada caso de prueba consta de una única línea que contiene el nombre del ganador, o de varias líneas que contienen los nombres de los candidatos que han empatado. Cada caso está separado del siguiente por una línea en blanco.

Ejemplo de entrada

```
1

3
John Doe
Jane Smith
Jane Austen
1 2 3
2 1 3
2 3 1
1 2 3
3 1 2
```

Ejemplo de salida

```
John Doe
```

1.7 Sugerencias

1.6.3 Cuando el coste total no se puede dividir exactamente, ¿quién debería aportar los centavos restantes?

1.6.5 ¿Cómo sacaremos más provecho del comando de rellenado? ¿Es más fácil conservar copias separadas de la imagen vieja y de la nueva?

1.8 Comentarios

1.6.1 El problema $3n + 1$ (o de Collatz) sigue abierto a día de hoy. En Lagarias [23] se puede encontrar un excelente análisis matemático del mismo. En 1999 se celebró un congreso internacional sobre el problema de Collatz; cuyas actas están disponibles en la página web `http://www.math.grinnell.edu/~chamberl/conf.html`

1.6.2 El Buscaminas es un problema de compatibilidad que toma como entrada una rejilla rectangular $m \times n$ con sus celdas etiquetadas con números del 0 al 8, minas, o se quedan en blanco, y pregunta: ¿existe una distribución de minas en la rejilla que resulte compatible con el patrón dado, de acuerdo con las reglas habituales del Buscaminas? El Clay Mathematics Institute (`http://www.claymath.org/`) ofrece un premio de 1.000.000 de dólares por un algoritmo eficiente que resuelva este problema.

Pero no debemos ilusionarnos mucho, pues se ha demostrado que este problema de consistencia del Buscaminas es NP-completo [18], lo que significa que no existe un algoritmo eficiente sin revolucionar nuestra idea de la computación. Ver un tratamiento detallado del concepto NP-completo en [9].

1.6.6 La clave de la portabilidad de los lenguajes, tales como Java, está en que el software sea interpretado por máquinas virtuales. Un proyecto interesante consiste en escribir un simulador del lenguaje máquina de un ordenador antiguo, obsoleto, pero tan sencillo como el PDP-8. El hardware de hoy día es tan rápido que el PDP-8 virtual superaría significativamente la velocidad de la máquina original.

1.6.7 Una vez escrito un generador de movimientos válidos (la esencia de este problema), el lector no estaría muy lejos de construir su propio programa para jugar al ajedrez. En [29, 32] se puede leer un relato de cómo funcionan los programas de ordenador que juegan a las damas y al ajedrez, y que son capaces de vencer a los respectivos campeones del mundo humanos.

1.6.8 Las matemáticas de los sistemas de votación son un tema fascinante. El *teorema de imposibilidad* de Arrow, establece que ningún sistema de votación puede satisfacer simultáneamente la totalidad de las cinco propiedades evidentemente deseables. Ver un interesante tratamiento sobre matemáticas de elección social en [3].

Capítulo 2

Estructuras de datos

Las estructuras de datos son el corazón de cualquier programa mínimamente sofisticado. La selección de la estructura de datos correcta se traduce en grandes diferencias en la complejidad de la implementación final. Elija la representación de los datos acertada y el problema será fácil de programar. Elija una representación equivocada y puede malgastar gran cantidad de tiempo y muchas líneas de código para corregir esa desafortunada decisión inicial.

En este capítulo repasaremos las estructuras de datos fundamentales, aquellas que deberían ser conocidas por todos los programadores. Para motivar la discusión vamos a utilizar un programa modelo, basado en un juego de cartas para niños. Hay muchos problemas clásicos de programación que están basados en juegos. En definitiva, ¿quién ha completado su primer curso de programación sin haber analizado las torres de Hanoi, hecho el recorrido del caballo de ajedrez o resuelto el programa de las ocho reinas?

2.1 Estructuras de datos elementales

Consideramos ahora las operaciones abstractas de las estructuras de datos más importantes: pilas, colas, diccionarios, colas de prioridad y conjuntos. También vamos a describir la forma más sencilla de implementar estas estructuras desde el principio.

Además, hay que ser consciente de que los lenguajes modernos orientados a objetos, como C++ y Java, incluyen por defecto bibliotecas para trabajar con las estructuras de datos fundamentales. Las describiremos brevemente en la sección 2.2. Es preferible que cada programador dedique un tiempo a conocer bien las bibliotecas existentes, en lugar de reinventar la rueda una y otra vez. Una vez conocidas, se puede leer esta sección prestando atención a la estructura de datos más apropiada, en vez de a los los detalles de una posible implementación.

2.1.1 Pilas

Las pilas y las colas son contenedores en los que cada elemento es recuperado en función del orden en que fue introducido, independientemente de su contenido. Las *pilas* se basan en el orden *último en entrar, primero en salir*. Entre las operaciones abstractas sobre una pila, podemos encontrar:

- *Push(x,s)* — Pone un nuevo elemento x en la cima de la pila s

- *Pop(s)* — Quita (y elimina) el elemento de la cima de la pila s.

- *Initialize(s)* — Crea una pila vacía.

- *Full(s), Empty(s)* — Comprueban si la pila puede aceptar más entradas o salidas de elementos, respectivamente.

Es importante tener en cuenta que no hay una operación de búsqueda definida como estándar para las pilas y las colas.

La definición de estas operaciones abstractas, nos permite mantener un *módulo* pila y usarlo repetidamente sin conocer los detalles de su implementación. La implementación más sencilla utiliza un *array* con una variable índice que representa la cima de la pila. Es mucho mejor una implementación alternativa, que utiliza listas enlazadas, puesto que es imposible que se pueda superar el espacio permitido, es decir, que se produzca un desbordamiento.

De forma natural, las pilas son un modelo de montones de objetos, como los platos de la cena. Cada vez que se lava un nuevo plato, se *coloca* en la parte alta del montón. Cuando alguien desea comer, *quita* un plato de la parte alta del montón. La pila es una estructura apropiada para este caso, desde el momento en que es indiferente el plato que se vaya a usar a continuación. Es decir, los casos en que el orden *no tiene* importancia serán adecuados para la utilización de pilas, porque son contenedores especialmente sencillos de implementar.

El orden en la pila es importante para procesar cualquier estructura anidada. Pensemos en fórmulas con paréntesis (poner un "(", quitar un ")"), llamadas a programas recursivos (poner es una llamada, quitar es una salida del programa) y recorridos en profundidad de grafos (poner es visitar un vértice, quitar es abandonarlo por última vez).

2.1.2 Colas

Las *colas* se basan en el orden *primero en entrar, primero en salir*. Este orden parece ser más oportuno que el de las pilas (último en entrar, primero en salir), y esta es la razón por la que las esperas en los comercios se organizan como colas y no como pilas. Las barajas para jugar a las cartas son fáciles de modelar como colas, puesto que repartimos las cartas de la parte de arriba y las colocamos de vuelta en la de abajo. Usaremos estas colas FIFO para implementar el recorrido en anchura de los grafos en el capítulo 9.

Las operaciones abstractas son, entre otras:

- *Enqueue(x,q)* — Pone un nuevo elemento x al final de la cola q.

- *Dequeue(q)* — Quita (y elimina) un elemento del principio de la cola q

- *Initialize(q), Full(q), Empty(q)* — Operaciones idénticas a las explicadas para las pilas.

Las colas son más difíciles de implementar que las pilas, por la sencilla razón de que la acción tiene lugar en ambos extremos. La forma *más sencilla* utiliza un *array*, poniendo nuevos elementos en un extremo y *desplazando* los restantes, para rellenar el espacio vacio creado por cada elemento que se quita.

Pero está claro que es descabellado desplazar todos los elementos cada vez que se elimina alguno. ¿Cómo podemos mejorar esto? Podemos mantener índices al primer (cabeza) y último (cola) elementos en el *array*/cola y hacer todas las operaciones de forma local. No hay ninguna razón para que tengamos que vaciar explícitamente las posiciones ocupadas anteriormente, aunque es cierto que dejamos gran cantidad de información inútil en el lugar de los elementos ya eliminados.

Las colas circulares nos permiten reutilizar este espacio. Basta observar que el puntero a la cabeza de la lista está siempre *detrás* del que apunta al final. Cuando la cola está llena, ambos índices apuntarán al mismo elemento o a elementos contiguos. Existen varias formas diferentes de ajustar los índices para las colas circulares. *Todas tienen trampa*. La solución más sencilla distingue una cola vacía de una llena mediante un contador del número de elementos que tiene la cola:

```c
typedef struct {
        int q[QUEUESIZE+1];             /* cuerpo de la cola */
        int first;                      /* lugar del elemento inicial */
        int last;                       /* lugar del elemento final */
        int count;                      /* cantidad de elementos en la cola */
} queue;

init_queue(queue *q)
{
        q->first = 0;
        q->last = QUEUESIZE-1;
        q->count = 0;
}

enqueue(queue *q, int x)
{
        if (q->count >= QUEUESIZE)
                printf("Warning: queue overflow enqueue x=%d\n",x);
                    /* Atención: la cola ya está llena. */
        else {
                q->last = (q->last+1) % QUEUESIZE;
                q->q[ q->last ] = x;
                q->count = q->count + 1;
        }
}

int dequeue(queue *q)
{
        int x;
        if (q->count <= 0) printf("Warning: empty queue dequeue.\n");
                            /* Atención: la cola ya está vacía. */
        else {
                x = q->q[ q->first ];
                q->first = (q->first+1) % QUEUESIZE;
```

```
35                   q->count = q->count - 1;
36          }
37          return(x);
38 }
39
40 int empty(queue *q)
41 {
42          if (q->count <= 0) return (TRUE);
43          else return (FALSE);
44 }
```

Las colas son una de las pocas estructuras de datos que son más fáciles de programar usando listas enlazadas que *arrays*, porque aquellas eliminan la necesidad de comprobar si la cola cierra el ciclo.

2.1.3 Diccionarios

Los diccionarios permiten las búsquedas basadas en contenidos, a diferencia de las basadas en posición de las pilas y las colas. Soportan tres operaciones primarias:

- *Insert(x,d)* — Inserta el elemento x en el diccionario d.

- *Delete(x,d)* — Elimina el elemento x (o al que apunta x) del diccionario d.

- *Search(k,d)* — Localiza un elemento con contenido k en el diccionario d, si existe alguno.

En un curso sobre estructuras de datos se pueden presentar fácilmente una docena de formas diferentes de implementar diccionarios, incluyendo listas enlazadas ordenadas o desordenadas, arreglos ordenados o no, y un bosque lleno de árboles aleatorios, expandidos, equilibrados (AVL[1]) y rojo-negro, por no mencionar todas las variedades de organización por tablas, conocidas también como *hashing*.

La cuestión prioritaria en el análisis de algoritmos es el rendimiento, es decir, sacar el mayor provecho posible de los costos de estas tres operaciones. Pero, en la práctica, lo que normalmente buscamos es la forma más fácil para llevar a cabo la tarea en los límites de tiempo establecidos. El camino correcto depende de lo que cambien los contenidos del diccionario en el curso de la ejecución:

- *Diccionarios estáticos* — Estas estructuras se construyen una vez y ya no se modifican nunca. Por tanto, necesitan soportar la búsqueda, pero no inserciones ni eliminaciones de elementos.

    La solución más correcta para implementar un diccionario estático es un *array*. La única duda es si hemos de conservarlo ordenado, con el objeto de usar la búsqueda binaria, para proporcionar rápidamente información sobre sus elementos. A menos que las limitaciones de tiempo sean muy severas, probablemente el uso de búsqueda binaria no proporciona

---

[1]Por los nombres de sus tres inventores Adel'son, Vel'skii y Landis

ventajas hasta valores $n > 100$, más o menos. La búsqueda secuencial puede ser suficiente incluso para valores hasta $n = 1000$ o más, siempre que no se hagan demasiadas búsquedas.

Los algoritmos de ordenación y búsqueda binaria siempre resultan ser más difíciles de depurar de lo que, en principio, debieran. Hay bibliotecas con rutinas de ordenación/búsqueda disponibles para C, C++ y Java, y las presentaremos en el capítulo 4.

- *Diccionarios semi-dinámicos* — Estas estructuras soportan solicitudes de inserción y búsqueda, pero no de eliminación. Si conocemos un límite superior del número de elementos a insertar, podemos usar un *array*, pero en caso contrario debemos utilizar una estructura enlazada.

  Las tablas de organización (*hash*) son excelentes diccionarios como estructura de datos, especialmente si no hay que soportar la eliminación. La idea es aplicar una función a la clave de búsqueda, de forma que podamos determinar *donde* va a estar el elemento en el *array* sin tener que mirar los otros elementos. Para que la tabla tenga un tamaño razonable, hemos de permitir *colisiones*, cuando dos claves distintas se aplican a la misma posición.

  Las dos componentes del *hashing* son (1) definir una función *hash* para aplicar las claves a enteros en cierto rango, y (2) dimensionar un arreglo tan grande como dicho rango, de forma que la función *hash* pueda especificar un índice.

  Las funciones *hash* básicas convierten la clave en un entero, y toman el valor de este entero *módulo* el tamaño de la tabla. La selección de un número primo (o al menos evitando que sea evidentemente compuesto, como 1000) es útil para evitar dificultades. Las cadenas de caracteres se pueden convertir a enteros utilizando las letras para formar un sistema numérico cuya base es el número de letras del alfabeto. Para convertir "steve." en un número, basta observar que e es la quinta letra del alfabeto (inglés), s la letra 19, t la 20 y v ocupa la posición 22 de dicho alfabeto.

  Por tanto, "steve" $\Rightarrow 26^4 \times 19 + 26^3 \times 20 + 26^2 \times 5 + 26^1 \times 22 + 26^0 \times 5 = 9.038.021$. El primer carácter, el último o más o menos diez caracteres intermedios, probablemente serán suficientes para obtener un buen índice. Veremos algunos trucos para trabajar eficientemente en aritmética modular en el capítulo 7.

  Cuando no hay eliminaciones, el método de *direccionamiento abierto* es una forma sencilla y sutil para resolver las colisiones. Consiste en utilizar una sencilla regla para decidir dónde colocar un nuevo elemento cuando el lugar idóneo ya está ocupado. Supongamos que siempre lo ponemos en la primera celda no ocupada. Cuando busquemos un cierto elemento, vamos a la posición donde debiera estar y buscamos secuencialmente a partir de ese punto. Si encontramos una celda vacía antes de toparnos con el elemento, es que no está en la tabla.

  La eliminación en un esquema de direccionamiento abierto es realmente molesta, puesto que quitar un elemento puede romper la cadena de inserciones y hacer que algunos elementos sean inaccesibles. La clave para un resultado eficiente es usar una tabla lo suficientemente larga y que tenga muchos espacios vacíos. No es bueno ahorrar en el momento de elegir el tamaño de la tabla, porque luego lo pagaremos muy caro.

- *Diccionarios totalmente dinámicos* — Las tablas *hash* son perfectas también para los diccionarios totalmente dinámicos, siempre que se use el mecanismo de *encadenamiento* para resolver los problemas de colisión. Ahora, asociamos una lista enlazada con cada posición de la tabla, de forma que los problemas de inserción, eliminación y búsqueda se reducen al correspondiente problema en listas enlazadas. Si la función *hash* trabaja correctamente, las claves m se distribuirán uniformemente en una tabla de tamaño n, y de esta forma cada lista será corta y la búsqueda en ella muy rápida.

2.1.4 Colas de prioridad

Las *colas de prioridad* son estructuras de datos sobre conjuntos, que soportan tres operaciones:

- *Insert(x,p)* — Inserta el elemento x en la cola de prioridad p.

- *Maximum(p)* — Indica el elemento de la cola de prioridad p cuya clave es la mayor.

- *ExtractMax(p)* — Devuelve y elimina de la cola el elemento con mayor clave en p.

Las colas de prioridad se usan para mantener programas y calendarios. Determinan quién va el siguiente en simulaciones de aeropuertos, aparcamientos y cosas por el estilo, en las que necesitamos programar acontecimientos de acuerdo con un horario. En una simulación de la vida humana, lo más conveniente puede ser determinar cuándo va a morir alguien, inmediatamente después de su nacimiento. De este modo, podemos insertar esta fecha en una cola de prioridad que nos recuerde cuándo enterrarle.

Las colas de prioridad se usan para programar eventos en los algoritmos de barrido por líneas (*sweep-line*), habituales en la geometría computacional. Normalmente, la cola de prioridad se usa para almacenar los puntos que aún no hemos encontrado, ordenados por su coordenada x, y avanzar la línea un paso cada vez.

La implementación más popular de las colas de prioridad es el túmulo (*heap*) binario, que se puede mantener eficientemente, tanto en la dirección descendente como en la ascendente. Los *heaps* son muy hábiles y eficientes, pero puede ser difícil conservar su estructura correcta si el tiempo presiona. Mucho más sencillo es mantener un *array* ordenado, especialmente si no se van a realizar demasiadas inserciones.

2.1.5 Conjuntos

Los conjuntos (o, hablando más rigurosamente, *subconjuntos*) son colecciones desordenadas de elementos extraídos de un conjunto universal dado U. Los conjuntos como estructura de datos se distinguen de los diccionarios porque existe, al menos, una necesidad implícita de codificar qué elementos de U *no* pertenecen a un subconjunto dado.

Las operaciones básicas con subconjuntos son:

- *Member(x,S)* — ¿Pertenece un elemento x al subconjunto S?

- *Union(A,B)* — Construye el subconjunto $A \cup B$ compuesto por todos los elementos que pertenecen al subconjunto A o al subconjunto B.

- *Intersection(A,B)* — Construye el subconjunto $A \cap B$ de todos los elementos que pertenecen al subconjunto A y al subconjunto B simultáneamente.

- *Insert(x,S)*, *Delete(x,S)* — Inserta/elimina el elemento x en/de el subconjunto S.

Para conjuntos con un universo muy grande o infinito, la solución obvia es representar un subconjunto mediante un diccionario. Las operaciones de unión e intersección son mucho más fáciles si se usa un diccionario ordenado, pues el problema se reduce, básicamente, al de mezclar dos diccionarios ordenados. Un elemento estará en la unión si aparece al menos una vez en la lista resultante de la mezcla, y estará en la intersección si aparece exactamente dos veces en dicha mezcla.

Una representación muy adecuada para conjuntos sacados de universos pequeños, y que no cambian con el tiempo, son los vectores de *bits*. Con un vector o *array* de n bits podemos representar cualquier subconjunto S de un universo de n elementos. El bit en la posición i será 1 si y sólo si $i \in S$. Las operaciones de inserción y eliminación de elementos simplemente cambian el valor del bit correspondiente. La unión e intersección se realizan mediante las operaciones lógicas *AND/OR* sobre los pares de bits correspondientes. Puesto que se usa un sólo bit por elemento, los vectores de bits son eficientes desde el punto de vista del espacio que ocupan para valores de $|U|$ sorprendentemente grandes. Por ejemplo, un *array* de 1.000 enteros estándar (cuatro *bytes* cada uno) sirve para representar cualquier subconjunto de un universo de 32.000 elementos.

2.2 Bibliotecas de objetos

Los usuarios de los lenguajes modernos orientados a objetos, tales como C++ y Java, tienen implementaciones de estas estructuras básicas de datos disponibles en las clases estándar de sus bibliotecas.

2.2.1 La biblioteca de plantillas estándar en C++ (C++ STL)

Una biblioteca de estructuras de datos de uso general, como pilas y colas, no puede existir en C, porque las funciones de C están preparadas para informar del tipo de sus argumentos. Esto nos obligaría a definir rutinas independientes para cada tipo de datos posible, como `push_int()` y `push_char()`. Además, este procedimiento no se podría generalizar a la construcción de pilas de nuevos tipos de datos definidos por el usuario.

Las *plantillas* son un mecanismo de C++ para definir objetos abstractos, que se pueden parametrizar por tipo. La *biblioteca de plantillas estándar* en C++ (STL, por sus siglas en inglés) proporciona implementaciones de todas las estructuras de datos que hemos definido anteriormente y muchas más. Cada *objeto* de datos debe tener fijado el tipo de sus elementos (es decir, ajustado a una de las plantillas) en el momento de compilar, así en

```
1    #include <stl.h>
2
3      stack<int> S;
4      stack<char> T;
```

se declaran dos pilas con tipos de elementos diferentes.

Entre las muchas referencias sobre la biblioteca STL se encuentran [28] y la web `http://www.sgi.com/tech/stl/`. A continuación, damos una breve descripción de como implementa STL las estructuras de datos que hemos destacado:

- *Pila* — Entre las funciones se encuentran `S.push()`, `S.top()`, `S.pop()` y `S.empty()`. La función *top* nos devuelve el elemento de la cima de la pila, pero no lo elimina; mientras que *pop* lo elimina pero no nos dice cuál es. Por tanto, siempre *top* antes que *pop* [36]. Las implementaciones enlazadas garantizan que la pila nunca se llenará.

- *Cola* — Entre otras funciones tenemos `Q.front()`, `Q.back()`, `Q.push()`, `Q.pop()` y `Q.empty()` y tienen las mismas peculiaridades que en el caso de las pilas.

- *Diccionarios* — La biblioteca STL dispone de una amplia variedad de contenedores, como `hash_map`, un contenedor asociativo clasificante que adjudica claves a los elementos de los datos. Entre las funciones están `H.erase()`, `H.find()` y `H.insert()`.

- *Colas de prioridad* — Una vez declarada como `priority_queue<int> Q;`, el conjunto de funciones incluye `Q.top()`, `Q.push()`, `Q.pop()` y `Q.empty()`.

- *Conjuntos* — Los conjuntos se representan como contenedores asociativos y ordenados que se declaran mediante `set<key, comparison> S;`. Los algoritmos para conjuntos incluyen, como es natural, `set_union` y `set_intersection`, pero también otras operaciones habituales entre conjuntos.

2.2.2 El paquete de Java `java.util`

Muchos objetos útiles del Java estándar están incluidos en el paquete `java.util`. El juez automático permite el uso de la casi totalidad de este paquete, con la excepción de unas pocas bibliotecas que proporcionan al concursante un poder excesivo. Para más detalles, se puede consultar el portal de Sun `http://java.sun.com/products/jdk`.

El conjunto de todas las clases de Java presenta una jerarquía de *herencia*, lo que significa que las subclases se definen a partir de las superclases, mediante la adición de nuevas funciones y variables. Según se va subiendo en la jerarquía, las clases son más generales y abstractas. Así, el único objetivo de una clase *abstracta* es proporcionar una superclase adecuada para que cualquier otra clase pueda heredar interfaz y/o implementación. Las clases abstractas sólo pueden declarar objetos, nunca instancias de ellos. Las clases cuyos objetos son susceptibles de declarar instancias, se denominan clases *concretas*.

Si se desea declarar un objeto que sea una estructura de datos general, hay que hacerlo mediante un interfaz o una clase abstracta y definir instancias usando una clase concreta. Por ejemplo,

```
1  Map myMap = new HashMap();
```

En este caso, se considera `myMap` como un objeto de la clase `Map`. También se puede declarar un objeto y un ejemplar del mismo mediante una clase concreta, como

```
1  HashMap myMap = new HashMap();
```

Aquí, `myMap` es únicamente un objeto de la clase `HashMap`.

Para usar `java.util` es necesario escribir la línea `import java.util.*;` al principio del programa si se quiere incorporar el paquete completo, o si queremos utilizar solo una clase específica, sustituir el asterisco por el nombre de la misma, como `import java.util.HashMap;`.

Una adecuada implementación de las estructuras de datos básicas debe incluir:

Estructuras de datos	Clases abstractas	Clases concretas	Funciones
Pila	Sin interfaz	`Stack`	`pop, push, empty, peek`
Cola	`List`	`ArrayList, LinkedList`	`add, remove, clear`
Diccionarios	`Map`	`HashMap, Hashtable`	`put, get, contains`
Cola de prioridad	`SortedMap`	`TreeMap`	`firstKey, lastKey, headMap`
Conjuntos	`Set`	`HashSet`	`add, remove, contains`

2.3 Ejemplo de diseño de un programa: vamos a la guerra

En el juego de naipes para niños *War*, se reparte una baraja francesa normal, de 52 cartas, entre dos jugadores (1 y 2), de forma que cada uno de ellos tenga 26 cartas. Los jugadores no deben mirar sus cartas, sino conservarlas boca abajo en un montón. El objeto del juego es lograr hacerse con todas las cartas.

Ambos jugadores vuelven la carta superior de su mazo y la colocan boca arriba sobre la mesa. Aquel cuya carta sea de mayor valor, toma ambas y las añade (boca abajo) a la parte inferior de su mazo. El valor de las cartas es el habitual, es decir, de mayor a menor: *A, K, Q, J, T, 9, 8, 7, 6, 5, 4, 3, 2*. Los palos son indiferentes. Entonces, los dos jugadores vuelven boca arriba la siguiente carta, y así sucesivamente, hasta que uno de ellos se hace todas las cartas y gana.

Cuando las cartas a la vista tienen el mismo valor, se declara la guerra. Estas cartas permanecen sobre la mesa mientras ambos contendientes juegan la siguiente carta de su montón boca abajo y otra más boca arriba. El jugador que tenga mayor valor en las nuevas cartas vistas gana la guerra, y añade las seis cartas a la parte baja de su montón. Si las nuevas cartas vistas son también iguales, la guerra continúa: cada jugador pone una carta más boca abajo y otra vuelta con la imagen para arriba. La guerra se prolonga de la misma forma mientras las cartas vistas sigan siendo iguales. Tan pronto como su valor sea diferente, el jugador con la carta más alta gana todas las cartas que haya sobre la mesa.

Si alguien se queda sin cartas durante la guerra, el otro jugador gana automáticamente. Las cartas se añaden al final del mazo del ganador, exactamente en el mismo orden en que fueron repartidas, es decir, la primera carta del 1, la primera carta del 2, la segunda del 1, etc.

Como todo aquel que tenga un sobrino de cinco años sabrá, una partida de *War* puede alargarse durante bastante tiempo. Pero, ¿cuánto tiempo? Su tarea es escribir un programa que simule el juego y nos diga el número de movimientos.

Solución

¿Cómo debemos leer el enunciado de un problema de este tipo? No olvide los siguientes consejos mientras diseña, escribe, comprueba y depura sus soluciones:

- *Lea el problema con mucho cuidado* — Lea cada línea del enunciado cuidadosamente, y vuelva a leerla cuando el juez avise sobre algún error. Dé un vistazo rápido primero, puesto que una buena parte del enunciado puede ser una historia de fondo que no afecta a la solución. Ponga especial atención a las descripciones de las entradas y salidas, y también a los respectivos ejemplos, pero...

- *No presuponga* — Leer y entender las especificaciones es muy importante en los concursos de programación (y en la programación habitual). Con frecuencia, las especificaciones contienen trampas en las que es fácil caer.

  El hecho de que algunos ejemplos presenten alguna característica favorable, no significa que todos los casos de prueba la tengan. Esté atento al posible orden de entrada no especificado, a los números de entrada no acotados, a las líneas de gran longitud, a los números negativos, etc. Cualquier entrada que no esté explícitamente prohibida, deberíamos suponer que está permitida.

- *La prisa no es buena* — Muchas veces, la eficiencia no es una cuestión demasiado importante, salvo que estemos usando algoritmos exponenciales para problemas en los que un algoritmo polinomial es suficiente. No se preocupe demasiado, pues, de la eficiencia, a menos que haya encontrado, o intuya, dificultades. Lea la especificación para conocer el tamaño máximo que puede tener la entrada, y decida si el algoritmo más evidente bastará para tales casos.

  Aunque el juego de la guerra parece interminable cuando está jugando con su sobrino (y, de hecho, puede durar eternamente), no hay motivo para preocuparse de la eficiencia en este problema concreto.

2.4 Control de la baraja

¿Cuál es la mejor estructura de datos para representar una baraja de naipes? La respuesta depende de lo que vayamos a hacer con ella. ¿La vamos a mezclar? ¿Vamos a comparar sus valores? ¿Vamos a buscar ciertos patrones en el mazo? Las acciones necesarias determinan las operaciones en la estructura de datos.

La acción más frecuente que vamos a realizar en nuestra baraja es quitar cartas de la parte de arriba y ponerlas en la parte de abajo del mazo. Entonces, parece natural representar la mano de cada jugador mediante una cola FIFO, que hemos definido anteriormente.

Pero hay un problema que es, incluso, más importante. ¿Cómo representaremos cada carta? Recordemos que las cartas se distinguen por su palo (tréboles, rombos, corazones y picas) y su valor (as, 2–10, sota, reina y rey). Hay varias elecciones posibles. Podemos representar cada carta por un par de caracteres o números para especificar el palo y el valor. En el problema de la guerra podemos ignorar por completo el palo – pero tal idea puede acarrearnos problemas. ¿Qué ocurrirá si tenemos que imprimir la carta ganadora, o si necesitamos la evidencia de que nuestra implementación con una cola está funcionando perfectamente? Un método alternativo puede ser representar cada carta por un entero diferente, digamos de 0 a 51, y aplicar una correspondencia de ida y vuelta entre números y cartas cada vez que se necesite.

La operación más importante en este juego es la comparación de los valores de las cartas. Esto es complicado con la primera de las representaciones por caracteres, porque tenemos que comparar de acuerdo con el tradicional, pero arbitrario, orden de las cartas. Parece necesaria una lógica específica para acometer este problema.

En cambio, vamos a proponer el método de aplicaciones como una técnica de programación de utilidad general. Siempre que seamos capaces de crear una función numérica para etiquetar y la función dual para quitar etiquetas que funcionen para un particular conjunto de elementos $s \in S$, podremos representar cada elemento por el número entero de su etiqueta. La condición esencial es que $s = unrank(rank(s))$. En ese caso, podemos pensar en la función de etiquetado como una función de organización (*hash*) sin colisiones.

¿Cómo podemos etiquetar y desetiquetar cuando estamos jugando a las cartas? Si lo hacemos por su valor de menor a mayor, nos daremos cuenta de que hay cuatro cartas diferentes para cada valor. Las armas para hacerlas corresponder con los números del 0 al 51 son la multiplicación y la división:

```c
#define NCARDS  52      /* número de cartas */
#define NSUITS  4       /* número de palos */

char values[] = "23456789TJQKA";
char suits[] = "cdhs";

int rank_card(char value, char suit)
{
        int i,j;            /* contadores */

        for (i=0; i<(NCARDS/NSUITS); i++)
                if (values[i]==value)
                        for (j=0; j<NSUITS; j++)
                                if (suits[j]==suit)
                                        return( i*NSUITS + j );

        printf("Warning: bad input value=%c, suit=%c\n",value,suit);
                /* Atención: entrada incorrecta */
}

char suit(int card)
{
        return( suits[card % NSUITS] );
}

char value(int card)
{
        return( values[card/NSUITS] );
}
```

Se pueden desarrollar, de forma sencilla, funciones de etiquetado y desetiquetado para permutaciones, subconjuntos y la mayoría de los objetos combinatorios. Hay una técnica general de programación que puede simplificar las operaciones con muchos tipos de datos diferentes.

2.5 E/S de cadenas de caracteres

Para el programa de la guerra, la entrada consta de un par de líneas para cada reparto de cartas, la primera contendrá las cartas del jugador número 1, y la segunda las del jugador número dos. He aquí un ejemplo con tres interesantes partidas:

```
4d Ks As 4h Jh 6h Jd Qs Qh 6s 6c 2c Kc 4s Ah 3h Qd 2h 7s 9s 3c 8h Kd 7h Th Td
8d 8c 9c 7c 5d 4c Js Qc 5s Ts Jc Ad 7d Kh Tc 3s 8s 2d 2s 5h 6d Ac 5c 9h 3d 9d
6d 9d 8c 4s Kc 7c 4d Tc Kd 3s 5h 2h Ks 5c 2s Qh 8d 7d 3d Ah Js Jd 4c Jh 6c Qc
9h Qd Qs 9s Ac 8h Td Jc 7s 2d 6s As 4h Ts 6h 2c Kh Th 7h 5s 9c 5d Ad 3h 8s 3c
Ah As 4c 3s 7d Jc 5h 8s Qc Kh Td 3h 5c 9h 8c Qs 3d Ks 4d Kd 6c 6s 7h Qh 3c Jd
2h 8h 7s 2c 5d 7c 2d Tc Jh Ac 9s 9c 5s Qd 4s Js 6d Kc 2s Th 8d 9d 4h Ad 6h Ts
```

Muchos problemas requieren la lectura de datos no numéricos. Las cadenas de caracteres se tratarán con mayor detalle en el capítulo 3, pero aquí advertimos que hay diversas opciones a la hora de leer el texto de entrada:

- Se pueden obtener sucesivamente los caracteres, de uno en uno, del flujo de entrada (por ejemplo, `getchar()` en C), y procesarlos individualmente.

- Se pueden obtener elementos (*tokens*) con formato sucesivos (por ejemplo, `scanf()` en C) y procesarlos cuando sea necesario,

- Se puede leer la línea entera como una sola cadena (por ejemplo, `gets()` en C), y analizarla después tomando caracteres o subcadenas de ella.

- También se pueden utilizar funciones más modernas de entrada/salida, tales como *streams*, si el lenguaje utilizado las soporta. Por supuesto, aún queda el problema de decidir si lo que queremos como bloque básico de entrada es un carácter, una cadena, o algún otro elemento.

En nuestra implementación de la guerra, hemos elegido la primera opción, esto es, leer secuencialmente los caracteres y procesarlos de uno en uno. Para que el ejemplo sea más ilustrativo, comprobamos explícitamente si hemos alcanzado el final de la línea ('\n' en C):

```
1   main()
2   {
3           queue decks[2];                     /* cartas de los jugadores */
4           char value,suit,c;                  /* caracteres de entrada */
5           int i;                              /* contador de cartas */
6
7           while (TRUE) {
8               for (i=0; i<=1; i++) {
9                   init_queue(&decks[i]);
10                  while ((c = getchar()) != '\n') {
11                      if (c == EOF) return;
12                      if (c != ' ') {
13                          value = c;
```

```
14                        suit = getchar();
15                        enqueue(&decks[i],rank_card(value,suit));
16                }
17            }
18        }
19        war(&decks[0],&decks[1]);
20    }
21 }
```

Observe que hemos representado los dos montones de cartas como un *array* de colas, en lugar de hacerlo como dos colas diferentes. De esta forma, nos evitamos duplicar todo el código para los procesos de entrada.

2.6 Ganar la batalla

Con el andamiaje que nos proporciona la estructura de datos que hemos diseñado, la rutina principal resulta completamente evidente. Basta notar que el orden en que las cartas ganadas son devueltas al mazo del ganador se puede modelar también como una cola, por lo que vamos a utilizar una vez más nuestro tipo abstracto:

```
1  war(queue *a, queue *b)
2  {
3         int steps=0;                /* contador de pasos */
4         int x,y;                    /* cartas en la parte superior */
5         queue c;                    /* cartas implicadas en la guerra */
6         bool inwar;                 /* estamos en una guerra? */
7
8         inwar = FALSE;
9         init_queue(&c);
10
11         while ((!empty(a)) && (!empty(b) && (steps < MAXSTEPS))) {
12                 steps = steps + 1;
13                 x = dequeue(a);
14                 y = dequeue(b);
15                 enqueue(&c,x);
16                 enqueue(&c,y);
17                 if (inwar) {
18                         inwar = FALSE;
19                 } else {
20                         if (value(x) > value(y))
21                                 clear_queue(&c,a);
22                         else if  (value(x) < value(y))
23                                 clear_queue(&c,b);
24                         else if (value(y) == value(x))
25                                 inwar = TRUE;
```

```
26                  }
27              }
28
29          if (!empty(a) && empty(b))
30                  printf("a wins in %d steps \n",steps);
31          else if (empty(a) && !empty(b))
32                  printf("b wins in %d steps \n",steps);
33          else if (!empty(a) && !empty(b))
34                  printf("game tied after %d steps, |a|=%d |b|=%d \n",
35                          steps,a->count,b->count);
36          else
37                  printf("a and b tie in %d steps \n",steps);
38  }
39
40  clear_queue(queue *a, queue *b)
41  {
42          while (!empty(a)) enqueue(b,dequeue(a));
43  }
```

2.7 Comprobación y depuración

Con el juez automático, la depuración de un programa puede ser especialmente desesperante, puesto que no informa del caso de prueba en el que se ha producido un error. Por tanto, no es posible aplicar una técnica de ensayo-error, hay que resolverlo de una vez.

Por este motivo, es muy importante repasar sistemáticamente un programa antes de enviarlo. La detección de errores triviales ahorrará al autor una buena cantidad de tiempo en programas con tiempo de ejecución altos, y esto es particularmente grave cuando se participa en un concurso donde los envíos no correctos suponen una penalización. A continuación, veamos algunas ideas para diseñar buenos archivos de comprobación:

- *Compruebe la entrada de ejemplo* — Los enunciados de los problemas incluyen un ejemplo de cómo han de ser la entrada y la salida. En la inmensa mayoría de los casos (pero no siempre) la salida es el resultado correspondiente a los datos de entrada. Que su código resuelva correctamente estos casos de ejemplo es una condición necesaria, pero no suficiente, para que la solución sea correcta.

- *Compruebe entradas incorrectas* — Si el enunciado dice que su programa debe realizar alguna acción específica cuando la entrada no es válida, asegúrese de comprobar que, efectivamente, ocurre con entradas conflictivas.

- *Compruebe las condiciones límite* — Muchos de los fallos en los programas se deben a sobrepasar los límites en una unidad. Compruebe explícitamente su código para condiciones tales como una entrada vacía, de un sólo elemento o dos, y valores que sean nulos.

- *Compruebe con ejemplos de los que conoce la solución correcta* — Lo más importante para preparar un buen caso de prueba es tener la seguridad de que se conoce la solución correcta. Por tanto, estos casos de prueba deben de ser lo suficientemente sencillos como para poder resolverlos a mano. Es frecuente equivocarse aceptando salidas que parecen correctas, pero sin haber analizando a fondo el funcionamiento exigido.

- *Compruebe ejemplos grandes de los que no conoce la respuesta correcta* — Normalmente, solo es posible resolver a mano ejemplos muy pequeños. Esto hace que sea muy difícil validar los programas para entradas grandes. Se puede ensayar con ejemplos largos que sean fáciles de construir, como datos aleatorios o los números del 1 al n, inclusive, solo para asegurarse de que la ejecución del programa no se interrumpe, o se comporta de forma inesperada.

La comprobación es el arte de localizar errores. La depuración es el arte de eliminarlos. Hemos diseñado este problema de programación y escrito nuestro propio código para ilustrar este ejemplo. Aún así, tardamos bastante más de lo que esperábamos en conseguir que funcionase sin errores. Pero esto no es una sorpresa, porque todos los programadores son optimistas por naturaleza. Pero, ¿qué se puede hacer para no caer es tales trampas?

- *Conocer bien el depurador del lenguaje que usa* — Todos los entornos de programación habituales tienen un depurador para el código, que permite detener la ejecución en posiciones predeterminadas o bajo condiciones lógicas impuestas, que informan del contenido de una variable y permiten cambiar su valor para ver lo que ocurre a continuación. Estos depuradores compensan con creces su costo a la hora de escribir las sentencias *print* correspondientes y conviene aprender a usarlos. Cuanto antes empiece, más tiempo y frustraciones se ahorrará.

- *Mostrar en pantalla las estructuras de datos* — En un momento de la depuración de nuestro programa *War*, tuvimos un error de límites en nuestra cola de prioridad. Solo pudimos descubrirlo mostrando en pantalla los contenidos de dicha cola, para ver lo que realmente faltaba. Es bueno escribir rutinas específicas para representar todas las estructuras de datos no triviales; ya que los depuradores, frecuentemente, tienen dificultades para interpretar de forma correcta este tipo de errores.

- *Comprobar rigurosamente las invariantes* — Las funciones de ordenación y desordenación de cartas son potenciales fuentes de error si una de ellas no es la inversa de la otra. Una *invariante* es una propiedad del programa que es siempre cierta con independencia de la entrada. Una invariante muy sencilla trabaja de la siguiente manera

```
for (i=0; i<NCARDS; i++)
    if (i != rank_card(value(i), suit(i)))
        printf("Error: rank_card(%c,%c)=%d not %d\n", value(i),
                suit(i), rank_card(value(i), suit(i)), i);
```

comprueba totalmente la corrección de las funciones de ordenación y desordenación.

- *Repasar el código* — Seguramente, la forma más fiable de depurar su programa es leerlo con mucho cuidado. Un código muy complicado de leer, o que exige demasiado ingenio para leerlo, suele estar plagado de errores.

- *Hacer que las sentencias* print *tengan un significado claro* — Añadir sentencias *print*, para escrutar el interior de un programa que no funciona, es un mal necesario que se puede minimizar utilizando de forma eficiente un depurador a nivel de código. Pero si se decide añadir alguna de estas sentencias para depurar, hay que procurar que sean lo más útiles posible. Hay que asegurarse de que nos muestren no sólo el nombre de la variable y su posición en el programa, sino también su valor. Es muy fácil verse perdido en un inmenso volumen de información de depuración, pero las líneas realmente importantes se pueden encontrar rápidamente localizando palabras clave en el archivo de salida.

Cuando se ha corregido la parte correspondiente del programa, lo mejor es comentar las sentencias de depuración, y no borrar inmediatamente esas líneas. Si les pasa lo que a nosotros, seguramente las necesitará otra vez.

- *Dimensionar los arrays un poco más grandes de lo necesario* — Los errores de límite son una clase de fallos particularmente sutiles y tramposos. Un razonamiento claro y mucha disciplina son la forma correcta de evitarlos. Pero pensar es duro y la memoria del ordenador barata. Así que nos parece que una solución muy útil es definir *arrays* con uno o dos elementos más de los que *serían* necesarios y de esa forma minimizar las consecuencias de este tipo de error.

- *Asegurarse de que los errores son, realmente, errores* — En la programación de *War*, perdimos bastante tiempo siguiendo la pista de un bucle infinito, antes de darnos cuenta de que la ordenación aleatoria de las cartas que tomábamos como inicial, tiene una probabilidad asombrosamente alta de crear una situación cíclica, en la que los jugadores alternan eternamente sus cartas. La culpa era del orden determinista especificado para recoger las cargas ganadas en la guerra, es decir, de intercalar las cartas del jugador 1 y las del 2. Pero el hecho era que el programa no tenía absolutamente ningún error.

Es importante aprender de este ejemplo. Hay que barajar aleatoriamente las cartas recogidas, para no tener que jugar eternamente a esta guerra con nuestro sobrino.

2.8 Problemas

2.8.1 Secuencias saltarinas

ID en Online Judge: 10038 — **Popularidad:** A — **Tasa de éxito:** media — **Nivel:** 1

A una secuencia de n (> 0) números enteros se le denomina *saltarina*, si los valores absolutos de las diferencias entre elementos sucesivos toman todos los valores posibles desde 1 hasta $n - 1$. Por ejemplo,

```
1  4  2  3
```

es una *secuencia saltarina*, porque las diferencias absolutas son 3, 2 y 1, respectivamente. La definición implica que cualquier secuencia de un único entero es *saltarina*. El objetivo del problema es escribir un programa que determine si cada una de las secuencias propuestas es *saltarina*.

Entrada

Cada línea de la entrada consta de un entero $n \leq 3000$, seguido de n enteros que representan la secuencia.

Salida

Por cada línea de la entrada, se debe generar una línea de salida que diga "Jolly" o "Not jolly".

Ejemplo de entrada

```
4 1 4 2 3
5 1 4 2 -1 6
```

Ejemplo de salida

```
Jolly
Not jolly
```

2.8.2 Manos de póquer

ID en Online Judge: 10315 — **Popularidad:** C — **Tasa de éxito:** media — **Nivel:** 2

Una baraja de póquer tiene 52 cartas. Cada carta es de un palo: tréboles, diamantes, corazones o picas (indicados como C, D, H, S, respectivamente, en la entrada de datos). Cada carta también tiene un valor entre 2 y 10, sota, reina, rey y as (indicados como 2, 3, 4, 5, 6, 7, 8, 9, T, J, Q, K, A). En términos de puntuación se consideran los valores en el orden expresado anteriormente, siendo el 2 la carta de menor valor y el as la de mayor. El palo no tiene influencia en el valor.

Una mano de póquer consta de cinco cartas repartidas del mazo. El valor de las distintas manos de póquer es el siguiente, de menor a mayor:

Carta más alta. Las manos que no se ajusten a ninguna otra categoría se evalúan por la carta más alta. Si se produce un empate en la carta más alta, se considera la siguiente de mayor valor, y así sucesivamente.

Pareja. Dos de las cinco cartas de la mano tienen el mismo valor. En caso de empate en esta categoría, se considerará el valor de las cartas que forman la pareja. Si el valor de estas es el mismo, las manos se clasificarán en función de las cartas restantes, en orden descendente.

Dobles parejas. La mano incluye dos parejas diferentes. Si hay coincidencia, se tendrá en cuenta el valor de la pareja más alta. En caso de empate, se considerará el valor de la otra pareja y, posteriormente, el valor de la carta restante.

Trío. Tres de las cartas de la mano tienen el mismo valor. En caso de empate, se tendrá en cuenta el valor de las cartas que forman el trío.

Escalera. La mano contiene cinco cartas de valores consecutivos. En caso de empate, se considera la carta más alta.

Color. Las cinco cartas son del mismo palo. En caso de empate, se aplican las reglas de la carta más alta.

Full. Es una combinación de un trío y una pareja. Se desempata en función del valor de las cartas que forman el trío.

Póquer. Cuatro cartas del mismo valor. De cara al desempate, se considera el valor de las mismas.

Escalera de color. Cinco cartas del mismo palo con valores consecutivos. Para desempatar, se considera la carta más alta.

La tarea consiste en comparar diversas parejas de manos de póquer e indicar cuál de ellas tiene mayor valor.

Entrada

La entrada consta de varias líneas y cada una de ellas define un conjunto de diez cartas: las cinco primeras corresponden a la mano del jugador llamado "*Black*" y las cinco siguientes al denominado "*White*".

Salida

Cada línea de la salida debe mostrar uno de los siguientes mensajes[2]:

```
Black wins.
White wins.
Tie.
```

Ejemplo de entrada

```
2H 3D 5S 9C KD 2C 3H 4S 8C AH
2H 4S 4C 2D 4H 2S 8S AS QS 3S
2H 3D 5S 9C KD 2C 3H 4S 8C KH
2H 3D 5S 9C KD 2D 3H 5C 9S KH
```

Ejemplo de salida

```
White wins.
Black wins.
Black wins.
Tie.
```

---

[2] *Tie*, en inglés, significa empate, es decir, que ambas manos tienen el mismo valor

2.8.3 Hartals

ID en Online Judge: 10050 — **Popularidad:** B — **Tasa de éxito:** alta — **Nivel:** 2

Los partidos políticos de Bangladesh muestran su fuerza convocando regularmente las llamadas *hartals* (huelgas), que provocan un daño económico considerable. Cada partido estará representado por un entero positivo h, que llamaremos *parámetro hartal*, y que indica el número medio de días que trascurren entre dos convocatorias de huelga sucesivas realizadas por dicho partido.

Consideremos tres partidos políticos. Asumimos que $h_1 = 3$, $h_2 = 4$, y $h_3 = 8$, donde h_i es el *parámetro hartal* del partido i. Podemos simular el comportamiento de estos tres partidos durante $N = 14$ días. Comenzamos siempre la simulación en domingo. Nunca hay huelgas ni los viernes ni los sábados.

Días	1 Do	2 Lu	3 Ma	4 Mi	5 Ju	6 Vi	7 Sá	8 Do	9 Lu	10 Ma	11 Mi	12 Ju	13 Vi	14 Sá
Partido 1			x			x			x			x		
Partido 2				x				x				x		
Partido 3								x						
Hartals			1	2				3	4			5		

Se producirán exactamente cinco *hartals* (los días 3, 4, 8, 9 y 12) a lo largo de los 14 días. No hay *hartal* el día 6, ya que es viernes. Por lo tanto, se perderán cinco días en dos semanas.

Dados los *parámetros hartal* de varios partidos políticos y el valor de N, se debe determinar el número de días de trabajo perdidos en esos N días.

Entrada

La primera línea de la entrada consta de un único entero T, que indica el número de casos de prueba que siguen. La primera línea de cada caso de prueba contiene un entero N ($7 \leq N \leq 3{,}650$), que muestra el número de días que se deben incluir en la simulación. La siguiente línea consta de otro entero P ($1 \leq P \leq 100$), que representa el número de partidos políticos. La i-ésima de las siguientes P líneas contiene un entero positivo h_i (que nunca será múltiplo de 7), que indica el *parámetro hartal* del partido i ($1 \leq i \leq P$).

Salida

Para cada caso de prueba, se debe mostrar el número de días de trabajo perdidos en una línea independiente.

Ejemplo de entrada

```
1
100
4
12
15
25
40
```

Ejemplo de salida

```
15
```

2.8.4 Superdescifrador

ID en Online Judge: 843 — **Popularidad:** B — **Tasa de éxito:** baja — **Nivel:** 2

Un método muy común, y también muy inseguro, de cifrar texto consiste en permutar las letras del alfabeto. En otras palabras, cada letra del alfabeto es sustituida sistemáticamente en el texto por otra. Para garantizar que el cifrado es reversible, nunca se sustituyen dos letras diferentes por la misma.

El objetivo de este problema es descifrar varias líneas de texto cifradas, suponiendo que cada línea usa un conjunto de sustituciones diferente, y que todas las palabras utilizadas en el texto descifrado provienen de un diccionario de palabras conocidas.

Entrada

La entrada consta de una línea que contiene un entero n, seguido de n palabras en minúscula, una por línea, en orden alfabético. Estas n palabras componen el diccionario de palabras que pueden aparecer en el texto descifrado. A continuación del diccionario aparecen varias líneas de entrada. Cada una de ellas está cifrada como se ha descrito antes.

No puede haber más de 1.000 palabras en el diccionario. Ninguna palabra tendrá más de 16 letras. Las líneas cifradas contienen únicamente letras minúsculas y espacios, y su longitud nunca supera los 80 caracteres.

Salida

Descifrar cada línea e imprimirla en la salida estándar. Si hay varias soluciones, cualquiera de ellas será válida. Si no hay ninguna solución, se debe sustituir cada letra del alfabeto por un asterisco.

Ejemplo de entrada

```
6
and
dick
jane
puff
spot
yertle
bjvg xsb hxsn xsb qymm xsb rqat xsb pnetfn
xxxx yyy zzzz www yyyy aaa bbbb ccc dddddd
```

Ejemplo de salida

```
dick and jane and puff and spot and yertle
**** *** **** *** **** *** **** *** ******
```

2.8.5 Mazo de cartas

ID en Online Judge: 10205 — **Popularidad:** B — **Tasa de éxito:** media — **Nivel:** 1

La Gran Ciudad tiene muchos casinos. En uno de ellos, la crupier engaña a los jugadores. Ha perfeccionado varias mezclas, y cada una de ellas coloca las cartas exactamente de la misma manera, independientemente de cuándo se utilice. Un ejemplo sencillo es el de la mezcla de la "carta inferior", que coloca la carta de la parte inferior del mazo en la parte superior. Utilizando varias combinaciones de estas mezclas conocidas, la malvada crupier puede colocar las cartas en cualquier orden determinado. El jefe de seguridad del casino nos ha contratado para investigar este caso. Tendremos una lista de todas las mezclas realizadas por la crupier, junto con pistas visuales que nos permitirán determinar qué mezcla utiliza en cada momento. Nuestro trabajo será predecir el orden de las cartas después de una secuencia de mezclas.

Una baraja normal tiene 52 cartas, con 13 valores diferentes en cada uno de sus cuatro palos. Los valores se denominan 2, 3, 4, 5, 6, 7, 8, 9, 10, sota, reina, rey y as. Los palos se denominan tréboles, diamantes, corazones y picas. Cualquier carta de la baraja se puede identificar por su valor y su palo, nombrados normalmente como $< valor >$ de $< palo >$. Por ejemplo, "9 de corazones" o "rey de picas". Tradicionalmente, en una baraja nueva, los palos están ordenados según la secuencia anterior, y después por el valor según el orden indicado.

Entrada

La entrada comienza con un único entero positivo, que indica el número de casos de prueba, seguido de una línea en blanco. También habrá una línea en blanco entre cada dos entradas.

Cada caso consta de un entero $n \leq 100$, que es el número de mezclas que conoce la crupier. A continuación, siguen n conjuntos de 52 enteros, que incluyen todos los números del 1 al 52 en algún orden. Dentro de estos conjuntos de 52 enteros, i en posición j significa que la mezcla mueve la carta i-ésima a la posición j del mazo.

Siguen varias líneas, cada una formada por un entero k entre 1 y n. Estas indican que se ha observado a la crupier aplicar la mezcla k-ésima de las indicadas anteriormente.

Salida

En cada caso de prueba se comienza con una baraja nueva ordenada como ya se ha descrito. Después de realizadas todas las mezclas, mostrar los nombres de las cartas de la baraja en el nuevo orden. La salida de dos casos consecutivos debe estar separada por una línea en blanco.

Ejemplo de entrada

```
1

2
2 1 3 4 5 6 7 8 9 10 11 12 13 14 15 16 17 18 19 20 21 22 23 24 25 26
27 28 29 30 31 32 33 34 35 36 37 38 39 40 41 42 43 44 45 46 47 48 49 50 52 51
52 2 3 4 5 6 7 8 9 10 11 12 13 14 15 16 17 18 19 20 21 22 23 24 25 26
27 28 29 30 31 32 33 34 35 36 37 38 39 40 41 42 43 44 45 46 47 48 49 50 51 1
1
2
```

```
King of Spades
2 of Clubs
4 of Clubs
5 of Clubs
6 of Clubs
7 of Clubs
8 of Clubs
9 of Clubs
10 of Clubs
Jack of Clubs
Queen of Clubs
King of Clubs
Ace of Clubs
2 of Diamonds
3 of Diamonds
4 of Diamonds
5 of Diamonds
6 of Diamonds
7 of Diamonds
8 of Diamonds
9 of Diamonds
10 of Diamonds
Jack of Diamonds
Queen of Diamonds
King of Diamonds
Ace of Diamonds
2 of Hearts
3 of Hearts
4 of Hearts
5 of Hearts
6 of Hearts
7 of Hearts
8 of Hearts
9 of Hearts
10 of Hearts
Jack of Hearts
Queen of Hearts
King of Hearts
Ace of Hearts
2 of Spades
3 of Spades
4 of Spades
5 of Spades
6 of Spades
7 of Spades
8 of Spades
9 of Spades
10 of Spades
Jack of Spades
Queen of Spades
Ace of Spades
3 of Clubs
```

2.8.6 El número de Erdös

ID en Online Judge: 10044 — **Popularidad:** B — **Tasa de éxito:** baja — **Nivel:** 2

El húngaro Paul Erdös (1913–1996) fue uno de los matemáticos más famosos del siglo XX. Cada matemático que ha tenido el honor de colaborar con Erdös es objeto de un respeto especial. Por desgracia, no todo el mundo tuvo la oportunidad de escribir un artículo con Erdös, así que, lo mejor que pudieron hacer muchos, fue publicar un artículo junto con alguien que había publicado un artículo con Erdös. Esto dió pie a los conocidos *números de Erdös*. Un autor que ha publicado un artículo con Erdös tiene el número de Erdös 1. Un autor que no ha publicado directamente con Erdös, pero sí con alguien que tiene un número de Erdös 1, tendrá un número de Erdös 2, y así sucesivamente.

La tarea consiste en escribir un programa que compute los números de Erdös de un conjunto determinado de artículos y autores.

Entrada

La primera línea de la entrada indica el número de situaciones. Cada situación consta de una base de datos de artículos y una lista de nombres. Comienza con la línea $P\ N$, donde P y N son números naturales. Siguiendo a esta línea está la base de datos de artículos, con P líneas que contienen, cada una de ellas, la descripción de un artículo, de la siguiente manera:

```
Smith, M.N., Martin, G., Erdos, P.: Newtonian forms
```

Hay que tener en cuenta que los caracteres especiales como "ö", están escritos como "o". Después de los P artículos aparecen N líneas con los nombres. Cada una de estas líneas guarda el siguiente formato:

```
Martin, G.
```

Salida

Se debe imprimir, para cada situación, una línea que contenga una cadena "Scenario i"(donde i es el número de la situación), y todos los nombres de los autores junto con sus números de Erdös. Los autores deben aparecer en el mismo orden que en la lista de nombres de la entrada. El número de Erdös está basado en los artículos de una base de datos para cada situación concreta. Los autores que no tengan ninguna relación con Erdös a través de los artículos de la base de datos, estarán indicados como "infinity".

Ejemplo de entrada

```
1
4 3
Smith, M.N., Martin, G., Erdos, P.: Newtonian forms
Erdos, P., Reisig, W.: Stuttering in petri nets
Smith, M.N., Chen, X.: First order derivates
Jablonski, T., Hsueh, Z.: Selfstabilizing data
Smith, M.N.
Hsueh, Z.
Chen, X.
```

Ejemplo de salida

```
Scenario 1
Smith, M.N. 1
Hsueh, Z. infinity
Chen, X. 2
```

2.8.7 Puntuación del concurso

ID en Online Judge: 10258 — **Popularidad:** B — **Tasa de éxito:** media — **Nivel:** 1

¿Le gustaría competir en el concurso internacional de programación de la ACM? Entonces ¡será mejor que sepa cómo se realizan las puntuaciones!. En primer lugar, se clasifica a los concursantes por el número de problemas resueltos (cuantos más, mejor), y, a continuación, por la cantidad decreciente del tiempo de penalización. Si dos o más concursantes están empatados, tanto en problemas resueltos como en tiempo de penalización, aparecen ordenados por el valor creciente de sus números de equipo.

Se considera que un concursante ha resuelto un problema, si cualquiera de los envíos de ese problema es correcto. El tiempo de penalización se computa como el número de minutos transcurridos desde que comenzó el concurso hasta que se envió la primera solución correcta de un problema, más 20 minutos por cada envío incorrecto de ese problema anterior al primero correcto. Los problemas sin resolver no conllevan tiempo de penalización.

Entrada

La entrada comienza con un único entero positivo en una línea, que indica el número de casos que se describen a continuación. Esta línea va seguida por una línea en blanco. También habrá una línea en blanco entre cada dos entradas consecutivas.

La entrada consta de una muestra de la cola de espera del juez, que contiene información sobre algunos o todos los concursantes, numerados del 1 al 100, que intentan resolver los problemas del 1 al 9. Cada línea de la entrada contiene 3 números y una letra, con el formato *concursante problema tiempo L*, donde *L* puede ser C, I, R, U o E. Estas letras significan Correcto, Incorrecto, solicitud de aclaRación, no jUzgado y Error en el envío. Los tres últimos casos no afectan a la puntuación.

La línea de la entrada se muestra en el orden en el que se han recibido los envíos.

Salida

La salida de cada caso consistirá en un tablero de puntuación, ordenado según los criterios descritos anteriormente. Cada línea de la salida constará de un número de concursante, el número de problemas resueltos por dicho concursante y el tiempo de penalización total acumulado por el mismo. Como no todos los concursantes participan, únicamente se mostrarán aquellos que hayan realizado algún envío. Las salidas de casos consecutivos estarán separadas por una línea en blanco.

Ejemplo de entrada

```
1

1 2 10 I
3 1 11 C
1 2 19 R
1 2 21 C
1 1 25 C
```

Ejemplo de salida

```
1 2 66
3 1 11
```

2.8.8 Yahtzee

ID en Online Judge: 10149 — **Popularidad:** C — **Tasa de éxito:** media — **Nivel:** 3

El juego del Yahtzee se juega con cinco dados, que se lanzan en 13 rondas. Se puntúa en 13 categorías diferentes. Cada ronda se puntúa en una de las categorías, a elección del jugador, pues sólo se puede puntuar en cada categoría una vez en la partida. Las 13 categorías son las siguientes:

- **unos** - suma de todos los unos lanzados

- **doses** - suma de todos los doses lanzados

- **treses** - suma de todos los treses lanzados

- **cuatros** - suma de todos los cuatros lanzados

- **cincos** - suma de todos los cincos lanzados

- **seises** - suma de todos los seises lanzados

- **libre** - suma de todos los dados

- **trío** - suma de todos los dados, siempre que tres de ellos tengan el mismo valor

- **cuatro iguales** - suma de todos los dados, siempre que cuatro de ellos tengan el mismo valor

- **cinco iguales** - 50 puntos, siempre que los cinco dados tengan el mismo valor

- **escalera corta** - 25 puntos, siempre que cuatro de los dados formen una secuencia (que puede ser 1,2,3,4 ó 2,3,4,5 ó 3,4,5,6)

- **escalera larga** - 35 puntos, siempre que todos los dados formen una secuencia (que puede ser 1,2,3,4,5 ó 2,3,4,5,6)

- **full** - 40 puntos, siempre que tres de los dados tengan el mismo valor, y los dos restantes también coincidan entre ellos (por ejemplo, 2,2,5,5,5)

Se puede puntuar 0 en las seis últimas categorías en caso de que no se cumplan los criterios.

La puntuación final de la partida es la suma de los puntos de las 13 categorías, más una bonificación de 35 puntos si la suma de las seis primeras categorías es de 63 ó más.

La tarea consiste en calcular la mejor puntuación posible para una secuencia de rondas.

Entrada

Cada línea de la entrada consta de cinco enteros entre 1 y 6, que indican los valores de los dados lanzados en cada ronda. Hay 13 líneas por cada partida, y puede haber cualquier número de partidas.

Salida

La salida consistirá en una única línea por cada partida que contenga 15 números: la puntuación de cada categoría (en el orden ya indicado), la bonificación (0 ó 35) y la puntuación final. Si hay más de una combinación para lograr la puntuación máxima, cualquiera de ellas será válida.

Ejemplo de entrada

```
1 2 3 4 5
1 2 3 4 5
1 2 3 4 5
1 2 3 4 5
1 2 3 4 5
1 2 3 4 5
1 2 3 4 5
1 2 3 4 5
1 2 3 4 5
1 2 3 4 5
1 2 3 4 5
1 2 3 4 5
1 2 3 4 5
1 1 1 1 1
6 6 6 6 6
6 6 6 1 1
1 1 1 2 2
1 1 1 2 3
1 2 3 4 5
1 2 3 4 6
6 1 2 6 6
1 4 5 5 5
5 5 5 5 6
4 4 4 5 6
3 1 3 6 3
2 2 2 4 6
```

Ejemplo de salida

```
1 2 3 4 5 0 15 0 0 0 25 35 0 0 90
3 6 9 12 15 30 21 20 26 50 25 35 40 35 327
```

2.9 Sugerencias

2.8.2 ¿Podemos reducir el valor de una mano de póquer a un único valor numérico para hacer la comparación más fácil?

2.8.3 ¿Necesitamos construir explícitamente la tabla para calcular el número de huelgas?

2.8.4 ¿Vale la pena repartir las palabras en clases de equivalencia basadas en letras repetidas y longitud?

2.8.7 ¿Cuál es la forma más fácil de ordenar por varios criterios?

2.8.8 ¿Necesitamos intentar todas las aplicaciones posibles de rondas en categorías, o podemos hacer algunas asignaciones de una forma más directa?

2.10 Comentarios

2.8.1 Un saltador divertido es un caso especial de etiquetado de un *grafo afortunado*. Se dice que un grafo es afortunado si existe una forma de etiquetar los n vértices con enteros, de forma que el valor absoluto de la diferencia entre los extremos de todos sus m ejes toma valores diferentes entre 1 y m. Un saltador divertido representa un etiquetado afortunado de una trayectoria (grafo lineal) de n vértices. La famosa *conjetura de los árboles afortunados* se pregunta si todo árbol admite un etiquetado afortunado. Los grafos afortunados representan un tema importante de investigación para estudiantes no graduados. En [8] se puede encontrar un dinámico estudio de una lista de problemas abiertos que son accesibles.

2.8.5 Las matemáticas subyacentes a la mezcla de naipes es un tema fascinante. Una *mezcla perfecta* rompe el mazo por la mitad en dos montones A y B, y después intercala las cartas: la de arriba de A, la de arriba de B, la de arriba de A, la de arriba de B, ... Sorprendentemente, ocho mezclas perfectas devuelven el mazo a su estado original. Esto se puede demostrar usando aritmética modular o la teoría de ciclos en permutaciones. Ver [6, 27] para más información sobre mezclas perfectas.

2.8.6 El número de Erdös del primero de los autores de este libro es 2, lo que da al segundo un número ≤ 3. Erdös se hizo famoso por proponer hermosos problemas, fáciles de entender pero duros de resolver sobre combinatoria, teoría de grafos y teoría de números. Para conocer más sobre este hombre fascinante, recomendamos leer alguna de sus conocidas biografías, como [16, 33].

Capítulo 3

Cadenas de caracteres

Las cadenas de caracteres son estructuras de datos fundamentales, y su importancia va en aumento. Los motores de búsqueda en Internet, como Google, rastrean miles de millones de documentos de forma casi instantánea. La secuencia del *genoma* humano consiste en un cadena de tres mil millones de caracteres de texto, que describen todas las proteínas de las que estamos compuestos. Buscando en esta cadena patrones de interés, literalmente estamos descubriendo el secreto de la vida.

Las necesidades para resolver los problemas de programación de este capítulo son considerablemente menores. Sin embargo, nos van a ayudar a ver en profundidad la forma en que se representan los caracteres y las cadenas de caracteres en los ordenadores modernos, y los astutos algoritmos que buscan y manipulan estos datos. Para una discusión más profunda de algoritmos sobre cadenas, referimos al lector a [14].

3.1 Códigos de caracteres

Los *códigos de caracteres* son relaciones entre números y los símbolos que constituyen un determinado alfabeto. Los ordenadores están diseñados para trabajar fundamentalmente con datos numéricos. Todo lo que necesitan saber sobre un determinado alfabeto es el símbolo que se asigna a cada uno de los números posibles. Cada vez que se cambia la fuente en un programa de impresión, lo único que realmente cambia es el conjunto de bits asociado con cada carácter, y que constituyen su imagen. Cuando se cambia un sistema operativo de inglés a ruso, todo lo que en realidad cambia es la aplicación entre los símbolos y el código del carácter.

Para trabajar con cadenas de caracteres, es útil entender un poco sobre el diseño de los códigos de los caracteres. El código ASCII (*American Standard Code for Information Interchange*) utiliza un solo byte por carácter, y especifica $2^7 = 128$ caracteres[1]. Los bytes son entidades de 8 bits, lo que significa que el bit más representativo es siempre cero.

En la figura 3.1 se representa la tabla de los códigos ASCII, donde en la izquierda de cada entrada podemos ver el número decimal de la especificación y a la derecha el símbolo asociado.

---

[1]Seamos conscientes de que hay docenas de variaciones del código ASCII. Quizás el más importante sea el ISO Latin-1, que utiliza los 8 bits al completo y es capaz de incluir todos los caracteres acentuados de los idiomas europeos.

0	NUL	1	SOH	2	STX	3	ETX	4	EOT	5	ENQ	6	ACK	7	BEL
8	BS	9	HT	10	NL	11	VT	12	NP	13	CR	14	SO	15	SI
16	DLE	17	DC1	18	DC2	19	DC3	20	DC4	21	NAK	22	SYN	23	ETB
24	CAN	25	EM	26	SUB	27	ESC	28	FS	29	GS	30	RS	31	US
32	SP	33	!	34	"	35	#	36	$	37	%	38	&	39	'
40	(	41	)	42	*	43	+	44	,	45	-	46	.	47	/
48	0	49	1	50	2	51	3	52	4	53	5	54	6	55	7
56	8	57	9	58	:	59	;	60	<	61	=	62	>	63	?
64	@	65	A	66	B	67	C	68	D	69	E	70	F	71	G
72	H	73	I	74	J	75	K	76	L	77	M	78	N	79	O
80	P	81	Q	82	R	83	S	84	T	85	U	86	V	87	W
88	X	89	Y	90	Z	91	[	92	\	93	]	94	^	95	_
96	`	97	a	98	b	99	c	100	d	101	e	102	f	103	g
104	h	105	i	106	j	107	k	108	l	109	m	110	n	111	o
112	p	113	q	114	r	115	s	116	t	117	u	118	v	119	w
120	x	121	y	122	z	123	{	124	|	125	}	126	~	127	DEL

Figura 3.1: El código ASCII.

Esta asignación de símbolos no se hizo de forma aleatoria. De hecho, el diseño tiene muchas propiedades interesantes y que facilitan la tarea de programar:

- Todos los caracteres no imprimibles, o bien tienen los tres primeros bits a cero o los siete últimos son unos. De esta forma, es muy fácil eliminarlos y no presentar *basura* en la pantalla, aunque parece que muy pocos programas lo hacen.

- Tanto las letras mayúsculas, como las minúsculas y los dígitos numéricos están seguidos en la tabla. Por tanto, podemos iterar tomando como índice todas las letras/dígitos, haciendo simplemente un bucle desde el valor del primer símbolo (digamos, "a") hasta el del último símbolo (es decir, "z").

- Esta colocación secuencial tiene otra consecuencia importante, y es que podemos convertir un carácter (por ejemplo, "I") en su etiqueta en la sucesión de referencia (octava, si "A" es el carácter que marca la posición cero) simplemente restando el código del primer símbolo ("A").

- Podemos pasar un carácter (como "C") de mayúsculas a minúsculas sumando la diferencia de los caracteres iniciales de ambos conjuntos ("C"-"A"+"a"). De igual forma, un carácter x pertenece a las letras mayúsculas si y sólo si el valor de código está entre "A" y "Z".

- Dado un código de caracteres, podemos predecir lo que va a ocurrir cuando hagamos una ordenación elemental de archivos de texto. ¿Cuál de los caracteres "x", "3" o "C" estará primero en orden alfabético? Ordenar alfabéticamente significa hacerlo por el código de los caracteres. El uso de una sucesión de referencia distinta requiere funciones de comparación más complejas, y será tratado en el capítulo 4.

- Los códigos, no imprimibles, para indicar una nueva línea (10) y para ir al principio de la misma (13), se utilizan para delimitar el final de las líneas de texto. Los sistemas operativos UNIX y Windows hacen un uso diferente de estos dos códigos, lo que representa una molestia a la hora de intercambiar archivos de texto entre ambos sistemas.

Los códigos internacionales más modernos para representar caracteres, como por ejemplo *Unicode*, utilizan dos o, incluso, tres bytes para cada símbolo, y son capaces de representar prácticamente todos los símbolos de todos los idiomas del mundo. Sin embargo, el viejo ASCII sigue vivo sumergido en el Unicode. Siempre que el bit más significativo sea igual a 0, se entiende que el texto está codificado en caracteres de un sólo byte y no en entidades de dos bytes. En consecuencia, aún es posible utilizar la codificación más sencilla y con un uso más eficiente de la memoria, al mismo tiempo que se abre la posibilidad de usar miles de símbolos adicionales.

Debido a todos estos aspectos, hay grandes diferencias en la manipulación del texto por los distintos lenguajes de programación. Los lenguajes más antiguos, como Pascal, C y C++, tratan el tipo `char` virtualmente como un sinónimo de entidades de 8 bits. Por tanto, el tipo de datos *carácter* es el elegido para trabajar con filas de caracteres, incluso en el caso de que no se puedan imprimir. Por otra parte, Java está diseñado para soportar Unicode, por lo que los caracteres son entidades de 16 bits. Cuando trabaja con texto codificado como ASCII/ISO Latin 1, el byte más significativo está compuesto enteramente de ceros. Hay que tener muy presente esta diferencia cuando se alterna entre distintos lenguajes de programación.

3.2 Representación de cadenas de caracteres

Las cadenas de caracteres (*strings*) son sucesiones de caracteres, en las que el orden es fundamental. Es muy importante conocer la forma en que su lenguaje de programación favorito representa estas cadenas, puesto que hay varias posibilidades:

- *Vectores terminados con el carácter nulo* — C/C++ tratan las cadenas de caracteres como vectores. La cadena termina en el momento en que aparece el carácter nulo "\0", es decir, el de código ASCII cero. Un fallo a la hora de terminar sus cadenas, explícitamente, con un carácter, normalmente hace que estas se extiendan con un buen número de caracteres no imprimibles. En el momento de definir una cadena de caracteres, hay que reservar un vector lo suficientemente grande para que sea capaz de contener la cadena más larga posible (más el carácter nulo), si no queremos que el programa provoque un error de ejecución (típicamente un *core dump*). La ventaja de esta representación mediante un vector es que todos los caracteres son accesibles individualmente por su índice, como elementos de un vector que son.

- *Vector más longitud* — Otro esquema consiste en usar la primera posición del vector para almacenar la longitud de la cadena, lo que elimina la necesidad de poner un carácter nulo al final de la misma. Presumiblemente esto es lo que ocurre internamente con las implementaciones en Java, aunque a la vista del usuario, una cadena es un objeto con un conjunto de operadores y funciones actuando sobre él.

- *Listas enlazadas de caracteres* — Las cadenas de caracteres también se pueden representar usando listas enlazadas, aunque prácticamente no se usa este método por la gran cantidad de memoria que se infrautiliza, al tener un puntero de varios bytes para cada carácter de un sólo byte. Aún así, esta opción puede ser muy útil cuando se van a insertar o eliminar con mucha frecuencia subcadenas del cuerpo de la cadena.

La representación subyacente de una cadena de caracteres tiene una gran repercusión sobre las operaciones que se pueden realizar en ella de forma más fácil y/o eficiente. Pensemos en las tres estructuras de datos expuestas, comparándolas respecto a las siguientes propiedades:

- ¿Cuál utiliza menos espacio de memoria? ¿Para qué tamaños de cadena?

- ¿Cuál limita el contenido de las cadenas susceptibles de ser representadas?

- ¿Cuál nos permite acceder en tiempo constante al carácter en la posición i-ésima?

- ¿Cuál permite comprobar, de forma eficiente, si el i-ésimo carácter está de hecho en la cadena, evitándonos errores al exceder los límites?

- ¿Cuál permite que la eliminación de un carácter, o la inserción de otro nuevo, en la i-ésima posición, se haga de forma más eficiente?

- ¿Qué representación es la más adecuada cuando los usuarios están limitados al uso de cadenas de 255 caracteres de longitud máxima, como por ejemplo, los nombres de los archivos en Windows?

3.3 Ejemplo de diseño de un programa: cambio de nombre de empresas

Los cambios de nombre de las empresas son cada vez más frecuentes, ya que las compañías se fusionan, se compran entre sí, intentan eludir alguna mala publicidad, o incluso elevar el precio de sus acciones. Basta recordar los tiempos en que añadir un sufijo .com al nombre de una compañía era todo el secreto de su éxito.

Con todos estos cambios, es difícil descifrar el nombre actual de una empresa cuando se leen documentos antiguos. Imaginemos que su empresa, Digiscam (antes Algorist Technologies), le ha puesto a trabajar en un programa para mantener una base de datos con los cambios de nombres de empresas y que haga las sustituciones adecuadas para actualizar los viejos documentos.

La entrada de su programa será un archivo con un cierto número de cambios de nombres de empresas y, a continuación, un cierto número de líneas de texto que deben ser corregidas. Solamente se deben reemplazar coincidencias *exactas* de cadenas de caracteres. Habrá, como mucho, 1000 cambios de nombre, y cada línea de texto nunca tendrá más de 1000 caracteres de longitud. Un ejemplo de archivo de entrada es:

```
4
"Anderson Consulting" to "Accenture"
"Enron" to "Dynegy"
"DEC" to "Compaq"
"TWA" to "American"
5
Anderson Accounting begat Anderson Consulting, which
offered advice to Enron before it DECLARED bankruptcy,
which made Anderson
Consulting quite happy it changed its name
in the first place!
```

Que debería de transformarse en:

```
Anderson Accounting begat Accenture, which
offered advice to Dynegy before it CompaqLARED bankruptcy,
which made Anderson
```

```
Consulting quite happy it changed its name
in the first place!
```

Las especificaciones no exigen respetar los separadores de palabras (como, por ejemplo, un espacio en blanco), por lo que actualizar DECLARED a CompaqLARED es lo que hay que hacer.

Solución

¿Qué tipo de operaciones con cadenas de caracteres es necesario realizar para resolver este problema? Debemos ser capaces de leer cadenas y almacenarlas, buscar patrones en las cadenas, modificarlas y, finalmente, imprimirlas.

El archivo de entrada está dividido en dos partes claramente diferentes. Hay que leer completamente la primera sección, el diccionario de cambios de nombre, y almacenarla, antes de comenzar a transformar el texto. Se pueden declarar las estructuras de datos pertinentes, del siguiente modo:

```c
#include <string.h>


#define MAXLEN          1001      /* longitud máxima de una cadena */
#define MAXCHANGES       101      /* máximo número de cambios de nombre */


typedef char string[MAXLEN];


string mergers[MAXCHANGES][2];   /* nombres de empresas antes/después */
int nmergers;                    /* cantidad de cambios de nombre */
```

Aquí, representamos el diccionario como vector bidimensional de cadenas de caracteres. No se necesita almacenar las palabras clave en un determinado orden, puesto que recorreremos cada línea de texto en busca de todas y cada una de ellas.

Leer la lista de los nombres de las empresas es bastante complicado, puesto que tenemos que analizar cada línea de entrada y extraer el material contenido entre comillas. El truco es ignorar el texto anterior a las primeras comillas, y recolectar todos los caracteres hasta las segundas comillas:

```c
read_changes()
{
        int i;                  /* contador */


        scanf("%d\n",&nmergers);
        for (i=0; i<nmergers; i++) {
                read_quoted_string(&(mergers[i][0]));
                read_quoted_string(&(mergers[i][1]));
        }
}
```

```c
read_quoted_string(char *s)
{
        int i=0;                        /* contador */
        char c;                         /* último carácter */

        while ((c=getchar()) != '\"') ;
        while ((c=getchar()) != '\"') {
                s[i] = c;
                i = i+1;
        }
        s[i] = '\0';
}
```

En las siguientes secciones se describen las operaciones más complejas que necesitaremos.

3.4 Búsqueda de patrones

El algoritmo más sencillo para localizar la presencia de una determinada cadena patrón p en un texto t, superpone la cadena patrón sobre cada posición en el texto, y comprueba si cada carácter del mismo coincide con el correspondiente del texto:

```c
/* Nos devuelve la posición de la primera vez que se encuentra el patrón p
   en el texto t, y -1 si esto no ocurre nunca.
*/

int findmatch(char *p, char *t)
{
        int i,j;                        /* contadores */
        int plen, tlen;                 /* longitudes de las cadenas */

        plen = strlen(p);
        tlen = strlen(t);

        for (i=0; i<=(tlen-plen); i=i+1) {
                j=0;
                while ((j<plen) && (t[i+j]==p[j]))
                        j = j+1;
                if (j == plen) return(i);
        }

        return(-1);
}
```

Observemos que esta subrutina busca solamente coincidencias exactas. Si una letra está en mayúsculas en el patrón, pero no en el texto, no se consideran exactas. Más preocupante, si el nombre de una empresa está partido entre dos líneas consecutivas (como ocurre en el ejemplo de entrada), la rutina no detecta la coincidencia. Tales tipos de búsquedas se pueden llevar a cabo, cambiando el método de comparación texto/patrón de `t[i+j]==p[j]` a algo más interesante. Se puede usar la misma técnica para permitir el uso de caracteres *comodín*, aquellos que dan coincidencia con cualquier otro. Trataremos un concepto más general de coincidencia aproximada entre cadenas de caracteres en el capítulo 11.

El costo operativo de este algoritmo tan elemental es del orden $O(|p||t|)$ en el peor caso. ¿Es capaz el lector de construir una pareja patrón-texto, de longitud arbitraria, para los que el algoritmo consuma, de hecho, tal cantidad de tiempo sin encontrar tan siquiera el patrón? Como promedio, la búsqueda con este algoritmo es mucho más eficiente, puesto que tan pronto como se encuentre la primera diferencia, haremos avanzar el patrón una posición en el texto. Aunque son bastante más complejos, existen algoritmos de búsqueda que son lineales en tiempo: ver [14] para un discusión exhaustiva. Lo más probable es que estos algoritmos estén incluidos en las bibliotecas de tratamiento de cadenas asociadas a su lenguaje de programación.

3.5 Manipulación de cadenas de caracteres

La manipulación de cadenas de caracteres requiere el conocimiento exacto de la representación empleada por el lenguaje utilizado. En este caso, suponemos que tales cadenas se representan por una sucesión de caracteres de un sólo byte en un vector terminado por el carácter nulo, en la forma en que opera el lenguaje C.

Esto hace que muchas de las operaciones con cadenas sean razonablemente fáciles:

- *Calcular la longitud de una cadena* — Basta recorrer los caracteres de la cadena, sumando uno al contador cada vez hasta que nos encontremos con el carácter nulo.

- *Copiar una cadena* — A menos que el lenguaje de programación utilizado implemente la copia de cadenas enteras de golpe, es preciso implementar un bucle explícito que copie los caracteres de uno en uno. No hay que olvidar la reserva de suficiente memoria para la nueva copia, ni el carácter nulo.

- *Invertir una cadena* — La forma más sencilla para hacerlo consiste en copiar la cadena de derecha a izquierda en un segundo vector. El extremo derecho se localiza calculando la longitud de la cadena. No olvide terminar la nueva cadena con el carácter nulo. También es posible realizar la inversión de cadenas *in situ*, mediante el intercambio de caracteres, si no importa que la cadena original desaparezca.

Como ejemplo, vamos a implementar una subrutina para sustituir una subcadena en una posición prefijada con otra cadena. La vamos a necesitar para el programa de fusión de las empresas. La parte más delicada es desplazar el resto de los caracteres de nuestra cadena para ubicar el nuevo texto en su lugar correspondiente. Si la nueva cadena es más larga que la original a la que va a sustituir, debemos desplazar todo lo que viene detrás para que ningún carácter sea sobreescrito. Si, por el contrario, la nueva cadena es más corta, hemos de mover hacia la izquierda los elementos restantes, para cubrir el hueco dejado por la original:

```
1   /*
2   Substituye la subcadena de longitud xlen que empieza en la posición pos
3   de la cadena de caracteres s con el contenido de la cadena y.
4   */
5
6   replace_x_with_y(char *s, int pos, int xlen, char *y)
7   {
8           int i;                          /* contador */
9           int slen,ylen;                  /* longitudes de las cadenas relevantes */
10
11          slen = strlen(s);
12          ylen = strlen(y);
13
14          if (xlen >= ylen)
15                  for (i=(pos+xlen); i<=slen; i++) s[i+(ylen-xlen)] = s[i];
16          else
17                  for (i=slen; i>=(pos+xlen); i--) s[i+(ylen-xlen)] = s[i];
18
19          for (i=0; i<ylen; i++) s[pos+i] = y[i];
20  }
```

Una solución alternativa sería ensamblar la nueva cadena en un *buffer* temporal y, después, sobreescribir todos los caracteres de la cadena *s* con el contenido de ese *buffer*.

3.6 Completar la fusión

Una vez que tenemos todas estas rutinas preparadas para trabajar, el resto del programa es bastante sencillo:

```
1   main()
2   {
3           string s;                   /* cadena de entrada */
4           char c;                     /* carácter de entrada */
5           int nlines;                 /* número de líneas en el texto */
6           int i,j;                    /* contadores */
7           int pos;                    /* posición del patrón en la cadena */
8
9           read_changes();
10          scanf("%d\n",&nlines);
11          for (i=1; i<=nlines; i=i+1) {            /* read text line */
12                  j=0;
13                  while ((c=getchar()) != '\n') {
14                          s[j] = c;
15                          j = j+1;
16                  }
```

```
17             s[j] = '\0';
18
19         for (j=0; j<nmergers; j=j+1)
20                 while ((pos=findmatch(mergers[j][0],s)) != -1) {
21                     replace_x_with_y(s, pos,
22                         strlen(mergers[j][0]), mergers[j][1]);
23                 }
24
25         printf("%s\n",s);
26     }
27 }
```

3.7 Bibliotecas de funciones para cadenas de caracteres

Si se está trabajando en C, C++ o Java, conviene tener muy en cuenta el soporte que nos ofrecen para trabajar con caracteres y cadenas de caracteres en sus bibliotecas o clases. Una vez más, recordamos que no hay ninguna razón para reinventar la rueda.

El lenguaje Pascal tradicional no soporta las cadenas de caracteres como un tipo de datos, y los detalles difieren de una implementación a otra.

Biblioteca de funciones para cadenas de caracteres en C

El lenguaje C contiene bibliotecas tanto para caracteres como para cadenas de ellos. La biblioteca para caracteres en C, ctype.h, contiene varios *tests* y manejos sencillos sobre los códigos de carácter. Como hace C con todos los predicados, se define true como una cantidad no nula, y false como cero.

```
1  #include <ctype.h>        /* importa la librería de caracteres */
2
3  int isalpha(int c);       /* verdadero si c es mayúscula o minúscula */
4  int isupper(int c);       /* verdadero si c es una letra mayúscula */
5  int islower(int c);       /* verdadero si c es una letra minúscula */
6  int isdigit(int c);       /* verdadero si c es un dígito decimal (0-9) */
7  int ispunct(int c);       /* verdadero si c es un signo de punctuación */
8  int isxdigit(int c);      /* verdadero si c es hexadecimal (0-9,A-F) */
9  int isprint(int c);       /* verdadero si c es un carácter imprimible */
10
11 int toupper(int c);       /* pasa c a mayúscula -- sin comprobar errores */
12 int tolower(int c);       /* pasa c a minúscula -- sin comprobar errores */
```

Conviene comprobar cuidadosamente cada definición, y no suponer sin más que las funciones hacen exactamente lo que queremos.

Las siguientes funciones pertenecen a la biblioteca de cadenas de caracteres del lenguaje C string.h. La biblioteca inclute más funciones y opciones que encontraremos en el manual.

```
#include <string.h>      /* importa la librería de cadenas de caracteres */

char *strcat(char *dst, const char *src);    /* concatenación */
int strcmp(const char *s1, const char *s2);  /* son iguales s1 y s2? */
char *strcpy(char *dst, const char *src);    /* copia src a dst */
size_t strlen(const char *s);                /* longitud de la cadena */
char *strstr(const char *s1, const char *s2); /* busca s2 en s1 */
char *strtok(char *s1, const char *s2);       /* repite palabras en s1 */
```

Biblioteca de funciones para cadenas de caracteres en C++

Además de permitir el estilo *strings* del lenguaje C, C++ tiene una clase que contiene métodos para la operaciones siguientes, entre otras:

```
string::size()            /* longitud de la cadena de caracteres */
string::empty()           /* está vacía? */

string::c_str()           /* devuelve un puntero a una cadena tipo en C */

string::operator [](size_type i)       /* accede al i-ésimo carácter */

string::append(s)       /* añade a la cadena de caracteres */
string::erase(n,m)      /* elimina una serie de caracteres */
string::insert(size_type n,const string&s) /* inserta la cadena s en n */

string::find(s)
string::rfind(s)        /* busca a izquierda o derecha una cadena dada */

string::first()
string::last()          /* coge caracteres, también hay iterantes */
```

Existen operadores adicionales para la concatenación y comparación de cadenas de caracteres.

Las cadenas de caracteres como objetos en Java

Las cadenas de caracteres en Java son objetos de primer nivel, que derivan bien de la clase `String`, bien de la clase `StringBuffer`. La clase `String` es para cadenas estáticas que no cambian, mientras que la clase `StringBuffer` esta pensada para cadenas dinámicas. Conviene recordar que Java fue diseñado para soportar Unicode, por lo que sus caracteres son entidades de 16 bits.

El paquete `java.text` contiene operaciones mucho más potentes con cadenas de caracteres, incluyendo rutinas para analizar fechas y otros tipos de texto estructurado.

3.8 Problemas

3.8.1 WERTYU

ID en Online Judge: 10082 — **Popularidad:** A — **Tasa de éxito:** alta — **Nivel:** 1

Un error bastante común al teclear, consiste en colocar las manos en el teclado desplazadas una columna a la derecha de la posición correcta. En ese caso, en vez de "Q" se escribe "W", en vez de "J" se escribe "K", etcétera. La tarea será descifrar un mensaje escrito de esta manera.

Entrada

La entrada consta de varias líneas de texto. Cada línea puede contener números, espacios, letras mayúsculas (salvo "Q", "A" o "Z") o los signos de puntuación mostrados en el dibujo [con la excepción de la comilla inversa (')]. Las teclas rotuladas con las palabras [Tab, BackSp, Control, etc.] no estarán representadas en la entrada.

Salida

Se debe sustituir cada letra o signo de puntuación, por el que aparece inmediatamente a su izquierda en el teclado QWERTY mostrado. Los espacios de la entrada deben ser representados como tales en la salida.

Ejemplo de entrada

```
O S, GOMR YPFSU/
```

Ejemplo de salida

```
I AM FINE TODAY.
```

3.8.2 ¿Dónde está Waldorf?

ID en Online Judge: 10010 — **Popularidad:** B — **Tasa de éxito:** media — **Nivel:** 2

Teniendo una tabla de letras de dimensiones m por n y una lista de palabras, encontrar la posición de la tabla en la que aparece la palabra.

Una palabra debe corresponder a una línea recta e ininterrumpida de letras en la tabla. Una palabra será válida en la tabla, independientemente de si aparece en mayúsculas o minúsculas. La coincidencia se puede producir en cualquiera de las ocho direcciones horizontales, verticales o diagonales de la tabla.

Entrada

La entrada comienza con un único entero positivo en una línea, que indica el número de casos, seguido de una línea en blanco. También habrá una línea en blanco entre cada dos casos consecutivos.

Cada caso comienza con una pareja de enteros, m seguido de n, en una única línea, donde $1 \leq m, n \leq 50$, en notación decimal. Las siguientes m líneas contrendrán n letras cada una, representando la tabla de letras en la que se deben buscar las palabras. Las letras de la tabla pueden estar en mayúsculas o minúsculas. A continuación de la tabla de letras, aparecerá una línea con otro entero k ($1 \leq k \leq 20$). Las siguientes k líneas de la entrada contendrán la lista de palabras que se deben buscar, una por línea. Estas palabras pueden contener únicamente letras mayúsculas y minúsculas, y no aparecerá ningún espacio, signo de puntuación o carácter no alfabético.

Salida

Para cada palabra de cada caso de prueba, se debe mostrar una pareja de enteros que representará su ubicación en la tabla correspondiente. Los enteros deben estar separados por un único espacio. El primer entero corresponde a la línea de la tabla donde aparece la primera letra de la palabra en cuestión (1 representa la línea superior de la tabla, y m la inferior). El segundo entero es la columna de la tabla en la que aparece la primera letra de la palabra (1 representa la columna del extremo izquierdo, y n la del extremo derecho). Si una palabra aparece más de una vez en la tabla, se debe mostrar la que esté situada más arriba (es decir, la que tenga su primera letra en el lugar más cercano a la parte superior de la tabla). En caso de que ambas apariciones se encuentren a la misma altura, se considerará la que esté más a la izquierda. Todas las palabras aparecerán, al menos, una vez en la tabla.

La salida de dos casos de prueba consecutivos debe estar separada por una línea en blanco.

Ejemplo de entrada

```
1

8 11
abcDEFGhigg
hEbkWalDork
FtyAwaldORm
FtsimrLqsrc
byoArBeDeyv
Klcbqwikomk
strEBGadhrb
yUiqlxcnBjf
4
Waldorf
Bambi
Betty
Dagbert
```

Ejemplo de salida

```
2 5
2 3
1 2
7 8
```

3.8.3 Permutación común

ID en Online Judge: 10252 — **Popularidad:** A — **Tasa de éxito:** media — **Nivel:** 1

Considerando dos cadenas, a y b, imprimir la cadena de letras x más larga posible, de forma que exista una permutación de x que corresponda a una subsecuencia de a, y una permutación de x que corresponda a una subsecuencia de b.

Entrada

La entrada contiene varios casos, cada uno de ellos definido por dos líneas consecutivas. Esto significa que las líneas 1 y 2 corresponden al primer caso, las líneas 3 y 4 al segundo, y así sucesivamente. Cada línea contiene una cadena de letras minúsculas, identificándose la primera de ellas como a y la segunda como b. Cada cadena puede tener 1.000 caracteres como máximo.

Salida

Por cada caso de entrada, mostrar una línea que contenga x. Si hay varias cadenas x que satisfagan el criterio indicado, elegir la primera por orden alfabético.

Ejemplo de entrada

```
pretty
women
walking
down
the
street
```

Ejemplo de salida

```
e
nw
et
```

3.8.4 Superdescrifrador II

ID en Online Judge: 850 — **Popularidad:** A — **Tasa de éxito:** media — **Nivel:** 2

Un método muy común, y también muy inseguro, de cifrar texto consiste en permutar las letras del alfabeto. En otras palabras, cada letra del alfabeto es sustituida sistemáticamente en el texto por otra. Para asegurarnos de que el cifrado es reversible, nunca se sustituyen dos letras diferentes por la misma.

Un método muy potente de análisis criptográfico consiste en utilizar un texto conocido. En este tipo de ataque, el analista se aprovecha de conocer una que ha sido encriptada por el enemigo y, estudiando el texto cifrado, deduce el método de codificación.

La tarea consiste en descifrar varias líneas de texto codificadas, teniendo en cuenta que cada una de ellas utiliza el mismo conjunto de sustituciones, y que una de las líneas corresponde a la versión cifrada del texto `the quick brown fox jumps over the lazy dog`.

Entrada

La entrada comienza con un único entero positivo en una línea, que indica el número de casos de prueba, seguido de una línea en blanco. También habrá una línea en blanco entre cada dos casos consecutivos.

Cada caso consta de varias líneas de entrada, cifradas como se ha indicado antes. Las líneas cifradas únicamente pueden contener letras minúsculas y espacios, y su longitud nunca superará los 80 caracteres. Puede haber hasta 100 líneas de texto en la entrada.

Salida

Para cada caso de prueba, descifrar cada línea e imprimirla en la salida estándar. Si hay más de una solución posible, cualquiera de ellas será válida. Si no hay solución, se debe mostrar:

`No solution.`

Se imprimirá una línea en blanco entre cada dos casos consecutivos.

Ejemplo de entrada

```
1

vtz ud xnm xugm itr pyy jttk gmv xt otgm xt xnm puk ti xnm fprxq
xnm ceuob lrtzv ita hegfd tsmr xnm ypwq ktj
frtjrpgguvj otvxmdxd prm iev prmvx xnmq
```

Ejemplo de salida

```
now is the time for all good men to come to the aid of the party
the quick brown fox jumps over the lazy dog
programming contests are fun arent they
```

3.8.5 Sistema de juez automático

ID en Online Judge: 10188 — **Popularidad:** B — **Tasa de éxito:** media — **Nivel:** 1

Los jueces humanos de los concursos de programación suelen ser bastante quisquillosos. Para poder prescindir de ellos, hay que implementar un sistema de juez automático para evaluar las soluciones enviadas.

El programa recibirá un archivo que contendrá la salida correcta del problema, así como la salida del programa enviado, y deberá responder con `Accepted`, `Presentation Error` o `Wrong Answer`, como se define a continuación:

Accepted: Se debe mostrar "`Accepted`" si la salida del programa coincide exactamente con la solución correcta. *Todos* los caracteres deben coincidir y deben estar colocados en el mismo orden.

Presentation Error: La respuesta será "`Presentation Error`" si todos los caracteres *numéricos* aparecen en el mismo orden, pero hay algún carácter no numérico que no coincide. Por ejemplo, "`15 0`" y "`150`" recibirían la respuesta "`Presentation Error`", mientras que "`15 0`" y "`1 0`" obtendrían "`Wrong Answer`", como se describe a continuación.

Wrong Answer: Si el problema no se puede considerar en ninguna de las dos categorías anteriores, no habrá más remedio que valorarlo como "`Wrong Answer`".

Entrada

La entrada constará de un número arbitrario de casos. Cada caso comienza con una línea que contiene un entero positivo $n < 100$, que indica el número de líneas de la solución correcta. Las siguientes n líneas contendrán la solución correcta. A continuación aparecerá un entero positivo $m < 100$, que representa el número de líneas de la respuesta del programa enviado a juzgar. Las siguientes m líneas contendrán dicha respuesta. La entrada finalizará con un valor de $n = 0$, línea que no debe ser procesada.

Ninguna línea podrá tener más de 100 caracteres.

Salida

Para cada caso, escribir uno de los siguientes mensajes:

`Run #x: Accepted`

`Run #x: Presentation Error`

`Run #x: Wrong Answer`

donde x corresponde al número de caso en el orden de entrada (comenzado por 1).

Ejemplo de entrada

```
2
The answer is: 10
The answer is: 5
2
The answer is: 10
The answer is: 5
2
The answer is: 10
The answer is: 5
2
The answer is: 10
The answer is: 15
2
The answer is: 10
The answer is:  5
2
The answer is: 10
The answer is: 5
3
Input Set #1: YES
Input Set #2: NO
Input Set #3: NO
3
Input Set #0: YES
Input Set #1: NO
Input Set #2: NO
1
1 0 1 0
1
1010
1
The judges are mean!
1
The judges are good!
0
```

Ejemplo de salida

```
Run #1: Accepted
Run #2: Wrong Answer
Run #3: Presentation Error
Run #4: Wrong Answer
Run #5: Presentation Error
Run #6: Presentation Error
```

3.8.6 Fragmentación de archivos

ID en Online Judge: 10132 — **Popularidad:** C — **Tasa de éxito:** media — **Nivel:** 2

Un amigo, bioquímico de profesión, tropezó en su laboratorio mientras llevaba una bandeja llena de archivos de ordenador. Todos los archivos se rompieron al caer al suelo. Él recogió todos los trozos y buscó ayuda para volver a ponerlos juntos.

Por suerte, todos los archivos de la bandeja eran idénticos, y todos se rompieron exactamente en dos trozos. Además se encontraron todos los trozos. Por desgracia, no todos se rompieron por el mismo sitio, y los trozos se mezclaron unos con otros al caer.

Los fragmentos binarios originales se han traducido a caracteres ASCII 1's y 0's. La tarea consiste en escribir un programa que determine el patrón de bits que contenían los archivos.

Entrada

La entrada comienza con un único entero positivo en una línea, que indica el número de casos de prueba, seguido de una línea en blanco. También habrá una línea en blanco entre cada dos casos consecutivos.

Cada caso constará de una secuencia de "fragmentos de archivos", uno por línea, finalizado por un carácter de fin de archivo o una línea en blanco. Cada fragmento se representa como una cadena de 1s y 0s.

Salida

Por cada caso de prueba en la entrada, se mostrará una única línea de 1s y 0s que indique el patrón de bits de los archivos originales. Si hay $2N$ fragmentos en la entrada, debería ser posible concatenar dichos fragmentos, de manera que se formen N copias de la salida. Si no hay una solución única, cualquiera de las posibles será válida.

Nuestro amigo bioquímico está seguro de que no había más de 144 archivos en la bandeja, y que cada uno de ellos tenía menos de 256 bytes de tamaño.

Se separará con una línea en blanco la salida de cada dos casos consecutivos.

Ejemplo de entrada

```
1

011
0111
01110
111
0111
10111
```

Ejemplo de salida

```
01110111
```

3.8.7 Dobletes

ID en Online Judge: 10150 — **Popularidad:** C — **Tasa de éxito:** media — **Nivel:** 3

Un *doblete* es una pareja de palabras en la que una de ellas se diferencia de la otra por una sola letra; por ejemplo, "booster" y "rooster", o "rooster" y "roaster", o "roaster" y "roasted".

Se proporcionará un diccionario de hasta 25.143 palabras en minúscula, en el que ninguna de ellas superará las 16 letras. A continuación, se mostrarán parejas de palabras. La tarea consistirá en encontrar, para cada pareja de palabras, la secuencia más corta que comience con la primera palabra y finalice con la segunda, de forma que cada palabra y su adyacente formen un doblete. Por ejemplo, si se muestra la pareja "booster" y "roasted", una solución posible sería ("booster", "rooster", "roaster", "roasted"), asumiendo que todas esas palabras estuviesen incluidas en el diccionario.

Entrada

La entrada constará del diccionario seguido de parejas de palabras. El diccionario incluirá varias palabras, una por línea, y finalizará con una línea en blanco. A continuación, aparecerán las parejas de palabras, cada una de ellas en una línea independiente.

Salida

Mostrar, por cada pareja de la entrada, un conjunto de líneas que comience con la primera palabra y finalice con la última. Cada pareja de líneas adyancentes debe formar un doblete.

Si existen varias soluciones posibles que muestren una secuencia de la menor longitud, cualquiera de ellas será válida. Si no hay solución se mostrará la línea: "`No solution.`". Entre cada dos casos se dejará una línea en blanco.

Ejemplo de entrada

```
booster
rooster
roaster
coasted
roasted
coastal
postal

booster roasted
coastal postal
```

Ejemplo de salida

```
booster
rooster
roaster
roasted

No solution.
```

3.8.8 Fmt

ID en Online Judge: 848 — **Popularidad:** C — **Tasa de éxito:** baja — **Nivel:** 2

El programa de UNIX *fmt* lee líneas de texto, las combina y las divide para crear un archivo de salida con líneas de una longitud lo más cercana posible a 72 caracteres, sin superar nunca ese número. Las reglas para combinar y dividir las líneas son las siguientes:

- Se puede comenzar una nueva línea en cualquier lugar en que haya un espacio en la entrada. Cuando comienza una nueva línea, los espacios en blanco al final de la línea anterior y al principio de la nueva son eliminados.

- Un salto de línea de la entrada, se puede eliminar en la salida, salvo que (1) se encuentre al final de una línea vacía o en blanco, ó (2) esté seguido por otro salto de línea o por un espacio. Cuando se elimina un salto de línea, se sustituye por un espacio.

- Al final de las líneas de la salida no debe haber espacios.

- Cualquier palabra de la entrada que tenga una longitud de más de 72 caracteres, deberá aparecer en una línea independiente.

Se puede dar por hecho que el texto de entrada no contiene ningún carácter de tabulación.

Ejemplo de entrada

```
    Unix fmt

The unix fmt program reads lines of text, combining
and breaking lines so as to create an
output file with lines as close to without exceeding
72 characters long as possible.  The rules for combining and breaking
lines are as follows.

    1.  A new line may be started anywhere there is a space in the input.
If a new line is started, there will be no trailing blanks at the
end of the previous line or at the beginning of the new line.

    2.  A line break in the input may be eliminated in the output, provided
it is not followed by a space or another line break.  If a line
break is eliminated, it is replaced by a space.
```

Ejemplo de salida

```
Unix fmt
```

The unix fmt program reads lines of text, combining and breaking lines
so as to create an output file with lines as close to without exceeding
72 characters long as possible. The rules for combining and breaking
lines are as follows.

1. A new line may be started anywhere there is a space in the input.
If a new line is started, there will be no trailing blanks at the end of
the previous line or at the beginning of the new line.

2. A line break in the input may be eliminated in the output,
provided it is not followed by a space or another line break. If a line
break is eliminated, it is replaced by a space.

3.9 Sugerencias

3.8.1 ¿Deberemos utilizar lógica de difícil codificación para realizar el reemplazo de caracteres, o sería más fácil una estrategia basada en tablas de vectores inicializados?

3.8.2 ¿Podemos escribir una rutina sencilla para comparar con la que pueda manejar la comparación en las ocho direcciones, cuando se le llama con los argumentos correctos? ¿Resulta rentable especificar las direcciones como pares de enteros (δ_x, δ_y) en vez de poner el nombre?

3.8.3 ¿Es posible recolocar las letras de cada palabra de forma que la permutación común resulte más evidente?

3.8.5 ¿Cuál es la forma más fácil de comparar únicamente los caracteres numéricos, como exige la identificación de los errores de presentación?

3.8.6 Si no el orden, ¿se puede, al menos, imaginar fácilmente qué pares de fragmentos van juntos?

3.8.7 ¿Podemos replantear este problema como un problema de trayectorias en grafos? Puede merecer la pena echar un vistazo al capítulo 9, donde presentamos estructuras de datos para grafos y algoritmos de recorrido de los mismos.

3.10 Comentarios

3.8.4 Aunque su historia se remonta a miles de años en el pasado, la criptografía se ha visto revolucionada por los avances de la computación y por nuevos algoritmos. Aconsejamos leer los libros de Schneier [34] y/o Stinson [39] para aprender más sobre esta materia fascinante.

3.8.8 La joya de los programas para edición de textos es LaTeX, que hemos utilizado para dar formato a este libro. Está construido sobre TeX, desarrollado por el genio en ciencias de la computación Don Knuth. Es el autor de los famosos libros *Art of Computer Programming* [20, 21, 22], que aún siguen fascinando, y no tienen parangón más de 30 años después de su publicación original.

Capítulo 4

Ordenación

La ordenación es el problema algorítmico más importante en las ciencias de la computación, y una inagotable fuente de problemas de programación, por dos distintas razones.

Primero, porque la ordenación es una operación muy útil que resuelve de manera eficiente muchas tareas con las que se encuentra el programador. Tan pronto como uno detecta que su trabajo es un caso especial de ordenación, un uso adecuado de las rutinas de las bibliotecas reduce el trabajo a realizar sobre el problema.

En segundo lugar, porque se han desarrollado docenas de algoritmos de ordenación diferentes, cada uno de los cuales se basa en alguna idea ingeniosa u observación peculiar. La mayoría de los paradigmas de diseño de algoritmos, conducen a algoritmos de ordenación interesantes, entre otros los de divide y vencerás, aleatoriedad, inserción incremental y estructuras de datos avanzadas. Muchos problemas de programación matemática muy interesantes se derivan de las propiedades de dichos algoritmos.

En el presente capítulo, revisaremos las aplicaciones básicas de la ordenación, así como la teoría subyacente a los algoritmos más importantes. Finalmente, describiremos las bibliotecas de rutinas de ordenación que proporcionan todos los lenguajes de programación modernos, y demostraremos cómo usarlas en un problema no trivial.

4.1 Aplicaciones de la ordenación

La mejor forma para entender la ordenación es viendo la forma de usarla para resolver muchas tareas importantes de programación:

- *Comprobación de unicidad* — ¿Cómo podemos comprobar si los elementos de un colección de objetos S son todos distintos? Pongámolos en orden (creciente o decreciente) y, de esa forma, los elementos repetidos quedarán juntos. Una pasada a la sucesión resultante comprobando si $S[i] = S[i+1]$ para cada $1 \leq i < n$ remata el trabajo.

- *Eliminación de repeticiones* — ¿Cómo podemos eliminar todas las copias, excepto una, de los elementos repetidos en S? De nuevo, el trabajo se hace ordenando y eliminando de la sucesión resultante. Es evidente que este recorrido es mejor realizarle manteniendo dos índices: *back*, que apunta al último elemento de la parte delantera ya *limpia* del *array*, e i, apuntando al siguiente elemento que vamos a considerar. Si $S[back] <> S[i]$, se incrementa *back* y se copia $S[i]$ en $S[back]$.

- *Priorización de eventos —* Supongamos que tenemos que realizar una serie de tareas, cada una con su propia fecha límite. Ordenando los trabajos por su fecha límite de realización (o algún criterio relacionado) estarán en el orden correcto para procesarlos. Las colas de prioridad son estructuras de datos muy útiles para mantener calendarios o programas, cuando se realizan inserciones o eliminaciones de nuevos eventos, pero la ordenación es perfectamente válida si el conjunto de eventos no cambia durante la ejecución de los mismos.

- *Selección y cálculo de la mediana —* Supongamos que queremos localizar el k-ésimo elemento más grande en el conjunto S. Tras ordenar los elementos en orden creciente, este sujeto está instalado en la posición $S[k]$. El mismo sistema se puede utilizar para encontrar, como casos especiales (aunque sea de modo un poco ineficiente) los elementos menor y mayor, así como la mediana.

- *Recuento de frecuencias —* ¿Cuál es el elemento que más veces aparece en S, es decir, la moda? Tras ordenar, un recorrido lineal nos permite contar el número de veces que aparece cada elemento.

- *Reconstrucción del orden original —* ¿Cómo podemos restablecer la colocación original de un conjunto de objetos, una vez que los hemos permutado para alguna aplicación? Se puede añadir un campo extra a los registros de los datos de cada objeto, cuyo valor para el i-ésimo registro sea, precisamente, i. Manteniendo este campo cada vez que se mueven los registros, y ordenando más tarde por el mismo, tendremos el orden inicial siempre que queramos.

- *Unión e intersección de conjuntos —* ¿Cómo podemos realizar la unión o la intersección de los elementos de dos contenedores? Si ambos están ya ordenados, se pueden mezclar tomando reiteradamente el menor elemento entre los primeros de ambos conjuntos, y colocarlos en el nuevo conjunto si se quiere, entonces se elimina el primer elemento de la lista correspondiente.

- *Encontrar un par adecuado —* ¿Cómo podemos comprobar si existen dos enteros $x, y \in S$, tales que $x + y = z$ para algún valor conocido z? En lugar de comprobar con todos los pares posibles, podemos ordenar los números en orden creciente y hacer un recorrido. Como $S[i]$ crece con i, su posible pareja j, tal que $S[j] = z - S[i]$ deberá decrecer. Por tanto, decreciendo j de forma adecuada al crecimiento de i nos brinda una solución sencilla.

- *Búsqueda eficiente —* ¿Cómo podemos comprobar, de manera eficiente, si un elemento s está en un conjunto S? Sin duda, ordenar un conjunto para que permita realizar búsquedas binarias de sus elementos es, quizás, la aplicación más frecuente de la ordenación. Pero no olvidemos todas las demás.

4.2 Algoritmos de ordenación

Con toda seguridad, el lector ha visto una docena larga de algoritmos diferentes para ordenar datos. ¿Recuerda el método de la burbuja, el de inserción, el de selección, el del túmulo (*heap-*

sort[1]), los métodos de fusión, la ordenación rápida (*quicksort*[2]), la ordenación por índices y por cubetas, el *shellsort*[3], el recorrido transversal de un árbol y las redes de ordenación (*sorting networks*)? Lo más probable es que su vista haya comenzado a nublarse hacia la mitad de la lista. ¿Quién necesita conocer tal cantidad de formas de hacer lo mismo, teniendo en cuenta, además, que ya existe una biblioteca de funciones de ordenación incorporada a su lenguaje de programación preferido?

La verdadera razón para estudiar algoritmos de ordenación es que, al hacerlo, reaparecen las *ideas* que hay tras ellos, así como las ideas que hay detrás de algoritmos para otros muchos problemas. Entendiendo que el *heapsort* es *en realidad* una cuestión de estructuras de datos, que el *quicksort* es *en realidad* un estudio de sucesos aleatorios y que el *mergesort* es *en realidad* analizar el paradigma de divide y vencerás, se dispone de una gran cantidad de herramientas con las que trabajar en algorítmica.

A continuación, revisaremos algunos algoritmos especialmente instructivos. Asegúrese de tomar buena nota de las propiedades más útiles (tales como minimizar el movimiento de datos) que cada uno de ellos incorpora.

- *Ordenación por selección* — Este algoritmo divide el *array* de entrada en dos partes, la ya ordenada y la aún por ordenar, y en cada iteración localiza el elemento más pequeño que permanece en la región desordenada y lo coloca al final de la región ordenada:

```
1   selection_sort(int s[], int n)
2   {
3           int i,j;                 /* contadores */
4           int min;                 /* índice del mínimo */
5
6           for (i=0; i<n; i++) {
7                   min=i;
8                   for (j=i+1; j<n; j++)
9                           if (s[j] < s[min]) min=j;
10                  swap(&s[i],&s[min]);
11          }
12  }
```

La ordenación por selección realiza un buen número de comparaciones, pero es muy eficiente si tenemos en cuenta únicamente el *número* de movimientos de datos. El algoritmo realiza, a lo sumo, $n-1$ intercambios, cantidad que se alcanza en el peor caso imaginable, cuando se trata de ordenar una permutación totalmente invertida. También nos proporciona un buen ejemplo de la potencia de las estructuras de datos más sofisticadas. Si se usa una cola de prioridad para mantener la parte aún no ordenada del *array*, la complejidad del algoritmo se reduce del orden $O(n^2)$ que le es propio, al $O(n \lg n)$ del *heapsort*.

- *Ordenación por inserción* — Este algoritmo también divide el *array* de datos en sendas regiones, la parte ya ordenada y la que todavía no lo está. En cada iteración, se mueve el primer elemento de la sección no ordenada a su correspondiente posición en la parte ordenada:

---

[1] Algoritmo de ordenación desarrollado por Williams y Floyd en 1964.
[2] Un método de ordenación por intercambio debido a C. A. R. Hoare en 1960.
[3] Un algoritmo de ordenación propuesto por Donald Shell en 1959.

```
insertion_sort(int s[], int n)
{
        int i,j;                        /* contadores */

        for (i=1; i<n; i++) {
                j=i;
                while ((j>0) && (s[j] < s[j-1])) {
                        swap(&s[j],&s[j-1]);
                        j = j-1;
                }
        }
}
```

La particularidad más significativa del algoritmo de ordenación por inserción, es que minimiza la *cantidad* de movimientos de datos. Una *inversión* en una permutación p es un par de elementos que no están en orden entre ellos, es decir, una pareja i, j tales que $i < j$ pero $p[i] > p[j]$. Cada intercambio en este algoritmo elimina exactamente una inversión, sin mover ningún otro elemento, por lo que la cantidad de intercambios coincide con el de inversiones. Puesto que una permutación casi ordenada tiene muy pocas inversiones, este algoritmo puede resultar muy efectivo para esta clase de datos.

- *Ordenación rápida (quicksort)* — Este famoso algoritmo reduce la labor de ordenar un *array* grande en la de ordenar dos *arrays* más pequeños, tras realizar una etapa de *partición*. Esta partición reparte los elementos del vector, entre aquellos que son menores que el elemento separador (pivote), y los que son estrictamente mayores que dicho pivote. Puesto que ningún elemento tiene que volver a salir de su región tras el proceso de partición, es posible ordenar cada una de las partes de forma independiente. Para facilitar la ordenación de estos *subarrays*, entre los argumentos que se pasan a quicksort están los índices de los elementos primero (1) y último (h) de cada parte.

```
quicksort(int s[], int l, int h)
{
        int p;                          /* índice del separador */
        if ((h-1)>0) {
                p = partition(s,l,h);
                quicksort(s,l,p-1);
                quicksort(s,p+1,h);
        }
}

int partition(int s[], int l, int h)
{
        int i;                          /* contador */
        int p;                          /* índice del elemento pivote */
        int firsthigh;                  /* lugar que ocupará el pivote */
        p = h;
        firsthigh = l;
```

```
18      for (i=1; i<h; i++)
19          if (s[i] < s[p]) {
20                  swap(&s[i],&s[firsthigh]);
21                  firsthigh ++;
22              }
23      swap(&s[p],&s[firsthigh]);
24
25      return(firsthigh);
26  }
```

Este algoritmo es interesante por diversas razones. Cuando se implementa correctamente, es el más rápido entre todos los que ordenan directamente en la memoria del ordenador. Es un bello ejemplo del poder de la recursión. El algoritmo `partition` es útil por sí mismo para muchas otras tareas. Por ejemplo, ¿cómo se puede separar un *array* que contiene sólo ceros y unos en una serie distinta para cada símbolo?

4.3 Ejemplo de diseño de un programa: valoración de cada campo

La hermosa Polly no tiene escasez de pretendientes que vengan a cortejarla. De hecho, su principal problema es decidir quiénes son los mejores. Ella es lo suficientemente lista como para darse cuenta de que un programa, que le clasificase los caballeros de más a menos apetecibles, simplificaría su vida. También es lo suficientemente persuasiva para habernos convencido de que escribamos el programa.

Lo que a Polly verdaderamente la gusta es bailar, y ha decidido que la estatura de su pareja óptima es de 180 centímetros. Su primer criterio es encontrar a alguien cuya estatura esté lo más cercana posible a ese óptimo, sin importar que sea un poquito más o menos. Entre todos los candidatos de la misma estatura, quiere alguien cuyo peso sea lo más próximo posible a 75 kilogramos, pero sin sobrepasar esta cantidad. Si todos los candidatos de igual estatura sobrepasan este límite, escogerá al más ligero del grupo. Si dos o más personas tienen todas estas características idénticas, las ordenará por su apellido y, después, por su nombre de pila, si fuese necesario para romper el empate.

A Polly sólo le interesa ver los apellidos y nombres de los candidatos en el orden de prioridad, por lo que la entrada:

```
George Bush           195     110
Harry Truman          180     75
Bill Clinton          180     75
John Kennedy          180     65
Ronald Reagan         165     110
Richard Nixon         170     70
Jimmy Carter          180     77
```

produce la siguiente salida:

```
Clinton, Bill
Truman, Harry
Kennedy, John
Carter, Jimmy
Nixon, Richard
Bush, George
Reagan, Ronald
```

Solución

La esencia de este problema es ordenar bajo un criterio bastante complejo, pues depende de múltiples campos. Hay, al menos, dos formas diferentes de hacerlo. La primera, realizar varias pasadas de ordenación, primero por el criterio *menos* importante, luego por el siguiente de menor importancia, y así hasta que lleguemos a la ordenación final por el criterio de mayor importancia.

¿Por qué lo hacemos en este orden? Los criterios de menor importancia se usan solamente para deshacer empates derivados de la ordenación por la clave de mayor importancia. En el supuesto de que el algoritmo que usemos sea *estable*, lo que significa que conserva el orden relativo de los elementos coincidentes en un criterio, el trabajo realizado sobre los criterios menores se conserva en caso de que finalmente tenga repercusión.

No todos los algoritmos de ordenación son estables, de hecho, los más rápidos no lo son. Las función `insertion_sort` de la sección 4.2 es estable, mientras que `selection_sort` y `quicksort` no lo son[4]. Antes de suponer la estabilidad de cualquier función de ordenación, es conveniente revisar la documentación con mucho cuidado.

La otra forma de abordar el problema, que es por la que hemos optado aquí, mezcla todos los criterios de ordenación en una sola función de comparación, más compleja. Pero de esta forma es más fácil aprovechar la rutina de ordenación de la biblioteca del lenguaje C, que se describe en la próxima sección.

4.4 Bibliotecas de funciones de ordenación

Siempre que sea posible, es conveniente que cada usuario aproveche las bibliotecas de búsqueda/ordenación incorporadas a su lenguaje de programación favorito:

Ordenación y búsqueda en C

La cabecera `stdlib.h` contiene funciones de biblioteca para ordenación y búsqueda. La función para ordenar es `qsort`:

---

[4]Las implementaciones habituales de la ordenación por selección son estables, pero aquí hemos sacrificado está condición, a cambio de la mayor claridad y eficiencia de la función swap.

```
1  #include <stdlib.h>
2
3  void qsort(void *base, size_t nel, size_t width,
4          int (*compare) (const void *, const void *));
```

Lo esencial para usar `qsort` es darse cuenta de lo que hacen sus argumentos. La función ordena los primeros `nel` elementos de un *array* (al que apunta `base`), donde cada elemento tiene una longitud de `width` bytes. De esta forma, podemos ordenar *arrays* de caracteres de 1 byte, enteros de 4 bytes o registros de 100 bytes, y solo con cambiar el valor de `width`.

La ordenación final que se desea obtener, viene determinada por la función `compare`. Sus argumentos son punteros a dos elementos de `width` bytes, y devuelve un número negativo si el primero está antes que el segundo en la ordenación final, un número positivo si el segundo está antes que el primero o cero si coinciden.

He aquí una función de comparación para clasificar enteros en orden creciente:

```
1  int intcompare(int *i, int *j)
2  {
3      if (*i > *j) return (1);
4      if (*i < *j) return (-1);
5      return (0);
6  }
```

Esta función de comparación se puede usar para ordenar un *array* a, cuyos `cnt` primeros elementos están ocupados, del siguiente modo:

```
1      qsort((char *) a, cnt, sizeof(int), intcompare);
```

Un ejemplo más sofisticado de cómo emplear la función `qsort`, aparece en la sección 4.5. El nombre de `qsort` sugiere que el algoritmo implementado en esta biblioteca de funciones es el *quicksort*, aunque es totalmente indiferente para el usuario.

Es importante tener en cuenta que `qsort` destruye los contenidos del *array* original, por lo que, si fuese necesario restablecer el orden inicial, es preciso hacer una copia o añadir un campo extra al registro, como ya describimos en la sección 4.1.

La búsqueda binaria es un algoritmo sorprendentemente complejo de implementar correctamente bajo presión. La mejor solución es no intentarlo, puesto que la biblioteca `stdlib.h` contiene una implementación llamada `bsearch()`. Excepto la clave de búsqueda, los argumentos son los mismos que para `qsort`. Para búsquedas en un *array* previamente ordenado, lo mejor es

```
1      bsearch(key, (char *) a, cnt, sizeof(int), intcompare);
```

Ordenación y búsqueda en C++

La Standard Template Library (STL) de C++, ya vista en la sección 2.2.1, incluye métodos para ordenar, buscar y mucho más. Los usuarios serios de C++ deberían familiarizarse con esta biblioteca STL.

Para ordenar con STL, tenemos la opción de usar la función de comparación por defecto (por ejemplo, $\leq$) definida por la clase, o sobreescribirla con la función de comparación de uso específico `op`:

```
1  void sort(RandomAccessIterator bg, RandomAccessIterator end)
2  void sort(RandomAccessIterator bg, RandomAccessIterator end,
3          BinaryPredicate op)
```

STL también está equipada con una rutina de ordenación estable, que nos garantiza que las claves que tienen el mismo valor permanecerán en el mismo orden relativo. Esto puede ser muy útil si estamos ordenando por criterios múltiples:

```
1  void stable_sort(RandomAccessIterator bg, RandomAccessIterator end)
2  void stable_sort(RandomAccessIterator bg, RandomAccessIterator end,
3          BinaryPredicate op)
```

Otras funciones de la biblioteca STL implementan algunas de las aplicaciones de ordenación descritas en la sección 4.1, incluyendo,

- `nth_element` – Nos devuelve el n-ésimo mayor elemento en el contenedor.
- `set_union`, `set_intersection`, `set_difference` – Construyen la unión, intersección y diferencia de conjuntos de dos contenedores.
- `unique` – Elimina todos los elementos repetidos *consecutivos*.

Ordenación y búsqueda en Java

La clase `java.util.Arrays` contiene varios métodos de ordenación y búsqueda. En particular,

```
1  static void sort(Object[] a)
2  static void sort(Object[] a, Comparator c)
```

ordena el *array* de objetos especificado en orden ascendente, usando bien la ordenación natural de sus elementos, bien un comparador específico *c*. También están disponibles ordenaciones estables.

También incorpora métodos para buscar un determinado objeto en un *array* ordenado, usando el orden natural o el de un comparador distinto *c*:

```
1  binarySearch(Object[] a, Object key)
2  binarySearch(Object[] a, Object key, Comparator c)
```

4.5 Valoración de cada campo

Nuestra solución a las dificultades con los datos de Polly gira en torno a hacer la etapa de ordenación por múltiples criterios tan sencilla como sea posible. Primero, tenemos que fijar la estructura de datos básica:

```c
#include <stdio.h>
#include <string.h>

#define NAMELENGTH      30          /* longitud máxima del nombre */
#define NSUITORS        100         /* número máximo de pretendientes */

#define BESTHEIGHT      180         /* estatura óptima en centimetros */
#define BESTWEIGHT      75          /* peso óptimo en kilogramos */

typedef struct {
        char first[NAMELENGTH];     /* nombres de los pretendienes */
        char last[NAMELENGTH];      /* apellidos de los pretendienes */
        int height;                 /* estatura de los pretendienes */
        int weight;                 /* peso de los pretendienes */
} suitor;

suitor suitors[NSUITORS];           /* base de datos de pretendienes */
int nsuitors;                       /* número de pretendienes */
```

Ahora tenemos que leer la entrada. Tengamos en cuenta que no almacenamos la estatura y el peso de cada individuo. Los criterios de Polly para clasificar por estaturas y pesos eran bastante difusos, y giraban en torno a cómo eran estas cantidades respecto a una relación estatura/peso más que una ordenación lineal normal (por ejemplo, creciente o decreciente). En cambio, hemos alterado cada estatura y cada peso lo conveniente para que las cantidades estuvieran ordenadas linealmente por idoneidad:

```c
read_suitors()
{
        char first[NAMELENGTH], last[NAMELENGTH];
        int height, weight;

        nsuitors = 0;

        while (scanf("%s %s %d %d\n",suitors[nsuitors].first,
                suitors[nsuitors].last, &height, &weight) != EOF) {
                suitors[nsuitors].height = abs(height - BESTHEIGHT);
                if (weight > BESTWEIGHT)
                        suitors[nsuitors].weight = weight - BESTWEIGHT;
                else
                        suitors[nsuitors].weight = - weight;

```

```
16              nsuitors ++;
17          }
18 }
```

Finalmente, vemos que hemos usado `scanf` para leer los nombres y apellidos como bloques, y no carácter por carácter.

La rutina esencial de comparación toma un par de pretendientes a y b, y decide si a es mejor, b es mejor, o ambos son de igual rango. Para cumplir con los requisitos de `qsort`, debemos asignar -1, 1 y 0, respectivamente, a estas tres posibilidades. La siguiente función de comparación, realiza esta labor:

```
1 int suitor_compare(suitor *a, suitor *b)
2 {
3       int result;                        /* resultado de la comparación */
4
5       if (a->height < b->height) return(-1);
6       if (a->height > b->height) return(1);
7
8       if (a->weight < b->weight) return(-1);
9       if (a->weight > b->weight) return(1);
10
11      if ((result=strcmp(a->last,b->last)) != 0) return result;
12
13      return(strcmp(a->first,b->first));
14 }
```

Con la función de comparación y las rutinas de entrada listas, lo único que falta es un programa principal que efectúa la llamada a `qsort` y muestra la salida:

```
1 main()
2 {
3       int i;                             /* contador */
4       int suitor_compare();
5
6       read_suitors();
7
8       qsort(suitors, nsuitors, sizeof(suitor), suitor_compare);
9
10      for (i=0; i<nsuitors; i++)
11              printf("%s, %s\n",suitors[i].last, suitors[i].first);
12 }
```

4.6 Problemas

4.6.1 La familia de Vito

ID en Online Judge: 10041 — **Popularidad:** A — **Tasa de éxito:** alta — **Nivel:** 1

El famoso gánster Vito Matamalos se va a trasladar a Nueva York. Allí tiene una gran familia, que vive en la Avenida Lamafia. Como tiene intención de visitar a sus familiares con bastante frecuencia, quiere encontrar una casa que esté cerca de ellos.

De hecho, Vito quiere minimizar la distancia total a todos sus familiares, y nos ha chantajeado para que escribamos un programa que resuelva su problema.

Entrada

La entrada consta de varios casos de prueba. La primera línea contiene el número de casos.

Por cada caso de prueba, se presentará un entero que indica el número de familiares r ($0 < r < 500$), y los números de la calle (también enteros) $s_1, s_2, \ldots, s_i, \ldots, s_r$ donde viven ($0 < s_i < 30000$). Hay que tener en cuenta que algunos familiares pueden vivir en el mismo número de vivienda.

Salida

Por cada caso de prueba, el programa debe escribir la suma mínima de las distancias desde la casa óptima de Vito a cada uno de sus familiares. La distancia entre dos números de calle s_i y s_j es de $d_{ij} = |s_i - s_j|$.

Ejemplo de entrada

```
2
2 2 4
3 2 4 6
```

Ejemplo de salida

```
2
4
```

4.6.2 Torres de tortitas

ID en Online Judge: 120 — **Popularidad:** B — **Tasa de éxito:** alta — **Nivel:** 2

Cocinar una torre de tortitas perfecta en una parrilla es bastante complicado porque, por mucho cuidado que se ponga, las tortitas de una misma torre siempre tendrán diámetros diferentes. De todas formas, para mejorar la presentación, es posible ordenar las tortitas de la torre por tamaño, de forma que cada una de ellas sea menor que la que tiene debajo. El tamaño de la tortita lo determina su diámetro.

La torre se ordena mediante una secuencia de "volteos" de las tortitas. Un volteo consiste en introducir una espátula entre dos tortitas de la torre, y dar la vuelta a *todas* las tortitas que quedan encima de la espátula (es decir, se da la vuelta a un subconjunto de la torre). Un volteo se especifica indicando la posición de la tortita inferior del subconjunto en relación a la torre completa. La tortita inferior ocupa la posición 1, mientras que la superior ocupa la n.

Una torre se define a través del diámetro de cada tortita en el orden en el que están colocadas inicialmente. Por ejemplo, observemos las tres torres de tortitas que se muestran a continuación, donde la tortita 8 es la superior en la torre de la izquierda:

8	7	5
4	6	8
6	4	4
7	8	6
5	5	7

La torre de la izquierda puede transformarse en la torre del medio mediante *volteo(3)*. La torre del medio puede transformarse en la de la derecha con el comando *volteo(1)*.

Entrada

La entrada constará de una secuencia de torres de tortitas. Cada torre podrá tener entre 1 y 30 tortitas, y cada tortita tendrá un diámetro definido por un entero entre 1 y 100. La entrada termina con un carácter de fin de archivo. Cada torre aparece como una única línea de la entrada, siendo la tortita superior la primera en aparecer en la línea, la inferior la última y sabiendo que están separadas entre sí por un espacio.

Salida

Por cada torre de tortitas, el programa deberá mostrar la torre original en una línea, seguida por una secuencia de volteos cuyo resultado final sea la ordenación de la torre, de forma que la tortita más grande quede en la parte inferior y la más pequeña en la superior. La secuencia de volteos se termina con un 0, indicando que ya no son necesarios más. Una vez que la torre esté ordenada, no se deben realizar más volteos.

Ejemplo de entrada

```
1 2 3 4 5
5 4 3 2 1
5 1 2 3 4
```

Ejemplo de salida

```
1 2 3 4 5
0
5 4 3 2 1
1 0
5 1 2 3 4
1 2 0
```

4.6.3 El puente

ID en Online Judge: 10037 — **Popularidad:** B — **Tasa de éxito:** baja — **Nivel:** 3

Un grupo de n personas quiere cruzar un puente por la noche. Sólo pueden cruzar, como mucho, dos personas cada vez, y cada grupo debe llevar una señal luminosa. Pero únicamente hay una señal para las n personas, por lo que deben organizar un sistema para que la señal vuelva al origen y pueda cruzar más gente.

Cada persona tiene una velocidad diferente, por lo que la velocidad del grupo es la del miembro más lento. La tarea consiste en determinar una estrategia que permita a las n personas cruzar el puente en el menor tiempo posible.

Entrada

La entrada comienza con un único entero positivo en una línea, que indica el número de casos de prueba, seguido por una línea en blanco. También habrá una línea en blanco entre cada dos casos consecutivos.

La primera línea de cada caso contiene el valor n, seguida de n líneas que indican el tiempo que tarda en cruzar cada una de las personas. No puede haber más de 1.000 personas y ninguna de ella tardará más de 100 segundos en cruzar el puente.

Salida

En cada caso de prueba, se debe mostrar una primera línea que indique el tiempo total, en segundos, que tardarán las n personas en cruzar el puente. Las siguientes líneas describirán la estrategia utilizada para lograr ese tiempo. Cada línea mostrará uno o dos enteros, indicando la persona o personas que formarán el grupo que cruzará. Cada persona está identificada por el tiempo que tarda en cruzar, según se indica en la entrada. Aunque puede haber varias personas cuyo tiempo sea el mismo, la posible ambigüedad no tiene consecuencias.

Hay que tener en cuenta que la dirección en la que se cruza el puente es alternativa, ya que es necesario devolver la señal luminosa al origen. Si hay varias estrategias que logran el tiempo mínimo, cualquiera de ellas será válida.

Entre cada dos casos consecutivos se dejará una línea en blanco.

Ejemplo de entrada

```
1

4
1
2
5
10
```

Ejemplo de salida

```
17
1 2
1
5 10
2
1 2
```

4.6.4 La siesta más larga

ID en Online Judge: 10191 — **Popularidad:** B — **Tasa de éxito:** media — **Nivel:** 1

Los profesores tienen una vida muy atareada, con una agenda llena de trabajo y reuniones. Al profesor P le gusta tomarse algún respiro durante el día, pero está tan ocupado que no suele tener muchas oportunidades para ello.

Sin embargo, *insiste* en poder dormir, al menos, una siesta al día. Como es lógico, le gusta que ésta sea lo más larga posible que le permita su agenda. Escribamos un programa que le ayude a encontrar la mejor hora.

Entrada

La entrada consta de un número arbitrario de casos de prueba, donde cada uno de ellos representa un día.

La primera línea de cada caso contiene un entero positivo $s \leq 100$, que representa el número de citas programadas para ese día. Las siguientes s líneas contienen información sobre las citas, con el formato *hora1 hora2 cita*, donde *hora1* representa la hora a la que comienza la cita y *hora2* la hora a la que esta termina. Todas las horas tienen el formato hh:mm y la hora de finalización siempre será posterior a la de inicio. Las horas estarán separadas por un espacio en blanco.

Todas las horas serán iguales o mayores a las 10:00, e iguales o menores a las 18:00. Por lo tanto, la respuesta debe estar, también, contenida en ese intervalo. Es decir, la siesta no puede empezar antes de las 10:00 ni terminar después de las 18:00.

La descripción de la cita puede estar compuesta de cualquier secuencia de caracteres, aunque siempre estarán en la misma línea. Podemos asumir que ninguna línea tendrá más de 255 caracteres, que $10 \leq hh \leq 18$ y que $0 \leq mm < 60$. *No podemos* suponer, sin embargo, que la entradá se mostrará en ningún orden específico. Se deberá leer la entrada hasta llegar al final del archivo.

Salida

Para cada caso de prueba, se debe mostrar una única línea que empieza con la identificación Day #d:, donde d corresponde al número del caso de prueba (comenzando con 1) y tras un espacio en blanco, la expresión

the longest nap starts at hh:mm and will last for [H hours and] M minutes.

(*la siesta más larga comienza a las hh:mm y dura [H horas y] M minutos*) donde $hh : mm$ es la hora a la que empieza la siesta. Para mostrar la duración de la siesta, se deben considerar las siguientes reglas:

1. Si el tiempo total X es inferior a 60 minutos, únicamente se mostrará "X minutes."

2. Si el tiempo total X es de, al menos, 60 minutos, se mostrará "H hours and M minutes," donde

$$H = X \div 60 \quad \text{(evidentemente, sin decimales)} \quad y \quad M = X \quad \text{mód } 60.$$

No es necesario tener en cuenta ninguna regla de pluralización; en consecuencia, imprimir "1 minutes" ó "1 hours" es lo correcto en este caso.

La duración de la siesta se calcula por la diferencia entre la hora de finalización y la hora de inicio. Es decir, si una cita finaliza a las 14:00 y la siguiente comienza a las 14:47, tendremos 14:47 − 14:00 = 47 minutos de posible siesta.

Si hay varios periodos posibles de siesta con la misma duración máxima, se deberá mostrar el que comience antes. Se puede dar por hecho que el profesor no está siempre ocupado, por lo que siempre habrá sitio para, al menos, una siesta.

Ejemplo de entrada

```
4
10:00 12:00 Lectures
12:00 13:00 Lunch, like always.
13:00 15:00 Boring lectures...
15:30 17:45 Reading
4
10:00 12:00 Lectures
12:00 13:00 Lunch, just lunch.
13:00 15:00 Lectures, lectures... oh, no!
16:45 17:45 Reading (to be or not to be?)
4
10:00 12:00 Lectures, as everyday.
12:00 13:00 Lunch, again!!!
13:00 15:00 Lectures, more lectures!
15:30 17:15 Reading (I love reading, but should I schedule it?)
1
12:00 13:00 I love lunch! Have you ever noticed it? :)
```

Ejemplo de salida

```
Day #1: the longest nap starts at 15:00 and will last for 30 minutes.
Day #2: the longest nap starts at 15:00 and will last for 1 hours and 45 minutes.
Day #3: the longest nap starts at 17:15 and will last for 45 minutes.
Day #4: the longest nap starts at 13:00 and will last for 5 hours and 0 minutes.
```

4.6.5 El problema del zapatero

ID en Online Judge: 10026 — Popularidad: C — Tasa de éxito: media — Nivel: 2

Un zapatero tiene N pedidos de clientes que debe entregar. El zapatero suele tardar varios días en completar cada pedido y, únicamente, puede trabajar en uno concreto cada día. Para el pedido i-ésimo, el entero T_i $(1 \leq T_i \leq 1{,}000)$ determina el número de días que tardará el zapatero en finalizar el trabajo.

Pero la popularidad tiene un precio. Por cada día de demora en el inicio del trabajo en el pedido i-ésimo, el zapatero se ha comprometido a pagar una compensación de S_i $(1 \leq S_i \leq 10{,}000)$ céntimos. Ayudemos al zapatero escribiendo un programa, que determine el orden en que debe de realizar los trabajos, para que la penalización total sea mínima.

Entrada

La entrada comienza con un único entero positivo en una línea, que indica el número de casos de prueba. Esta línea va seguida por una línea en blanco. También habrá una línea en blanco entre cada dos casos de prueba consecutivos.

La primera línea de cada caso de prueba contiene un entero, que determina el número de pedidos N, donde $1 \leq N \leq 1{,}000$. La siguiente i-ésima línea contiene el tiempo de finalización T_i y la compensación económica S_i del pedido i-ésimo.

Salida

Por cada caso de prueba, el programa deberá mostrar la secuencia de labores que conlleven la menor compensación posible. Cada pedido estará representado por su posición en la entrada. Todos los enteros estarán colocados en una única línea y separados entre ellos por un espacio. Si existen varias soluciones posibles, se considerará la primera en orden lexicográfico.

La salida de dos casos de prueba consecutivos estará separada por una línea en blanco.

Ejemplo de entrada

```
1

4
3 4
1 1000
2 2
5 5
```

Ejemplo de salida

```
2 1 3 4
```

4.6.6 CDVII

ID en Online Judge: 10138 — **Popularidad:** C — **Tasa de éxito:** baja — **Nivel:** 2

Las carreteras romanas son famosas por su sólida ingeniería. Por desgracia, la ingeniería buena no es barata, y algunos neocésares modernos han decidido recuperar la inversión a través de sistemas automáticos de peaje.

Una autopista de peaje en concreto, la CDVII, tiene una estructura de tarifas que funciona de la siguiente manera: viajar por ella tiene un coste por kilómetro recorrido, dependiendo de la hora del día a la que comience el viaje. Hay cámaras en todas las entradas y salidas, que identifican los números de matrícula de todos los coches que entran y salen.

Cada mes natural se envía una factura al propietario de cada coche por kilómetro recorrido (en base a una tarifa variable según la hora), con un incremento de 1 dólar por viaje, más dos dólares por gastos de gestión. La tarea consiste en preparar la factura de un mes, a partir de un conjunto de fotos de matrículas.

Entrada

La entrada comienza con un único entero en una línea, que indica el número de casos de prueba, seguido de una línea en blanco. También habrá una línea en blanco entre cada dos casos de prueba consecutivos.

Cada caso de prueba consta de dos partes: la estructura de la tarifa y las fotos de las matrículas. La estructura de la tarifa contiene una línea con 24 enteros no negativos, que determinan el precio del peaje (en centavos por kilómetro) entre las 00:00 y las 00:59, la 01:00 y la 01:59, y así sucesivamente para todas las horas del día. Cada registro fotográfico consta del número de matrícula del vehículo (hasta 20 caracteres alfanuméricos), la fecha y la hora (`mm:dd:hh:mm`), las palabras `enter` o `exit`, y la ubicación de la entrada o la salida (en kilómetros desde uno de los extremos de la autopista). Todas las fechas corresponderán a un único mes.

Cada registro de entrada (`enter`) estará emparejado con el siguiente registro de salida (`exit`) cronológico del mismo vehículo, siempre que este último exista. Los registros de entrada y salida desemparejados no se tendrán en cuenta. Se puede asumir que no habrá dos registros del mismo vehículo a la misma hora. Las horas se registran con un reloj de 24 horas. No puede haber más de 1.000 registros fotográficos.

Salida

Para cada caso de prueba, imprimir una línea para cada vehículo que indique su número de matrícula y el importe total de la factura, en orden alfabético de matrículas. Dos casos de prueba consecutivos estarán separados por una línea en blanco.

Ejemplo de entrada

```
1

10 10 10 10 10 10 20 20 20 15 15 15 15 15 15 15 20 30 20 15 15 10 10 10
ABCD123 01:01:06:01 enter 17
765DEF 01:01:07:00 exit 95
ABCD123 01:01:08:03 exit 95
765DEF 01:01:05:59 enter 17
```

Ejemplo de salida

```
765DEF $10.80
ABCD123 $18.60
```

4.6.7 Ordenación de Shell

ID en Online Judge: 10152 — Popularidad: B — Tasa de éxito: media — Nivel: 2

Yertle, el rey de las tortugas, desea reordenar su trono, que es una torre de tortugas, para colocar a sus más fieles consejeros más cerca de la parte superior. Sólo hay una forma de cambiar el orden de las tortugas en la torre: una tortuga puede abandonar su posición y escalar hasta lo alto, para colocarse encima de todas las otras tortugas.

Partiendo de un orden original de la torre de tortugas, y sabiendo el orden deseado, la tarea consistirá en hallar la secuencia de operaciones mínima que transforme la torre original en la deseada.

Entrada

La primera línea de la entrada consta de un único entero K, que determina el número de casos de prueba. Cada caso de prueba comienza con un entero n, que indica el número de tortugas en la torre. Las siguientes n líneas describen el orden original de la torre de tortugas. Cada línea contiene el nombre de una tortuga, comenzando por la que se encuentra en la parte más alta de la torre, y descendiendo hasta la más baja. El nombre de cada tortuga es único, y está formado por una cadena de caracteres alfanuméricos, espacios en blanco y el punto ("."), con una longitud máxima de 80 caracteres. Las siguientes n líneas de la entrada informan del orden deseado, nuevamente nombrando a cada tortuga desde lo alto de la torre. Cada caso de prueba consta exactamente de $2n + 1$ líneas. El número de tortugas (n) no superará la cantidad de 200.

Salida

Para cada caso de prueba, la salida constará de una serie de nombres de tortugas, una por línea, que indicará el orden en el que estas irán abandonando sus posiciones y escalando a la cima. Esta secuencia de operaciones debe transformar la torre original en la torre deseada, y debe ser lo más corta posible. Si hay más de una solución correcta posible, cualquiera de ellas será considerada válida.

Los casos de prueba se separarán con una línea en blanco.

Ejemplo de entrada

```
2
3
Yertle
Duke of Earl
Sir Lancelot
Duke of Earl
Yertle
Sir Lancelot
9
Yertle
Duke of Earl
```

Sir Lancelot
Elizabeth Windsor
Michael Eisner
Richard M. Nixon
Mr. Rogers
Ford Perfect
Mack
Yertle
Richard M. Nixon
Sir Lancelot
Duke of Earl
Elizabeth Windsor
Michael Eisner
Mr. Rogers
Ford Perfect
Mack

Ejemplo de salida

Duke of Earl

Sir Lancelot
Richard M. Nixon
Yertle

4.6.8 Fútbol

ID en Online Judge: 10194 — **Popularidad:** B — **Tasa de éxito:** media — **Nivel:** 1

El fútbol es uno de los deportes más populares del mundo, aunque en Estados Unidos se empeñen en llamarlo "*soccer*". Un país como el cinco veces campeón del mundo Brasil, tiene tal cantidad de torneos nacionales y regionales, que resulta muy difícil mantener un registro de todos. La tarea consiste en escribir un programa que reciba el nombre del torneo, los nombres de los equipos y los partidos jugados, y muestre la clasificación final.

Un equipo gana un partido si marca más goles que su oponente, y lo pierde si marca menos. Los equipos empatan si marcan el mismo número de goles. Un equipo recibe 3 puntos cuando gana, 1 punto cuando empata y 0 puntos cuando pierde.

La clasificación de los equipos se realiza en base a estas reglas (en este orden):

1. Más puntos conseguidos.

2. Más victorias.

3. Mayor diferencia de goles (es decir, goles marcados – goles encajados).

4. Mayor cantidad de goles marcados.

5. Menos partidos jugados.

6. Orden lexicográfico (sin tener en cuenta mayúsculas y minúsculas).

Entrada

La primera línea de la entrada constará de un único entero N ($0 < N < 1{,}000$). Le seguirán N descripciones de torneos, cada una de ellas comenzando con el nombre del mismo. Los nombres pueden incluir cualquier combinación de letras, números, espacios, etc., en una sola línea y con una longitud máxima de 100 caracteres. La siguiente línea contendrá un número T ($1 < T \leq 30$), que representa el número de equipos que participan en el torneo. A continuación, se mostrarán T líneas, indicando cada una de ellas el nombre de un equipo. Los nombres de los equipos tendrán una longitud máxima de 30 caracteres, y pueden contener cualquier carácter cuyo código ASCII sea igual o superior a 32 (espacio), salvo los símbolos "#" y "@".

Después de los nombres de los equipos, habrá un entero no negativo G, en una única línea, que indica el número de partidos ya jugados en el torneo. G no puede ser superior a 1.000. Las siguientes G líneas muestran los resultados de los partidos, con el formato:

nombre_equipo_1#goles1@goles2#nombre_equipo_2

Por ejemplo, *Equipo A#3@1#Equipo B*, significa que en un partido jugado entre el *Equipo A* y el *Equipo B*, el *Equipo A* ha marcado 3 goles y el *Equipo B* ha marcado 1. Todos los goles serán enteros no negativos inferiores a 20. Podemos asumir que todos los nombres de los equipos mencionados en los resultados de los partidos han aparecido previamente en la lista de equipos, y que ningún equipo puede jugar contra sí mismo.

Salida

Mostrar, para cada torneo, una línea que contenga el nombre del mismo. En las siguientes T líneas se deberá mostrar la clasificación, de acuerdo con las reglas expuestas anteriormente. Si se debe utilizar el orden lexicográfico para realizar un desempate, no se tendrá en consideración el hecho de que las letras sean mayúsculas o minúsculas. Este es el formato de salida que debe tener cada línea:

[a]) *Nombre_equipo* [b]p, [c]g ([d]-[e]-[f]), [g]gd ([h]-[i])

donde [a] es la posición del equipo, [b] es el total de puntos obtenidos, [c] es el número de partidos jugados, [d] es el número de victorias, [e] es el número de empates, [f] es el número de derrotas, [g] es la diferencia de goles, [h] es el número de goles marcados e [i] es el número de goles encajados.

Debe haber un espacio en blanco entre cada dos campos y una línea en blanco entre cada dos conjuntos de datos. Observar con atención el ejemplo de salida.

Ejemplo de entrada

```
2
World Cup 1998 - Group A
4
Brazil
Norway
Morocco
Scotland
6
Brazil#2@1#Scotland
Norway#2@2#Morocco
Scotland#1@1#Norway
Brazil#3@0#Morocco
Morocco#3@0#Scotland
Brazil#1@2#Norway
Some strange tournament
5
Team A
Team B
Team C
Team D
Team E
5
Team A#1@1#Team B
Team A#2@2#Team C
Team A#0@0#Team D
Team E#2@1#Team C
Team E#1@2#Team D
```

Ejemplo de salida

```
World Cup 1998 - Group A
1) Brazil 6p, 3g (2-0-1), 3gd (6-3)
2) Norway 5p, 3g (1-2-0), 1gd (5-4)
3) Morocco 4p, 3g (1-1-1), 0gd (5-5)
4) Scotland 1p, 3g (0-1-2), -4gd (2-6)

Some strange tournament
1) Team D 4p, 2g (1-1-0), 1gd (2-1)
2) Team E 3p, 2g (1-0-1), 0gd (3-3)
3) Team A 3p, 3g (0-3-0), 0gd (3-3)
4) Team B 1p, 1g (0-1-0), 0gd (1-1)
5) Team C 1p, 2g (0-1-1), -1gd (3-4)
```

4.7 Sugerencias

4.6.1 Para resolver el problema de Vito, ¿cuál es la versión correcta de promedio: media, mediana, o alguna otra?

4.6.3 Ordenar a la gente por su velocidad, ¿ayudará a determinar quienes deberían ser emparejados?

4.6.4 ¿En qué nos ayuda la ordenación?

4.6.5 ¿Es útil ordenar los trabajos por su duración, su penalización, o por ambos?

4.6.6 ¿Podemos convertir la información fecha/hora en un único entero para hacer más fácil su manejo?

4.6.7 ¿Bajo qué condiciones *no* debemos mover una tortuga?

4.6.8 ¿Cómo podemos simplificar nuestra tarea de escribir una función de comparación, para un sistema de clasificación tan compleja?

4.8 Comentarios

4.6.2 El problema de ordenar tortitas usando el mínimo número de volteos es notorio, por ser el origen del único trabajo de investigación que Bill Gates ha publicado en su vida [10]. Más allá del interés matemático del problema, tiene una interesante aplicación para reconstruir la historia de la evolución de especies tales como la del hombre y el ratón. Un movimiento de volteo del genoma invierte una secuencia de genes en el ADN del organismo. Estos extraños sucesos pueden causar un impacto significativo en la evolución, en largos periodos de tiempo, por lo que reconstruir el orden de las inversiones se convierte en un problema importante. Ver [2, 14] para más datos sobre inversiones del genoma.

Capítulo 5

Aritmética y álgebra

La relación entre la destreza para programar y la habilidad matemática está más que demostrada. De hecho, los primeros ordenadores fueron construidos por matemáticos para acelerar sus cálculos. Pascal (que era un matemático mucho tiempo antes que un lenguaje de programación) construyó en 1645 una máquina de sumar mecánica a base de engranajes. Pioneros de las ciencias de la computación del nivel de Turing y von Neumann, tenían unos conocimientos matemáticos similares e incluso superiores en matemáticas puras.

En este capítulo vamos a explorar desafíos de programación en aritmética y álgebra que, evidentemente, son las partes más elementales de las matemáticas. Aunque el hecho de que algunos algoritmos se basen en materias avanzadas, como la teoría de números, demuestra que quizá no sean *tan* elementales.

5.1 La aritmética del ordenador

Todos los lenguajes de programación incluyen un tipo de datos *entero* que admite las cuatro operaciones básicas de la aritmética: suma, resta, multiplicación y división. Normalmente, estas operaciones se realizan casi directamente a nivel de *hardware*, con instrucciones aritméticas de bajo nivel y, en consecuencia, el rango de números enteros depende estrechamente del procesador utilizado.

Los ordenadores de hoy día son habitualmente máquinas de 32 bits, lo que significa que el tipo entero estándar soporta enteros en el rango $\pm 2^{31} = \pm 2.147.483.648$, poco más o menos. Es decir, en las máquinas convencionales y con enteros estándar, podemos contar con total seguridad por encima de los mil millones

La mayoría de los lenguajes de programación soportan también los tipos de datos enteros `long` y `long long`, por lo que, a menudo, definen enteros de 64 bits y, ocasionalmente, hasta de 128 bits. Puesto que $2^{63} = 9.223.372.036.854.775.808$, estamos hablando de un orden de magnitud de trillones. Estos son números muy grandes, tanto que solo contar hasta ellos en un ordenador moderno y rápido, tardará mucho más tiempo de lo que estamos dispuestos a esperar. Son mayores que el número de centavos del déficit presupuestario de los Estados Unidos y, en definitiva, son más que suficientes para todos los usos, excepto la investigación matemática y los concursos de programación.

Los enteros convencionales de 32 bits se representan normalmente mediante cuatro bytes contiguos, y los de 64 bits son *arrays* de ocho bytes. Este método es muy poco eficiente cuando se almacenan una gran cantidad de números no muy largos. Por ejemplo, las imágenes de ordenador se representan frecuentemente como matrices de colores de un solo byte (es decir, 256 niveles de gris), para utilizar el espacio de forma eficiente.

Los enteros positivos se representan como números binarios positivos. Para los números negativos se suelen utilizar representaciones más imaginativas, como el complemento a dos, porque, aunque parecen más difíciles de entender, facilitan la aritmética a nivel de hardware.

Los números de coma flotante se tratarán en la sección 5.5. La magnitud de los números que se pueden representar como `floats` es asombrosamente grande, sobre todo si se usan números de coma flotante en doble precisión. Hay que ser consciente, sin embargo, de que tales magnitudes se consiguen a costa de representar estos números en notación científica, como $a \times 2^c$. Puesto que tanto a como c están limitados a una cantidad prefijada de bits, aún estamos trabajando con una *precisión* limitada. No se engañe pensando que con `floats` se puede contar hasta números muy altos. Para esa tarea, es mejor usar enteros y enteros largos.

5.1.1 Bibliotecas de enteros

Cada lenguaje de programación incorpora las operaciones aritméticas básicas como primitivas y suele proporcionar funciones matemáticas más avanzadas por medio de bibliotecas estándar.

Es bueno conocer las funciones de enteros de las bibliotecas matemáticas del lenguaje que estemos utilizando. Por ejemplo, la biblioteca `stdlib.h` de C/C++ incluye el cálculo del valor absoluto y la generación de números aleatorios, mientras que `math.h` contiene la parte entera, el entero más próximo, la raíz cuadrada y la función exponencial.

Las clases de enteros para C++ y Java son, incluso, más potentes. De hecho, la clase `Integer` de GNU g++ y la clase `java.math BigInteger` proporcionan, ambas, un soporte para enteros de alta precisión mayor aún que el que vamos a desarrollar desde el principio en la próxima sección. Conviene usarlas siempre que sea posible, pero siendo siempre conscientes de que hay ciertas aplicaciones y algunos problemas especiales que van a requerir de la participación activa del programador.

5.2 Enteros de alta precisión

La representación de enteros verdaderamente grandes exige encadenar dígitos. Dos de las posibles representaciones son:

- *Arrays de dígitos* — La representación más sencilla para los enteros largos es verlos como un *array* de dígitos, donde el primer elemento representa el dígito menos significativo. Mantener un contador con la cantidad de dígitos del número, puede ser de gran ayuda a la hora de minimizar operaciones que no afectan al resultado final.

- *Listas enlazadas de dígitos* — Las estructuras dinámicas son necesarias si *realmente* vamos a hacer una aritmética de precisión arbitraria, es decir, si no hay una cota superior para la longitud de los números. Consideremos, sin embargo, que enteros de 100.000 dígitos son bastante grandes para cualquier estándar y, aún así, se pueden representar usando *arrays* de 100.000 bytes cada uno. Tal cantidad de espacio es una minucia para las máquinas de hoy día.

En esta sección, vamos a implementar las operaciones más importantes para la representación de enteros como *arrays* de dígitos. La asignación dinámica de la memoria y las listas enlazadas proporcionan la ilusión de que somos capaces de disponer de una cantidad ilimitada de memoria, si la necesitamos. Sin embargo, las estructuras enlazadas malgastan mucha memoria, puesto que una parte importante de cada nodo está ocupada por los enlaces a otros nodos.

Lo que la memoria dinámica proporciona *en realidad* es la libertad para usar espacio allí donde sea necesario. Si se quiere crear un gran *array* de enteros de alta precisión, de los cuales sólo unos pocos son grandes, mientras que la mayoría son pequeños, *entonces* sería claramente preferible una representación como lista de dígitos, puesto que no se dispone de recursos para asignar una enorme cantidad de espacio para todos ellos.

Nuestro tipo de datos `bignum` se representa de la siguiente manera:

```c
#define MAXDIGITS       100         /* longitud máxima de un 'bignum' */

#define PLUS            1           /* bit de signo positivo */
#define MINUS           -1          /* bit de signo negativo */

typedef struct {
        char digits[MAXDIGITS];     /* para representar el número */
        int signbit;                /* MÁS o MENOS */
        int lastdigit;              /* índice del dígito de mayor orden */
} bignum;
```

Como se ve, para representar cada dígito (0–9), se usa un carácter de un solo byte. Aunque esto requiere un poco más de cuidado a la hora de manipular tales números, el espacio que se ahorra hace que nos sintamos menos culpables por no utilizar estructuras enlazadas.

La asignación de 1 y –1 como únicos posibles valores de `signbit` se verá que es muy conveniente, porque así podemos multiplicar los bits de signo y obtener la respuesta correcta

Obsérvese que no hay ninguna razón auténtica para que tengamos que hacer nuestros cálculos computacionales en base 10. De hecho, es más eficiente usar bases numéricas mayores, puesto que se reduce la cantidad de dígitos necesarios para representar cada número. Aún así, la base 10 facilita la conversión, tanto en un sentido como en otro, para su representación escrita:

```c
print_bignum(bignum *n)
{
        int i;

        if (n->signbit == MINUS) printf("- ");
        for (i=n->lastdigit; i>=0; i--)
                printf("%c", '0'+ n->digits[i]);

        printf("\n");
}
```

Para una mayor simplicidad, nuestros ejemplos de código no contemplan la posibilidad de desbordamiento (*overflow*).

5.3 Aritmética de alta precisión

Los primeros algoritmos que aprendimos en la escuela eran los necesarios para realizar las cuatro operaciones aritméticas básicas: suma, resta, multiplicación y división. Y, seguramente, aprendimos a ejecutarlos sin entender la teoría subyacente.

Repasamos aquí estos algoritmos de nivel escolar, pero poniendo el énfasis en comprender por qué funcionan y cómo se los podemos enseñar a un ordenador. Utilizamos los mismos argumentos para las cuatro operaciones en la forma $c = a \star b$, donde $\star$ es $+$, $-$, $*$ o $/$.

- *Suma* — La suma de dos enteros se hace de derecha a izquierda, pasando el dígito de arrastre al siguiente campo. El hecho de permitir números negativos complica las cosas, pues convierte la suma en una resta. Es mejor tratar esta situación como un caso especial:

```
add_bignum(bignum *a, bignum *b, bignum *c)
{
        int carry;                      /* dígito de arrastre */
        int i;                          /* contador */

        initialize_bignum(c);

        if (a->signbit == b->signbit) c->signbit = a->signbit;
        else {
                if (a->signbit == MINUS) {
                        a->signbit = PLUS;
                        subtract_bignum(b,a,c);
                        a->signbit = MINUS;
                } else {
                        b->signbit = PLUS;
                        subtract_bignum(a,b,c);
                        b->signbit = MINUS;
                }
                return;
        }

        c->lastdigit = max(a->lastdigit,b->lastdigit)+1;
        carry = 0;

        for (i=0; i<=(c->lastdigit); i++) {
                c->digits[i] = (char)
                        (carry+a->digits[i]+b->digits[i]) % 10;
                carry = (carry + a->digits[i] + b->digits[i]) / 10;
        }

```

```
31        zero_justify(c);
32 }
```

Resaltemos algunos pequeños detalles del código. El manejo del bit de signo es todo un problema. Aquí, reducimos algunos casos a una resta, haciendo negativos los números y/o permutando el orden de los operadores, pero hay que recordar cambiar los signos antes.

Esta suma es bastante sencilla, pero se puede simplificar aún más inicializando todos los dígitos de orden alto a 0 y considerando el último arrastre como un caso especial de suma de dígitos. La operación `zero_justify` ajusta el `lastdigit` para evitar que haya ceros iniciales. Es inofensivo llamar a esta función después de cada operación y, además, nos corrige el posible caso de solución −0:

```
1 zero_justify(bignum *n)
2 {
3        while ((n->lastdigit > 0) && (n->digits[ n->lastdigit ]==0))
4                n->lastdigit --;
5
6        if ((n->lastdigit == 0) && (n->digits[0] == 0))
7                n->signbit = PLUS;        /* corte para evitar -0 */
8 }
```

- *Resta* — La resta se presta más a confusiones que la suma, porque requiere *pedir préstamos*. Para asegurarse de que esta situación no se da, lo mejor es comprobar que el número más grande está en la parte de arriba.

```
1 subtract_bignum(bignum *a, bignum *b, bignum *c)
2 {
3        int borrow;          /* ¿hay algo prestado? */
4        int v;               /* dígito temporal para el cálculo */
5        int i;               /* contador */
6        initialize_bignum(c);
7
8        if ((a->signbit == MINUS) || (b->signbit == MINUS)) {
9                b->signbit = -1 * b->signbit;
10                add_bignum(a,b,c);
11                b->signbit = -1 * b->signbit;
12                return;
13        }
14
15        if (compare_bignum(a,b) == PLUS) {
16                subtract_bignum(b,a,c);
17                c->signbit = MINUS;
18                return;
19        }
20
21        c->lastdigit = max(a->lastdigit,b->lastdigit);
```

```
22          borrow = 0;
23
24          for (i=0; i<=(c->lastdigit); i++) {
25                  v = (a->digits[i] - borrow - b->digits[i]);
26                  if (a->digits[i] > 0)
27                          borrow = 0;
28                  if (v < 0) {
29                          v = v + 10;
30                          borrow = 1;
31                  }
32
33                  c->digits[i] = (char) v % 10;
34          }
35
36          zero_justify(c);
37  }
```

- *Comparación* — Decidir cuál es el mayor de dos números, requiere una operación de comparación entre ellos. Esta función de comparación opera a partir del dígito de orden más alto hacia la derecha, comenzando con el bit de signo:

```
1   compare_bignum(bignum *a, bignum *b)
2   {
3           int i;                          /* contador */
4
5           if ((a->signbit==MINUS) && (b->signbit==PLUS)) return(PLUS);
6           if ((a->signbit==PLUS) && (b->signbit==MINUS)) return(MINUS);
7
8           if (b->lastdigit > a->lastdigit) return (PLUS * a->signbit);
9           if (a->lastdigit > b->lastdigit) return (MINUS * a->signbit);
10
11          for (i = a->lastdigit; i>=0; i--) {
12                  if (a->digits[i] > b->digits[i])
13                          return(MINUS * a->signbit);
14                  if (b->digits[i] > a->digits[i])
15                          return(PLUS * a->signbit);
16          }
17
18          return(0);
19  }
```

- *Multiplicación* — La multiplicación parece ser una operación más compleja que la suma y la resta. Un pueblo tan sofisticado como el Romano tuvo en su tiempo dificultades para multiplicar, aunque sus números impresionan cuando se ven en las piedras de los edificios y en las *Super Bowl*.

El problema de los romanos es que su sistema de numeración no usaba una base. Es cierto que podemos pensar en la multiplicación como una suma repetida y resolver el tema de esta forma, pero será desesperadamente lento. Elevar al cuadrado 999.999 mediante sumas repetidas necesita un número de operaciones del orden de un millón, pero se puede hacer muy fácilmente a mano usando el método fila por fila que aprendimos en la escuela:

```
multiply_bignum(bignum *a, bignum *b, bignum *c)
{
        bignum row;             /* representa la fila desplazada */
        bignum tmp;             /* elemento temporal para el cálculo */
        int i,j;                /* contadores */

        initialize_bignum(c);

        row = *a;

        for (i=0; i<=b->lastdigit; i++) {
                for (j=1; j<=b->digits[i]; j++) {
                        add_bignum(c,&row,&tmp);
                        *c = tmp;
                }
                digit_shift(&row,1);
        }

        c->signbit = a->signbit * b->signbit;

        zero_justify(c);
}
```

Cada operación implica desplazar el primer número una posición hacia la derecha y, después, sumar este número desplazado d veces al total, siendo d el correspondiente dígito del segundo número. Podíamos haber elegido algo más imaginativo que la suma repetida, pero dado que el bucle no puede ser más largo que nueve para cada dígito, cualquier ahorro de tiempo sería relativamente pequeño. Desplazar una posición hacia la derecha un número expresado en una base de numeración, es equivalente a multiplicarlo por dicha base, es decir, por 10 para los números decimales:

```
digit_shift(bignum *n, int d)                   /* multiplica n por 10^d */
{
        int i;                                  /* contador */

        if ((n->lastdigit == 0) && (n->digits[0] == 0)) return;

        for (i=n->lastdigit; i>=0; i--)
                n->digits[i+d] = n->digits[i];

        for (i=0; i<d; i++) n->digits[i] = 0;

        n->lastdigit = n->lastdigit + d;
}
```

- *División* — Aunque tanto los escolares como los arquitectos de ordenadores miran con recelo la división de números largos, el núcleo de esta operación se puede implementar con el bucle más sencillo que uno puede imaginar. La división ejecutada mediante la repetición de restas es también demasiado lenta para trabajar con números largos, pero la repetición del bucle básico que desplaza el resto hacia la izquierda, incluyendo el siguiente dígito es, con diferencia, más fácil de programar que la "adivinación"de cada dígito del cociente que nos enseñaron en la escuela:

```c
divide_bignum(bignum *a, bignum *b, bignum *c)
{
        bignum row;             /* representa la fila desplazada */
        bignum tmp;             /* elemento temporal para cálculo */
        int asign, bsign;       /* signos temporales */
        int i,j;                /* contadores */

        initialize_bignum(c);

        c->signbit = a->signbit * b->signbit;

        asign = a->signbit;
        bsign = b->signbit;

        a->signbit = PLUS;
        b->signbit = PLUS;

        initialize_bignum(&row);
        initialize_bignum(&tmp);

        c->lastdigit = a->lastdigit;

        for (i=a->lastdigit; i>=0; i--) {
                digit_shift(&row,1);
                row.digits[0] = a->digits[i];
                c->digits[i] = 0;
                while (compare_bignum(&row,b) != PLUS) {
                        c->digits[i] ++;
                        subtract_bignum(&row,b,&tmp);
                        row = tmp;
                }
        }

        zero_justify(c);

        a->signbit = asign;
        b->signbit = bsign;
}
```

Esta subrutina ejecuta la división entera y desecha el resto. Si se quiere calcular el resto de $a \div b$, siempre se puede hacer en la forma $a - b(a \div b)$. Veremos métodos más ingeniosos en la sección 7.3, cuando tratemos de la aritmética modular. Cuando al menos uno de los operadores es negativo, el signo correcto para el cociente y el resto es un concepto mal definido, por lo que no debe extrañarnos si la respuesta varía con el lenguaje de programación.

- *Exponenciación* — La exponenciación es una multiplicación repetida, y por tanto sujeta a los mismos problemas de rendimiento que hemos visto para la suma repetida cuando se trata de números largos. El truco está en darse cuenta de que

$$a^n = a^{n \div 2} \times a^{n \div 2} \times a^{n \bmod 2}$$

por lo que la operación se puede hacer realizando únicamente una cantidad logarítmica de multiplicaciones.

5.4 Bases de numeración y conversión entre ellas

Los dígitos que representan un número escrito en un sistema de bases de numeración, dependen de la *base* numérica en cuestión. Entre las bases de mayor interés están:

- *Binaria* — Los números en base 2 se componen de los dígitos 0 y 1. Son la única representación que se usa en el interior de los ordenadores, porque estos dos dígitos representan de una forma natural los estados apagado/encendido o bajo/alto.

- *Octal* — Los números en base 8 se utilizan como una especie de taquigrafía, para hacer que la lectura de los números binarios sea más sencilla, puesto que los bits se pueden leer desde la derecha en grupos de tres. Por tanto, $11111001_2 = 371_8 = 249_{10}$. También son protagonistas del único chiste sobre conversión de bases de numeración que se ha escrito. ¿Por qué confunden los programadores la Navidad con la noche de Halloween? Porque 31 Oct = 25 Dec.

- *Decimal* — Nosotros usamos números en base 10 porque aprendimos a contar con nuestros diez dedos. Los antiguos mayas usaban un sistema numérico de base 20, probablemente por que contaban también con los dedos de los pies.

- *Hexadecimal* — Los números en base 16 son un sistema taquigráfico incluso mejor para representar números binarios, una vez asimilado que los *dígitos* para representar los números del 10 al 15 son las letras de la "A" hasta la "F".

- *Alfanumérico* — En algunas ocasiones, se ven bases numéricas más altas aún. La base 36 es la más alta que nos permite representar los números mediante los 10 dígitos numéricos y las 26 letras del alfabeto inglés. Pero cualquier entero puede ser representado en base X, siempre que seamos capaces de imprimir X símbolos diferentes.

Existen dos algoritmos distintos para convertir un número x escrito en base a a su equivalente y escrito en base b:

- *De izquierda a derecha* — Aquí, el primer dígito de y que calculamos es el más significativo. Será el entero d_l tal que

$$(d_l + 1)b^k > x \geq d_l b^k$$

donde $1 \leq d_l \leq b - 1$. En principio, se puede calcular por el método de prueba y error, aunque el lector debe ser capaz de comparar las magnitudes de los números en diferentes bases. El método es análogo al algoritmo para dividir números largos que hemos visto anteriormente.

- *De derecha a izquierda* — Ahora, calculamos primero el dígito menos significativo de y. Será el resto de dividir x por b. El resto es, precisamente, lo que se calcula cuando se trabaja con aritmética modular, como veremos en la sección 7.3. La astucia está en que podemos calcular el resto de x dígito a dígito, lo que hace más sencillo trabajar con enteros largos.

La conversión de derecha a izquierda es semejante al modo en que los enteros convencionales se transforman a nuestra representación `bignum`. Tomando el entero largo módulo 10 (usando el operador %), podemos ir obteniendo el dígito de orden más bajo:

```
int_to_bignum(int s, bignum *n)
{
        int i;                          /* contador */
        int t;                          /* entero de trabajo */

        if (s >= 0) n->signbit = PLUS;
        else n->signbit = MINUS;

        for (i=0; i<MAXDIGITS; i++) n->digits[i] = (char) 0;

        n->lastdigit = -1;

        t = abs(s);

        while (t > 0) {
                n->lastdigit ++;
                n->digits[ n->lastdigit ] = (t % 10);
                t = t / 10;
        }

        if (s == 0) n->lastdigit = 0;
}
```

El uso de un módulo distinto de 10 es la clave para convertir números decimales a otras bases alternativas.

5.5 Números reales

Las ramas de las matemáticas diseñadas para trabajar con números reales son realmente importantes para entender el mundo real. Newton tuvo que desarrollar el cálculo antes de poder desarrollar las leyes básicas del movimiento. En todas las áreas de la ciencia se necesita integrar o resolver sistemas de ecuaciones. Los primeros ordenadores se concibieron como máquinas para *triturar* números, y los números que debían triturar eran números reales.

El trabajo con números reales en los ordenadores es un desafío permanente, ya que la aritmética en coma flotante tiene una precisión limitada. Lo más importante que debemos recordar, respecto a los números reales, es que no son *auténticos* números reales:

- Gran parte de las matemáticas se basan en la *continuidad* de los reales, es decir, en el hecho de que siempre existe un número c entre a y b si $a < b$. Pero esto no es cierto en los números reales tal y como se representan en un ordenador.

- Muchos algoritmos se basan en el supuesto de que estamos haciendo una computación *exacta*. Pero esto tampoco es cierto con los números reales tal y como se representan en un ordenador. La propiedad asociativa de la suma, garantiza que

$$(a + b) + c = a + (b + c)$$

  Desgraciadamente, esto no siempre se cumple en la aritmética del ordenador, debido a los errores de redondeo.

Hay varios tipos diferentes de números con los que posiblemente vamos a tener que trabajar:

- *Enteros* — Son los números para contar, $-\infty, \dots, -2, -1, 0, 1, 2, \dots, \infty$. Entre los subconjuntos de los enteros destacan los números *naturales* (los enteros a partir de 0) y los enteros *positivos* (aquellos a partir de 1), aunque esta notación no es universal.

  Una limitación importante de los enteros es que hay espacios entre ellos. La edición del Día de los Inocentes de un periódico tenía una vez el siguiente titular: "Los científicos descubren un nuevo número entre el 6 y el 7". Es gracioso, porque mientras *siempre* hay un número racional entre cualesquiera dos racionales x e y ($(x+y)/2$ es un buen ejemplo), sería realmente un notición si hubiesen encontrado un *entero* entre el 6 y el 7.

- *Números racionales* — Son los números que se pueden expresar como cociente de dos enteros, es decir, c es racional si $c = a/b$ para un par de enteros a y b. Todo entero admite una representación como racional, a saber, $c/1$. Números racionales y fracciones son sinónimos, en tanto en cuanto incluyamos las fracciones *impropias* a/b donde $a > b$.

- *Números irracionales* — Hay muchos números interesantes que no son racionales. Entre otros ejemplos, podemos citar $\pi = 3{,}1415926\dots$, $\sqrt{2} = 1{,}41421\dots$, y $e = 2{,}71828\dots$. Se puede probar que no existe ninguna pareja de enteros x e y tales que x/y coincida con alguno de estos números.

  Entonces, ¿cómo vamos a poder representarlos en el ordenador? Si *realmente* se necesitan los valores hasta una precisión arbitraria, se pueden calcular usando desarrollos en serie de Taylor. Pero, para todas las aplicaciones prácticas, basta aproximarnos usando diez dígitos más o menos.

5.5.1 Operación con números reales

La representación interna de los números en coma flotante varía de un ordenador a otro, de un lenguaje a otro y de un compilador a otro. Esto representa una gran dificultad a la hora de trabajar con ellos.

Para la aritmética de coma flotante existe el estándar IEEE, al que se ajustan cada vez más fabricantes, pero siempre son de temer dificultades en los cómputos que requieran precisión muy grande. Los números en coma flotante se representan en notación científica, es decir, $a \times 2^c$, con un número limitado de bits asignados tanto a la *mantisa a* como al *exponente c*. Cuando se trabaja con dos números cuyos exponentes son muy diferentes se producen, con frecuencia, errores por desbordamiento (*overflow/underflow*), puesto que la mantisa no dispone de suficientes bits para alojar el resultado.

Estas cuestiones son fuente de muchas dificultades con los errores de redondeo. El principal problema surge cuando se trata de comprobar la igualdad de dos números reales, ya que normalmente hay bastante *basura* en los bits de orden bajo de la mantisa como para hacer que tales comprobaciones no tengan sentido. Por este motivo, no se debe comprobar nunca si un número en coma flotante es igual a cero, o a cualquier otro número en coma flotante. En su lugar, se debe comprobar si dicho número está dentro de un intervalo más/menos ϵ del valor a comprobar.

Muchos problemas piden que se imprima la respuesta con una cantidad dada de dígitos exactos a la derecha del punto decimal. En este momento hemos de distinguir entre *redondeo* y *truncado*. El truncado está implementado en la función `floor`, que convierte un número real en un entero eliminando la parte fraccionaria. El redondeo se usa para obtener un valor más exacto en el dígito menos significativo. Para redondear un número X a k dígitos decimales, se puede usar la siguiente fórmula

$$\mathrm{round}(X, k) = \mathrm{floor}(10^k X + (1/2))/10^k$$

Después, basta usar la función de salida formateada del correspondiente lenguaje para imprimir sólo los decimales que se piden.

5.5.2 Fracciones

Los números racionales *exactos* x/y se representan mejor por un par de enteros x, y, donde x es el *numerador* e y el *denominador* de la fracción.

Las operaciones aritméticas básicas entre dos racionales $c = x_1/y_1$ y $d = x_2/y_2$ son fáciles de programar:

- *Suma* — Tenemos que encontrar un denominador común antes de proceder a sumar las fracciones, así

$$c + d = \frac{x_1 y_2 + x_2 y_1}{y_1 y_2}$$

- *Resta* — Igual que la suma, puesto que $c - d = c + -1 \times d$, luego

$$c - d = \frac{x_1 y_2 - x_2 y_1}{y_1 y_2}$$

- *Multiplicación* — Dado que la multiplicación es una suma repetida, es fácil demostrar que

$$c \times d = \frac{x_1 x_2}{y_1 y_2}$$

- *División* — Para dividir fracciones, hay que multiplicar por el *recíproco* del denominador, luego

$$c/d = \frac{x_1}{y_1} \times \frac{y_2}{x_2} = \frac{x_1 y_2}{x_2 y_1}$$

Pero, ¿por qué funciona esto? Porque con esta definición, $d(c/d) = c$, que es exactamente lo que queremos que haga la división.

Implementar sin más estas operaciones acarrea un grave peligro de desbordamientos. Es muy importante *reducir* las fracciones a su representación más simple, por ejemplo, reemplazar 2/4 por 1/2. El secreto está en eliminar del numerador y del denominador el *máximo común divisor* de ambos, es decir, el entero más grande que divide simultáneamente a los dos.

El cálculo del máximo común divisor por el método de prueba y error o por una búsqueda exhaustiva, puede ser computacionalmente muy costoso. Sin embargo, el algoritmo de Euclides para su cálculo es eficiente, muy fácil de programar y será analizado en la sección 7.2.1.

5.5.3 Decimales

La representación decimal de los números reales, no es más que un caso especial de los números racionales. Un número decimal representa la suma de dos números, la parte entera a la izquierda del punto decimal y la parte fraccionaria a la derecha del mismo. Por consiguiente, una representación como fracción de los cinco primeros dígitos decimales de π es

$$3{,}1415 = (3/1) + (1415/10000) = 6283/2000$$

El denominador de la parte fraccionaria es 10^{i+1}, cuando el dígito no nulo más a la derecha está i posiciones a la derecha del punto decimal.

En principio, convertir un número racional a decimal es fácil, basta dividir el numerador por el denominador. La trampa está en que muchas fracciones no tienen una representación decimal finita. Por ejemplo, $1/3 = 0{,}3333333\ldots$, y $1/7 = 0{,}142857142857142857142857\ldots$. Habitualmente, una representación decimal con los primeros diez dígitos significativos, más o menos, será suficiente, pero algunas veces queremos conocer la representación exacta, por ejemplo, $1/30 = 0{,}0\overline{3}$ o $1/7 = 0.\overline{142857}$.

¿Qué fracciones se traducen en un número decimal con algunos de sus dígitos repetidos? Es posible encontrar estas repeticiones simulando explícitamente una larga división. La expresión decimal de la fracción 1/7 se obtiene dividiendo por 7 el número 1,0000000.... Por tanto, el siguiente dígito del cociente se obtiene multiplicando el resto por diez, sumando el último dígito (siempre cero), y viendo el número de veces que el denominador *cabe* en esta cantidad. Es evidente que se cae en un bucle infinito en el momento en que esta cantidad se repite. Por tanto, los dígitos decimales entre estas dos posiciones se repiten eternamente, son la parte periódica.

Podemos calcular la fracción asociada a un decimal periódico si conocemos (o adivinamos) la longitud del periodo. Supongamos que la fracción a/b tiene un periodo R de longitud l. Entonces $10^l(a/b) - (a/b) = R$, y en consecuencia $a/b = R/(10^l - 1)$. Como demostración, si queremos conocer la fracción asociada con $a/b = 0{,}0123123\ldots$. La longitud del periodo es de tres dígitos, y $R = 12{,}3$ según la fórmula anterior. Entonces, $a/b = 12{,}3/999 = 123/9990$.

5.6 Álgebra

En todo su esplendor, el álgebra es el estudio de grupos y anillos. Pero el álgebra de la escuela secundaria se limita, básicamente, a estudiar ecuaciones, planteadas en términos de las operaciones de sumar y multiplicar. La clase más importante de fórmulas son los *polinomios*, tales como $P(x) = c_0 + c_1 x + c_2 x^2 + ...$, donde x es la variable independiente y c_i el coeficiente del término i-ésimo x^i. El grado del polinomio es el mayor i para el que c_i no es nulo.

5.6.1 Manipulación de polinomios

La representación más natural para un polinomio de grado n y una sola variable es un *array* con los $n + 1$ coeficientes, desde c_0 hasta c_n. Esta representación facilita la tarea de realizar las operaciones básicas con polinomios:

- *Evaluación* — Calcular el valor $P(x)$ para un x dado se puede hacer fácilmente por *fuerza bruta*, basta computar cada término $c_i x^i$ de forma independiente y sumarlos todos. El inconveniente es que el costo computacional es del orden $O(n^2)$ multiplicaciones cuando, en realidad, es suficiente una cantidad $O(n)$. El secreto es darse cuenta de que $x^i = x^{i-1} x$, por lo que si calculamos los términos de menor a mayor grado, podemos conservar la potencia de x ya calculada, y seguir adelante con dos multiplicaciones por término ($x^{i-1} \times x$, y luego $c_i \times x^i$).

  Como método alternativo se puede emplear la *regla de Horner*, una forma más elegante de hacer lo mismo:

$$a_n x^n + a_{n-1} x^{n-1} + ... + a_0 = ((a_n x + a_{n-1})x + ...)x + a_0$$

- *Suma/Resta* — Sumar y restar polinomios es incluso más fácil que hacer las mismas operaciones con enteros largos, puesto que aquí no existe el problema del arrastre. Simplemente se suman o se restan los coeficientes de los i-ésimos términos para todos los i desde cero al grado máximo.

- *Multiplicación* — El producto de dos polinomios $P(x)$ y $Q(x)$ es la suma del producto de cada pareja de términos, siendo cada uno de ellos de diferente polinomio:

$$P(x) \times Q(x) = \sum_{i=0}^{degree(P)} \sum_{j=0}^{degree(Q)} (c_i c_j) x^{i+j}$$

Esta operación de *todos contra todos* se denomina una *convolución*. Entre otras convoluciones contenidas en este libro están la multiplicación de enteros (todos los dígitos por todos los dígitos) y la búsqueda de cadenas (todas las posiciones posibles de la cadena patrón se comparan con todas las posibles posiciones del texto). Existe un sorprendente algoritmo (conocido como transformada rápida de Fourier, o FFT por sus siglas en inglés) que computa convoluciones en un tiempo del orden $O(n \log n)$ frente al orden $O(n^2)$, pero queda fuera del ámbito de este libro. Aún así, es bueno conocer que tal herramienta existe cuando nos damos cuenta que estamos realizando una convolución.

- *División* — La división de polinomios es un tema delicado, ya que el conjunto de los polinomios no es cerrado para la división. Pensemos que $1/x$ puede ser considerado como un polinomio o no, ya que es x^{-1}, pero $2x/(x^2+1)$ con seguridad no lo es. Es una *función racional*.

Hay ocasiones en que los polinomios son *dispersos*, en el sentido de que muchos de sus coeficientes son nulos, $c_i = 0$. Para polinomios muy dispersos, lo mejor es representarlos como listas enlazadas de pares coeficiente/grado. Se denominan *polinomios multivariable* aquellos que contienen más de una variable independiente. Los polinomios en dos variables $f(x, y)$ se pueden representar por una matriz C de coeficientes, de forma que el elemento $C[i][j]$ será el coeficiente de $x^i y^j$.

5.6.2 Búsqueda de raíces

Dado un polinomio $P(x)$ y fijado un número t, el problema de *búsqueda de raíces* consiste en identificar todos los valores x para los que $P(x) = t$.

Cuando $P(x)$ es un polinomio de primer grado, la raíz es simplemente $x = (t - a_0)/a_1$, donde a_i es el coeficiente de x_i en $P(x)$. Si $P(x)$ es un polinomio de segundo grado, se aplica la *ecuación cuadrática*.

$$x = \frac{-a_1 \pm \sqrt{a_1^2 - 4a_2(a_0 - t)}}{2a_2}$$

Hay también fórmulas de cuadraturas, mucho más complejas, para resolver los polinomios de tercer y cuarto grado, pero ahí acaban las buenas noticias. No existe una fórmula cerrada para las raíces de los polinomios de grado cinco (quínticos), ni para ningún otro de grado superior.

Junto a las ecuaciones cuadráticas, es habitual el uso de métodos numéricos. En cualquier texto de análisis numérico encontraremos una variedad de algoritmos para el cálculo de las raíces, incluyendo los métodos de Newton y Newton-Raphson, así como la descripción de muchas posibles *trampas* de los mismos, tales como la estabilidad numérica. Pero la idea básica es la búsqueda binaria. Supongamos que una función $f(x)$ es *monótona creciente* entre l y u, lo que implica que $f(i) \leq f(j)$ siempre que $l \leq i \leq j \leq u$. Supongamos ahora que queremos encontrar el valor x tal que $f(x) = t$. Podemos comparar $f((l+u)/2)$ con t. Si $t < f((l+u)/2)$, significa que la raíz está entre l y $(l+u)/2$, si no, estará entre $(l+u)/2$ y u. Podemos seguir operando en la misma forma, hasta que el intervalo sea tan pequeño como deseemos.

Este método se puede utilizar para calcular raíces cuadradas, porque es una operación equivalente a resolver $x^2 = t$ entre 1 y t para todo $t \geq 1$. Sin embargo, un método más sencillo par el cálculo de la i-ésima raíz de t utiliza las funciones exponencial y logarítmica para computar $t^{1/i}$.

5.7 Logaritmos

Sin duda todo el mundo ha visto las teclas `log` y `exp` en una calculadora, pero es casi seguro que muy poca gente las haya usado. Y muchos habrán incluso olvidado por qué están allí. Un *logaritmo* es sencillamente la función inversa de una función exponencial. Decir que $b^x = y$ es equivalente a decir que $x = \log_b y$.

El parámetro b se denomina la *base* del logaritmo. Hay dos bases especialmente importantes por razones matemáticas e históricas. El *logaritmo natural*, comúnmente escrito como $\ln x$, es una función logaritmo con base $e = 2,71828\ldots$. La inversa de $\ln x$ es la función exponencial $\exp x = e^x$. Por tanto, al componer dichas funciones, ocurre que

$$\exp(\ln x) = x$$

El logaritmo en base 10 o *logaritmo decimal*, que normalmente se escribe como $\log x$, es hoy día menos común que el natural. Los logaritmos decimales fueron muy importantes en la época anterior a las calculadoras de bolsillo[1]. El uso de logaritmos es la forma más sencilla de multiplicar a mano números grandes, bien sea implícitamente con una regla de cálculo, bien explícitamente con una tabla de logaritmos.

Pero los logaritmos aún son útiles para la multiplicación y, sobre todo, para la exponenciación. Recordemos que $\log_a xy = \log_a x + \log_a y$, es decir, el logaritmo de un producto es la suma de los logaritmos de los factores. Una consecuencia inmediata de esto es que

$$\log_a n^b = b \cdot \log_a n$$

Entonces, ¿podemos calcular a^b cualesquiera que sean a y b, usando las funciones $\exp(x)$ y $\ln(x)$? Sabemos que

$$a^b = \exp(\ln(a^b)) = \exp(b \ln a)$$

así que el problema se reduce a una multiplicación más una llamada a cada una de estas funciones.

También podemos utilizar este método para calcular raíces cuadradas, puesto que $\sqrt{x} = x^{1/2}$, y también para cualquier otra potencia fraccionaria. Estas aplicaciones son una de las razones por las que las funciones ln y exp están contenidas en las bibliotecas matemáticas de todos los lenguajes de programación razonables. Hay que ser consciente de que estas funciones son complicadas desde el punto de vista numérico (se computan usando desarrollos en serie de Taylor) y, en consecuencia, tienen una indeterminación intrínseca, por lo que no debe esperarse que $\exp(0,5 \ln 4)$ nos va a dar un resultado exacto de 2.

Otro hecho importante que hay que recordar sobre los logaritmos, es que resulta muy sencillo pasar el logaritmo de una base a otra, como vemos en la siguiente fórmula:

$$\log_a b = \frac{\log_c b}{\log_c a}$$

Es decir, para convertir el $\log b$ de una base a a una base c, basta con dividir por el $\log_c a$. Por tanto, es fácil escribir una función de logaritmos decimales a partir de una función de logaritmos naturales y al revés.

---

[1]Los autores de este libro tienen la edad suficiente para acordarse de aquella era, anterior a 1972.

5.8 Bibliotecas matemáticas para números reales

Bibliotecas matemáticas en C/C++

La biblioteca matemática estándar en C/C++ tiene varias funciones muy útiles para trabajar
con números reales:

```
#include <math.h>            /* incorpora la biblioteca math */

double floor(double x);      /* trunca la parte fraccionaria de x */
double ceil (double x);      /* aumenta x al entero mayor más próximo */
double fabs(double x);       /* calcula el valor absoluto de x */

double sqrt(double x);       /* calcula raíces cuadradas */
double exp(double x);        /* calcula e^x */
double log(double x);        /* calcula logaritmos neperianos (en base e) */
double log10(double x);      /* calcula logaritmos decimales (en base 10) */
double pow(double x, double y);   /* calcula x^y */
```

Bibliotecas matemáticas en Java

La clase `java.lang.Math` de Java tiene todas estas funciones y alguna más, la más notable una
función `round`, para calcular el entero más próximo a un número real.

5.9 Problemas

5.9.1 Aritmética primaria

ID en Online Judge: 10035 — **Popularidad:** A — **Tasa de éxito:** media — **Nivel:** 1

A los niños se les enseña a sumar números de varias cifras de derecha a izquierda, sumando una cifra cada vez. Muchos de ellos encuentran que la operación de "arrastre", en la que se debe llevar un 1 de una posición a la siguiente, es todo un desafío. La tarea consiste en contar el número de operaciones de arrastre que se producirán en cada conjunto de problemas de suma, para ayudar a los educadores a evaluar la dificultad de los mismos.

Entrada

Cada línea de la entrada consta de dos enteros, sin signo, de menos de 10 cifras. La última línea de la entrada es "0 0".

Salida

Por cada línea de la entrada, excepto la última, se debe calcular la cantidad de operaciones de arrastre que se producirán al sumar los dos números, y se mostrará de la forma que vemos en el ejemplo de salida.

Ejemplo de entrada

```
123 456
555 555
123 594
0 0
```

Ejemplo de salida

```
No carry operation.
3 carry operations.
1 carry operation.
```

5.9.2 Invertir y sumar

ID en Online Judge: 10018 — **Popularidad:** A — **Tasa de éxito:** baja — **Nivel:** 1

La función *invertir y sumar*, parte de un número del que se obtiene otro con el orden de sus dígitos invertido, y suma ambos. Si la suma no es un palíndromo (es decir, es distinto número cuando se lee de izquierda a derecha que de derecha a izquierda), se repetirá el procedimiento.

Por ejemplo, si comenzamos con 195 como el número inicial, obtendremos el palíndromo 9.339 después de la cuarta operación:

$$
\begin{array}{cccc}
195 & 786 & 1.473 & 5.214 \\
591 & 687 & 3.741 & 4.125 \\
+\,\overline{} & +\,\overline{} & +\,\overline{} & +\,\overline{} \\
786 & 1.473 & 5.214 & 9.339
\end{array}
$$

Este método hace que la mayoría de los enteros evolucionen hacia palíndromos en unos pocos pasos. Pero hay excepciones interesantes. 196 es el primer número para el que no se ha encontrado un palíndromo, aunque no se ha podido demostrar que éste no exista.

Debemos escribir un programa que obtenga el número inicial y devuelva el palíndromo resultante (si es que existe alguno), y el número de iteraciones/sumas necesarias para llegar a él.

Se puede suponer que todos los números utilizados como casos de prueba tienen una solución a la que se llega en menos de 1.000 operaciones, y que ninguno de los palíndromos será mayor que 4.294.967.295. ¡Ah!, y no olvide que hay palíndromos de un solo dígito.

Entrada

La primera línea contendrá un entero N ($0 < N \leq 100$), que indica el número de casos de prueba, y las siguientes N líneas constarán de un único entero P, cuyo palíndromo deberemos calcular.

Salida

Por cada uno de los enteros N, se mostrará una línea que indique el número mínimo de iteraciones necesarias para calcular el palíndromo, un espacio en blanco, y el propio palíndromo resultante.

Ejemplo de entrada

```
3
195
265
750
```

Ejemplo de salida

```
4 9339
5 45254
3 6666
```

5.9.3 El dilema de la arqueóloga

ID en Online Judge: 701 — Popularidad: A — Tasa de éxito: baja — Nivel: 1

Una arqueóloga, en busca de la prueba que demuestre la presencia de extraterrestres en la Tierra en tiempos pasados, ha localizado un muro parcialmente destruido en el que aparecen extrañas cadenas de números. La parte izquierda de estas líneas de dígitos está siempre intacta, pero, por desgracia, la parte derecha suele estar dañada por el efecto de la erosión en la piedra. Sin embargo, la investigadora descubre que los números que aparecen completamente intactos son potencias de 2, por lo que trabaja con la hipótesis de que todos los demás también lo son. Para reforzar esta teoría, selecciona una lista de números en los que aparentemente la cantidad de dígitos legibles es menor que la de dígitos perdidos, y nos pide que encontremos la menor potencia de 2 (si es que existe), cuyos primeros dígitos coincidan con los contenidos en la lista.

Por lo tanto, la tarea consiste en escribir un programa que, partiendo de un entero, determine el mínimo exponente E (si existe alguno), tal que los primeros dígitos de 2^E coincidan con el entero (teniendo en cuenta que faltan más de la mitad de los dígitos).

Entrada

Cada línea contiene un entero positivo N no mayor que 2.147.483.648.

Salida

Por cada uno de los enteros de la entrada, mostrar una línea que contenga el menor entero positivo E, tal que los primeros dígitos de 2^E sean precisamente los dígitos de N; o, en caso de que no haya solución, imprimir el mensaje "no power of 2".

Ejemplo de entrada

```
1
2
10
```

Ejemplo de salida

```
7
8
20
```

5.9.4 Unos

ID en Online Judge: 10127 — Popularidad: A — Tasa de éxito: alta — Nivel: 2

Para cualquier entero $0 \leq n \leq 10000$ no divisible por 2 ni por 5, existe algún múltiplo del mismo que, en notación decimal, es una secuencia de unos. ¿Cuántos digitos tiene el menor de tales múltiplos de n?

Entrada

Una secuencia de enteros, uno por línea.

Salida

Cada línea de la salida, debe mostrar el entero más pequeño $x > 0$, entre los que hacen que $p = \sum_{i=0}^{x-1} 1 \times 10^i = a \times b$, donde a es el entero de la entrada correspondiente y b es un entero mayor que cero.

Ejemplo de entrada

```
3
7
9901
```

Ejemplo de salida

```
3
6
12
```

5.9.5 Un juego de multiplicación

ID en Online Judge: 847 — **Popularidad:** A — **Tasa de éxito:** alta — **Nivel:** 3

Stan y Ollie están jugando al juego de la multiplicación, que consiste en multiplicar un entero p por un número entre 2 y 9. Stan siempre empieza con $p = 1$ y hace su multiplicación, entonces Ollie multiplica el número resultante, después nuevamente lo hace Stan, y así sucesivamente. Antes de comenzar el juego, establecen un entero $1 < n < 4.294.967.295$. El ganador será el primero que llegue a $p \geq n$.

Entrada

Cada línea de la entrada contiene un entero n.

Salida

Por cada línea de la entrada, imprimir un única línea de salida con uno de los mensajes:

```
Stan wins.
```

o bien

```
Ollie wins.
```

asumiendo que ambos juegan perfectamente.

Ejemplo de entrada

```
162
17
34012226
```

Ejemplo de salida

```
Stan wins.
Ollie wins.
Stan wins.
```

5.9.6 Coeficientes polinomiales

ID en Online Judge: 10105 — **Popularidad:** B — **Tasa de éxito:** alta — **Nivel:** 1

Este problema busca los coeficientes resultantes de la expansión del polinomio:

$$P = (x_1 + x_2 + \cdots + x_k)^n$$

Entrada

La entrada constará de un conjunto de parejas de líneas. La primera línea de la pareja contendrá dos enteros, n y k, separados por un espacio en blanco ($0 < k, n < 13$). Estos enteros definen el grado del polinomio y el número de variables. La segunda línea contendrá k números no negativos $n_1, \ldots, n_k$, donde $n_1 + \cdots + n_k = n$.

Salida

Por cada pareja de líneas de la entrada, se debe mostrar una línea que incluya un entero, que será el coeficiente del monomio $x_1^{n_1} x_2^{n_2} \ldots x_k^{n_k}$ en la expansión del polinomio $(x_1 + x_2 + \cdots + x_k)^n$.

Ejemplo de entrada

```
2 2
1 1
2 12
1 0 0 0 0 0 0 0 0 1 0
```

Ejemplo de salida

```
2
2
```

5.9.7 El sistema numérico de Stern-Brocot

ID en Online Judge: 10077 — **Popularidad:** C — **Tasa de éxito:** alta — **Nivel:** 1

El *árbol de Stern-Brocot* supone un bello método para contruir el conjunto de todas las fracciones no negativas $\frac{m}{n}$, donde m y n son números primos entre sí. La idea es comenzar con dos fracciones $\left(\frac{0}{1}, \frac{1}{0}\right)$ y, a continuación, repetir la siguiente operación tantas veces como se desee:

- Insertar $\frac{m+m'}{n+n'}$ entre dos fracciones adyacentes $\frac{m}{n}$ y $\frac{m'}{n'}$

Por ejemplo, el primer paso da como resultado una nueva entrada entre $\frac{0}{1}$ y $\frac{1}{0}$,

$$\frac{0}{1}, \frac{1}{1}, \frac{1}{0}$$

y el siguiente da dos más:

$$\frac{0}{1}, \frac{1}{2}, \frac{1}{1}, \frac{2}{1}, \frac{1}{0}$$

La siguiente entrada cuatro más:

$$\frac{0}{1}, \frac{1}{3}, \frac{1}{2}, \frac{2}{3}, \frac{1}{1}, \frac{3}{2}, \frac{2}{1}, \frac{3}{1}, \frac{1}{0}$$

La matriz completa es una estructura de árbol binario infinito, cuyos niveles superiores presentan este aspecto:

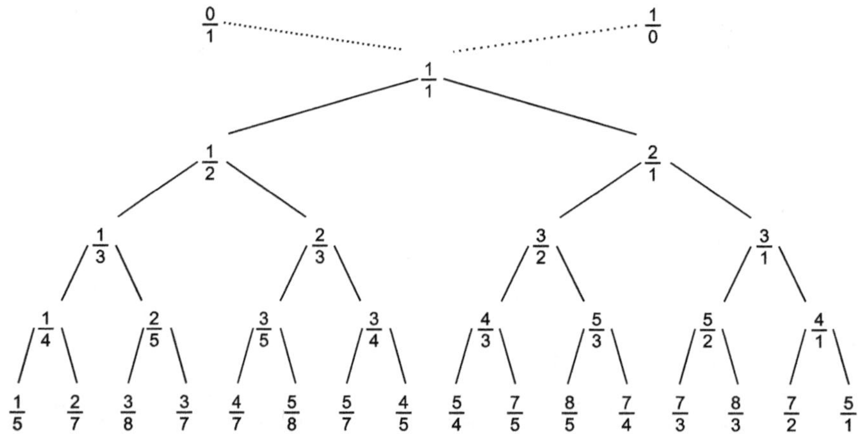

Esta construcción conserva el orden, por lo que no es posible que la misma fracción aparezca en dos lugares diferentes.

De hecho, podemos denominar al *árbol de Stern-Brocot* como un *sistema numérico* para la representación de números racionales, ya que cada fracción positiva reducida aparece una sola vez. Utilicemos las letras "L" y "R" para determinar el descenso por el árbol, hacia la izquierda o hacia la derecha, desde su punto más alto hasta una fracción en concreto; de esta forma, una cadena de L's y R's identifica de forma única cualquier lugar del mismo. Por ejemplo, LRRL significa que descendemos hacia la izquierda desde $\frac{1}{1}$ hasta $\frac{1}{2}$, después hacia la derecha hasta $\frac{2}{3}$, después hacia la derecha hacia $\frac{3}{4}$, y, finalmente, hacia la izquierda hasta $\frac{5}{7}$. Podemos considerar que LRRL es una representación de $\frac{5}{7}$. Cualquier fracción positiva se puede representar de esta manera con una cadena única de L's y R's.

En realidad no todas las fracciones se pueden representar así. La fracción $\frac{1}{1}$ corresponde a una cadena vacía. La denominaremos I, ya que es una letra que se parece al número 1 y puede significar "identidad".

El objetivo del problema es representar en el *sistema númerico de Stern-Brocot* una fracción racional positiva.

Entrada

La entrada puede contener varios casos de prueba. Cada caso constará de una línea que contiene dos enteros positivos, m y n, donde m y n son números primos entre sí. La entrada terminará con un caso de prueba, en el que el valor tanto para m como para n sea 1, caso que no debe ser procesado.

Salida

Por cada caso de prueba de la entrada, mostrar una línea que contenga la representación de la fracción proporcionada en el *sistema numérico de Stern-Brocot*.

Ejemplo de entrada

```
5 7
878 323
1 1
```

Ejemplo de salida

```
LRRL
RRLRRLRLLLLRLRRR
```

5.9.8 Suma de parejas

ID en Online Judge: 10202 — **Popularidad:** B — **Tasa de éxito:** alta — **Nivel:** 4

Cualquier conjunto de n enteros genera $n(n-1)/2$ números al sumar todas las posibles parejas. La tarea consiste en encontrar los enteros n a partir del conjunto de las sumas.

Entrada

Cada línea de la entrada contiene n seguido de $n(n-1)/2$ números enteros, separados por un espacio, donde $2 < n < 10$.

Salida

Por cada línea de la entrada, mostrar una línea que contenga n enteros en orden no descendente, de forma que los números de la entrada sean los resultados de la suma de las distintas parejas de los n números. Si hay varias soluciones posibles, cualquiera de ellas será válida. Si no hay solución, imprimir el mensaje "Impossible".

Ejemplo de entrada

```
3 1269 1160 1663
3 1 1 1
5 226 223 225 224 227 229 228 226 225 227
5 216 210 204 212 220 214 222 208 216 210
5 -1 0 -1 -2 1 0 -1 1 0 -1
5 79950 79936 79942 79962 79954 79972 79960 79968 79924 79932
```

Ejemplo de salida

```
383 777 886
Impossible
111 112 113 114 115
101 103 107 109 113
-1 -1 0 0 1
39953 39971 39979 39983 39989
```

5.10 Sugerencias

5.9.1 Para este problema, ¿necesitamos implementar completamente la suma de alta precisión, o podemos extraer el dígito de arrastre de las operaciones usando un método más sencillo?

5.9.3 Para este problema, ¿necesitamos implementar completamente la multiplicación de alta precisión, o el hecho de que estemos buscando una potencia de 2 simplifica las cosas?

5.9.4 ¿Tenemos que calcular explícitamente el número para conocer el número de dígitos que contiene?

5.9.5 Puede resultar más sencillo resolver un problema más general, ¿quién gana si empiezan con un número x y terminan con un número n?

5.9.6 ¿Necesitamos calcular el polinomio resultante, o existe un camino más fácil de calcular los coeficientes resultantes? ¿Puede ayudar el teorema del binomio?

5.9.8 ¿Es necesario realizar una búsqueda exhaustiva de todas las posibilidades? Si lo es, conviene echar un vistazo a la búsqueda exhaustiva en el capítulo 8.

5.11 Comentarios

5.9.2 Durante tres años de computación, buscando un palíndromo por adición a partir de 196, se llegó hasta los 2 millones de dígitos sin llegar a encontrarlo. La probabilidad de que exista un palíndromo disminuye progresivamente a medida que la búsqueda se alarga. En `http://www.fourmilab.ch/documents/threeyears/threeyears.html` se pueden ver más detalles. Asegúrese de que maneja adecuadamente los palíndromos de un solo dígito.

Capítulo 6

Combinatoria

La combinatoria es la matemática de contar. Existen diversos problemas de conteo que aparecen repetidamente en las ciencias de la computación y la programación.

Los problemas de combinatoria son famosos porque requieren gran destreza e intuición. Una vez que se enfoca el problema de forma correcta, de pronto la solución parece obvia. Este fenómeno de idea feliz (*ajá*) convierte a estos problemas en ideales para concursos de programación, porque el enfoque correcto nos puede permitir reemplazar la escritura de un programa innecesario y complejo que genere y cuente todas las soluciones posibles, con una simple llamada a una fórmula. Esto lleva, algunas veces, a la elaboración de soluciones fuera del ámbito del concurso. Si los cálculos resultantes solo son asequibles para enteros pequeños o son, de hecho, los mismos para todas las entradas, uno puede ser capaz de obtener todas las posibles soluciones con (digamos) una calculadora de bolsillo y, después, escribir un programa que se limite a escribir las soluciones que se le pidan. Conviene recordar que el juez automático no puede leer el programa presentado para conocer sus intenciones, se limita a comprobar los resultados.

6.1 Técnicas básicas de recuento

Vamos a repasar algunas reglas básicas de recuento y algunas fórmulas que, aunque el lector haya visto muchas veces, puede haber olvidado. En particular, hay tres reglas básicas para contar, de las que se derivan gran cantidad de fórmulas. Es importante saber la regla que debe aplicarse a cada problema concreto:

- *Regla del producto* — La *regla del producto* establece que si existen $|A|$ opciones en el conjunto A y $|B|$ opciones en el conjunto B, entonces hay $|A| \times |B|$ formas de combinar una de A y una de B. Por ejemplo, una persona que tiene 5 camisetas y 4 pantalones, tiene la posibilidad de vestirse de $5 \times 4 = 20$ formas diferentes.

- *Regla de la suma* — La *regla de la suma* establece que si existen $|A|$ opciones en el conjunto A y $|B|$ opciones en el conjunto B, entonces hay $|A| + |B|$ formas de que se produzca una de A o de B, en el supuesto de que los elementos de A y B sean distintos. Siguiendo con el ejemplo anterior, dado que se tienen 5 camisetas y 4 pantalones, si se estropea una prenda en la lavandería, hay 9 posibles opciones[1].

---

[1] En la práctica esto no es verdad, porque la prenda estropeada será, con toda certeza, nuestra favorita.

- *Fórmula de inclusión-exclusión —* La regla de la suma es un caso especial de una fórmula más general, válida para el caso en que los dos conjuntos puedan solaparse, a saber,

$$|A \cup B| = |A| + |B| - |A \cap B|$$

Por ejemplo, pongamos que A representa el conjunto de colores de las camisetas y B el de los colores de los pantalones. Por el método de inclusión-exclusión se puede calcular el número total de colores dado el número de coincidencias en el color de las prendas, o viceversa. Es claro que la fórmula es correcta, puesto que al sumar los conjuntos se cuentan dos veces algunos elementos, evidentemente los que pertenecen a ambos conjuntos.

La fórmula de inclusión-exclusión se puede generalizar a tres o más conjuntos de una forma natural:

$$|A \cup B \cup C| = |A| + |B| + |C| - |A \cap B| - |A \cap C| - |B \cap C| + |A \cap B \cap C|$$

El conteo doble es un aspecto resbaladizo de la combinatoria, y esto hace que sea difícil resolver problemas por medio del método de inclusión-exclusión. Otra técnica muy potente es la de establecer una biyección. La *biyección* es una aplicación uno a uno entre los elementos de un conjunto y los elementos de otro. Siempre que tengamos una aplicación de este tipo, basta con conocer el tamaño de uno de los conjuntos para, automáticamente, deducir el tamaño del otro.

Por ejemplo, si contamos el número de pantalones que en el momento actual están siendo usados en una clase dada, y podemos suponer que todos los estudiantes visten pantalones, esta información nos dice el número de personas que hay en la clase. Esto funciona porque hay una aplicación uno a uno entre personas y pantalones, pero no lo haría si cambiamos pantalones por calcetines o eliminamos el uniforme y permitimos que la gente vista faldas en su lugar.

El aprovechamiento de las biyecciones requiere que tengamos un repertorio de conjuntos que sepamos como contar, y así podemos hacer corresponder otros objetos con ellos. Entre los objetos combinatorios básicos, con los que es conveniente familiarizarse, están los que se explican a continuación. También es muy útil tener una idea de la rapidez con que crece el número de objetos, para saber en qué momento la técnica de búsqueda exhaustiva se derrumba como una posibilidad real:

- *Permutaciones —* Una *permutación* es una ordenación de n objetos, donde cada uno de ellos aparece exactamente una vez. Hay $n! = \prod_{i=1}^{n} i$ permutaciones diferentes. Las $3! = 6$ permutaciones de tres elementos son 123, 132, 213, 231, 312 y 321. Para $n = 10$, $n! = 3.628.800$, por lo que ya comenzamos a acercarnos al límite de la búsqueda exhaustiva.

- *Subconjuntos —* Un *subconjunto* es una selección de elementos entre n objetos posibles. Hay 2^n subconjuntos distintos que se pueden formar a partir de n objetos. Por tanto, hay $2^3 = 8$ subconjuntos de tres objetos, a saber, 1, 2, 3, 12, 13, 23, 123 y el conjunto vacío: no hay que olvidar nunca el conjunto vacío. Para $n = 20$, $2^n = 1.048.576$, y comenzamos a acercarnos a los límites de la búsqueda exhaustiva.

- *Cadenas —* Una *cadena* es una sucesión de elementos donde puede haber *repetidos*. Hay m^n sucesiones distintas de n elementos escogidos entre m objetos. Las 27 cadenas de longitud 3 a partir de 123, son 111, 112, 113, 121, 122, 123, 131, 132, 133, 211, 212, 213, 221, 222, 223, 231, 232, 233, 311, 312, 313, 321, 322, 323, 331, 332 y 333. La cantidad de cadenas binarias de longitud n coincide con el número de subconjuntos de un conjunto de n elementos (¿por qué?), y el número de posibilidades crece incluso más rápidamente cuanto mayor es m.

6.2 Relaciones de recurrencia

Las relaciones recurrentes hacen que sea fácil contar una amplia variedad de estructuras definidas recursivamente. Entre estas estructuras se encuentran árboles, listas, fórmulas bien formadas y algoritmos de divide y vencerás, ya que están latentes en cada cosa que hacen los que se dedican a las ciencias de la computación.

¿Qué es un relación recurrente? Es una ecuación que se define en términos de sí misma. ¿Por qué son buenas herramientas? Porque ¡muchas funciones naturales se pueden expresar fácilmente como recurrencias! Todo polinomio se puede representar mediante una recurrencia, incluso la función lineal:

$$a_n = a_{n-1} + 1, a_1 = 1 \longrightarrow a_n = n$$

Toda exponencial se puede representar por una recurrencia:

$$a_n = 2a_{n-1}, a_1 = 2 \longrightarrow a_n = 2^n$$

Para terminar, hay ciertas funciones interesantes pero un tanto misteriosas, que no se pueden representar usando la notación convencional, pero que se pueden describir mediante recurrencias:

$$a_n = na_{n-1}, a_1 = 1 \longrightarrow a_n = n!$$

Está claro que las relaciones de recurrencia son una forma muy versátil para representar funciones. Es muy frecuente encontrarnos con que una recurrencia es la solución a un problema de recuento. La *resolución* de una ecuación recurrente para obtener una forma cerrada puede llegar a ser un arte, pero como veremos, los programas de ordenador pueden calcular fácilmente el valor de una recurrencia dada sin que sea necesario que exista una elegante expresión cerrada de la misma.

6.3 Coeficientes binomiales

La clase más importante de números para recuentos son los *coeficientes binomiales*, donde $\binom{n}{k}$ cuenta de cuántas maneras se pueden escoger k objetos de entre n posibles. ¿Qué es lo que cuentan?

- *Comités* — ¿Cuántas formas hay de constituir un comité de k miembros con n personas? Por definición, la respuesta es $\binom{n}{k}$.

- *Caminos que atraviesan una rejilla* — ¿Cuántas formas hay de viajar desde la esquina inferior izquierda hasta la esquina inferior derecha en una rejilla $n \times m$, caminando solamente hacia abajo y hacia la derecha? Cada camino consistirá de $n + m$ pasos, n hacia abajo y m hacia la derecha. Cada camino con un conjunto diferente de pasos hacia abajo es diferente, por lo que hay $\binom{n+m}{n}$ de tales conjuntos/caminos.

- *Coeficientes de* $(a + b)^n$ — Si observamos que

$$(a + b)^3 = 1a^3 + 3a^2b + 3ab^2 + 1b^3$$

  ¿Cuál será el coeficiente del término $a^k b^{n-k}$? Evidentemente $\binom{n}{k}$, porque cuenta la cantidad de formas en que podemos escoger los k factores a entre n posibilidades.

- *Triángulo de Pascal* — Sin ninguna duda todos nos hemos encontrado con esta disposición de números en la escuela secundaria. Cada número es la suma de los dos que están directamente encima de él:

$$
\begin{array}{ccccccccccc}
 & & & & & 1 & & & & & \\
 & & & & 1 & & 1 & & & & \\
 & & & 1 & & 2 & & 1 & & & \\
 & & 1 & & 3 & & 3 & & 1 & & \\
 & 1 & & 4 & & 6 & & 4 & & 1 & \\
1 & & 5 & & 10 & & 10 & & 5 & & 1
\end{array}
$$

¿Por qué se interesó Pascal o nosotros mismos? Porque esta tabla construye los coeficientes binomiales. La fila $(n+1)$ de la tabla contiene los valores $\binom{n}{i}$ para $0 \leq i \leq n$. Lo mejor del triángulo es la forma en que nos muestra algunas identidades interesantes, tales como que la suma de los números de la fila $(n+1)$ es 2^n.

¿Cómo calcularemos los coeficientes binomiales? Lo primero, $\binom{n}{k} = n!/((n-k)!k!)$, por lo que en principio se pueden calcular directamente con los factoriales. Sin embargo, este método tiene un serio inconveniente. Es casi seguro que los cálculos intermedios provoquen desbordamientos aritméticos (*overflow*), incluso cuando el coeficiente final sea un entero normal.

Una forma más estable para computar coeficientes binomiales es el uso de la relación de recurrencia que está implícita en la construcción del triángulo de Pascal, a saber, que

$$
\binom{n}{k} = \binom{n-1}{k-1} + \binom{n-1}{k}
$$

¿Por qué funciona esta expresión? Consideremos si el n-ésimo elemento aparece en uno de los $\binom{n}{k}$ subconjuntos de k elementos. En caso afirmativo, podemos completar el subconjunto tomando otros $k-1$ elementos de los $n-1$ restantes. En el caso contrario, podemos elegir la totalidad de los k elementos entre los restantes $n-1$. Como no es posible la superposición entre estos casos, y todas las posibilidades están incluidas, la suma contabiliza la totalidad de los k-subconjuntos.

Ninguna recurrencia está completa sin los casos iniciales. ¿Qué coeficientes binomiales necesitamos conocer sin calcularlos? De vez en cuando, el término izquierdo de la suma nos lleva hasta $\binom{n-k}{0}$. ¿Cuántas formas hay de escoger 0 cosas de un conjunto? Exactamente una, el conjunto vacío. Si esto no resulta convincente, también vale aceptar que $\binom{m}{1} = m$. El término de la derecha de la suma nos lleva hasta $\binom{k}{k}$. ¿Cuántas maneras hay de escoger k objetos de un conjunto de k elementos? Exactamente una, el conjunto total. Estos casos frontera, junto con la recurrencia, define los coeficientes binomiales para todos los valores interesantes.

El mejor camino para evaluar una recurrencia de este tipo, es construir una tabla con todos los valores posibles, al menos hasta el tamaño máximo que nos interese. Estudiando la función que sigue se puede ver cómo lo hicimos.

```
#define MAXN        100        /* el mayor valor de n o m */

long binomial_coefficient(n,m)
```

```c
int n,m;                            /* calcula n sobre m (combinaciones) */
{
        int i,j;                    /* contadores */
        long bc[MAXN][MAXN];        /* tabla de coeficientes binomiales */

        for (i=0; i<=n; i++) bc[i][0] = 1;

        for (j=0; j<=n; j++) bc[j][j] = 1;

        for (i=1; i<=n; i++)
                for (j=1; j<i; j++)
                        bc[i][j] = bc[i-1][j-1] + bc[i-1][j];

        return( bc[n][m] );
}
```

Tales programas para evaluar recurrencias son el fundamento de la programación dinámica, una técnica algorítmica que estudiaremos en el capítulo 11.

6.4 Otras sucesiones de conteo

Hay unas cuantas sucesiones más para tareas de recuento que surgen una y otra vez en las aplicaciones, y que se pueden computar fácilmente mediante relaciones de recurrencia. Todo *combinatorialista* prudente debería tenerlas en mente cada vez que se plantea un conteo:

- *Números de Fibonacci* — Están definidos por la ecuación de recurrencia $F_n = F_{n-1} + F_{n-2}$ con condiciones iniciales $F_0 = 0$ y $F_1 = 1$, y aparecen con suma frecuencia porque posiblemente es la relación de recurrencia más simple que tenga un cierto interés. Los primeros valores son 0, 1, 1, 2, 3, 5, 8, 13, 21, 34, 55, ...

  Los propios números de Fibonacci satisfacen una asombrosa cantidad de identidades matemáticas, y es entretenido jugar con ellos. Además, tienen una expresión cerrada, que es difícil de asimilar, pero muy fácil de obtener:

$$F_n = \frac{1}{\sqrt{5}} \left(\left(\frac{1 + \sqrt{5}}{2} \right)^n - \left(\frac{1 - \sqrt{5}}{2} \right)^n \right)$$

  Esta forma cerrada tiene algunas implicaciones importantes. Puesto que $(1 - \sqrt{5})/2$ es un valor entre -1 y 1, al elevarlo a cualquier potencia se obtiene un número en el mismo intervalo. Por tanto, el primer término, ϕ^n donde $\phi = (1 + \sqrt{5})/2$, acumula casi todo el valor, y se puede tomar como una estimación de F_n con un error de más o menos 1.

- *Números de Catalan* — La siguiente recurrencia y su expresión cerrada asociada

$$C_n = \sum_{k=0}^{n-1} C_k C_{n-1-k} = \frac{1}{n+1} \binom{2n}{n}$$

definen los *números de Catalan*, que están relacionados con una sorprendente cantidad de problemas de combinatoria. Unos cuantos términos iniciales son $2, 5, 14, 42, 132, 429, 1430, \ldots$ cuando $C_0 = 1$.

¿De cuántas maneras se puede escribir una fórmula equilibrada con n parejas (izquierdo/derecho) de paréntesis? Por ejemplo, hay cinco formas de hacerlo para $n = 3$: $((()))$, $()(())$, $(())()$, $(()())$ y $()()()$. El primer paréntesis por la izquierda l (que ha de ser de apertura), se equilibrará con algún paréntesis de cierre r, que partirá la fórmula en dos trozos equilibrados, la parte entre l y r, y la parte a la derecha de r. Si la parte izquierda contiene k pares, la derecha debe contener $n - k - 1$ pares, dado que l, r son una pareja. Las dos subfórmulas correspondientes deben estar calculadas de la misma manera, lo que nos lleva a la recurrencia:

$$C_n = \sum_{k=0}^{n-1} C_k C_{n-1-k}$$

y así obtenemos los números de Catalan.

Exactamente los mismos razonamientos sirven cuando se hace recuento del número de triangulaciones de un polígono convexo, del número de árboles binarios con raíz y $n + 1$ hojas, o del número de caminos que cruzan una rejilla de un extremo al opuesto sin superar nunca la diagonal principal. Los números de Catalan tienen una expresión cerrada muy elegante $C_n = \frac{1}{n+1}\binom{2n}{n}$.

- *Números de Euler* — Los números *eulerianos* $\left\langle {n \atop k} \right\rangle$ cuentan la cantidad de permutaciones de longitud n que tienen exactamente k descensos ($p(j) > p(j + 1)$) o $k + 1$ sucesiones crecientes o *series*. Se puede formular una relación de recurrencia, considerando cada permutación p de $1, \ldots, n - 1$. Tenemos, entonces, n lugares donde insertar el elemento n y, en cada caso, una de dos, o parte una serie en p o se coloca inmediatamente detrás del último elemento de una serie ya existente, con lo que el número de series no varía. Por tanto $\left\langle {n \atop k} \right\rangle = (k + 1)\left\langle {n-1 \atop k} \right\rangle + (n - k)\left\langle {n-1 \atop k-1} \right\rangle$. ¿Es capaz el lector de construir las once permutaciones de longitud cuatro y conteniendo exactamente dos series?

- *Números de Stirling* — Hay dos tipos diferentes de números de Stirling. El primero, $\left[{n \atop k} \right]$, cuenta el número de permutaciones de n elementos que tienen exactamente k ciclos. Para formular la recurrencia, basta darse cuenta de que el n-ésimo elemento o bien forma un ciclo por sí mismo, o no lo hace. En caso afirmativo, hay $\left[{n-1 \atop k-1} \right]$ formas de colocar el resto de los elementos para formar $k - 1$ ciclos. En caso contrario, el n-ésimo elemento se puede insertar en cada posición posible de cada ciclo para cada una de las $\left[{n-1 \atop k} \right]$ maneras de hacer k ciclos con $n - 1$ elementos. Por tanto,

$$\left[{n \atop k} \right] = \left[{n-1 \atop k-1} \right] + (n - 1)\left[{n-1 \atop k} \right]$$

Hay 11 permutaciones de cuatro elementos que tienen exactamente dos ciclos.

- *Particiones de un conjunto* — Los números de Stirling de segunda especie $\left\{ {n \atop k} \right\}$ cuentan la cantidad de formas en que se puede partir un conjunto de n elementos en k partes. Por ejemplo, hay siete formas de partir cuatro elementos en dos subconjuntos exactamente: $(1)(234)$, $(12)(34)$, $(13)(24)$, $(14)(23)$, $(123)(4)$, $(124)(3)$ y $(134)(2)$. El n-ésimo elemento se puede insertar en cualquiera de los k subconjuntos de una partición de $n-1$ elementos, o formar un subconjunto unitario por sí mismo. Por un argumento similar al utilizado para los otros números de Stirling, llegamos a la recurrencia que los define $\{{n \atop k}\} = k\{{n-1 \atop k}\} + \{{n-1 \atop k-1}\}$. El caso especial $\{{n \atop 2}\} = 2^{n-1} - 1$, se explica porque a cada subconjunto propio de los elementos entre 2 y n (inclusive) se le puede añadir el (1) para establecer una partición. La segunda parte de la misma estará compuesta por todos los elementos que no están en la primera.

- *Particiones enteras* — Una *partición entera* de un entero positivo n es un conjunto desordenado de enteros positivos cuya suma es n. Por ejemplo, hay siete particiones de 5, a saber, (5), $(4,1)$, $(3,2)$, $(3,1,1)$, $(2,2,1)$, $(2,1,1,1)$, y $(1,1,1,1,1)$. La forma más fácil de contarlas es definir una función $f(n,k)$ que nos dé el número de particiones enteras de n en las que el sumando mayor es, a lo sumo, k. En cualquier partición aceptable el elemento mayor alcanza o no alcanza este límite, por lo que $f(n,k) = f(n-k,k) + f(n,k-1)$. Las condiciones límite son $f(n,k) = f(n,n)$ cuando $k > n$, $f(n,1) = 1$, $f(0,0) = 1$ y $f(1,1) = 1$.

El estudiante que esté interesado debería leer [11] para conocer más detalles sobre estas sucesiones, así como otras muchas que también son interesantes para los recuentos. También es recomendable visitar el *Handbook of Integer Sequences* de Sloane, en la página web `http://www.research.att.com/$\sim$njas/sequences/`, que nos ayuda a identificar prácticamente todas las sucesiones de enteros con algún interés.

6.5 Recursión e inducción

La inducción matemática es una herramienta muy útil para resolver recurrencias. La primera vez que aprendimos algo sobre la inducción en la escuela secundaria, nos pareció que era magia pura. Probábamos una fórmula para algunos casos básicos, como 1 o 2, entonces *se suponía* que era cierta para todos los valores hasta $n-1$ y se demostraba que lo era para todo n, en base a dicha suposición. ¿Eso era una demostración? Más bien no.

Más tarde, cuando comenzamos a aprender la recursión como técnica de programación, también nos pareció completamente mágica. El programa comprobaba si el argumento de entrada era algún caso básico, como 1 o 2. Si no, resolvíamos el caso grande rompiéndolo en pequeños trozos y *haciendo una llamada al propio subprograma*, para resolver cada una de estas partes. ¿Eso era un programa? Pues tampoco.

La razón por la que ambas cosas parecían mágicas es porque la recursión *es* inducción matemática. En ambos casos, tenemos condiciones generales y límite, encargándose la general de dividir el problema en partes más y más pequeñas. Las condiciones *iniciales* o límite finalizan la recursión. Una vez que se entiende, sea la recursión o la inducción, el lector debería ser capaz de volver atrás y ver por qué la otra también funciona correctamente.

Una forma contundente de resolver ecuaciones de recurrencia es *conjeturar* una solución y entonces demostrarla por inducción. Cuando tratemos de adivinar una solución, compensa hacer una tabla con valores pequeños de la función y mirarla fijamente hasta que veamos el patrón que sigue.

Por ejemplo, consideremos la siguiente relación recurrente:

$$T_n = 2T_{n-1} + 1, T_0 = 0$$

Si hacemos una tabla con los primeros valores, obtenemos lo siguiente:

n	0	1	2	3	4	5	6	7
T_n	0	1	3	7	15	31	63	127

¿Es capaz el lector de sugerir cuál puede ser la solución? Debería darse cuenta de los valores casi se duplican cada vez, lo que no es sorprendente considerando la fórmula inicial. Pero no es exactamente 2^n. Intentando variaciones de esta función, debería ser capaz de dar con la conjetura $T_n = 2^n - 1$. Para concluir la tarea, tenemos que probar esta conjetura, siguiendo las tres etapas de la inducción:

1. Demostrar que verifica la condición inicial: $T_0 = 2^0 - 1 = 0$.

2. Suponer que se cumple para T_{n-1}.

3. En base a esta suposición, completar el argumento:

$$T_n = 2T_{n-1} + 1 = 2(2^{n-1} - 1) + 1 = 2^n - 1$$

Normalmente, adivinar la solución es la parte más difícil del trabajo, y donde la experiencia y un poco de arte son de gran ayuda. La clave es probar y darle vueltas con valores pequeños para tratar de profundizar, y tener alguna idea de la forma que tendrá la expresión cerrada de la solución.

6.6 Problemas

6.6.1 ¿Cuántos "fibos"?

ID en Online Judge: 10183 — **Popularidad:** B — **Tasa de éxito:** media — **Nivel:** 1

Recordemos la definición de los números de Fibonacci:

$$
\begin{aligned}
f_1 &:= 1 \\
f_2 &:= 2 \\
f_n &:= f_{n-1} + f_{n-2} \qquad (n \geq 3)
\end{aligned}
$$

Dados dos números, a y b, calcular cuántos números de Fibonacci existen en el intervalo $[a, b]$.

Entrada

La entrada consta de varios casos de prueba. Cada caso de prueba contiene dos números enteros no negativos, a y b. La entrada finaliza con $a = b = 0$. En el resto de los casos, $a \leq b \leq 10^{100}$. Los números a y b se dan sin ceros superfluos a la izquierda.

Salida

Por cada caso de prueba, mostrar una única línea con la cantidad de números de Fibonacci f_i que cumplan $a \leq f_i \leq b$.

Ejemplo de entrada

```
10 100
1234567890 9876543210
0 0
```

Ejemplo de salida

```
5
4
```

6.6.2 ¿Cuántas parcelas?

ID en Online Judge: 10213 — **Popularidad:** B — **Tasa de éxito:** media — **Nivel:** 2

Nos presentan un terreno de forma elíptica y nos piden que elijamos n puntos arbitrarios en su límite. Después conectamos cada punto con todos los demás utilizando líneas rectas, formando $n(n-1)/2$ conexiones. ¿Cuál es el número máximo de parcelas que podemos obtener eligiendo cuidadosamente los puntos del límite?

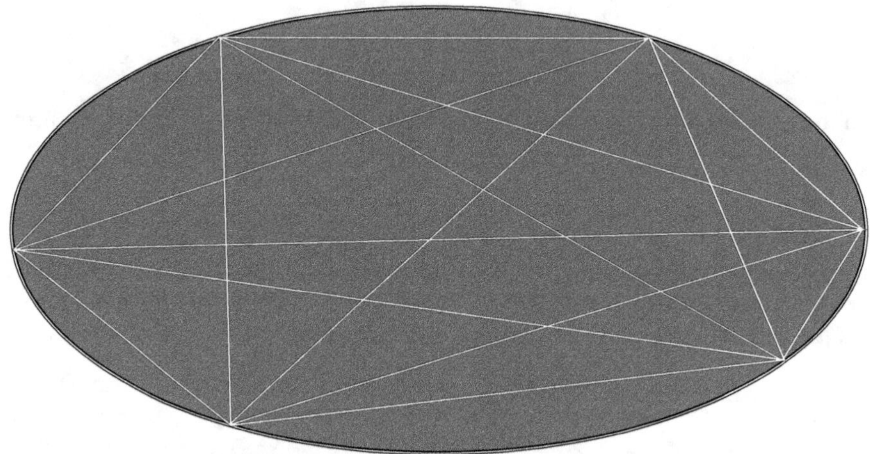

División del terreno cuando $n = 6$.

Entrada

La primera línea de la entrada contiene un entero s $(0 < s < 3{,}500)$, que indica el número de casos de prueba. Las siguientes s líneas describen los s casos, siendo cada uno de ellos un entero n $(0 \leq n < 2^{31})$.

Salida

Por cada caso de prueba en la entrada, mostrar el número máximo de posibles parcelas determinadas por los n puntos. Se utilizará una línea para cada caso.

Ejemplo de entrada

```
4
1
2
3
4
```

Ejemplo de salida

```
1
2
4
8
```

6.6.3 Contar

ID en Online Judge: 10198 — Popularidad: B — Tasa de éxito: alta — Nivel: 2

Gustavo sabe contar, pero todavía está aprendiendo a escribir los números. Ya conoce las cifras 1, 2, 3 y 4; aunque todavía no distingue el 1 del 4. Por eso piensa que 4 es sólo otra forma de escribir 1.

Se está divirtiendo con un juego que se ha inventado: escribe números con las cuatro cifras que conoce y suma sus valores. Por ejemplo:

```
132 = 1 + 3 + 2 = 6
```

```
112314 = 1 + 1 + 2 + 3 + 1 + 1 = 9
```
(recordemos que Gustavo piensa que 4 = 1)

Ahora Gustavo quiere saber cuántos números puede crear cuya suma sea n. Para $n = 2$ puede crear cinco números: 11, 14, 41, 44 y 2 (recordemos que sabe contar por encima de 5, sólo que no sabe cómo escribirlo). Sin embargo, no sabe realizar esta suma cuando n es mayor que 2, y nos pide ayuda.

Entrada

La entrada constará de un número arbitrario de enteros n, de forma que $1 \leq n \leq 1,000$. Se debe leer la entrada hasta el fin del archivo.

Salida

Por cada entero leído, mostrar un único entero en un línea, que indique cuántos números puede escribir Gustavo para que la suma de sus cifras sea igual a n.

Ejemplo de entrada

```
2
3
```

Ejemplo de salida

```
5
13
```

6.6.4 Expresiones

ID en Online Judge: 10157 — Popularidad: C — Tasa de éxito: media — Nivel: 2

Sea X un conjunto de *expresiones con paréntesis bien construidas*. Los elementos de X son cadenas que constan únicamente de los caracteres "(" y ")", como se define a continuación:

- La cadena vacía pertenece a X.

- Si A pertenece a X, entonces (A) pertenece a X.

- Si tanto A como B pertenecen a X, entonces la concatenación AB pertenece a X.

Por ejemplo, las cadenas ()(())() y (()(())) son expresiones con paréntesis correctamente construidas, y, por lo tanto, pertenecen al conjunto X. Las expresiones (()))(() y ())(() no son expresiones correctamente construidas, por lo que no pertenecen a X.

La *longitud* de una expresión con paréntesis correctamente construida, E, es el número de paréntesis (caracteres) sencillos contenidos en E. La *profundidad* $D(E)$ de E, se define de la siguiente manera:

$$D(E) = \begin{cases} 0 & \text{si } E \text{ está vacía} \\ D(A) + 1 & \text{si } E = (A), \text{ y } A \text{ está en X} \\ \text{máx}(D(A), D(B)) & \text{si } E = AB, \text{ y } A, B \text{ está en X} \end{cases}$$

Por ejemplo, ()(())() tiene una longitud de 8 y una profundidad de 2. La tarea consiste en escribir un programa que lea n y d, y calcule el número de expresiones con paréntesis correctamente construidas de longitud n y profundidad d.

Entrada

La entrada consta de parejas de enteros n y d, con una pareja por línea como mucho, donde $2 \leq n \leq 300$, $1 \leq d \leq 150$. La entrada puede contener líneas vacías, que no se tendrán en consideración.

Salida

Por cada pareja de enteros de la entrada, mostrar un único entero en una línea, que indique el número de expresiones con paréntesis correctamente construidas de longitud n y profundidad d.

Ejemplo de entrada

```
6 2
300 150
```

Ejemplo de salida

```
3
1
```

Nota: Las tres expresiones con paréntesis correctamente construidas de longitud 6 y profundidad 2 son: (())(), ()(()), y (()()).

6.6.5 Etiquetado de un árbol completo

ID en Online Judge: 10247 — **Popularidad:** C — **Tasa de éxito:** media — **Nivel:** 2

Un árbol k-ario completo es un árbol k-ario en el que todas las hojas tienen la misma profundidad
y todos los nodos internos tienen un mismo número de 'hijos' o (equivalentemente) factor de
ramificación k. Es sencillo determinar el número de nodos de un árbol así.

Sabiendo la profundidad y el factor de ramificación de uno de estos árboles, debemos determinar
de cuántas formas diferentes podemos etiquetar los nodos del mismo, de forma que la etiqueta de
cada nodo sea menor que la de sus descendientes. Esta es la propiedad que define la estructura
de datos de cola de prioridad binaria (*heap*) para $k = 2$. Al numerar un árbol con N nodos,
asumimos que disponemos de las etiquetas $(1, 2, 3, \ldots, N - 1, N)$.

Entrada

El archivo de entrada constará de varias líneas. Cada una de ellas contiene dos enteros k y d.
En este caso, $k > 0$ es el factor de ramificación de todo el árbol k-ario, y $d > 0$ es la profundidad
del mismo. El programa debe funcionar para todas las parejas en las que $k \times d \leq 21$.

Salida

Por cada línea de la entrada, mostrar una línea de salida que contenga un entero con la cantidad
de formas distintas en las que se puede etiquetar el árbol k-ario, manteniendo las restricciones
ya mencionadas.

Ejemplo de entrada

```
2 2
10 1
```

Ejemplo de salida

```
80
3628800
```

6.6.6 El monje matemático

ID en Online Judge: 10254 — **Popularidad:** C — **Tasa de éxito:** alta — **Nivel:** 2

Es bien conocido el antiguo folclore que hay detrás del rompecabezas de las *"Torres de Hanoi"*. Una leyenda más reciente nos dice que, al descubrir cuánto se tardaría en finalizar la transferencia de 64 discos desde la aguja en la que están hasta cualquiera de las otras, los monjes Brahmin decidieron encontrar una estrategia más rápida.

Las Torres de Hanoi con cuatro agujas (postes).

Uno de los monjes del templo informó a sus colegas de que podrían realizar la transferencia en una sola tarde, a un ritmo de un disco por segundo, utilizando una aguja adicional. Les propuso la siguiente estrategia:

- En primer lugar, movemos los discos superiores (digamos los k discos superiores) a una de las agujas sobrantes.

- Después, utilizamos la estrategia normal de las tres agujas para mover los $n - k$ discos restantes (para un caso general con n discos) a su destino.

- Por último, movemos los k discos superiores a su destino final utilizando las cuatro agujas.

Calculó el valor de k que minimizaría el número de movimientos, y descubrió que 18.433 serían suficientes. De esta forma, tardarían sólo 5 horas, 7 minutos y 13 segundos, frente al más de medio millón de años que les habría costado hacerlo sin la aguja adicional.

Intentemos seguir la estrategia del inteligente monje y calculemos el número de transferencias utilizando cuatro agujas, teniendo en cuenta que el monje sólo puede mover un disco cada vez, y que los discos se deben colocar en las agujas de forma que no haya ninguno de menor diámetro por debajo. Calculemos el valor de k que minimice el número de transferencias al utilizar esta estrategia.

Entrada

La entrada consta de varias líneas. Cada una de ellas contiene un único entero $0 \leq N \leq 10{,}000$, que indica el número de discos que deben ser transferidos. La entrada finaliza con un carácter de fin de archivo.

Salida

Por cada línea de la entrada, se debe mostrar una línea que indique el número de movimientos requeridos para transferir los N discos a la aguja final.

Ejemplo de entrada

```
1
2
28
64
```

Ejemplo de salida

```
1
3
769
18433
```

6.6.7 Sucesión autodescriptiva

ID en Online Judge: 10049 — **Popularidad:** C — **Tasa de éxito:** alta — **Nivel:** 2

La *sucesión autodescriptiva* de Solomon Golomb $\langle f(1), f(2), f(3), \ldots \rangle$ es la única sucesión no decreciente de números enteros positivos, con la propiedad de que, para cada k, contiene exactamente $f(k)$ veces el número k. Un ligero razonamiento revela que la sucesión debe comenzar de la siguiente manera:

n	1	2	3	4	5	6	7	8	9	10	11	12
$f(n)$	1	2	2	3	3	4	4	4	5	5	5	6

En este problema debemos escribir un programa que calcule el valor de $f(n)$ a partir de un n dado.

Entrada

La entrada puede contener varios casos de prueba. Cada caso de prueba se presenta en una línea independiente y contiene un entero n ($1 \le n \le 2{,}000{,}000{,}000$). La entrada finaliza con un caso de prueba en el que n tiene el valor 0, caso que no debe ser procesado.

Salida

Por cada caso de prueba de la entrada, se debe mostrar el valor de $f(n)$ en una línea diferente.

Ejemplo de entrada

```
100
9999
123456
1000000000
0
```

Ejemplo de salida

```
21
356
1684
438744
```

6.6.8 Pasos

ID en Online Judge: 846 — **Popularidad:** A — **Tasa de éxito:** alta — **Nivel:** 2

Consideremos el proceso de pasar del entero x al entero y a lo largo de los puntos enteros de una línea recta. La longitud de cada paso debe ser no negativa, y puede ser una unidad mayor, igual o una unidad menor que la longitud del paso anterior.

¿Cuál es el menor número de pasos necesario para llegar de x a y? La longitud del primer y del último paso debe ser de 1.

Entrada

La entrada comienza con una línea que contiene n, el número de casos de prueba. Cada caso de prueba presentado a continuación consta de dos enteros: $0 \leq x \leq y < 2^{31}$.

Salida

Imprimir, para cada caso de prueba, una línea que indique el número mínimo de pasos para llegar de x a y.

Ejemplo de entrada

```
3
45 48
45 49
45 50
```

Ejemplo de salida

```
3
3
4
```

6.7 Sugerencias

6.6.1 ¿Se puede usar la forma cerrada de F_n para reducir al mínimo la necesidad de aritmética de precisión infinita?

6.6.2 ¿Es capaz el lector de encontrar una recurrencia para la cantidad pedida?

6.6.3 ¿Es capaz el lector de encontrar una recurrencia para la suma buscada?

6.6.4 ¿Sería posible encontrar una fórmula recurrente, algo así como una versión biparamétrica de los números de Catalan?

6.6.5 ¿Es capaz el lector de encontrar una recurrencia para la cantidad deseada?

6.6.7 ¿Sería posible construir explícitamente la sucesión, o tendremos que hacer algo más hábil, a causa del límite de memoria?

6.6.8 ¿Qué tipo de sucesiones de pasos determinan las soluciones óptimas?

6.8 Comentarios

6.6.6 Aunque el problema nos pide una forma rápida para resolver el rompecabezas de las torres de Hanoi con cuatro postes siguiendo una estrategia, lo cierto es que aún no se sabe si dicha estrategia es óptima. En [11] se puede encontrar una discusión sobre el tema.

Capítulo 7

Teoría de números

Probablemente, la teoría de números es la parte más interesante y hermosa de las matemáticas. La demostración de Euclides de que existen una cantidad infinita de números primos se conserva tan clara y elegante hoy día como lo era hace más de dos mil años. Cuestiones de aspecto tan inocente como si la ecuación $a^n + b^n = c^n$ tiene soluciones para valores enteros de a, b, c y $n > 2$, a veces no son tan inocentes. Está claro, se trata del enunciado del último teorema de Fermat.

La teoría de números es excelente para practicar un razonamiento riguroso y formal, porque las demostraciones teóricas en este campo son claras y contundentes. El estudio de los enteros es interesante porque se trata de objetos concretos e importantes. Descubrir propiedades nuevas de los enteros equivale a descubrir algún detalle excitante del mundo real.

Hace ya mucho tiempo que los ordenadores se usan en la investigación sobre teoría de números. Para la realización de cálculos con enteros grandes, de gran interés en teoría de números, se requiere una gran eficiencia. Afortunadamente, existen muchos algoritmos realmente ingeniosos para ayudarnos.

7.1 Números primos

Un *número primo* es un entero $p > 1$ que únicamente es divisible por 1 y por sí mismo. Dicho de otra forma, si p es un número primo, la relación $p = a \cdot b$ con enteros $a \leq b$ implica que $a = 1$ y $b = p$. Los primeros diez números primos son 2, 3, 5, 7, 11, 13, 17, 19, 23 y 29.

Los números primos basan su importancia en el *teorema fundamental de la aritmética*. A pesar de su impresionante denominación, lo único que dice es que cada entero se puede expresar de una sola forma como producto de primos. Por ejemplo, la única expresión de 105 es $3 \times 5 \times 7$, mientras que 32 sólo se puede escribir como $2 \times 2 \times 2 \times 2 \times 2$. Este conjunto único de números cuyo producto es n se denomina la *factorización en primos* de n. El orden no tiene ninguna importancia en la factorización en primos, por lo que podemos escribirlos, por defecto, en el orden habitual. Pero la multiplicidad sí que es muy importante, es lo único que distingue la factorización en primos de 4 de la de 8.

Decimos que un número primo p es un *factor* de x si aparece en su factorización en primos. Los números que no son primos, se denominan *compuestos*.

7.1.1 Búsqueda de números primos

La forma más sencilla de comprobar si un número dado x es primo, consiste en realizar sucesivas divisiones. Se comienza con el menor candidato a divisor, y se prueban todos los posibles divisores a partir de ahí en adelante. Puesto que 2 es el único número primo que es par, una vez comprobado que x no es par, sólo tenemos que probar los números impares como candidatos a ser factores. Es más, podemos bendecir a n como primo en el instante en que se demuestre que no tiene factores primos no triviales menores que $\sqrt{n}$. ¿Por qué? Supongamos lo contrario, es decir, x es compuesto, pero su menor factor primo no trivial es un número p que es más grande que $\sqrt{n}$. Entonces x/p deberá también dividir a x, y tiene que ser mayor que p, o ya lo hubiésemos encontrado antes. Pero el producto de dos números mayores que $\sqrt{n}$ es por fuerza mayor que n, lo que nos lleva a una contradicción.

Pero calcular la factorización en primos implica no sólo en encontrar el primer factor primo, sino encontrar la multiplicidad de este factor, y volver de forma recurrente sobre el resto de los factores:

```
prime_factorization(long x)
{
        long i;                 /* contador */
        long c;                 /* número aún sin factorizar */

        c = x;
        while ((c % 2) == 0) {
                printf("%ld\n",2);
                c = c / 2;
        }

        i = 3;
        while (i <= (sqrt(c)+1)) {
                if ((c % i) == 0) {
                        printf("%ld\n",i);
                        c = c / i;
                }
                else
                        i = i + 2;
        }

        if (c > 1) printf("%ld\n",c);
}
```

Comprobar la condición $i > \sqrt{c}$ para terminar las pruebas es un poco problemática, porque la función numérica `sqrt()` no es exacta. Para estar seguros, hemos dejado que el índice i tome un valor extra. Otra opción sería eliminar totalmente los cálculos en coma flotante, y terminar cuando $i*i > c$. Por otra parte, la multiplicación puede dar lugar a desbordamientos cuando se trabaja con enteros muy largos. Pero también se pueden eliminar las multiplicaciones si caemos en la cuenta de que $(i+1)^2 = i^2 + 2i + 1$, por lo que sumando $i + i + 1$ a i^2 resulta $(i+1)^2$.

Para un mejor rendimiento, podríamos sacar el cálculo de la raíz cuadrada `sqrt(c)` del bucle principal y actualizarlo sólo cuando c cambia de valor. Sin embargo, este programa da una solución instantánea en nuestro ordenador para el número primo 2.147.483.647. Existen algoritmos probabilísticos realmente fascinantes que son más eficientes para comprobar la primalidad de enteros muy largos, pero este es un problema del que no debemos preocuparnos en este nivel, excepto como una fuente de problemas de interés para concursos de programación.

7.1.2 Conteo de números primos

¿Cuántos números primos existen? Tiene sentido que los números primos sean cada vez más escasos a medida que consideramos enteros cada vez más grandes, pero ¿se acaban alguna vez? La respuesta es no, como quedó claro en la demostración de Euclides de que hay infinitos números primos. Se trata de una *demostración por reducción al absurdo* muy elegante. Conocer dicha demostración no es estrictamente necesario para participar en concursos de programación, pero es un signo de ser una persona formada. Luego, no es ninguna vergüenza que la recordemos aquí.

Supongamos lo contrario, que solo existe una cantidad finita de primos, $p_1, p_2, \ldots, p_n$. Sea $m = 1 + \prod_{i=1}^{n} p_i$, es decir, el producto de todos los primos más uno. Puesto que es mayor que cualquiera de los primos de nuestra lista, m debe de ser compuesto. En consecuencia, debe ser divisible por alguno de los primos.

¿Pero, cuál de ellos? Sabemos que m no es divisible por p_1, ya que al dividir por él el resto es 1. De hecho, el resto va a ser 1 al dividir m por cualquiera de los primos p_i, pero entonces m también debe ser primo.

Como esto contradice la suposición, esto significa que no existe la presunta lista con todos los primos, por tanto, el número de primos tiene que ser infinito. *Quod erat demonstrandum.* [1]

Pero, no solo es que exista una cantidad infinita de primos, sino que, de hecho, son relativamente frecuentes. La cantidad de números primos menores o iguales que x es más o menos igual a $x/\ln x$, o dicho de otra forma, en términos generales uno de cada $\ln x$ números, es primo.

7.2 Divisibilidad

La teoría de números consiste esencialmente en la divisibilidad entre enteros. Decimos que b *divide a* a (escrito $b|a$) si $a = bk$ para algún entero k. De forma alternativa, se dice que b es un *divisor de* a o que a es un *múltiplo* de b si $b|a$.

Como consecuencia inmediata de esta definición, el divisor natural más pequeño de cualquier entero no nulo es 1. ¿Por qué? Bueno, debería estar claro que, en general, no hay ningún entero k tal que $a = 0 \cdot k$.

Pero, ¿cómo podemos encontrar todos los divisores de un entero dado? Del teorema de los números primos, sabemos que x admite una representación única como producto de sus factores primos. Cada divisor es el producto de algún subconjunto de estos factores primos. Tales subconjuntos se pueden construir usando técnicas de *backtracking*, que se tratarán en el capítulo 8,

---

[1] Ahora un pequeño acertijo, para comprobar si el lector ha entendido la demostración. Supongamos que tomamos los n primeros primos, calculamos su producto y sumamos uno. ¿Será primo el número resultante? Dar una demostración o un contraejemplo.

pero hay que tener mucho cuidado con los factores primos repetidos. Por ejemplo, la factorización en primos del número 12 tiene tres términos (2, 2 y 3) pero 12 solamente tiene 6 divisores (1, 2, 3, 4, 6, 12).

7.2.1 Máximo común divisor

Puesto que 1 divide a todos los enteros, el divisor común más pequeño de cada par de enteros a, b es 1. Mucho más interesante es el *máximo común divisor* o mcd (*gcd* por sus siglas en inglés), el divisor *más grande* que comparten un par de enteros dados. Consideremos una fracción cualquiera x/y, digamos 24/36. La forma reducida de esta fracción se obtiene tras dividir el numerador y el denominador por $\text{mcd}(x, y)$, en este caso 12.

Se dice que dos enteros son *primos entre sí* cuando su máximo común divisor es 1.

El algoritmo de Euclides para calcular el máximo común divisor de dos enteros ha sido reconocido como el primer algoritmo interesante de la historia. La forma ingenua de calcular el máximo común divisor, sería comprobar explícitamente todos los divisores del primero en el segundo, o tal vez encontrar la factorización prima de ambos, y tomar el producto de todos los divisores comunes. Pero ambos métodos requieren una computación intensiva por la elevada cantidad de operaciones.

El algoritmo de Euclides se basa en dos observaciones. Primera,

$$\text{Si } b|a, \text{ entonces } \text{mcd}(a, b) = b.$$

Esto debería ser absolutamente evidente. Si b divide a a, ocurre que $a = bk$ para algún entero k, y por tanto, $\text{mcd}(bk, b) = b$. Segunda,

$$\text{Si } a = bt + r \text{ para enteros } t \text{ y } r, \text{ entonces } \text{mcd}(a, b) = \text{mcd}(b, r).$$

¿Por qué? Por definición, $\text{mcd}(a, b) = \text{mcd}(bt + r, b)$. Cualquier divisor común de a y b, debe serlo también de r, puesto que evidentemente bt es divisible por todos los divisores de b.

El algoritmo de Euclides es recursivo, sustituyendo una vez tras otra el entero más grande por el resto que resulta cuando se le divide por el más pequeño. Este proceso divide uno de los argumentos por la mitad, más o menos como promedio, y así tras una cantidad logarítmica de iteraciones desciende hasta el caso trivial, en que $r = 0$ y en consecuencia b es el mcd buscado. Consideremos el siguiente ejemplo.

Sean $a = 34398$ y $b = 2132$.

$$
\begin{aligned}
\text{mcd}(34398, 2132) &= \text{mcd}(34398 \ \text{mód } 2132, 2132) = \text{mcd}(2132, 286) \\
\text{mcd}(2132, 286) &= \text{mcd}(2132 \ \text{mód } 286, 286) = \text{mcd}(286, 130) \\
\text{mcd}(286, 130) &= \text{mcd}(286 \ \text{mód } 130, 130) = \text{mcd}(130, 26) \\
\text{mcd}(130, 26) &= \text{mcd}(130 \ \text{mód } 26, 26) = \text{mcd}(26, 0)
\end{aligned}
$$

Por tanto, $\text{mcd}(34398, 2132) = 26$.

Además, el algoritmo de Euclides nos puede dar información adicional al $\text{mcd}(a, b)$. Es capaz de encontrar enteros x e y tales que

$$a \cdot x + b \cdot y = \text{mcd}(a, b)$$

lo que veremos es de gran utilidad en la resolución de congruencias lineales. Sabemos que $\mathrm{mcd}(a,b) = \mathrm{mcd}(b,a')$, donde $a' = a - b\lfloor a/b \rfloor$. Además, suponemos por recursión que conocemos dos enteros x' y y' tales que

$$b \cdot x' + a' \cdot y' = \mathrm{mcd}(a,b)$$

Sustituyendo en la anterior expresión la formula a' por su valor, tenemos

$$b \cdot x' + (a - b\lfloor a/b \rfloor) \cdot y' = \mathrm{mcd}(a,b)$$

y reordenando los términos encontraremos los números x e y buscados. Aún necesitamos una condición inicial para completar el algoritmo, pero esto es muy sencillo, pues $a \cdot 1 + 0 \cdot 0 = \mathrm{mcd}(a,0)$.

Para el ejemplo anterior, obtenemos que $34398 \times 15 + 2132 \times -242 = 26$. A continuación, veamos una implementación de este algoritmo

```
1   /* Calcula el mcd(p,q), y dos números x,y tales que p*x+q*y = mcd(p,q) */
2
3   long gcd(long p, long q, long *x, long *y)
4   {
5           long x1,y1;                      /* coeficientes previos */
6           long g;                          /* valor del mcd(p,q) */
7
8           if (q > p) return(gcd(q,p,y,x));
9
10          if (q == 0) {
11                  *x = 1;
12                  *y = 0;
13                  return(p);
14          }
15
16          g = gcd(q, p%q, &x1, &y1);
17
18          *x = y1;
19          *y = (x1 - floor(p/q)*y1);
20
21          return(g);
22  }
```

7.2.2 Mínimo común múltiplo

Otra función de dos enteros que resulta muy útil es su *mínimo común múltiplo* o mcm (*lcm* por sus siglas en inglés), el entero *más pequeño* que es divisible por los dos elementos de una pareja de enteros. Por ejemplo, el mínimo común múltiplo de 24 y 36 es 72.

El mínimo común múltiplo surge de forma natural si queremos calcular cuando van a volver a coincidir dos sucesos periódicos. ¿Cuál será el siguiente año (tras el 2000) en que las elecciones presidenciales (que se celebran cada 4 años) coincidirán con la realización del censo de población (lo que ocurre cada 10 años)? Ambos acontecimientos coinciden cada veinte años, puesto que $\mathrm{mcm}(4,10) = 20$.

Es evidente por sí mismo que $\mathrm{mcm}(x, y) \geq \mathrm{máx}(x, y)$. De forma similar, dado que $x \cdot y$ es múltiplo a la vez de x e y, $\mathrm{mcm}(x, y) \leq x \cdot y$. La única forma de que pueda ser estrictamente menor es que x e y tengan algún factor común no trivial.

Esta observación, junto con el algoritmo de Euclides, nos proporciona una forma eficiente de calcular el mínimo común múltiplo, a saber, $\mathrm{mcm}(x, y) = xy/\mathrm{mcd}(x, y)$. En [7] aparece un algoritmo más refinado, que elimina la multiplicación y, por tanto, el peligro de desbordamiento.

7.3 Aritmética modular

En el capítulo 5, repasamos los algoritmos básicos de la aritmética para enteros, tales como la suma y la multiplicación. Sin embargo, no siempre estamos interesados en el resultado completo. Algunas veces, para nuestros objetivos, nos basta con conocer el resto. Por ejemplo, supongamos que nuestro cumpleaños cae este año en miércoles. ¿En que día de la semana caerá el año que viene? Lo único que necesitamos saber es el resto de dividir el número de días entre el actual y el siguiente (365 o 366, obviamente) entre los 7 días que tiene la semana. Por tanto, caerá en miércoles más uno (365 mód 7) o más dos (366 mód 7) días, es decir, en jueves o viernes en función de que se vea afectado por un año bisiesto o no.

La clave para una computación tan eficiente es la *aritmética modular*. Por supuesto, es posible calcular inicialmente el número completo de forma explícita y buscar después el resto. Pero para enteros lo suficientemente largos, puede ser mucho más fácil trabajar solamente con los restos, vía aritmética modular.

El número por el que estamos dividiendo se denomina *módulo*, y el resto resultante se llama *residuo*. La clave para hacer una aritmética modular eficiente es entender cómo trabajan las operaciones básicas de suma, resta y multiplicación con respecto a un módulo dado:

- *Suma* — ¿Qué es $(x + y)$ mód n? Podemos simplificar esta expresión como

$$((x \ \ \mathrm{mód} \ n) + (y \ \ \mathrm{mód} \ n)) \ \ \mathrm{mód} \ n$$

  para no tener que sumar números grandes.

  ¿Cuánta calderilla (monedas en cantidad inferior a un dolar) tendré si mi madre me ha dado \$123,45 y mi padre \$94,67? Trabajando en céntimos, tenemos

$$(12{,}345 + 9{,}467) \ \ \mathrm{mód} \ 100 = (45 + 67) \ \ \mathrm{mód} \ 100 = 112 \ \ \mathrm{mód} \ 100 = 12$$

- *Resta* — La resta no es más que la suma pero admitiendo números negativos. ¿Cuánta calderilla (monedas en cantidad inferior a un dolar) tendré tras gastar \$52,53? De nuevo en céntimos, tenemos

$$(12 \ \ \mathrm{mód} \ 100) - (53 \ \ \mathrm{mód} \ 100) = -41 \ \ \mathrm{mód} \ 100 = (100 - 41) \ \ \mathrm{mód} \ 100 = 59$$

  Mucha atención a la forma en que se puede convertir un número negativo módulo n en un número positivo sumándole un múltiplo de n. Además, el sistema tiene sentido en este ejemplo de cambios de moneda. Habitualmente, lo mejor es mantener el residuo entre 0 y $n - 1$ para asegurarnos de que estamos trabajando con números de magnitud lo más pequeña posible.

- *Multiplicación* — Puesto que la multiplicación no es más que una suma repetida,

$$xy \ \text{mód}\ n = (x \ \text{mód}\ n)(y \ \text{mód}\ n) \ \text{mód}\ n$$

¿Cuánta calderilla tendrá una persona que gana \$17,28 por hora después de 2.143 horas?

$$(1{,}728 \times 2{,}143) \ \text{mód}\ 100 = (28 \ \text{mód}\ 100) \times (43 \ \text{mód}\ 100) = 4 \ \text{mód}\ 100$$

Más aún, como la exponenciación no es más que una multiplicación repetida,

$$x^y \ \text{mód}\ n = (x \ \text{mód}\ n)^y \ \text{mód}\ n$$

Dado que la exponenciación es la forma más rápida de producir números enteros realmente grandes, aquí es donde la aritmética modular demuestra realmente su eficacia.

- *División* — Tratar la división es considerablemente más complicado, y lo discutiremos en la Sección 7.4.

La aritmética modular tiene muchas aplicaciones interesante, entre otras:

- *Encontrar el último dígito* — ¿Cuál es el último dígito de 2^{100}? Por supuesto que podemos utilizar aritmética de precisión infinita y mirar sin más el último dígito, pero ¿para qué? Podemos hacer estos cálculos a mano.

  Lo que realmente queremos saber es el valor 2^{100} mód 10. Elevando una y otra vez al cuadrado, y tomando el resto (mod 10) en cada etapa, avanzaremos muy rápidamente:

$$
\begin{aligned}
2^3 \ \text{mód}\ 10 &= 8 \\
2^6 \ \text{mód}\ 10 &= 8 \times 8 \ \text{mód}\ 10 \to 4 \\
2^{12} \ \text{mód}\ 10 &= 4 \times 4 \ \text{mód}\ 10 \to 6 \\
2^{24} \ \text{mód}\ 10 &= 6 \times 6 \ \text{mód}\ 10 \to 6 \\
2^{48} \ \text{mód}\ 10 &= 6 \times 6 \ \text{mód}\ 10 \to 6 \\
2^{96} \ \text{mód}\ 10 &= 6 \times 6 \ \text{mód}\ 10 \to 6 \\
2^{100} \ \text{mód}\ 10 &= 2^{96} \times 2^3 \times 2^1 \ \text{mód}\ 10 \to 6
\end{aligned}
$$

- *Algoritmo de cifrado RSA*[2] — Una aplicación clásica de la aritmética modular sobre enteros largos es la criptografía de clave pública, o lo que es lo mismo, el algoritmo RSA. El tema es que nuestro mensaje se cifra codificándolo como un entero m, elevándolo a una potencia k, donde k es la denominada clave pública o clave de cifra, y tomando el resultado módulo n. Puesto que m, n y k son enteros gigantescos todos ellos, calcular m^k mód n de una forma eficiente requiere las herramientas que acabamos de desarrollar.

- *Cálculos de calendario* — Como se demostró con el ejemplo del cumpleaños, calcular el día de la semana que será un cierto número de días a partir de hoy, o la hora que será dentro de un determinado número de segundos a partir de ahora, son aplicaciones claras de aritmética modular.

---

[2]Por el nombre de sus inventores Rivest, Shamir y Adleman

7.4 Congruencias

Las *congruencias* consisten en una notación alternativa para representar la aritmética modular. Decimos que $a \equiv b(\mathrm{mod}\ m)$ si $m|(a-b)$. Por definición, si $a\ \mathrm{mód}\ m$ es b, entonces $a \equiv b(\mathrm{mod}\ m)$.

Insistimos en que las congruencias no son una idea esencialmente distinta de la aritmética modular, sino una notación alternativa. Aún así, la notación es importante. Nos hace pensar sobre el *conjunto* de enteros con un resto dado r y nos proporciona ecuaciones para representarlos. Supongamos que x es una variable y $r = 3$. ¿Qué enteros x satisfacen la congruencia $x \equiv 3(\mathrm{mod}\ 9)$?

Para una congruencia tan sencilla, la respuesta es fácil. Es evidente que $x = 3$ debe ser una solución. Además, sumando o restando el módulo (en este caso 9) obtenemos otra solución. El conjunto de soluciones es, por tanto, el formado por todos los enteros de la forma $9y + 3$, donde y es un entero cualquiera.

Pero, ¿qué sucede con congruencias complicadas, como por ejemplo $2x \equiv 3(\mathrm{mod}\ 9)$ y $2x \equiv 3(\mathrm{mod}\ 4)$? El método de prueba y error debería convencer al lector de que los enteros que satisfacen el primer ejemplo son exactamente los de la forma $9y + 6$, mientras que el segundo no tiene absolutamente ninguna solución.

Existen dos problemas importantes sobre congruencias, a saber, realizar operaciones aritméticas con ellas, y resolverlas. Estas cuestiones se analizan en las siguientes secciones.

7.4.1 Operaciones con congruencias

Las congruencias permiten la suma, la resta y la multiplicación, además de una forma limitada de la división, siempre sobre la base de que los números compartan el mismo módulo:

- *Suma y resta* — Supongamos que $a \equiv b(\mathrm{mod}\ n)$ y $c \equiv d(\mathrm{mod}\ n)$. Entonces $a + c \equiv b + d(\mathrm{mod}\ n)$. Por ejemplo, si sabemos que $4x \equiv 7(\mathrm{mod}\ 9)$ y $3x \equiv 3(\mathrm{mod}\ 9)$, tenemos que

$$4x - 3x \equiv 7 - 3(\mathrm{mod}\ 9) \rightarrow x \equiv 4(\mathrm{mod}\ 9)$$

- *Multiplicación* — Es claro que $a \equiv b(\mathrm{mod}\ n)$ implica $a \cdot d \equiv b \cdot d(\mathrm{mod}\ n)$ sumando la primera congruencia consigo misma d veces. De hecho, también se cumple para la multiplicación en general, es decir, $a \equiv b(\mathrm{mod}\ n)$ y $c \equiv d(\mathrm{mod}\ n)$ implica que $ac \equiv bd(\mathrm{mod}\ n)$.

- *División* — Sin embargo, no es posible cancelar bruscamente factores comunes en las congruencias. Basta darse cuenta de que $6 \cdot 2 \equiv 6 \cdot 1(\mathrm{mod}\ 3)$, pero es claro que $2 \not\equiv 1(\mathrm{mod}\ 3)$.

  Para ver cuál es el problema, notemos que se puede redefinir la división como una multiplicación por un inverso, de forma que a/b es equivalente a ab^{-1}. Por tanto, es posible calcular $a/b(\mathrm{mod}\ n)$ si somos capaces de encontrar el inverso b^{-1}, tal que $bb^{-1} \equiv 1(\mathrm{mod}\ n)$. Pero este inverso no siempre existe, intente el lector encontrar una solución para $2x \equiv 1(\mathrm{mod}\ 4)$.

  Sí que *podemos* simplificar una congruencia $ad \equiv bd(\mathrm{mod}\ dn)$ a $a \equiv b(\mathrm{mod}\ n)$, ya que podemos dividir los tres términos por un factor común a todos, si es que existe. Así, $170 \equiv 30(\mathrm{mod}\ 140)$ implica que $17 \equiv 3(\mathrm{mod}\ 14)$. Sin embargo, la congruencia $a \equiv b(\mathrm{mod}\ n)$ será necesariamente falsa (es decir, no tiene solución) si $\mathrm{mcd}(a, n)$ no divide a b.

7.4.2 Resolución de congruencias lineales

Una congruencia lineal es una ecuación de la forma $ax \equiv b(\text{mod } n)$. Resolver esta ecuación significa identificar los valores de x que la satisfacen.

No todas las ecuaciones de este tipo tienen soluciones. Hemos visto enteros que no tienen inverso para un determinado módulo, lo que implica que $ax \equiv 1(\text{mod } n)$ no tiene solución. De hecho, $ax \equiv 1(\text{mod } n)$ tiene una solución si y solo si el módulo y el multiplicador son primos entre sí, es decir, cuando $\text{mcd}(a, n) = 1$. Es posible usar el algoritmo de Euclides para encontrar este inverso mediante la solución de $a \cdot x' + n \cdot y' = \text{mcd}(a, n) = 1$. Entonces

$$ax \equiv 1(\text{mod } n) \rightarrow ax \equiv a \cdot x' + n \cdot y'(\text{mod } n)$$

Es claro que $n \cdot y' \equiv 0(\text{mod } n)$, luego de hecho este inverso es simplemente el x' del algoritmo de Euclides.

En general, hay tres casos, dependiendo de la relación entre a, b y n:

- $\text{mcd}(a, b, n) > 1$ — Entonces podemos dividir los tres términos por este divisor para obtener una congruencia equivalente. Esto nos da una solución única, módulo la nueva base, o lo que es equivalente $\text{mcd}(a, b, n)$ soluciones $(\text{mod } n)$.

- $\text{mcd}(a, n)$ no divide a b — En este caso, como hemos descrito anteriormente, la congruencia puede no tener solución.

- $\text{mcd}(a, n) = 1$ — Ahora existe una solución $(\text{mod } n)$. Además, $x = a^{-1}b$ funciona, puesto que $aa^{-1}b \equiv b(\text{mod } n)$. Como demostramos más arriba, este inverso existe y se puede encontrar usando el algoritmo de Euclides.

El *teorema chino del resto* nos proporciona una herramienta para trabajar con congruencias con módulos diferentes. Supongamos que existe un entero x tal que $x \equiv a_1(\text{mod } m_1)$ y $x \equiv a_2(\text{mod } m_2)$. Entonces x está determinado de forma única $(\text{mod } m_1 m_2)$ si m_1 y m_2 son primos entre sí

Para encontrar este x, y resolver de esta forma el sistema de dos congruencias, comenzamos por resolver las congruencias lineales $m_2 b_1 \equiv 1(\text{mod } m_1)$ y $m_1 b_2 \equiv 1(\text{mod } m_2)$ para encontrar b_1 y b_2, respectivamente. Entonces se puede verificar sin esfuerzo que

$$x = a_1 b_1 m_2 + a_2 b_2 m_1$$

es una solución de las dos congruencias originales. Además, el teorema se extiende fácilmente a sistemas con un número arbitrario de congruencias, cuyos módulos son relativamente primos dos a dos.

7.4.3 Ecuaciones diofánticas

Las *ecuaciones diofánticas* son fórmulas en las que las variables están restringidas a enteros. Por ejemplo, el último teorema de Fermat trataba sobre las soluciones de la ecuación $a^n + b^n = c^n$. Resolver esta ecuación para números reales no tiene gran dificultad. Solamente cuando todas las variables están obligadas a ser enteros, el problema se vuelve difícil.

Es difícil trabajar con las ecuaciones diofánticas, porque la división no es una operación rutinaria en fórmulas enteras. Sin embargo, hay ciertas clases de ecuaciones diofánticas que se sabe que son resolubles y que tienden a surgir frecuentemente.

La clase más importante son las ecuaciones diofánticas lineales, de la forma $ax - ny = b$, donde x e y son las variables enteras y a, b y n las constantes, también enteras. Se puede probar, sin dificultad, que estas ecuaciones son equivalentes a resolver la congruencia $ax \equiv b(\mathrm{mod}\ n)$ y, por tanto, se pueden resolver mediante las técnicas de la sección anterior.

El análisis más avanzado de las ecuaciones diofánticas se escapa del ámbito de este libro, pero referimos al lector a las referencias normativas en teoría de números, tales como Niven and Zuckerman [43] y Hardy and Wright [15], para más información sobre este tema tan fascinante.

7.5 Bibliotecas para teoría de números

La clase de Java `BigInteger` (`java.math.BigInteger`) incluye una gran variedad de funciones de utilleria en teoría de números. Lo más importante es, por supuesto, que tiene el soporte básico para las operaciones aritméticas con enteros de precisión arbitraria, como se expuso en el capítulo 5. Pero hay también varias funciones de interés exclusivo para la teoría de números:

- *Máximo común divisor* — `BigInteger gcd(BigInteger val)` nos da el BigInteger cuyo valor es el mcd de abs(*this*) y abs(*val*).

- *Exponenciación modular* — `BigInteger modPow(BigInteger exp,BigInteger m)` nos da un BigInteger cuyo valor es $this^{exp}$ mód m.

- *Inverso modular* — `BigInteger modInverse(BigInteger m)` nos da un BigInteger cuyo valor es $this^{-1}(\mathrm{mod}\ m)$, es decir, resuelve la congruencia $y \cdot this \equiv 1(\mathrm{mod}\ m)$ y nos dice el correspondiente entero y, si es que existe.

- *Comprobar primalidad* — `public boolean isProbablePrime(int certainty)` utiliza un test de primalidad probabilística, para devolvernos `true` si dicho BigInteger es probablemente primo y `false` si es compuesto con certeza. Si la llamada devuelve `true`, la probabilidad de que sea primo es $\geq 1 - 1/2^{certainty}$.

7.6 Problemas

7.6.1 Luz, más luz

ID en Online Judge: 10110 — **Popularidad:** A — **Tasa de éxito:** media — **Nivel:** 1

El encargado de encender y apagar las luces de un pasillo de nuestra Universidad se llama Mabu. Cada bombilla tiene un interruptor que cambia su estado. Si la luz está apagada, al pulsar el interruptor se enciende. Si se vuelve a pulsar, se apaga. Inicialmente todas las bombillas están apagadas.

Mabu hace algo peculiar. Si hay n bombillas en el pasillo, él lo recorre n veces. En el i-ésimo paseo, pulsa únicamente los interruptores cuya posición es divisible por i. Al volver a la posición inicial no pulsa ningún interruptor. El paseo i-ésimo se define como el trayecto para llegar al final del pasillo (realizando su peculiar actividad) y volver al principio. Debemos determinar el estado de la última bombilla. ¿Está encendida o apagada?

Entrada

La entrada constará de un entero que indica la bombilla n-ésima del pasillo, que será menor o igual a $2^{32} - 1$. Un cero indica el final de la entrada y no debe ser procesado.

Salida

Imprimir "yes" o "no" para indicar si la bombilla está encendida, utilizando una nueva línea para cada caso.

Ejemplo de entrada

```
3
6241
8191
0
```

Ejemplo de salida

```
no
yes
no
```

7.6.2 Números de Carmichael

ID en Online Judge: 10006 — **Popularidad:** A — **Tasa de éxito:** media — **Nivel:** 2

Ciertos algoritmos criptográficos hacen uso de grandes números primos. Sin embargo, comprobar si un número muy grande es primo no resulta sencillo.

Existen pruebas probabilisticas de primalidad que ofrecen un alto grado de fiabilidad a un coste no muy elevado, como la prueba de Fermat. Supongamos que a es un número aleatorio entre 2 y $n-1$, donde n es el número cuya primalidad debemos comprobar. Entonces, n es *probablemente primo* si se cumple la siguiente ecuación:

$$a^n \quad \text{mód } n = a$$

Si un número pasa varias veces la prueba de Fermat, tiene una probabilidad muy alta de ser un número primo.

Por desgracia, no todo son buenas noticias. Algunos números compuestos (no primos) cumplen la prueba de Fermat con cualquier número inferior a ellos. Estos son los conocidos como números de Carmichael.

La tarea consiste en escribir un programa que determine si un entero dado es un número de Carmichael.

Entrada

La entrada constará de una serie de líneas, conteniendo cada una de ellas un entero positivo pequeño n $(2 < n < 65.000)$. La entrada finalizará cuando $n = 0$, valor que no debe ser procesado.

Salida

Por cada número de la entrada, imprimir un mensaje que indique si se trata o no de un número de Carmichael, utilizando para ello el formato que se presenta en el ejemplo de salida.

Ejemplo de entrada

```
1729
17
561
1109
431
0
```

Ejemplo de salida

```
The number 1729 is a Carmichael number.
17 is normal.
The number 561 is a Carmichael number.
1109 is normal.
431 is normal.
```

7.6.3 El problema de Euclides

ID en Online Judge: 10104 — **Popularidad:** A — **Tasa de éxito:** media — **Nivel:** 1

Desde la época de Euclides sabemos que para dos enteros positivos cualquiera, A y B, existen dos enteros, X e Y, de forma que $AX + BY = D$, donde D es el máximo común divisor de A y B. El problema consiste en encontrar los valores X, Y y D correspondientes a los A y B dados.

Entrada

La entrada constará de un conjunto de líneas con los números enteros A y B, separados por un espacio ($A, B < 1.000.000.001$).

Salida

Por cada línea de la entrada, se debe mostrar otra que incluya los tres enteros X, Y y D, separados entre sí por un espacio. Si hay varios valores correctos para X e Y, se debe mostrar aquella pareja que minimiza $|X| + |Y|$. Si la ambigüedad persiste, escogeremos aquella pareja en que $X \leq Y$.

Ejemplo de entrada

```
4 6
17 17
```

Ejemplo de salida

```
-1 1 2
0 1 17
```

7.6.4 Factovisores

ID en Online Judge: 10139 — **Popularidad:** A — **Tasa de éxito:** media — **Nivel:** 2

La función factorial, $n!$, se define para todos los enteros no negativos n de la siguiente manera:

$$
\begin{aligned}
0! &= 1 \\
n! &= n \times (n-1)! \qquad (n > 0)
\end{aligned}
$$

Decimos que a divide a b si existe un entero k de forma que:

$$
k \times a = b
$$

Entrada

La entrada constará de varias líneas y cada una de ellas incluirá dos enteros no negativos, n y m, ambos menores que 2^{31}.

Salida

Por cada línea de la entrada, mostrar otra que indique si m divide, o no, a $n!$, utilizando el formato que aparece a continuación.

Ejemplo de entrada

```
6 9
6 27
20 10000
20 100000
1000 1009
```

Ejemplo de salida

```
9 divides 6!
27 does not divide 6!
10000 divides 20!
100000 does not divide 20!
1009 does not divide 1000!
```

7.6.5 Suma de cuatro primos

ID en Online Judge: 10168 — **Popularidad:** A — **Tasa de éxito:** media — **Nivel:** 2

La conjetura de los números primos de Waring establece que cualquier número entero impar es primo o el resultado de la suma de tres primos. La conjetura de Goldbach dice que cualquier entero par es el resultado de la suma de dos primos. Ambos problemas llevan más de 200 años abiertos.

En nuestro caso, la tarea será un poco menos exigente. Debemos encontrar la forma de expresar un entero dado como el resultado de la suma de, exactamente, cuatro números primos.

Entrada

Cada caso de prueba en la entrada consta de un entero n ($n \leq 10{,}000{,}000$). Cada número se mostrará en una línea diferente. La entrada finaliza con el carácter de fin de archivo.

Salida

Por cada caso n de la entrada, mostrar una línea de salida que contenga cuatro números primos cuya suma resulte ser n. Si el número no se puede expresar como tal suma, se mostrará el mensaje "Impossible." en una línea independiente. En algunos casos, puede haber varias soluciones correctas, siendo válida cualquiera de ellas.

Ejemplo de entrada

```
24
36
46
```

Ejemplo de salida

```
3 11 3 7
3 7 13 13
11 11 17 7
```

ID en Online Judge: 10042 — **Popularidad:** B — **Tasa de éxito:** media — **Nivel:** 1

En 1982 el matemático Albert Wilansky descubrió, mientras consultaba la guía telefónica, que el número de su cuñado H. Smith tenía la siguiente propiedad: la suma de los dígitos de ese número era igual a la suma de los dígitos de los factores primos del mismo. ¿Entendido? El teléfono de Smith era 493-7775. Este número puede expresarse como el producto de sus factores primos de la siguiente manera:

$$4937775 = 3 \cdot 5 \cdot 5 \cdot 65837$$

La suma de todos los dígitos del número de teléfono es $4+9+3+7+7+7+5 = 42$, y la suma de los dígitos de sus factores primos es igualmente $3+5+5+6+5+8+3+7 = 42$. Wilansky bautizó este tipo de números en honor a su cuñado: los números de Smith.

Como esta propiedad es cierta para todos los números primos, Wilansky excluyó estos de la definición. Otros números de Smith son 6.036 y 9.985.

Wilansky no fue capaz de encontrar un número de Smith de mayor longitud que el del número de teléfono de su cuñado. ¿Podremos ayudarle?

Entrada

La entrada constará de varios casos de prueba y se indicará el número de estos en la primera línea. Cada caso de prueba consiste en una línea que contiene un único entero positivo menor que 10^9.

Salida

Por cada valor n de la entrada, se debe calcular el número de Smith más pequeño posible, siempre que sea mayor que n, y mostrarlo en una única línea. Podemos asumir que dicho número existe.

Ejemplo de entrada

```
1
4937774
```

Ejemplo de salida

```
4937775
```

ID en Online Judge: 10090 — **Popularidad:** B — **Tasa de éxito:** baja — **Nivel:** 1

Me gusta coleccionar canicas (pequeñas esferas de cristal de colores) y quiero comprar unas cajas para almacenarlas. Hay dos tipos de cajas:

Tipo 1: cada caja cuesta c_1 dólares y puede almacenar, exactamente, n_1 canicas.

Tipo 2: cada caja cuesta c_2 dólares y puede almacenar, exactamente, n_2 canicas.

Quiero que cada caja esté completamente llena, y también minimizar el coste total de su compra. La tarea consiste en encontrar la mejor manera de distribuir las canicas en las cajas.

Entrada

La entrada puede constar de varios casos de prueba. Cada uno de ellos comienza con una línea que contiene el entero n ($1 \leq n \leq 2.000.000.000$). La segunda línea contiene c_1 y n_1, y la tercera c_2 y n_2. En este caso, c_1, c_2. n_1 y n_2 son enteros positivos con valores inferiores a 2.000.000.000.

La entrada finaliza con un caso de prueba en el que se indican cero canicas.

Salida

Por cada caso de prueba, imprimir una línea que contenga la solución para lograr el mínimo coste (dos enteros no negativos, m_1 y m_2, donde m_i = número de cajas del tipo i requeridas), si es que existe alguna. En caso contrario, mostrar el mensaje "`failed`".

Si existe una solución, podemos asumir que es única.

Ejemplo de entrada

```
43
1 3
2 4
40
5 9
5 12
0
```

Ejemplo de salida

```
13 1
failed
```

ID en Online Judge: 10089 — **Popularidad:** C — **Tasa de éxito:** baja — **Nivel:** 2

La Asociación de Cristaleros del Mundo (ACM) fabrica tazas de café de tres tamaños diferentes (tamaño 1, tamaño 2 y tamaño 3), y las vende en varios paquetes. Cada tipo de paquete está identificado por tres enteros positivos (S_1, S_2, S_3), donde S_i $(1 \leq i \leq 3)$ indica el número de tazas del tamaño i incluidas en el mismo. No hay ningún paquete en el que $S_1 = S_2 = S_3$.

Los estudios de mercado han descubierto que hay más demanda para los paquetes que contengan el mismo número de tazas de los tres tamaños. Para aprovechar esta oportunidad, la ACM ha decidido desempaquetar las tazas de algunos paquetes y volverlas a empaquetar de forma que ahora sí haya paquetes que contengan el mismo número de tazas de cada tamaño. Por ejemplo, supongamos que la ACM tiene en su almacén los siguientes paquetes: $(1, 2, 3)$, $(1, 11, 5)$, $(9, 4, 3)$ y $(2, 3, 2)$. Aquí podremos desempaquetar tres paquetes $(1, 2, 3)$, un paquete $(9, 4, 3)$ y dos paquetes $(2, 3, 2)$ y reempaquetar las tazas para obtener dieciséis paquetes $(1, 1, 1)$. Incluso podríamos tener ocho paquetes $(2, 2, 2)$, cuatro paquetes $(4, 4, 4)$, dos paquetes $(8, 8, 8)$ o un paquete $(16, 16, 16)$, etc. Hay que tener en cuenta que debemos utilizar todas las tazas para los nuevos paquetes, es decir, no puede sobrar ninguna taza.

La ACM nos ha contratado para escribir un programa que determine si es posible obtener paquetes que contengan el mismo número de tazas de cada tipo, utilizando todas las tazas obtenidas al desempaquetar cualquier combinación de las existentes en el almacén.

Entrada

La entrada puede contener varios casos de prueba. Cada caso de prueba comienza con una línea que incluye un entero N $(3 \leq N \leq 1,000)$, que indica el número de tipos de paquetes diferentes que hay en el almacén. Cada una de las siguientes N líneas consta de tres enteros positivos que determinan, respectivamente, el número de tazas de los tamaños 1, 2 y 3 que hay en cada paquete. En la descripción del caso de prueba no habrá dos paquetes con la misma distribución de tazas. La entrada finalizará con un caso de prueba en el que el valor de N sea cero.

Salida

Por cada caso de prueba de la entrada, mostrar una línea que contenga el mensaje "Yes" si es posible obtener los paquetes deseados. En caso contrario, el mensaje será "No".

Ejemplo de entrada

```
4
1 2 3
1 11 5
9 4 3
2 3 2
4
1 3 3
1 11 5
9 4 3
2 3 2
0
```

Ejemplo de salida

```
Yes
No
```

7.7 Sugerencias

7.6.1 ¿Es posible conocer el estado de la n-ésima bombilla sin comprobar todos los números del 1 al n?

7.6.2 ¿Cómo podemos calcular de manera eficiente $a^n (\mathrm{mod}\ n)$?

7.6.3 ¿Estamos seguros de que la construcción descrita en el texto nos da el par mínimo?

7.6.4 ¿Es posible comprobar la divisibilidad sin calcular $n!$ explícitamente?

7.6.7 ¿Puede el lector calcular las posibles soluciones exactas con independencia del coste? ¿Cuál de ellas sería la más barata?

7.6.8 ¿Podemos resolver estas ecuaciones Diofánticas usando las técnicas discutidas en este capítulo?

7.8 Comentarios

7.6.5 Se tiene casi certeza de que las conjeturas de Goldbach y Waring son ciertas, pero quizás debido más a la fuerza bruta que a las impenetrables propiedades de los números primos. Haciendo un cálculo a ojo del número de soluciones esperadas para cada problema, suponiendo que hay $n/\ln n$ primos menores que n. ¿Hay todavía esperanzas de lograr un contraejemplo cuando no se ha encontrado ninguno hasta $n = 1.000.000$?

7.6.6 Entre los trabajos sobre las propiedades de los números de Smith están [41, 26].

Capítulo 8

Backtracking

Los ordenadores modernos son tan rápidos que la fuerza bruta puede ser un método efectivo y meritorio de resolver problemas. Por ejemplo, algunas veces es más fácil contar el número de elementos de un conjunto construyéndolos todos de hecho, que aplicando sofisticados argumentos combinatorios. Por supuesto, que este número de elementos tiene que ser lo suficientemente pequeño para que la computación termine.

Los más recientes ordenadores personales tienen un ciclo de reloj de un gigahertzio, más o menos, lo que significa mil millones de operaciones por segundo. Hay que tener en cuenta que hacer algo interesante puede exigir unos pocos cientos de instrucciones, o incluso más. Por consiguiente, podemos aspirar a buscar unos pocos millones de elementos por segundo en las máquinas actuales.

Es muy importante percatarse de lo grande (o lo pequeño) que es un millón. Un millón de permutaciones son todas las ordenaciones diferentes de entre 10 y 11 objetos, pero no más. Un millón de subconjuntos significa todas las combinaciones de alrededor de 20 objetos, pero no más. La resolución de problemas especialmente grandes requiere podar cuidadosamente el espacio de búsqueda, para garantizar que analizamos solo los elementos que realmente interesan.

En el presente capítulo nos centraremos en algoritmos de rastreo exhaustivo para hacer búsquedas exhaustivas, así como en el diseño de técnicas de *poda*, para hacerlos lo más potentes que sea posible.

8.1 *Backtracking*

El rastreo exhaustivo por retroceso es un método sistemático para recorrer todas las configuraciones posibles de un espacio de búsqueda. Se trata de un algoritmo/técnica general que habrá que adaptar para cada aplicación individual.

En el caso general, modelaremos nuestra solución como un vector $a = (a_1, a_2, ..., a_n)$, donde cada elemento a_i se escoge de un conjunto finito y ordenado S_i. Tal vector puede representar un orden de colocación en el que a_i contenga el i-ésimo elemento de la permutación. O puede que el vector represente un subconjunto dado S, donde a_i es verdadero si, y solo si, el i-ésimo elemento de su universo está en S. Más aún, el vector podría incluso representar una sucesión de movimientos en un juego o un camino en un grafo, donde a_i contiene el i-ésimo evento.

En cada etapa del algoritmo de rastreo exhaustivo partimos de una solución parcial dada, digamos, $a = (a_1, a_2, ..., a_k)$, y tratamos de ampliarla añadiendo otro elemento al final. Tras extenderla, tenemos que comprobar si lo que tenemos hasta ahora es una solución, en cuyo caso deberíamos imprimirla, contarla, o hacer lo que queramos con ella. Si no lo es, tenemos que comprobar si esta solución parcial todavía es potencialmente extensible a una solución completa. Si lo es, repetir la etapa anterior y seguir. Si no, eliminamos el último elemento de a y probamos con otras posibilidades para esa posición, si es que existen.

A continuación, damos un código con el que se puede trabajar. Hemos incluido un indicador global `finished`, que permite la terminación anticipada, y cuyo valor se puede fijar en cualquier rutina de una aplicación específica.

```
bool finished = FALSE;      /* se han encontrado todas las soluciones? */

backtrack(int a[], int k, data input)
{
        int c[MAXCANDIDATES];    /* candidatos a la siguiente posición */
        int ncandidates;         /* cuenta dichos candidatos */
        int i;                   /* contador */

        if (is_a_solution(a,k,input))
                process_solution(a,k,input);
        else {
                k = k+1;
                construct_candidates(a,k,input,c,&ncandidates);
                for (i=0; i<ncandidates; i++) {
                        a[k] = c[i];
                        backtrack(a,k,input);
                        if (finished) return;   /* final anticipado */
                }
        }
}
```

En este algoritmo, la parte específica de cada aplicación consta de tres subrutinas:

- `is_a_solution(a,k,input)` — Esta función booleana comprueba si los k primeros elementos del vector a son una solución completa del problema concreto. El último argumento, `input`, nos permite pasar información general a la subrutina. Lo usaremos para especificar n, el tamaño de la solución buscada. Este dato tiene sentido cuando estamos construyendo permutaciones de longitud n o subconjuntos de n elementos, pero puede ser irrelevante cuando se construyen objetos de tamaño variable como la secuencia de movimientos de un juego. En estos casos, se puede ignorar este último argumento.

- `construct_candidates(a,k,input,c,ncandidates)` — Esta rutina llena un *array c* con todos los posibles candidatos a la k-ésima posición de a, en función del contenido de las $k - 1$ primeras posiciones. El número de candidatos que nos devuelve la rutina en este *array* se denomina `ncandidates`. De nuevo, se puede usar `input` para pasar información auxiliar, concretamente el tamaño de la solución buscada.

- `process_solution(a,k)` — Esta rutina imprime, cuenta, o procesa en alguna otra forma una solución completa, una vez que la hemos obtenido. Es evidente que ahora no se necesita el `input` auxiliar, puesto que k es ya el número de elementos de la solución.

El *backtracking* garantiza la corrección, puesto que enumera todas las posibilidades. Además, garantiza la máxima eficiencia no visitando nunca más de una vez un determinado estado.

Es interesante meditar sobre cómo la recursión produce un algoritmo, elegante y fácil de implementar, para el rastreo exhaustivo por retroceso. Puesto que con cada iteración ocupamos un nuevo *array* c de nuevos candidatos, los subconjuntos de los candidatos aún no considerados como posible extensión en cada etapa no interferirán con los de cualquier otra. Veremos que en el recorrido en profundidad de grafos (capítulo 9) se utiliza esencialmente el mismo algoritmo recursivo que en `backtrack`. De hecho, podemos pensar en el rastreo exhaustivo como una búsqueda en profundidad sobre un grafo implícito en vez de uno explícito.

Ahora vamos a presentar dos ejemplos de rastreo exhaustivo por retroceso en acción, dando las implementaciones específicas de estas tres funciones, iterando a lo largo de todos los subconjuntos y permutaciones de n elementos.

8.2 Construcción de todos los subconjuntos

Como hemos dicho antes, es posible construir la totalidad de los 2^n subconjuntos de un conjunto de n elementos recorriendo iterativamente todos los posibles vectores de longitud n, formados por *true* (verdadero) y *false* (falso), donde el i-ésimo elemento nos dice si el elemento i está o no en el subconjunto.

Usando la notación del algoritmo general de rastreo, $S_k = (true, false)$, y a es una solución siempre que $k \geq n$. Ahora ya podemos construir todos los subconjuntos con sencillas implementaciones de `is_a_solution()`, `construct_candidates()` y `process_solution()`. De hecho, la rutina que imprime cada subconjunto después de construido es la más compleja de las tres.

```
 1  is_a_solution(int a[], int k, int n)
 2  {
 3          return (k == n);                    /* ¿es k == n? */
 4  }
 5
 6  construct_candidates(int a[], int k, int n, int c[], int *ncandidates)
 7  {
 8          c[0] = TRUE;
 9          c[1] = FALSE;
10          *ncandidates = 2;
11  }
12
13  process_solution(int a[], int k)
14  {
15          int i;                              /* contador */
16
17          printf("{");
```

```
18        for (i=1; i<=k; i++)
19                if (a[i] == TRUE) printf(" %d",i);
20
21        printf(" }\n");
22  }
```

Para terminar, tenemos que ejecutar la llamada a `backtrack` con los argumentos correctos. Concretamente, esto significa adjudicar un puntero al vector solución vacío, adjudicar $k = 0$ para expresar que está vacío y decir el número de elementos del conjunto universo:

```
1  generate_subsets(int n)
2  {
3        int a[NMAX];                    /* vector solución */
4
5        backtrack(a,0,n);
6  }
```

¿En qué orden va a generar esta subrutina los subconjuntos de $\{1, 2, 3\}$? La parte crítica es el orden de los movimientos que se genera en `construct_candidates`. Dado que *true* aparece siempre antes que *false*, el primer subconjunto que se genera es el que corresponde a todos los elementos *true*, mientras que el conjunto vacío, que corresponde a todos los *false*, se generará el último:

```
{ 1 2 3 }
{ 1 2 }
{ 1 3 }
{ 1 }
{ 2 3 }
{ 2 }
{ 3 }
{ }
```

8.3 Generación de todas las permutaciones

El problema de generar todas las permutaciones es similar en todo al de construir todos los subconjuntos, excepto en que los candidatos para el siguiente movimiento dependen ahora de los valores ya contenidos en la solución parcial. Para evitar que en una permutación haya elementos repetidos, tenemos que garantizar que el i-ésimo elemento de la permutación es distinto de todos los anteriores.

En la notación del algoritmo general de rastreo, $S_k = \{1, \ldots, n\} - a$, y a es una solución cada vez que $k = n$:

```c
construct_candidates(int a[], int k, int n, int c[], int *ncandidates)
{
        int i;                          /* contador */
        bool in_perm[NMAX];             /* ¿quién está en la permutación? */

        for (i=1; i<NMAX; i++) in_perm[i] = FALSE;
        for (i=1; i<k; i++) in_perm[ a[i] ] = TRUE;

        *ncandidates = 0;
        for (i=1; i<=n; i++)
                if (in_perm[i] == FALSE) {
                        c[ *ncandidates] = i;
                        *ncandidates = *ncandidates + 1;
                }
}
```

Se puede comprobar si i es un candidato válido para la k-ésima posición de la permutación, iterando sobre los $k - 1$ elementos de a y verificando que no es igual a ninguno de ellos, pero preferimos utilizar una estructura de datos tipo vector de bits (ver capítulo 2), donde mantener los elementos que están en la solución parcial. Así, el tiempo de comprobación de la validez del elemento es constante.

Para completar el trabajo de generar todas las permutaciones, se necesita especificar las acciones de `process_solution` y `is_a_solution`, así como fijar los argumentos adecuados para `backtrack`. En el fondo, todo es exactamente igual que para los subconjuntos:

```c
process_solution(int a[], int k)
{
        int i;                          /* contador */

        for (i=1; i<=k; i++) printf(" %d",a[i]);

        printf("\n");
}

is_a_solution(int a[], int k, int n)
{
        return (k == n);
}

generate_permutations(int n)
{
        int a[NMAX];                    /* vector solución */

        backtrack(a,0,n);
}
```

Estas rutinas generan las permutaciones en orden *lexicográfico*: 123, 132, 213, 231, 312 y 321.

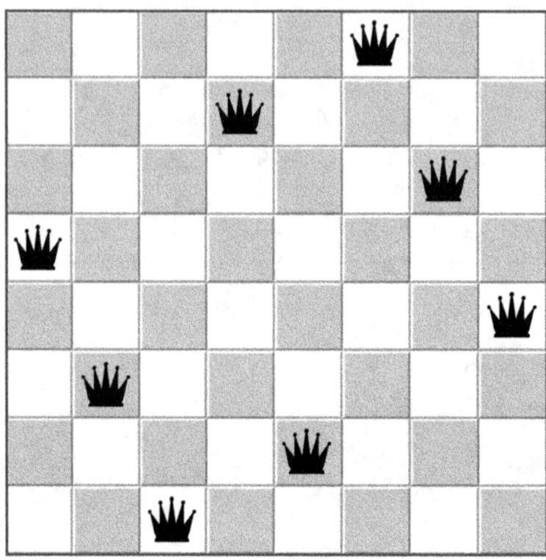

Figura 8.1: Una solución al problema de las ocho reinas.

8.4 Ejemplo de diseño de un programa: el problema de las ocho reinas

El problema de las ocho reinas es un rompecabezas clásico, se trata de colocar ocho reinas en un tablero de ajedrez 8×8, de tal forma que ninguna pareja de ellas se ataque entre sí. Esto significa que dos reinas no pueden coincidir en la misma fila, columna o diagonal, como muestra la figura 8.1. El problema fue analizado a lo largo de los años por muchos matemáticos famosos, incluido Gauss, y también por una cantidad incontable de otros no tan famosos, que habían recibido cursos de programación básicos.

No hay nada en este problema que nos impida considerar valores mayores que ocho. El problema de las n reinas nos pide calcular el número de posibles formas en que se pueden colocar n reinas que no se ataquen entre sí sobre un tablero de ajedrez de tamaño $n \times n$. Incluso para valores pequeños de n, hay demasiadas soluciones como para que tenga sentido escribirlas. Pero, ¿hasta qué tamaño n seremos capaces de contarlas todas en una cantidad de tiempo razonable?

Solución

Hacerse con un problema de este tipo habitualmente requiere construir a mano soluciones para los casos más pequeños. El lector debería ser capaz de convencerse por sí mismo de que no hay solución para $n = 2$, puesto que la segunda reina atacará a la primera horizontal, vertical o diagonalmente. Para $n = 3$, tenemos alguna posibilidad más para maniobrar, pero mediante prueba y error debería de convencerse de que tampoco existe solución. Pero le animamos a escribir una solución para el $n = 4$, que es el caso más pequeño con un cierto interés.

La implementación de una búsqueda `backtrack` requiere por nuestra parte un análisis detenido sobre la forma más concisa y eficiente de representar nuestras soluciones como un vector. ¿Cuál será una representación razonable para la solución de las n reinas, y cómo será de grande?

La representación más directa, podría ser emular el problema de los subconjuntos, y usar un vector solución en el que a_i es *verdadero* si, y sólo si, hay una reina en la casilla i-ésima. Esto requiere asignar a cada casilla un único *nombre* de 1 a n^2. El conjunto de soluciones candidatas para la casilla i-ésima será *verdadero* si ninguna de las reinas que ya están sobre el tablero amenaza dicha casilla, y *falso* en el caso contrario. Cuando la totalidad de los n^2 cuadros tengan asignado un valor y este sea *verdadero* para, exactamente, n de ellos, tendremos una solución.

Pero, ¿es buena esta representación? No parece demasiado concisa, puesto que en una solución correcta casi todos los elementos terminan en *falso*. Esto implica que también es computacionalmente costosa. Hay $2^{64} \approx 1{,}84 \times 10^{19}$ vectores *verdadero/falso* diferentes para un tablero 8×8, y aunque no hay que rellenar todos ellos hasta el final, es un número espantosamente grande para abordarlo.

¿Y si hacemos que el i-ésimo elemento del vector solución contenga explícitamente la casilla ocupada por la i-ésima reina? En esta representación, a_i será un entero entre 1 y n^2, y tendremos una solución cada vez que consigamos rellenar los n primeros elementos de a. Los candidatos para la i-ésima posición, son todas las casillas que no están siendo atacados por ninguna de las $i - 1$ primeras reinas.

¿Es esta solución mejor que la primera? De momento, hay "sólo" $64^8 \approx 2{,}81 \times 10^{14}$ vectores posibles para un tablero 8×8 con esta representación. Esto es una mejoría gigantesca, pero aún está lejos del orden de un millón (10^6), volumen de búsqueda donde nuestras posibilidades comienzan a ser limitadas. Conseguir que el rastreo exhaustivo funcione, requiere descartar, o *podar*, la inmensa cantidad de estas posibilidades antes de construirlas.

8.5 Búsqueda con poda

La explosión combinatoria exige que el tamaño de la mayoría de los espacios de búsqueda crezcan exponencialmente con el tamaño del problema. Por tanto, incluso los problemas de un tamaño modesto, rápidamente se topan con una pared que no pueden superar en un tiempo razonable. Para conseguir que el rastreo exhaustivo por retroceso sea bastante eficiente como para resolver problemas interesantes, tenemos que podar este espacio de búsqueda, terminando cada una de las diferentes ramas en el momento en que resulta evidente que no nos lleva a una solución.

El término *poda* es extraordinariamente adecuado para esta operación. Los jardineros podan sus árboles cortando por debajo de las ramas muertas o deformes, para que el árbol gaste sus energías de forma productiva. De igual forma, las sucesivas llamadas a `backtrack` constituyen un árbol. La poda de dicho árbol, probando que en una determinada posición no existen candidatos a extenderse hasta una solución, le impide crecer de forma descontrolada.

Entonces, ¿cómo podemos recortar la búsqueda usando la representación posicional que hemos descrito antes? Lo primero que podemos eliminar son las simetrías. Por lo dicho hasta ahora, no hay diferencia entre la reina que está en la primera posición del vector (a_1) y la que está en la segunda posición (a_2). Sin tener en cuenta este hecho, cada solución se generará $8! = 40320$ veces. Esto se puede corregir fácilmente asegurándose de que la reina en a_i está situada en una casilla con número mayor que la ocupada por la reina en a_{i-1}. Este cambio tan simple, reduce el espacio de búsqueda a $\binom{64}{8} = 4426 \times 10^9$.

Pensando un poco más a fondo sobre el problema, llegamos a una representación incluso mejor. Es claro que, para cualquier solución del problema de las n reinas, tiene que haber exactamente una reina en cada fila. ¿Por qué? Pues, porque si en una fila no hubiese ninguna, en otra tendría que haber, al menos, dos, para hacer el total de n reinas. Pero esto es imposible, porque dos reinas en una fila se atacan entre sí. La limitación de los cuadros candidatos para la i-ésima reina a las ocho casillas de la i-ésima fila reduce nuestro espacio de búsqueda a $8^8 \approx 1677 \times 10^7$, una cantidad grande, pero manejable.

Pero lo podemos hacer aún mejor. Puesto que en una misma columna tampoco puede haber dos reinas, resulta que las n columnas de una solución completa tienen que formar una permutación de n. Eliminando los elementos repetidos, esto reduce nuestro espacio de búsqueda a exactamente $8! = 40320$, un trabajo evidentemente corto para cualquier máquina razonablemente rápida.

Ahora ya estamos listos para escribir el programa de nuestra solución. La rutina esencial es la que construye el conjunto de candidatos. En ella, comprobamos una y otra vez si la k-ésima casilla de una determinada fila está amenazada por alguna reina colocada anteriormente. Si es así, seguimos adelante; pero si no, la incluimos como posible candidata:

```
construct_candidates(int a[], int k, int n, int c[], int *ncandidates)
{
        int i,j;                 /* contadores */
        bool legal_move;         /* se puede hacer un movimiento legal? */

        *ncandidates = 0;
        for (i=1; i<=n; i++) {
            legal_move = TRUE;
            for (j=1; j<k; j++) {
                    if (abs((k)-j) == abs(i-a[j]))   /* diagonal */
                            legal_move = FALSE;
                    if (i == a[j])                   /* columna */
                            legal_move = FALSE;
            }
            if (legal_move == TRUE) {
                    c[*ncandidates] = i;
                    *ncandidates = *ncandidates + 1;
            }
        }
}
```

El resto de las subrutinas son sencillas, sobre todo porque solo estamos interesados en contar las soluciones y no en escribirlas:

```
1  process_solution(int a[], int k)
2  {
3          int i;                          /* contador */
4
5          solution_count ++;
6  }
7
8  is_a_solution(int a[], int k, int n)
9  {
10         return (k == n);
11 }
```

```
1  nqueens(int n)
2  {
3          int a[NMAX];                    /* vector solución */
4
5          solution_count = 0;
6          backtrack(a,0,n);
7          printf("n=%d  solution_count=%d\n",n,solution_count);
8  }
```

El modesto ordenador portátil en el que escribimos el programa, resolvió instantáneamente los casos hasta $n = 9$. A partir de ahí, comenzó a sufrir. El ventilador del portátil se puso en marcha en torno a $n = 10$, porque la computación comenzó a generar el suficiente calor como para necesitar refrigeración. Para $n = 14$ tardó ya varios minutos, tiempo más que suficiente como para que perdiésemos el interés en valores de n más grandes. Además, el ventilador nos estaba dando dolor de cabeza. Nuestros resultados:

```
n=1   solution_count=1         n=8    solution_count=92
n=2   solution_count=0         n=9    solution_count=352
n=3   solution_count=0         n=10   solution_count=724
n=4   solution_count=2         n=11   solution_count=2680
n=5   solution_count=10        n=12   solution_count=14200
n=6   solution_count=4         n=13   solution_count=73712
n=7   solution_count=40        n=14   solution_count=365596
```

Es cierto que programas más eficientes podrían ir un poco más allá. Nuestro generador de candidatos se puede acelerar terminando el bucle `for` interior tan pronto como la variable booleana toma el valor *falso*. Se puede ahorrar mucho más tiempo haciendo alguna poda adicional. En esta implementación, retrocedemos en el momento en que la fila k-ésima no contiene movimientos válidos. Pero si alguna fila posterior (digamos, la $(k + 2)$) no tiene movimientos válidos, cualquier cosa que hagamos en la k-ésima resulta finalmente inútil. Cuanto antes entendamos esto, mejor.

Para potenciar la mejoría, podemos tratar de aprovechar la simetría. Girando 90 grados una solución cualquiera resulta una solución diferente, y lo mismo ocurre si hacemos una simetría central, respecto del centro del tablero. Teniendo cuidado de generar una sola solución de cada clase de equivalencia y contando las simetrías, podemos reducir notablemente la cantidad de búsqueda necesaria.

Tratar de hacer un programa de búsqueda tan eficiente como sea posible, es divertido. ¿Por qué no dedicar un rato a las reinas y ver hasta qué valor de n es capaz de buscar en un minuto? No espere el lector alcanzar un valor *mucho mayor* que el que logramos nosotros, porque la resolución para $n+1$ debería necesitar más o menos diez veces más de tiempo de computación que para n, en el rango en que nos estamos moviendo. En consecuencia un incremento, por pequeño que sea, en el tamaño del problema que somos capaces de resolver es ya una victoria notable.

8.6 Problemas

8.6.1 Alfiles

ID en Online Judge: 861 — **Popularidad:** C — **Tasa de éxito:** alta — **Nivel:** 2

Un alfil es una de las piezas utilizadas en el juego del ajedrez, y únicamente puede moverse trazando diagonales en el tablero. Dos alfiles se atacan entre ellos si ambos están en la posible trayectoria del otro. En la siguiente figura, los cuadros oscuros representan las posiciones a las que puede llegar el alfil B_1 desde su ubicación actual. Los alfiles B_1 y B_2 están en situación de atacarse mutuamente, mientras que B_1 y B_3 no lo están. Tampoco los alfiles B_2 y B_3 se amenazan entre ellos.

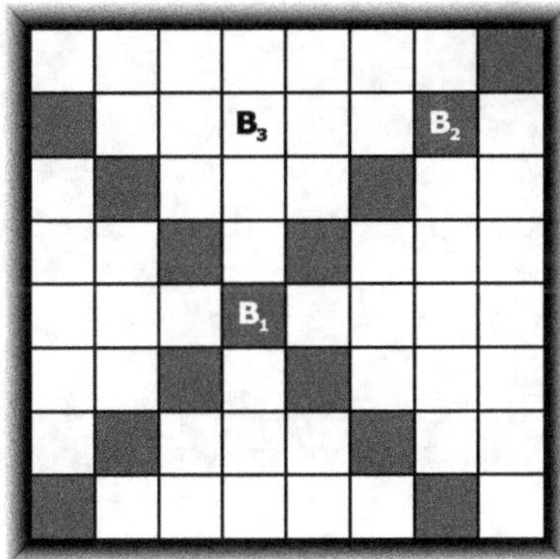

Dados dos números, n y k, determinar el número de formas en las que se pueden colocar k alfiles en un tablero de $n \times n$ casillas, de forma que ninguno de ellos esté en situación de atacar.

Entrada

La entrada puede contener varios casos de prueba. Cada caso de prueba ocupa una única línea y contiene dos enteros, $n(1 \leq n \leq 8)$ y $k(0 \leq k \leq n^2)$.

Un caso de prueba cuyos valores sean dos ceros indica el final de la entrada.

Salida

Por cada caso de prueba, imprimir una línea que contenga el número total de posiciones en que se pueden colocar el número de alfiles dado sobre un tablero del tamaño indicado, de forma que no haya dos de ellos en situación de atacarse. Se puede dar como cierto que este número será menor que 10^{15}.

Ejemplo de entrada

```
8 6
4 4
0 0
```

Ejemplo de salida

```
5599888
260
```

ID en Online Judge: 10181 — **Popularidad:** B — **Tasa de éxito:** media — **Nivel:** 3

El puzzle de 15 piezas es un juego muy popular, que seguramente cualquier persona conoce aunque no sea por ese nombre. Está construido con 15 piezas deslizantes, numeradas del 1 al 15, e integradas en un cuadro de dimensiones 4×4 en el que hay un espacio libre. El objetivo del juego es el de ordenar las piezas de la forma que se muestra a continuación:

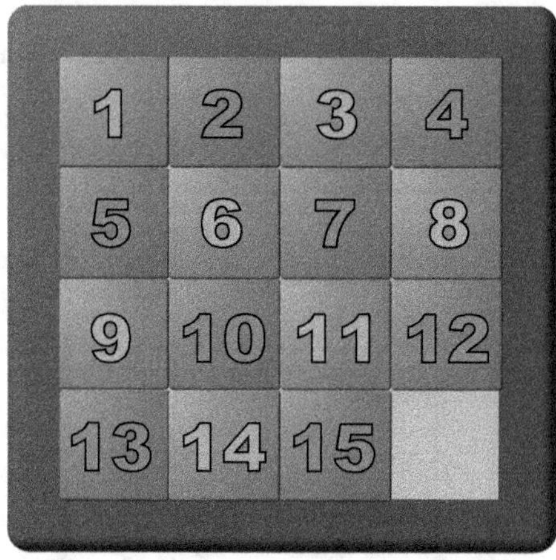

El único movimiento válido para jugar consiste en sustituir el espacio vacío por una de las 2, 3 o 4 piezas con las que comparte uno de sus lados. Consideremos la siguiente secuencia de movimientos:

Una posición aleatoria del juego.

El hueco queda ahora a la derecha (R).

El hueco queda ahora arriba (U).

El hueco queda ahora a la izquierda (L).

Identificamos los movimientos en función de la pieza con la que se intercambia el espacio vacío. Los valores válidos son "R," "L," "U," y "D" para indicar derecha, izquierda, arriba y abajo, en función de los desplazamientos del hueco.

Partiendo de una configuración original de un puzzle de 15 piezas, debemos determinar una secuencia de pasos que lleve al estado final. Para los casos de entrada *en los que esto es posible*, se dispone de una solución que requiere un máximo de 45 movimientos. No obstante, se permiten hasta 50 movimientos para resolverlo.

Entrada

La primera línea de la entrada consta de un entero n, que indica el número de puzzles que se deben resolver. Las siguientes $4n$ líneas contienen n puzzles, ocupando cuatro líneas cada uno. El número 0 indica la posición de la pieza vacía.

Salida

Por cada caso de la entrada, se produce una línea en la salida. Si la configuración inicial no es resoluble, se debe imprimir el mensaje "`This puzzle is not solvable.`". Si la solución existe, se debe imprimir una secuencia de movimientos, generada por el método descrito anteriormente, que resuelva el puzzle.

Ejemplo de entrada

```
2
2 3 4 0
1 5 7 8
9 6 10 12
13 14 11 15
13 1 2 4
5 0 3 7
9 6 10 12
15 8 11 14
```

Ejemplo de salida

```
LLLDRDRDR
This puzzle is not solvable.
```

8.6.3 La fila

ID en Online Judge: 10128 — **Popularidad:** B — **Tasa de éxito:** alta — **Nivel:** 2

Consideremos una fila de N personas, cada una de ellas de una estatura diferente. Una persona puede ver a la izquierda de la fila, siempre que sea más alta que todas las personas que están situadas a su izquierda. Igualmente, podrá ver a la derecha, si todas las personas situadas en esa dirección son más bajas. En caso contrario, su visión estará obstaculizada.

Se ha cometido un crimen. La persona situada a la izquierda de la fila ha asesinado a la que se encontraba a la derecha utilizando un boomerang. Hay, exactamente, P miembros de la fila cuya visión hacia la izquierda no está obstaculizada, y, exactamente, R miembros que pueden ver libremente hacia la derecha, por lo que son testigos potenciales.

El abogado defensor del acusado nos ha pedido que determinemos la cantidad de permutaciones de las N personas que tengan esta propiedad, para unos valores de P y R dados.

Entrada

La entrada consta de T casos de prueba, siendo T $(1 \leq T \leq 10{,}000)$ el valor indicado en la primera línea de la misma.

Cada caso de prueba consiste en una línea que contiene tres enteros. El primer entero, N, indica el número de personas que hay en la fila $(1 \leq N \leq 13)$. El segundo entero corresponde al número de personas que tienen visión sin obstaculos hacia la izquierda (P). Y el tercer entero indica el número de personas que tienen visión sin obstaculos hacia la derecha (R).

Salida

Por cada caso de prueba, se debe imprimir el número de permutaciones de N personas en las que P personas puedan ver hacia la izquierda y R puedan hacerlo hacia la derecha.

Ejemplo de entrada

```
3
10 4 4
11 3 1
3 1 2
```

Ejemplo de salida

```
90720
1026576
1
```

ID en Online Judge: 10160 — **Popularidad:** B — **Tasa de éxito:** baja — **Nivel:** 3

Una empresa ofrece la venta de ordenadores personales en N ciudades ($3 \leq N \leq 35$), denominadas $1, 2, \ldots, N$. Hay carreteras que unen directamente M parejas de estas ciudades. La empresa decide instalar servicios técnicos en algunas de las ciudades, de forma que haya en cada ciudad X o, al menos, en alguna de las ciudades con conexión directa a X.

La tarea consiste en escribir un programa que determine el número mínimo de servicios técnicos que se deben instalar.

Entrada

La entrada consta de varios casos distintos. Cada caso comienza por el número de ciudades N y el números de parejas de ciudades M, separados por un espacio. Cada una de las siguientes M líneas establece un emparejamiento de ciudades, separando la identificación de ambas con un espacio en blanco. La entrada finaliza cuando $N = 0$ y $M = 0$.

Salida

Por cada caso de la entrada, se debe mostrar una línea que indique el número mínimo de servicios técnicos necesarios.

Ejemplo de entrada

```
8 12
1 2
1 6
1 8
2 3
2 6
3 4
3 5
4 5
4 7
5 6
6 7
6 8
0 0
```

Ejemplo de salida

```
2
```

8.6.5 Tirasoga

ID en Online Judge: 10032 — **Popularidad:** B — **Tasa de éxito:** baja — **Nivel:** 2

El tirasoga es un juego de fuerza bruta, en el que dos equipos de personas tiran de una cuerda en sentidos opuestos. El equipo capaz de arrastrar la cuerda en su dirección es el ganador.

Se ha preparado un concurso de tirasoga en la fiesta de la empresa. Los asistentes han sido divididos en dos equipos equilibrados. Cada persona debe estar en uno de los dos equipos, el número de personas de los equipos no se debe diferenciar en más de una y el peso total de los componentes de los dos equipos debe ser lo más parecido posible.

Entrada

La entrada comienza con un único entero positivo en una sola línea, que indica el número de casos de prueba que se describen a continuación. Después de este número habrá una línea en blanco.

La primera línea de cada caso contiene n, que es el número de personas presentes en la fiesta. Cada una de las siguientes n líneas contiene el peso de una de las personas, peso establecido por un entero entre 1 y 450. En la fiesta habrá 100 personas como máximo.

Por último, habrá una línea en blanco entre cada dos casos consecutivos.

Salida

Por cada caso de prueba, se debe motrar una línea que contenga dos números: el peso total de la gente de un equipo y del otro. Si los números son diferentes, se mostrará el menor en primer lugar.

La salida de dos casos consecutivos estará separada por una línea en blanco.

Ejemplo de entrada

```
1

3
100
90
200
```

Ejemplo de salida

```
190 200
```

ID en Online Judge: 10001 — **Popularidad:** B — **Tasa de éxito:** media — **Nivel:** 2

Los autómatas celulares son idealizaciones matemáticas de sistemas físicos en los que el espacio y el tiempo son discretos, y las cantidades físicas se toman de un conjunto finito de valores discretos. Un autómata celular consiste de un reticulado (o arreglo) de variables con valores discretos. El estado del autómata está completamente especificado por los valores de las variables en cada posición del reticulado. Los autómatas celulares evolucionan en periodos de tiempo discretos, y el valor de cada posición (celdilla) se ve afectado por los valores de las variables de sus celdillas vecinas en el periodo de tiempo anterior. Hay un conjunto de reglas que definen la evolución de cada autómata.

Hay configuraciones (estados) que la mayoría de los autómatas celulares no pueden alcanzar: ningún estado previo podrá producirlas mediante la aplicación de las reglas de evolución. A estos estados se les llama Jardines del Edén, porque sólo pueden aparecer como estados iniciales. Por ejemplo, consideremos una regla trivial que haga evolucionar todas las celdillas hacia 0. Cualquier estado en el que existan células con un valor diferente a 0 será un Jardín del Edén para este autómata.

En general, encontrar al antecesor (o la no existencia del mismo) de un estado determinado es un problema muy complicado que requiere mucha potencia de cálculo. Para facilitar las cosas, hemos restringido el problema a un autómata celular finito, binario y unidimensional. En otras palabras, el número de celdillas es finito, las células están distribuidas de forma lineal, y su estado sólo puede ser "0" ó "1". Para simplificar aún más el problema, el estado de cada celdilla únicamente dependerá de su estado anterior y del de sus vecinas inmediatas a derecha e izquierda.

La distribución real de las celdillas será alrededor de un círculo, de forma que la última celdilla sea vecina de la primera.

Definición del problema

Dado un autómata celular binario circular, debemos determinar si un estado concreto es un Jardín del Edén o un estado alcanzable. El autómata celular será descrito en términos de sus reglas de evolución. Por ejemplo, la tabla que se muestra a continuación explica las reglas de evolución del autómata: $Célula = XOR(Izquierda, Derecha)$.

Izda $[i-1]$	celdilla $[i]$	Dcha $[i+1]$	Nuevo estado	
0	0	0	0	$0 * 2^0$
0	0	1	1	$1 * 2^1$
0	1	0	0	$0 * 2^2$
0	1	1	1	$1 * 2^3$
1	0	0	1	$1 * 2^4$
1	0	1	0	$0 * 2^5$
1	1	0	1	$1 * 2^6$
1	1	1	0	$0 * 2^7$
			90	$=$ Identificador del autómata

Con las restricciones impuestas en este problema, sólo existen 256 autómatas diferentes. Es posible generar un identificador para cada autómata, teniendo en cuenta el vector *nuevo estado*, e interpretándolo como un número binario, como se muestra en la tabla. El autómata de ejemplo tiene el identificador 90, mientras que el autómata de *identidad* (en el que cada estado evoluciona hacia sí mismo) tiene el identificador 204.

Entrada

La entrada constará de varios casos de prueba. Cada caso de la entrada describe en una sola línea un autómata celular y un estado. El primer elemento de la línea será el identificador del autómata celular con el que se deberá trabajar. El segundo elemento de la línea será un entero positivo N ($4 \leq N \leq 32$), que indicará el número de celdillas del caso de prueba. Por último, el tercer elemento de la línea será un estado representado por una cadena de, exactamente, N ceros y unos. El programa debe seguir leyendo la entrada hasta el carácter de fin de archivo.

Salida

Si un caso de prueba describe un Jardín del Edén, se debe mostrar el mensaje GARDEN OF EDEN. Si la entrada no describe un Jardín del Edén (es decir, se trata de un estado alcanzable), el mensaje a mostrar será REACHABLE.

Se debe utilizar una nueva línea para mostrar la salida de cada caso de prueba.

Ejemplo de entrada

```
0 4 1111
204 5 10101
255 6 000000
154 16 1000000000000000
```

Ejemplo de salida

```
GARDEN OF EDEN
REACHABLE
GARDEN OF EDEN
GARDEN OF EDEN
```

ID en Online Judge: 704 — **Popularidad:** B — **Tasa de éxito:** media — **Nivel:** 3

Este puzzle está construido utilizando dos diales. Ambos pueden girar a derecha e izquierda. Contienen 21 partes coloreadas, de las cuales 10 son triángulos redondeados y 11 son separadores. El panel izquierdo de la Figura 8.2 muestra la posición final del puzzle. Hay que tener en cuenta que se considera que se ha realizado una rotación de un paso, cuando se ha avanzado el espacio correspondiente a un triángulo y un separador.

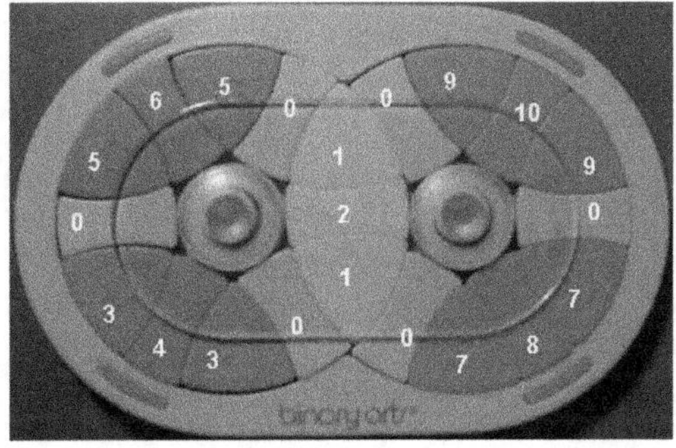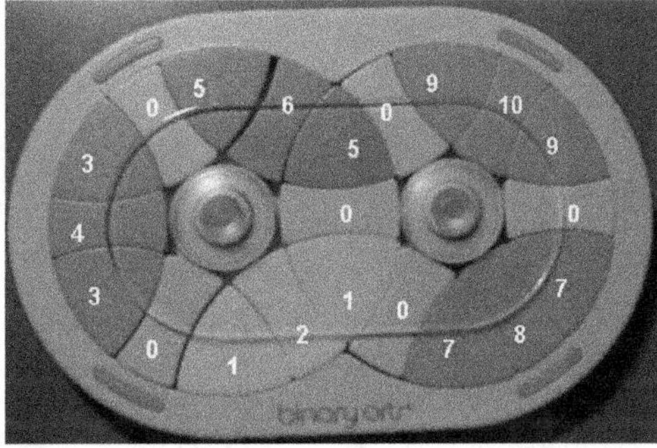

Figura 8.2: Configuración final del puzzle (izquierda), y el puzzle después de girar el dial izquierdo un paso hacia la derecha partiendo de la configuración final (derecha).

La tarea consiste en escribir un programa que lea la configuración del puzzle y muestre la secuencia mínima de movimientos necesaria para llegar a la posición final. Utilizaremos los siguientes valores enteros para denominar los distintos tipos de piezas:

0	separador gris
1	triángulo amarillo
2	separador amarillo
3	triángulo cian
4	separador cian
5	triángulo violeta
6	separador violeta
7	triángulo verde
8	separador verde
9	triángulo rojo
10	separador rojo

La configuración del puzzle se describe utilizando 24 enteros. Los 12 primeros describen la configuración del dial izquierdo, mientras que los 12 últimos hacen lo propio con el derecho. El primer entero representa el separador inferior derecho del dial izquierdo, y los 11 siguientes describen el dial en el sentido de las agujas del reloj. El decimotercer entero representa el separador inferior izquierdo del dial derecho, y los 11 siguientes describen el dial derecho en el sentido contrario al de las agujas del reloj.

Por lo tanto, la posición final se codifica como:

```
0 3 4 3 0 5 6 5 0 1 2 1 0 7 8 7 0 9 10 9 0 1 2 1
```

Si giramos el dial izquierdo hacia la derecha una posición, partiendo de la configuración final (tal y como aparece en la figura de la derecha), la configuración del puzzle será:

```
2 1 0 3 4 3 0 5 6 5 0 1 0 7 8 7 0 9 10 9 0 5 0 1
```

Entrada

La entrada del programa consta de varios puzzles. La primera línea de la entrada contendrá un entero n, que especifica el número de puzzles. A continuación habrá n líneas y cada una de ellas contendrá 24 enteros separados por un espacio, que describen la configuración inicial del puzzle, como se ha explicado antes.

Salida

Por cada configuración en la entrada, se debe mostrar una línea que contenga un único número que represente la solución. Cada movimiento se codifica utilizando un dígito del 1 al 4 de la siguiente manera:

1   Dial izquierdo gira a la derecha
2   Dial derecho gira a la derecha
3   Dial izquierdo gira a la izquierda
4   Dial derecho gira a la izquierda

No se deben imprimir espacios entre los dígitos. Como puede haber varias soluciones, se debe mostrar aquella que se pueda codificar en un número menor. La solución nunca requerirá más de 16 movimientos.

Si no existe una solución, se debe mostrar el mensaje "NO SOLUTION WAS FOUND IN 16 STEPS". Si la configuración inicial ya corresponde a la posición final, el mensaje será "PUZZLE ALREADY SOLVED".

Ejemplo de entrada

```
3
0 3 4 3 0 5 6 5 0 1 2 1 0 7 8 7 0 9 10 9 0 1 2 1
0 3 4 5 0 3 6 5 0 1 2 1 0 7 8 7 0 9 10 9 0 1 2 1
0 9 4 3 0 5 6 5 0 1 2 1 0 7 8 7 0 9 10 3 0 1 2 1
```

Ejemplo de salida

```
PUZZLE ALREADY SOLVED
1434332334332323
NO SOLUTION WAS FOUND IN 16 STEPS
```

8.6.8 Más grande, por favor...

ID en Online Judge: 10270 — **Popularidad:** C — **Tasa de éxito:** alta — **Nivel:** 3

Tomy tiene muchos trozos de papel cuadrados. La longitud de su lado (tamaño) está entre 1 y $N-1$, y dispone de un número ilimitado de cuadrados de cada tipo. Pero en realidad le gustaría tener uno más grande, un cuadrado de tamaño N.

Puede construir un cuadrado así utilizando para ello los cuadrados de los que dispone. Por ejemplo, es posible construir un cuadrado de tamaño 7, utilizando nueve cuadrados más pequeños de la siguiente manera:

No debe quedar ningún espacio vacío, ni sobrar papel fuera de los límites. Tampoco debe superponerse ninguna pieza. Además, Tomy quiere utilizar el número mínimo de cuadrados que sea posible. ¿Podremos ayudarle?

Entrada

La primera línea de la entrada contiene un único entero T, que indica el número de casos de prueba. Cada caso de prueba consta de un único entero N, donde $2 \leq N \leq 50$.

Salida

Por cada caso de prueba, se debe imprimir una línea que contenga un único entero K, que indique el número mínimo de cuadrados necesarios para construir el del tamaño deseado. En las siguientes K líneas se deben mostrar tres enteros, x, y y l, que indiquen las coordenadas de la esquina superior izquierda $(1 \leq x, y \leq N)$ y la longitud del lado del cuadrado correspondiente.

Ejemplo de entrada

```
3
4
3
7
```

Ejemplo de salida

```
4
1  1  2
1  3  2
3  1  2
3  3  2
6
1  1  2
1  3  1
2  3  1
3  1  1
3  2  1
3  3  1
9
1  1  2
1  3  2
3  1  1
4  1  1
3  2  2
5  1  3
4  4  4
1  5  3
3  4  1
```

8.7 Sugerencias

8.6.1 ¿De qué manera habría que modificar nuestra solución al problema de las ocho reinas para resolver el problema de los alfiles? ¿Ayuda en algo tratar por separado el problema de colocar alfiles en casillas blancas y el de hacerlo en casillas negras?

8.6.2 ¿Cómo podemos evitar que se repita una posición del *puzzle* en el transcurso de la búsqueda, que no sólo es ineficiente sino que puede provocar una sucesión de movimientos excesivamente larga?

8.6.3 ¿Cómo podemos representar la solución para que la búsqueda sea eficiente? ¿Será mejor construir las permutaciones, o identificar los subconjuntos de las personas con visibilidad?

8.6.5 El tamaño potencial de este problema hace que sea un desafío, quizá, demasiado grande para la búsqueda exhaustiva, incluso con podas sofisticadas. ¿Podemos tener conocimiento de los *pesos de todos los equipos* que se pueden formar con algún subconjunto de las i primeras personas, sin enumerar explícitamente los 2^i subconjuntos posibles? Hay que tener en cuenta que el número de pesos distintos de todos estos equipos es mucho más pequeño que 2^i.

8.6.7 ¿Cuál es la mejor forma de representar el estado de una solución?

8.6.8 ¿Es provechoso intentar colocar primero los cuadros más grandes?

8.8 Comentarios

8.6.1 Hay una sutil solución de tipo combinatorio al problema de los alfiles, que cuenta las soluciones sin hacer una búsqueda exhaustiva. Esto nos permite determinar el número de colocaciones para tableros de ajedrez mucho más grandes. El problema 10237 del Online Judge propone el problema de los alfiles para entradas tan grandes que hace necesario recurrir a dicha solución.

8.6.4 Un conjunto de vértices S en un grafo G tal que cada vértice está en S o es adyacente a un vértice de S se denomina un *conjunto dominante* del grafo. El problema de encontrar un conjunto dominante mínimo es NP-completo, por lo que la búsqueda exhaustiva es el único algoritmo válido si se quiere una solución óptima.

8.6.6 Los autómatas celulares se han propuesto como modelos para una gran variedad de fenómenos naturales. Conviene leer el polémico libro *A New Kind of Science* [42] para conocer el alboroto que hay en torno a este tema.

8.6.7 Binary Arts Corp., el creador de Color Hash (*Mezcla de colores* en nuestra versión) y muchos otros rompecabezas de gran interés combinatorio, también mantiene la página web `www.puzzles.com`, que merece una visita.

Capítulo 9

Recorrido de grafos

Los grafos son uno de los elementos unificadores de las ciencias de la computación, una representación abstracta que describe la organización de los sistemas de transporte, circuitos eléctricos, relaciones humanas y redes de telecomunicación. Que estructuras tan diversas se puedan modelar usando un único formalismo les convierten en un recurso poderoso para el programador bien preparado.

En este capítulo, nos centramos en problemas que solo requieren un conocimiento elemental de algoritmos de grafos, concretamente el uso correcto de las estructuras de datos subyacentes y los algoritmos de recorrido de un grafo. En el capítulo 10, presentaremos problemas que se basan en algoritmos de grafos más avanzados, los que encuentran el árbol expandido mínimo, los caminos más cortos y los flujos de red.

9.1 Nociones de grafos

Un grafo $G = (V, E)$ se define como un conjunto de *vértices* V, y un conjunto de *arcos* E, cada uno de los cuales consiste en un par ordenado o desordenado de vértices en V. Si se trata de modelar una red de carreteras, los vértices pueden representar las ciudades o intersecciones, entre las cuales hay ciertos pares que están conectados por carreteras/arcos. Si se está analizando el código fuente de un programa de ordenador, los vértices pueden representar líneas de código, con un arco que conecta las líneas x e y, si y puede ser la sentencia que se ejecute después de x. Cuando se analizan relaciones humanas, los vértices representan habitualmente a las personas, con arcos que conectan parejas de almas gemelas.

Hay varias propiedades fundamentales de los grafos que inciden en la elección de la estructura de datos a usar para representarlos y en los algoritmos disponibles para analizarlos. En cada problema de grafos, el primer paso es determinar con qué tipo de grafo se está trabajando:

- *No dirigido o dirigido* — Un grafo $G = (V, E)$ es *no dirigido* cuando el hecho de que el arco $(x, y) \in E$ implica que (y, x) también pertenece a E. En caso contrario, se dice que el grafo es *dirigido*.

  Una red de carreteras *entre* ciudades es un ejemplo típico de grafo no dirigido, puesto que cualquier carretera importante tiene carriles en ambas direcciones. En cambio, las redes de calles *dentro* de una ciudad son casi siempre un grafo dirigido, porque normalmente hay, aunque sean unas pocas, calles de una sola dirección por ahí escondidas. Los grafos que representan el flujo de un programa son normalmente dirigidos, porque la ejecución del mismo va de una línea a la siguiente y cambia de dirección únicamente en las ramificaciones. La mayoría de los grafos de interés para la teoría son no dirigidos.

- *Ponderado o no ponderado* — En los grafos *ponderados*, cada arco (o vértice) de G tiene asignado un valor numérico, o peso. Los pesos para los arcos en redes de carreteras dependen de la aplicación específica, pero típicamente pueden ser la distancia, el tiempo de viaje o la máxima capacidad entre x e y. En los grafos *no ponderados*, no se hace distinción de coste entre los diferentes arcos y vértices.

  La diferencia entre grafos ponderados y no ponderados es especialmente significativa cuando se trata de encontrar el camino más corto entre dos vértices. Para los grafos no ponderados, el camino más corto tiene que tener el menor número de arcos, y se puede encontrar mediante el algoritmo de recorrido en anchura que analizaremos en este capítulo. Calcular el camino más corto en grafos ponderados requiere algoritmos más sofisticados, que veremos en el capítulo 10.

- *Cíclico o acíclico* — Un grafo *acíclico* es el que no contiene ciclos. Los *árboles* son grafos conexos no dirigidos y acíclicos. Los árboles son los grafos interesantes más simples, y son, inherentemente, estructuras recursivas, puesto que al cortar cualquier arco se generan dos árboles más pequeños.

  Los grafos dirigidos y acíclicos se denominan *DAGs* (por sus siglas en inglés). Surgen de forma natural en problemas de planificación, donde un arco dirigido (x, y) indica que x debe tener lugar antes que y. La operación denominada *ordenación topológica* coloca los vértices de un DAG en un orden tal que se respeten estas condiciones de precedencia. Normalmente, la ordenación topológica es la primera etapa de cualquier algoritmo sobre un DAG, y hablaremos de ella en la sección 9.5.

- *Simple o no simple* — Hay ciertos tipos de arcos que complican el trabajo con los grafos. Un *bucle* es un arco (x, x), es decir, de un vértice a sí mismo. Un arco (x, y) se dice que es un *multiarco*, si aparece más de una vez en el grafo.

  Estas dos estructuras requieren un cuidado especial cuando se implementan algoritmos de grafos. En consecuencia, cuando un grafo no las admite se denomina *simple*.

- *Encajado o topológico* — Un grafo se denomina *encajado* cuando se han asignado posiciones geométricas a sus vértices y sus arcos. Por tanto, cualquier representación gráfica de un grafo es un encaje, que puede tener, o no, una significación algorítmica.

  Hay ocasiones en que la estructura de un grafo queda completamente definida por la geometría de su encaje o representación gráfica. Por ejemplo, si nos dan una colección de puntos en el plano, y queremos saber el recorrido de coste mínimo que pasa por todos ellos (es decir, el problema del viajante o TSP por sus siglas en inglés), la topología subyacente es el *grafo completo*, donde cada par de vértices está conectado por un arco. Lo normal es que se considere como peso de estos arcos la distancia euclídea entre el par de puntos correspondiente.

  Otro ejemplo, en el que la topología queda definida por la geometría, son las rejillas de puntos. Muchos problemas relativos a una rejilla $n \times m$ nos hablan de paseos entre puntos vecinos, por lo que los arcos están definidos implícitamente por la geometría.

- *Implícito o explícito* — En muchos casos, los grafos no se construyen explícitamente para después recorrerlos, sino que se construyen según se va trabajando en ellos. Un buen ejemplo es el *backtracking*. En estos grafos implícitos de búsqueda, los vértices son los estados del vector de búsqueda, mientras que los arcos enlazan pares de estados para los que es posible pasar de uno a otro directamente. Muchas veces es más fácil trabajar con un grafo implícito que generarlo por completo antes de pasar a su análisis.

- *Etiquetado o no etiquetado* — En los grafos *etiquetados*, a cada vértice se le asigna un nombre único, o un identificador, que lo distingue de todos los demás vértices. En los grafos *no etiquetados*, no se hace ningún tipo de distinción entre vértices.

La mayoría de los grafos que surgen en las aplicaciones están etiquetados de forma natural y significativa, como pueden ser los nombres de las ciudades en una red de transportes. Un problema frecuente trabajando con grafos es la comprobación del posible *isomorfismo*, es decir, determinar si la estructura topológica de dos grafos es, de hecho, la misma, cuando se prescinde de las etiquetas. Este tipo de problemas se resuelven tradicionalmente por rastreo exhaustivo, probando a asignar a cada vértice de cada grafo etiquetas tales que los grafos resultantes sean idénticos.

9.2 Estructuras de datos para grafos

Hay varias formas posibles de representar grafos. A continuación, vamos a hablar de cuatro de las más útiles. Supongamos que el grafo $G = (V, E)$ tiene n vértices y m arcos.

- *Matriz de adyacencias* — Podemos representar G usando una matriz M, $n \times n$, donde el elemento $M[i, j]$ es, digamos, 1 si (i, j) es un arco de G, y 0 si no lo es. Esta opción permite respuestas rápidas a preguntas como "¿está (i, j) en G?", y una actualización inmediata cuando se insertan o se eliminan arcos. Sin embargo, puede desaprovechar una gran cantidad de espacio para grafos que tienen muchos vértices y relativamente pocos arcos.

  Pensemos en un grafo que representa el mapa de las calles de Manhattan, en la ciudad de Nueva York. Cada intersección de dos calles será un vértice del grafo, y los arcos serán las calles que unen cruces contiguos. ¿Cómo es de grande este grafo? Básicamente, Manhattan es una rejilla de 15 avenidas, que se cruzan con unas 200 calles, en números redondos. Esto nos da, más o menos, 3.000 vértices y 6.000 arcos, puesto que cada vértice es vecino de otros cuatro y cada arco es compartido por dos vértices. Una cantidad tan pequeña de datos tendría que ser almacenada de una forma sencilla y eficiente, pero la matriz de adyacencias tendrá $3.000 \times 3.000 = 9.000.000$ de elementos, casi todos ellos nulos.

- *Lista de adyacencias como lista* — Los grafos tan dispersos como el anterior, se pueden representar de forma mucho más eficiente usando listas enlazadas para almacenar los elementos contiguos a cada vértice. Las listas de adyacencias requieren el uso de punteros, pero esto no debe preocupar al lector con experiencia en estructuras enlazadas.

  Con las listas de adyacencias, la pregunta de si un arco dado (i, j) está o no en G es más difícil de responder, puesto que tenemos que buscar en la lista correspondiente para encontrar el arco. Sin embargo, con frecuencia es sorprendentemente fácil diseñar algoritmos de grafos en los que no es necesario hacer tal tipo de preguntas. En una situación típica, podemos visitar rápidamente todos los arcos del grafo en una sola pasada, mediante un recorrido en anchura o en profundidad, y actualizar las incidencias de cada arco al tiempo que es visitado.

- *Lista de adyacencias como matriz* — La listas de adyacencias también se pueden interpretar como matrices, y, de esta forma, ya no se necesitan los punteros. Se puede representar una lista en un vector (o, lo que es lo mismo, una fila de una matriz) conservando un contador de cuántos elementos contiene, y agrupándolos en las primeras k posiciones del vector. De esta forma, es posible visitar sucesivamente del primer al último elemento igual que si fuera una lista, pero incrementando un índice de un bucle en lugar de siguiendo los punteros.

  Aparentemente, esta estructura combina las peores propiedades de las matrices de adyacencia (mucho espacio) con las peores propiedades de las listas de adyacencia (necesidad de buscar los arcos). Sin embargo, hay razones técnicas para usarla, a pesar de estos inconvenientes. Primero, es la estructura de datos más sencilla de programar, en particular para grafos estáticos que no cambian una vez construidos. Segundo, el problema de espacio se puede, en principio, eliminar alojando las filas para cada vértice dinámicamente, y haciéndolas del tamaño exacto que se necesite.

  Para ser consecuentes con nuestra opinión, usaremos esta representación en todos los ejemplos que vienen a continuación.

- *Tabla de arcos* — Otra estructura, incluso más simple, es mantener simplemente un *array* o lista enlazada de arcos. No es tan flexible como las otras estructuras de datos a la hora de responder a "¿qué vértices son adyacentes a x?", pero funciona muy bien para ciertos procesos sencillos, como el algoritmo de Kruskal, para generar el árbol expandido mínimo de un grafo.

Como acabamos de decir, usaremos listas de adyacencia en una matriz como estructura de datos básica para representar grafos. Convertir estas rutinas a otras basadas en listas de adyacencia con punteros, y que sean presentables, no es demasiado complicado. Se pueden encontrar ejemplos de código para listas de adyacencia y matrices en muchos libros, entre otros [35].

En resumen, aquí representamos un grafo usando los siguientes tipos de datos. Para cada grafo, contamos el número de vértices y asignamos a cada uno de ellos un único número, de 1 a nvertices. Para representar los arcos utilizamos una matriz MAXV $\times$ MAXDEGREE, de forma que cada vértice puede ser adyacente a otros MAXDEGREE como máximo. Si tomamos MAXDEGREE igual a MAXV, podemos representar cualquier grafo simple, pero sería un gran desperdicio de espacio para grafos de grado bajo:

```c
#define MAXV              100          /* número máximo de vértices */
#define MAXDEGREE          50          /* máximo grado de salida */

typedef struct {
    int edges[MAXV+1][MAXDEGREE];      /* información de las adyacencias */
    int degree[MAXV+1];                /* grado de salida de cada vértice */
    int nvertices;                     /* número de vértices en el grafo */
    int nedges;                        /* número de arcos en el grafo */
} graph;
```

Representamos un arco dirigido (x, y) incluyendo el entero y en la lista de adyacencia de x, que está alojada en la fila `graph->edges[x]`. El campo `degree` cuenta el número de entradas significativas para el vértice correspondiente. Los arcos (x, y) no dirigidos, aparecen dos veces en cada estructura para grafos que esté basada en adyacencias, una vez como y en la lista de x, y otra como x en la lista de y.

Para mostrar el uso de esta estructura de datos, veamos la forma de leer un grafo de un archivo. Un formato clásico para archivos de grafos, consiste en una primera línea destacando el número de vértices y de arcos que tiene el grafo, seguida por un listado de los arcos, dando un par de vértices por línea.

```
read_graph(graph *g, bool directed)
{
        int i;                          /* contador */
        int m;                          /* número de arcos */
        int x, y;                       /* vértices en el arco (x,y) */

        initialize_graph(g);

        scanf("%d %d",&(g->nvertices),&m);

        for (i=1; i<=m; i++) {
                scanf("%d %d",&x,&y);
                insert_edge(g,x,y,directed);
        }
}

initialize_graph(graph *g)
{
        int i;                          /* contador */

        g -> nvertices = 0;
        g -> nedges = 0;

        for (i=1; i<=MAXV; i++) g->degree[i] = 0;
}
```

La función esencial es `insert_edge`. La parametrizamos con la variable booleana `directed`, que nos informa de si tenemos que insertar dos copias de cada arco o solamente una. Es de notar el uso de la recursión para resolver el problema:

```
insert_edge(graph *g, int x, int y, bool directed)
{
        if (g->degree[x] > MAXDEGREE)
            printf("Warning: insertion(%d,%d) exceeds max degree\n",x,y);

        g->edges[x][g->degree[x]] = y;
        g->degree[x] ++;
```

```
 8
 9        if (directed == FALSE)
10                insert_edge(g,y,x,TRUE);
11        else
12                g->nedges ++;
13 }
```

Ahora, escribir el grafo asociado es una simple cuestión de bucles anidados:

```
 1 print_graph(graph *g)
 2 {
 3        int i,j;                              /* contadores */
 4        for (i=1; i<=g->nvertices; i++) {
 5                printf("%d: ",i);
 6                for (j=0; j<g->degree[i]; j++)
 7                        printf(" %d",g->edges[i][j]);
 8                printf("\n");
 9        }
10 }
```

9.3 Recorrido de grafos en anchura

La operación básica en la mayoría de los algoritmos de grafos consiste en recorrer el grafo completa y sistemáticamente. Queremos visitar cada vértice y cada arco exáctamente una vez y en algún orden perfectamente determinado. Hay dos algoritmos primarios para estos recorridos: *búsqueda en anchura* (BFS, por sus siglas en inglés) y *búsqueda en profundidad* (DFS, por sus siglas en inglés). Para algunos problemas, es absolutamente indiferente usar uno u otro, pero en otros casos la decisión es crucial.

Ambos procesos de recorrido de grafos comparten una idea fundamental, a saber, es necesario marcar los vértices que ya hemos visitado para que ni siquiera intentemos explorarlos de nuevo. En caso contrario, nos veremos atrapados en un laberinto y no seremos capaces de encontrar la salida. BFS y DFS solo se diferencian en el orden en que exploran los vértices.

La búsqueda en anchura está indicada cuando (1) no tiene importancia el orden en el que visitemos los vértices y los arcos del grafo, con lo que cualquier orden es bueno, o (2) estamos buscando el camino más corto en grafos no ponderados.

9.3.1 Búsqueda en anchura

Nuestra implementación de la búsqueda en anchura bfs, usa dos *arrays* booleanos para guardar lo que sabemos sobre cada vértice del grafo. Un vértice es discovered la primera vez que lo visitamos. Un vértice se considera ya processed una vez que hayamos recorrido todos los arcos que salen de él. Así, cada vértice va pasando de no descubierto a descubierto y a procesado en el transcurso de la búsqueda. Podríamos mantener esta información con una sola variable de tipo contador numérico, en cambio, usamos dos variables booleanas.

Una vez que un vértice ha sido descubierto, se coloca en una cola, tal como la implementamos en la sección 2.1.2. En consecuencia, procesamos estos vértices por su orden de entrada, los más antiguos se desplegarán primero, y estos son precisamente los más cercanos a la raíz:

```c
bool processed[MAXV];      /* los vértices que ya han sido procesados */
bool discovered[MAXV];     /* los vértices que ya han sido visitados */
int parent[MAXV];          /* relación de descubrimiento */

bfs(graph *g, int start)
{
        queue q;                           /* cola de vértices a visitar */
        int v;                             /* vértice actual */
        int i;                             /* contador */
        init_queue(&q);
        enqueue(&q,start);
        discovered[start] = TRUE;

        while (empty(&q) == FALSE) {
                v = dequeue(&q);
                process_vertex(v);
                processed[v] = TRUE;
                for (i=0; i<g->degree[v]; i++)
                        if (valid_edge(g->edges[v][i]) == TRUE) {
                                if (discovered[g->edges[v][i]] == FALSE) {
                                        enqueue(&q,g->edges[v][i]);
                                        discovered[g->edges[v][i]] = TRUE;
                                        parent[g->edges[v][i]] = v;
                                }
                                if (processed[g->edges[v][i]] == FALSE)
                                        process_edge(v,g->edges[v][i]);
                        }
        }
}

initialize_search(graph *g)
{
        int i;                                  /* contador */

        for (i=1; i<=g->nvertices; i++) {
                processed[i] = discovered[i] = FALSE;
                parent[i] = -1;
        }
}
```

9.3.2 Aprovechamiento del recorrido

El comportamiento exacto de `bfs` depende de las funciones `process_vertex()` y `process_edge()`. Por medio de ellas, podemos especificar fácilmente lo que se debe hacer cuando, siguiendo el recorrido, se hace una visita oficial a cada arco y cada vértice. Dejando las funciones como

```
1  process_vertex(int v)
2  {
3          printf("processed vertex %d\n",v);
4  }
5
6  process_edge(int x, int y)
7  {
8          printf("processed edge (%d,%d)\n",x,y);
9  }
```

escribimos cada vértice y cada arco exactamente una vez. Cambiándolas a

```
1  process_vertex(int v)
2  {
3  }
4
5  process_edge(int x, int y)
6  {
7          nedges = nedges + 1;
8  }
```

obtenemos la cantidad exacta del número de arcos. Muchos problemas ejecutan distintas acciones sobre los vértices o los arcos en el momento de ser descubiertos. Estas funciones nos dan la libertad de especificar fácilmente nuestra respuesta.

El booleano `valid_edge` nos concede un último grado de personalización, que nos permite ignorar la existencia de ciertos arcos del grafo durante nuestro recorrido. Si hacemos que `valid_edge` nos devuelva *verdadero* para todos los arcos, se realizará una búsqueda en anchura completa del grafo, y este será el caso en nuestros ejemplos, excepto `netflow` en la sección 10.4.

9.3.3 Búsqueda de caminos

El *array* `parent` definido en `bfs()` es muy útil para encontrar caminos muy interesantes a través de un grafo. El vértice a partir del cual se descubre el vértice i se denomina `parent[i]`. Como todos los vértices son descubiertos en el curso del recorrido, cada nodo tiene un *padre*, salvo el inicial o raíz. Esta relación parental define un árbol de descubrimientos, cuya raíz es el nodo inicial de búsqueda.

Como los vértices se descubren en orden de distancia creciente desde la raíz, dicho árbol tiene una propiedad muy importante. El único camino existente desde la raíz hasta un nodo cualquiera $x \in V$ tiene el menor número de arcos (o, dicho de otra forma, de nodos intermedios) posible entre todos los caminos de la raíz a x existentes en el grafo.

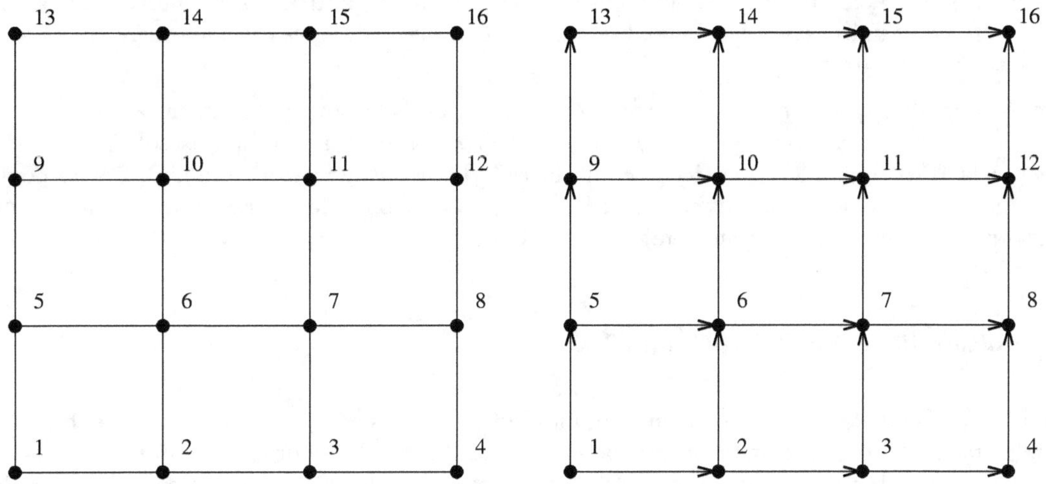

Figura 9.1: Una grafo mallado 4×4 no dirigido (izquierda), con el DAG definido por arcos que van hacia los vértices de números más altos (derecha).

Además, podemos reconstruir este camino con solo seguir la cadena de paternidad desde x a la raíz. Es decir, que tenemos que trabajar retrocediendo. No podemos encontrar el camino desde la raíz a x, puesto que este no es el sentido de los punteros hacia los padres. En su lugar, tenemos que encontrar el camino desde x a la raíz.

Puesto que, normalmente, queremos conocer el camino en la dirección contraria, tenemos dos opciones (1) almacenarlo e invertirlo explícitamente usando una pila, o (2) dejar que la recursión lo invierta por nosotros, como en la astuta rutina que sigue:

```
find_path(int start, int end, int parents[])
{
        if ((start == end) || (end == -1))
                printf("\n%d",start);
        else {
                find_path(start,parents[end],parents);
                printf(" %d",end);
        }
}
```

Sobre el grafo de rejilla del ejemplo (figura 9.1), nuestro algoritmo generó la siguiente relación de paternidad:

vértice	1	2	3	4	5	6	7	8	9	10	11	12	13	14	15	16
padre	-1	1	2	3	1	2	3	4	5	6	7	8	9	10	11	12

Para el camino más corto desde la esquina inferior izquierda de la rejilla hasta la esquina superior derecha, esta relación nos proporciona el camino $\{1, 2, 3, 4, 8, 12, 16\}$. Por supuesto, este camino más corto no es único, en la sección 6.3 se cuentan el número de tales caminos entre las esquinas opuestas de este grafo.

Hay dos detalles que es preciso recordar sobre el uso de la búsqueda en anchura para calcular un camino más corto desde x a y. Primero, el árbol de caminos mínimos solo es útil si se ejecuta la BFS tomando el vértice x como la raíz de la búsqueda. Segundo, BFS solo nos da el camino mínimo si el grafo es no ponderado. En la sección 10.3.1, presentaremos algoritmos para encontrar caminos mínimos en grafos ponderados.

9.4 Recorrido de grafos en profundidad

La idea esencial de la búsqueda en profundidad es la misma que en el rastreo exhaustivo. Ambas técnicas consisten en la búsqueda entre todas las posibilidades, avanzando si es posible, y retrocediendo tan pronto como se agotan las posibilidades de avanzar a vértices no explorados. La forma más sencilla de entenderlas es como algoritmos recursivos.

Podemos pensar en la búsqueda en profundidad como una búsqueda en anchura con una pila en vez de una cola. La belleza de implementar `dfs` recursivamente está en que la recursión elimina la necesidad de almacenar una pila explícita:

```
dfs(graph *g, int v)
{
        int i;                          /* contador */
        int y;                          /* vértice sucesor */

        if (finished) return;           /* permite finalizar la búsqueda */

        discovered[v] = TRUE;
        process_vertex(v);

        for (i=0; i<g->degree[v]; i++) {
                y = g->edges[v][i];
                if (valid_edge(g->edges[v][i]) == TRUE) {
                        if (discovered[y] == FALSE) {
                                parent[y] = v;
                                dfs(g,y);
                        } else
                                if (processed[y] == FALSE)
                                        process_edge(v,y);
                }
                if (finished) return;
        }

        processed[v] = TRUE;
}
```

Los árboles con raíz son un tipo especial de grafos (dirigidos, acíclicos, con grado de entrada a lo sumo 1, con un orden definido en función de los arcos que salen de cada nodo). Los recorridos en in-orden, pre-orden y post-orden son básicamente DFS todos ellos, y solo se diferencian en la forma de usar el orden de los arcos salientes y el momento en que se procesan los vértices.

9.4.1 Búsqueda de ciclos

La búsqueda en profundidad en un grafo no dirigido divide los arcos en dos clases, *arcos del árbol* y *arcos hacia atrás*. Son arcos del árbol aquellos que se usan en la función `parent`, son los arcos que descubren nuevos vértices. Los arcos de retorno son aquellos cuyo otro extremo es un ancestro del vértice que estamos desplegando, de forma que apunta hacia atrás en el árbol.

Es sorprendente que en la búsqueda en profundidad, todos los arcos pertenezcan a una de estas dos clases. ¿Por qué no puede un arco terminar en un hermano o un primo en vez de un ancestro? En la DFS, todos los nodos adyacentes a un vértice v son desplegados antes de que terminemos el recorrido desde v, por lo que tales topologías son imposibles en grafos no dirigidos. El caso de la DFS sobre grafos dirigidos es algo más complejo, aunque aún muy estructurado.

Los arcos de retorno son la clave para encontrar un ciclo en un grafo no dirigido. Si no hay arcos hacia atrás, todos los arcos son de árbol, y no pueden existir ciclos en un árbol. Pero cualquier arco que vaya desde x a un ancestro y crea un ciclo al añadirlo al camino desde y a x existente en el árbol. Estos ciclos son fáciles de encontrar usando `dfs`:

```
process_edge(int x, int y)
{
        if (parent[x] != y) {    /* ¡encontrado arco hacia atrás! */
                printf("Cycle from %d to %d:",y,x);
                find_path(y,x,parent);
                finished = TRUE;
        }
}

process_vertex(int v)
{
}
```

Utilizamos la variable `finished` para terminar tras encontrar el primer ciclo en nuestro grafo de rejilla 4×4, que es 3 4 8 7 con $(7,3)$ como el arco de retorno.

9.4.2 Componentes conexas

Una *componente conexa* de un grafo no dirigido, es un conjunto maximal de vértices tal que existe un camino entre cada par de ellos. En realidad, son "piezas" separadas del grafo, tales que no hay conexión entre ellas.

Una cantidad sorprendente de problemas aparentemente complicados, se reducen a encontrar, o simplemente contar, las componentes conexas. Por ejemplo, comprobar si un puzle como el cubo de Rubik o el célebre de las 15 piezas se pueden resolver a partir de una posición, consiste, en el fondo, en preguntar si el grafo de configuraciones legales es conexo.

Las componentes conexas se pueden encontrar fácilmente usando búsqueda en profundidad o búsqueda en anchura, puesto que el orden de los vértices es indiferente. Básicamente, buscamos desde el primer vértice. Todo lo que encontremos durante la búsqueda forma parte, necesariamente, de la misma componente conexa. Entonces, repetimos la búsqueda a partir de un vértice no descubierto (si queda alguno) para determinar la siguiente componente, y así hasta que todos los vértices se hayan agotado:

```
connected_components(graph *g)
{
        int c;                          /* número de componente */
        int i;                          /* contador */

        initialize_search(g);


        c = 0;
        for (i=1; i<=g->nvertices; i++)
                if (discovered[i] == FALSE) {
                        c = c+1;
                        printf("Component %d: ",c);
                        dfs(g,i);
                        printf("\n");
                }
}


process_vertex(int v)
{
        printf(" %d",v);
}


process_edge(int x, int y)
{ }
```

En la sección 10.1.2 se tratarán algunas variantes de componentes conexas.

9.5 Ordenación topológica

La ordenación topológica es una operación fundamental sobre los grafos dirigidos y acíclicos (DAGs). Coloca a los vértices en un orden, tal que todos los arcos dirigidos van de izquierda a derecha. Es evidente que este tipo de orden no puede existir si el grafo contiene algún ciclo dirigido, pues no hay forma de que avanzando siempre hacia la derecha en una línea se vuelva al punto de partida.

La importancia de la ordenación topológica está en que nos da la oportunidad de procesar cada vértice antes que todos sus sucesores. Supongamos que los arcos representan condiciones de precedencia, como que el arco (x, y) significa que el trabajo x debe realizarse antes que el trabajo y. En este caso, la ordenación topológica establece una programación compatible. Por supuesto, puede haber muchos de estos ordenes para un mismo DAG.

Pero las aplicaciones van más allá. Supongamos que estamos tratando de encontrar el camino más corto (o el más largo) desde x a y en un DAG. Es claro que ningún vértice que aparezca detrás de y en el orden topológico puede formar parte de dicho camino, porque no hay forma de volver hacia atrás desde y. Podemos procesar convenientemente todos los vértices de izquierda a derecha en el orden topológico, considerando el efecto de sus arcos salientes, y sabiendo que vamos a encontrar todo lo que necesitamos antes de que lo necesitemos.

La ordenación topológica se puede realizar, de manera eficiente, usando una versión de la búsqueda en profundidad. Sin embargo, un algoritmo más directo se basa en el análisis de los grados de entrada de cada vértice en un DAG. Si un vértice no tiene arcos de entrada, es decir, tiene grado de entrada 0, podemos colocarlo tranquilamente en la primera posición del orden topológico. La eliminación de sus arcos de salida puede producir nuevos vértices de grado de entrada 0. Este proceso continuará hasta que todos los vértices hayan sido colocados en la ordenación, si no, el grafo contenía un ciclo y, de hecho, el grafo inicial no era un DAG.

Analicemos la siguiente implementación:

```c
topsort(graph *g, int sorted[])
{
        int indegree[MAXV];             /* grado de entrada de cada vértice */
        queue zeroin;                   /* vértices con grado de entrada 0 */
        int x, y;                       /* vértices actual y siguiente */
        int i, j;                       /* contadores */

        compute_indegrees(g,indegree);
        init_queue(&zeroin);
        for (i=1; i<=g->nvertices; i++)
                if (indegree[i] == 0) enqueue(&zeroin,i);

        j=0;
        while (empty(&zeroin) == FALSE) {
                j = j+1;
                x = dequeue(&zeroin);
                sorted[j] = x;
                for (i=0; i<g->degree[x]; i++) {
                        y = g->edges[x][i];
                        indegree[y] --;
                        if (indegree[y] == 0) enqueue(&zeroin,y);
                }
        }

        if (j != g->nvertices)
                printf("Not a DAG -- only %d vertices found\n",j);
}
```

```c
compute_indegrees(graph *g, int in[])
{
        int i,j;                                /* contadores */
```

```
4
5        for (i=1; i<=g->nvertices; i++) in[i] = 0;
6
7        for (i=1; i<=g->nvertices; i++)
8                for (j=0; j<g->degree[i]; j++) in[ g->edges[i][j] ] ++;
9 }
```

Hay varias cosas que observar. El primer paso consiste en calcular los grados de entrada de cada vértice del DAG, puesto que el campo `degree` del tipo de datos `grafo` contiene los grados de salida de cada vértice. Ambos valores coinciden para los grafos no dirigidos, pero no para los dirigidos.

A continuación, se ve que aquí usamos una cola para mantener los vértices con grado de entrada 0, pero solo porque nos proporciona un asentamiento circular, como vimos en la sección 2.1.2. Cualquier contenedor servirá, puesto que el orden de procesamiento no importa para la corrección. Si se procesa en órdenes diferentes, las ordenaciones topológicas resultantes son también distintas.

La repercusión de los órdenes de procesado, se ve claramente en la ordenación topológica de la rejilla dirigida de la figura 9.1, donde todos los arcos van de los vértices con número menor a los de número mayor. La permutación ordenada $\{1, 2, \ldots, 15, 16\}$ es una ordenación topológica, pero nuestro programa salta una y otra vez en diagonal para encontrar

$$1\ \ 2\ \ 5\ \ 3\ \ 6\ \ 9\ \ 4\ \ 7\ \ 10\ \ 13\ \ 8\ \ 11\ \ 14\ \ 12\ \ 15\ \ 16$$

También son posibles otras muchas ordenaciones.

Finalmente, conviene darse cuenta de que esta implementación no elimina, de hecho, los arcos del grafo. Basta considerar su repercusión sobre los grados de entrada y pasar de largo en vez de eliminarlos.

9.6 Problemas

9.6.1 Bicolorear

ID en Online Judge: 10004 — **Popularidad:** A — **Tasa de éxito:** alta — **Nivel:** 1

El *Teorema de los cuatro colores* establece que, cualquier mapa plano puede ser coloreado utilizando sólo cuatro colores, de forma que ningún área tenga el mismo color que un área adyacente. Después de permanecer abierto durante más de cien años, el teorema fue demostrado en 1976 con la ayuda de un ordenador.

El problema que debemos resolver aquí es sencillo: decidir si un determinado grafo conexo puede ser coloreado con sólo dos colores. Es decir, si es posible pintar los vértices de rojo y negro, de forma que no haya dos vértices adyacentes con el mismo color. Para simplificar el problema, podemos asumir que el grafo es conexo, no dirigido y que no contiene bucles (arcos que conectan un vértice consigo mismo).

Entrada

La entrada consta de varios casos de prueba. Cada caso comienza con una línea que contiene el número de vértices n, donde $1 < n < 200$. Cada vértice está etiquetado por un número, de 0 a $n-1$. La segunda línea contiene el número de arcos l. Después de esto siguen l líneas, que contienen los números de los dos vértices que determinan cada arco. Un caso en el que $n = 0$ indicará el final de la entrada y no debe ser procesado.

Salida

Decidir si el grafo de la entrada puede ser coloreado con dos colores y mostrar el resultado con el formato que aparece en el ejemplo.

Ejemplo de entrada

```
3
3
0 1
1 2
2 0
9
8
0 1
0 2
0 3
0 4
0 5
0 6
0 7
0 8
0
```

Ejemplo de salida

```
NOT BICOLORABLE.
BICOLORABLE.
```

ID en Online Judge: 10067 — **Popularidad:** C — **Tasa de éxito:** media — **Nivel:** 2

Consideremos la siguiente máquina matemática. Cada rueda tiene en su periferia dígitos del 0 al 9 dispuestos de forma consecutiva (en el sentido de las agujas del reloj). Los números superiores de las cuatro ruedas forman un entero de cuatro dígitos. Por ejemplo, en la siguiente figura se forma el número 8.056. Cada rueda tiene asociados dos botones. Si se pulsa el botón marcado con una *flecha a la izquierda*, la rueda gira una posición en el sentido de las agujas del reloj, mientras que si se pulsa el botón marcado con una *flecha a la derecha*, el giro se produce en la dirección opuesta.

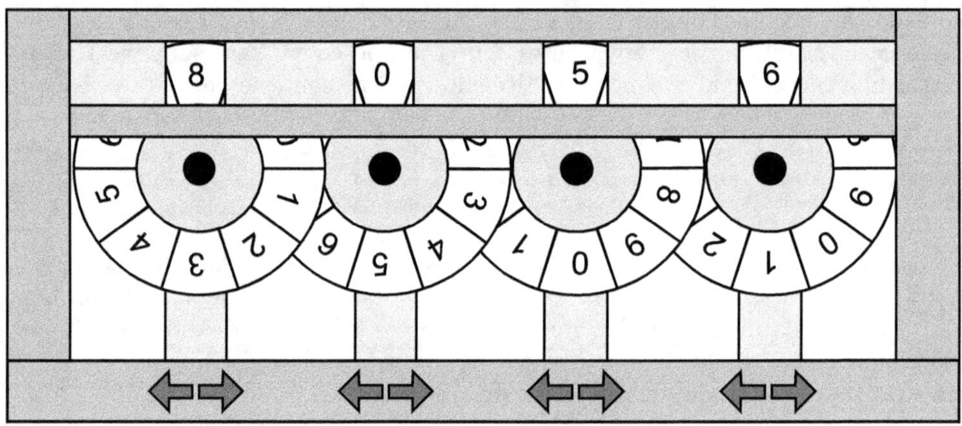

Comenzaremos con una configuración inicial de las ruedas, de forma que sus dígitos superiores formen el entero $S_1 S_2 S_3 S_4$. Además habrá un número n de configuraciones prohibidas $F_{i_1} F_{i_2} F_{i_3} F_{i_4}$ $(1 \leq i \leq n)$ y una configuración final $T_1 T_2 T_3 T_4$. La tarea consiste en escribir un programa que calcule el número mínimo de pulsaciones necesarias para transformar la configuración inicial en la final, sin pasar por ninguna de las prohibidas.

Entrada

La primera línea de la entrada contiene un entero N, que determina el número de casos de prueba. Le sigue una línea en blanco.

La primera línea de cada caso contiene la configuración inicial, especificada por cuatro dígitos. Hay un espacio en blanco entre cada dos dígitos consecutivos. La siguiente línea muestra la configuración final. La tercera línea contiene un entero n, que indica el número de configuraciones prohibidas. Cada una de las siguientes n líneas contiene una configuración prohibida. Hay una línea en blanco entre cada dos casos de prueba consecutivos.

Salida

Por cada caso de prueba, se debe mostrar una línea que contenga el número mínimo de pulsaciones requeridas. Si no es posible llegar a la configuración final se debe imprimir "-1".

Ejemplo de entrada

```
2

8 0 5 6
6 5 0 8
5
8 0 5 7
8 0 4 7
5 5 0 8
7 5 0 8
6 4 0 8

0 0 0 0
5 3 1 7
8
0 0 0 1
0 0 0 9
0 0 1 0
0 0 9 0
0 1 0 0
0 9 0 0
1 0 0 0
9 0 0 0
```

Ejemplo de salida

```
14
-1
```

9.6.3 El guía turístico

ID en Online Judge: 10099 — **Popularidad:** B — **Tasa de éxito:** media — **Nivel:** 3

El señor G. trabaja como guía turístico en Bangladesh. En la actualidad, su ocupación es la de mostrar a un grupo de turistas una ciudad lejana. Como en todos los países, ciertas parejas de ciudades están conectadas entre sí por carreteras de doble sentido. Cada pareja de ciudades vecinas tiene un servicio de autobús, que funciona sólo entre ellas, y que utiliza la carretera que las conecta directamente. Cada servicio de autobús tiene un límite de pasajeros diferente. El señor G. dispone de un mapa que muestra las ciudades y las carreteras que las conectan, así como el límite de pasajeros de cada servicio de autobús.

No siempre es posible llevar a todos los turistas a su destino en un único viaje. Por ejemplo, observemos el siguiente mapa que muestra siete ciudades, donde las líneas representan las carreteras, y el número escrito sobre ellas indica el límite de pasajeros del autobús correspondiente:

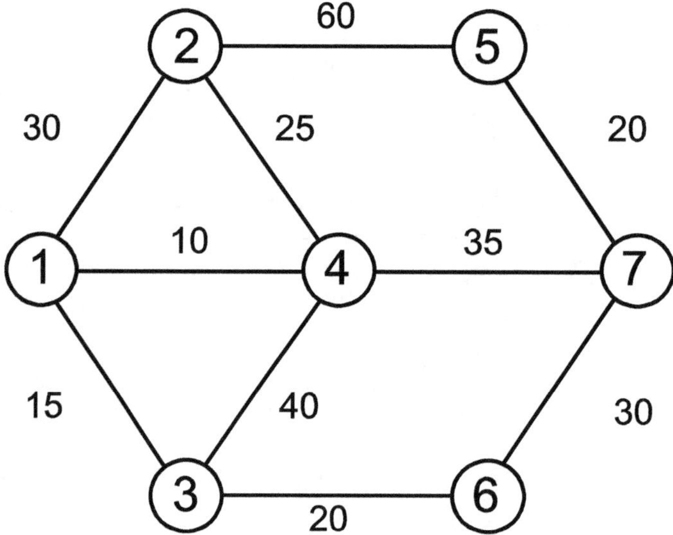

El señor G. deberá realizar, al menos, cinco viajes para llevar a 99 turistas desde la ciudad 1 a la ciudad 7, ya que él debe ir en el autobús con cada grupo. La mejor ruta posible es 1 - 2 - 4 - 7.

Ayudemos al señor G. a encontrar la ruta que le permita llevar a todos los turistas a la ciudad de destino en el menor número de viajes.

Entrada

La entrada puede contener varios casos de prueba. La primera línea de cada caso constará de dos enteros: N ($N \leq 100$) y R, que representan el número de ciudades y el número de segmentos de carretera, respectivamente. Cada una de las siguientes R líneas mostrará tres enteros (C_1, C_2, y P), donde C_1 y C_2 son los números de las ciudades, y P ($P > 1$) es el número máximo de pasajeros que puede transportar el autobús que las conecta. Los números de las ciudades son enteros positivos en el rango desde 1 hasta N. La línea $(R + 1)$-ésima contendrá tres enteros

(S, D, y T) que representan, respectivamente, la ciudad de origen, la ciudad de destino y el número de turistas a transportar.

La entrada finalizará cuando los valores de N y de R sean cero.

Salida

Por cada caso de prueba de la entrada, se debe mostrar el número de caso y el número mínimo de viajes requeridos; en líneas diferentes y en un formato exacto al que se muestra en el ejemplo. Imprimir una línea en blanco a continuación de cada caso de prueba.

Ejemplo de entrada

```
7 10
1 2 30
1 3 15
1 4 10
2 4 25
2 5 60
3 4 40
3 6 20
4 7 35
5 7 20
6 7 30
1 7 99
0 0
```

Ejemplo de salida

```
Scenario #1
Minimum Number of Trips = 5
```

9.6.4 Laberinto de barras

ID en Online Judge: 705 — **Popularidad:** B — **Tasa de éxito:** media — **Nivel:** 2

Es posible generar un pequeño laberinto rellenando un rectángulo de barras inclinadas de los tipos (/) y (\). Aquí hay un ejemplo:

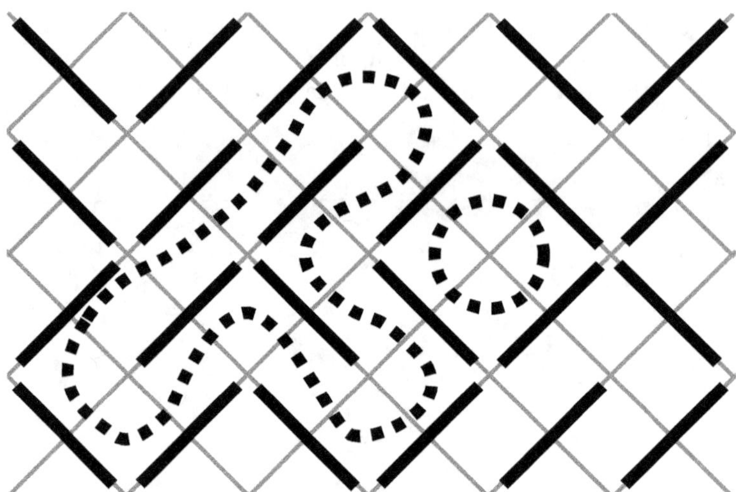

Como vemos, los caminos en el laberinto no se ramifican, por lo que sólo son posibles (1) rutas cíclicas y (2) rutas lineales que le atravesarán entrando por cualquier sitio y saliendo por otro cualquiera. A nosotros sólo nos interesan los ciclos. En nuestro ejemplo tenemos dos.

La tarea consiste en escribir un programa que cuente los ciclos y determine la longitud del más largo. La longitud se define como el número de cuadrados pequeños ocupados por el ciclo (los que aparecen bordeados de líneas grises en el gráfico). En este ejemplo, la longitud del ciclo más largo es de 16 y la del más corto de 4.

Entrada

La entrada consta de descripciones de varios laberintos. Cada descripción comienza con una línea que contiene dos enteros, w y h ($1 \leq w, h \leq 75$), que representan el ancho y el alto del laberinto. Las siguientes h líneas describen el laberinto, y contienen w caracteres cada una. Los caracteres serán únicamente uno de los símbolos "/" o "\". La entrada finaliza con una caso de prueba en el que $w = h = 0$. Este caso no debe ser procesado.

Salida

Por cada laberinto, mostrar una primera línea con el mensaje "Maze #n:", donde n es el número de orden del mismo. A continuación, mostrar la línea "k Cycles; the longest has length l." (*k Ciclos; el más largo tiene longitud l*), donde k es el número de ciclos del laberinto y l la longitud del más largo. Si el laberinto no tiene ciclos se debe mostrar el mensaje "There are no cycles."(*No hay ciclos*). Además se debe imprimir una línea en blanco entre cada dos casos.

Ejemplo de entrada

```
6 4
\//\\/
\///\/
//\\/\
\/\///
3 3
///
\//
\\\
0 0
```

Ejemplo de salida

```
Maze #1:
2 Cycles; the longest has length 16.

Maze #2:
There are no cycles.
```

9.6.5 Palabras a un paso

ID en Online Judge: 10029 — **Popularidad:** B — **Tasa de éxito:** baja — **Nivel:** 3

Cambiar a una *palabra a un paso* consiste en transformar una palabra x en otra y, de forma que tanto x como y sean palabras existentes, y además sea posible transformar x en y mediante la adición, eliminación o cambio de una sola letra. Las transformaciones de `dig` en `dog` y de `dog` en `do` son ejemplos de cambios a palabras a un paso. Una *escalera de palabras a un paso* es un secuencia de palabras en orden lexicográfico $w_1, w_2, \ldots, w_n$, de forma que las transformaciones de w_i en w_{i+1} consistan en cambios a una *palabra a un paso* para todo valor de i desde 1 hasta $n - 1$.

Partiendo de un diccionario dado, se debe calcular la longitud de la escalera de palabras a un paso más larga posible.

Entrada

La entrada del programa consta del diccionario: una lista de palabras en minúscula, cada una en una línea, colocadas en orden lexicográfico. Ninguna palabra tendrá más de 16 caracteres, ni habrá más de 25.000 palabras en el diccionario.

Salida

La salida consistirá en un único entero, el número de palabras de la escalera de palabras a un paso más larga posible.

Ejemplo de entrada

```
cat
dig
dog
fig
fin
fine
fog
log
wine
```

Ejemplo de salida

```
5
```

9.6.6 Torre de cubos

ID en Online Judge: 10051 — **Popularidad:** C — **Tasa de éxito:** alta — **Nivel:** 3

Disponemos de N cubos de colores, cada uno de un peso distinto. Cada cara de los cubos tiene un color diferente. La tarea consiste en construir la torre de cubos más alta posible, teniendo en cuenta que (1) no se puede colocar un cubo encima de otro más ligero, y (2) el color de la cara inferior de cada cubo (con la excepción del que se encuentra en la base) debe ser el mismo que el de la cara superior del cubo que tiene debajo.

Entrada

La entrada puede constar de varios casos de prueba. La primera línea de cada caso contiene un entero N ($1 \leq N \leq 500$), que indica el número de cubos del que disponemos. La línea i-ésima de las siguientes N líneas contiene la descripción del cubo i-ésimo. Un cubo se describe por los colores de sus caras en el siguiente orden: anterior, posterior, izquierda, derecha, superior e inferior. Por comodidad, los colores están identificados por enteros del 1 al 100. Podemos asumir que la definición de los cubos se hace en orden ascendente de su peso, es decir, el cubo 1 es el más ligero y el cubo N el más pesado. La entrada finalizará cuando el valor de N sea 0.

Salida

Comenzar mostrando una línea que indique el número del caso de prueba, según el formato del ejemplo de salida. En la siguiente línea, mostrar el número de cubos que se utilizarán en la torre más alta posible. Las siguientes líneas describen los cubos de la torre, uno por línea. Cada descripción incluye el número de serie del cubo, según la entrada, seguido de un espacio en blanco y de la posición del cubo, identificando la cara superior del mismo a partir de la posición original establecida en la entrada (utilizando una de las siguientes palabras: `front`, `back`, `left`, `right`, `top` o `bottom`, respectivamente *delantera, trasera, izquierda, derecha, arriba y abajo*). Puede haber varias soluciones, en cuyo caso, cualquiera de ellas será válida. Imprimir una línea en blanco entre cada dos casos de prueba sucesivos.

Ejemplo de entrada

```
3
1 2 2 2 1 2
3 3 3 3 3 3
3 2 1 1 1 1
10
1 5 10 3 6 5
2 6 7 3 6 9
5 7 3 2 1 9
1 3 3 5 8 10
6 6 2 2 4 4
1 2 3 4 5 6
10 9 8 7 6 5
6 1 2 3 4 7
1 2 3 3 2 1
3 2 1 1 2 3
0
```

Ejemplo de salida

```
Case #1
2
2 front
3 front

Case #2
8
1 bottom
2 back
3 right
4 left
6 top
8 front
9 front
10 top
```

ID en Online Judge: 10187 — **Popularidad:** B — **Tasa de éxito:** media — **Nivel:** 3

Vladimir tiene la piel blanca, los dientes muy largos y 600 años de edad. Pero esto no supone ningún problema, ya que Vladimir es un vampiro. Eso es algo que nunca le ha preocupado. De hecho, es un buen médico y, como siempre prefiere el turno de noche, ha hecho buenos amigos entre sus colegas. Conoce un truco que le encanta mostrar en las cenas con sus amigos: puede determinar el grupo sanguíneo por el sabor. A Vladimir, además, le gusta mucho viajar, aunque, por el hecho de ser un vampiro, debe solventar tres problemas:

1. Sólo puede viajar en tren, porque debe llevar siempre su ataúd con él. Por suerte, puede permitirse viajar en primera clase, gracias al éxito que ha tenido en algunas inversiones a largo plazo.

2. Sólo puede viajar desde que anochece hasta que amanece, en concreto, entre las 6 de la tarde y las 6 de la mañana. Durante el día debe permanecer en el interior de una estación de tren.

3. Tiene que llevarse algo para comer. Necesita un litro de sangre al día, que se bebe al mediodía (12:00) dentro de su ataúd.

Ayudemos a Vladimir a encontrar la ruta más corta entre dos ciudades determinadas, de forma que pueda viajar con la mínima cantidad de sangre. Si lleva demasiada, la gente empieza a preguntar tonterías como "¿para qué quieres toda esa sangre?".

Entrada

La primera línea de la entrada contendrá un único número, que indica la cantidad de casos de prueba.

Cada caso de prueba comienza con un único entero, que indica el número de especificaciones de rutas que se presentan a continuación. La especificación de cada ruta consta de los nombres de dos ciudades, el horario de salida de la primera ciudad y la duración total del viaje. Todos los tiempos se indican en horas. Recordemos que Vladimir no puede utilizar rutas que comiencen antes de las 18:00 o que terminen después de las 6:00.

Habrá un máximo de 100 ciudades y menos de 1.000 conexiones. Ninguna ruta se cubre en menos de una hora ni necesita más de 24 horas, pero Vladimir sólo puede usar rutas cuyo horario de inicio y final esté dentro de las 12 horas que van del anochecer al amanecer.

Los nombres de las ciudades tienen una longitud máxima de 32 caracteres. La última línea contiene los nombres de dos ciudades, que son la ciudad de origen y la ciudad de destino.

Salida

Por cada caso de prueba, se debe mostrar una línea que indique el número del mismo, y en la siguiente uno de los mensajes "Vladimir needs # litre(s) of blood." o "There is no route Vladimir can take." (que significan *Vladimir necesita # litro(s) de sangre* y *No hay ninguna ruta que le valga a Vladimir*, respectivamente).

Ejemplo de entrada

```
2
3
Ulm Muenchen 17 2
Ulm Muenchen 19 12
Ulm Muenchen 5 2
Ulm Muenchen
10
Lugoj Sibiu 12 6
Lugoj Sibiu 18 6
Lugoj Sibiu 24 5
Lugoj Medias 22 8
Lugoj Medias 18 8
Lugoj Reghin 17 4
Sibiu Reghin 19 9
Sibiu Medias 20 3
Reghin Medias 20 4
Reghin Bacau 24 6
Lugoj Bacau
```

Ejemplo de salida

```
Test Case 1.
There is no route Vladimir can take.
Test Case 2.
Vladimir needs 2 litre(s) of blood.
```

9.6.8 Más líos con las Torres de Hanoi

ID en Online Judge: 10276 — **Popularidad:** B — **Tasa de éxito:** alta — **Nivel:** 3

Existen muchas variaciones interesantes del problema de las Torres de Hanoi. Esta se compone de N agujas y de una serie de bolas, identificadas por los números $1, 2, 3, \ldots, \infty$. Siempre que la suma de los valores de dos bolas *no* sea un cuadrado perfecto (es decir, c^2 para un entero c), estas se repelerán con tal fuerza que no podrán tocarse entre ellas.

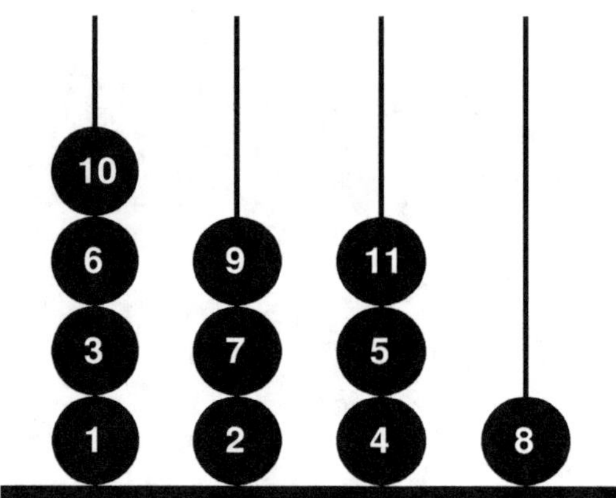

El jugador debe colocar, una a una, las bolas en las agujas, en orden ascendente del número de la bola (primero la bola 1, luego la 2, luego la 3...). El juego termina cuando no quede por hacer ningún movimiento que impida que dos bolas se repelan.

El objetivo es colocar el mayor número de bolas posible. La figura anterior muestra el mejor resultado posible con 4 agujas.

Entrada

La primera línea de la entrada contiene un único entero T, que indica el número de casos de prueba ($1 \leq T \leq 50$). Cada caso de prueba contiene un único entero N ($1 \leq N \leq 50$), que determina la cantidad de agujas disponible.

Salida

Por cada caso de prueba, mostrar una línea que contenga un entero que indique el número máximo de bolas que se pueden colocar. Si se puede colocar un número infinito de bolas, se imprimirá el número "-1".

Ejemplo de entrada

```
2
4
25
```

Ejemplo de salida

```
11
337
```

9.7 Sugerencias

9.6.1 ¿Podemos colorear el grafo durante un único recorrido?

9.6.2 ¿Cuál es el grafo subyacente a este problema?

9.6.3 ¿Se puede reducir este problema a comprobar la conectividad?

9.6.4 ¿Merece la pena representar el grafo explícitamente, o basta trabajar sobre la matriz de barras inclinadas (*slashes*)?

9.6.5 ¿Cuál es el grafo subyacente a este problema?

9.6.6 ¿Podemos definir un grafo dirigido sobre los cubos, tal que la torre buscada sea una trayectoria en el grafo?

9.6.7 ¿Se puede representar esto como un problema de BFS sobre un grafo *no ponderado*?

9.6.8 ¿Se pueden modelar las restricciones de forma útil mediante un DAG?

Capítulo 10

Algoritmos sobre grafos

Las representaciones de grafos y los algoritmos para su recorrido que hemos visto en el capítulo 9 son los ladrillos que sirven de base para construir cualquier computación sobre estructuras de grafos. En este capítulo, vamos a considerar conceptos teóricos y algoritmos más profundos sobre grafos.

La *teoría de grafos* es el estudio de las propiedades del grafo como estructura. Además, nos equipa con un vocabulario específico para hablar sobre grafos. En la resolución de muchos problemas, la clave está en identificar el concepto de la teoría de grafos que subyace a la situación planteada y, a continuación, usar los algoritmos clásicos para resolver el problema de grafos correspondiente.

Comenzamos con una revisión de la teoría básica de grafos y seguiremos con algoritmos para localizar estructuras tan importantes como el árbol expandido mínimo, los caminos más cortos y el flujo máximo.

10.1 Teoría de grafos

En esta sección, recordamos rápidamente la teoría de grafos básica. Para una información más detallada, existen muchos libros excelentes [31, 40] sobre teoría de grafos. Aquí daremos indicaciones generales sobre algoritmos importantes y que deberían ser bastante sencillos de programar a partir del material desarrollado en el capítulo anterior.

10.1.1 Propiedades del grado

Los grafos están constituidos por vértices y arcos. La propiedad más simple de un vértice es su *grado*, el número de arcos que inciden en él.

Los grados de los vértices tienen algunas propiedades importantes. La suma de los grados de todos los vértices, en un grafo no dirigido, es el doble que el número de arcos, puesto que cada arco aporta una unidad al grado de cada uno de los vértices que une. Una consecuencia de este hecho, es que cada grafo contiene un número par de vértices con grado impar. Para grafos dirigidos, la condición a tener en cuenta es que la suma de los grados de entrada de todos los vértices, tiene que ser igual a la suma de los grados de salida. La paridad de los grados de los vértices juega un importante papel en la detección de ciclos eulerianos, como veremos en la sección 10.1.3.

Los *árboles* son grafos no dirigidos y que no contienen ciclos. Los grados de los vértices son importantes para el análisis de los árboles. Una *hoja* de un árbol es un vértice de grado 1. Todos los árboles de n vértices, tienen $n-1$ arcos, por lo que cualquier árbol no trivial tiene, al menos, dos vértices que son hojas. La eliminación de una hoja conduce a un árbol más pequeño, recortando el árbol en vez de hacerlo no conexo.

Los *árboles con raíz* son grafos dirigidos en los que todos los nodos, excepto la raíz, tienen grado de entrada 1. La hojas son nodos con grado de salida 0. Los *árboles binarios* son árboles con raíz donde cada vértice tiene un grado de salida 0 o 2. En cualquiera de tales árboles binarios, al menos la mitad de los vértices tienen que ser hojas.

Un *árbol expandido* de un grafo $G = (V, E)$ es un subconjunto de arcos $E' \subset E$, tales que E' es un árbol sobre V. Para cualquier grafo conexo existen grafos expandidos, la relación *parental* que codifica los vértices descubiertos, bien sea en la búsqueda en anchura o en profundidad, nos sirve para construir uno de ellos. La existencia de un *árbol expandido mínimo* es una propiedad importante de los grafos ponderados, y será discutida en la sección 10.2.

10.1.2 Conectividad

Un grafo es *conexo* cuando existe un camino no dirigido entre cada par de vértices del mismo. La existencia de un árbol expandido es suficiente para probar la conectividad. En la sección 9.4.2, vimos un algoritmo para determinar las componentes conexas del grafo, basado en la búsqueda en profundidad.

No obstante, hemos de ser conscientes de que existen otros conceptos de conectividad. El nivel de *conectividad por vértices (arcos)* es el menor número de vértices (arcos) que es preciso eliminar para que el grafo deje de ser conexo. El caso especial más interesante se da cuando existe un único elemento débil en el grafo. Un vértice cuya eliminación *desconecta* el grafo, se denomina *punto de articulación* y los grafos que no tienen ningún vértice de este tipo son *biconexos*. Un arco cuya sola eliminación hace que el grafo deje de ser conexo se llama *puente* y los grafos que carecen de puentes son *biconexos por arcos*.

Buscar puntos de articulación o puentes por el método de fuerza bruta es fácil. Se trata de eliminar cada vértice/arco del grafo y comprobar si lo que queda sigue siendo un grafo conexo. Hay que asegurarse de reponer dicho vértice/arco antes de proceder a la siguiente eliminación.

En los grafos dirigidos, con frecuencia estaremos interesados en las *componentes fuertemente conexas*, es decir, en partir el grafo en trozos tales que, dentro de cada uno de ellos, entre cada pareja de vértices exista un camino dirigido. Las redes de carreteras deberían ser fuertemente conexas o, si no, habrá lugares a los que se puede ir en coche desde casa, pero no volver sin saltarse alguna señal de dirección prohibida.

La idea que exponemos a continuación nos permite identificar las componentes fuertemente conexas en un grafo. Es fácil encontrar un ciclo dirigido mediante búsqueda en profundidad, puesto que cada arco hacia un ancestro, más el camino contenido en el árbol que genera la DFS, completa uno de esos ciclos. Todos los vértices de dicho ciclo estarán en la misma componente fuertemente conexa. Entonces, podemos contraer todos los vértices del ciclo en un sólo vértice que representa a toda la componente, y repetir la maniobra. El proceso termina cuando ya no hay más ciclos dirigidos, y cada vértice representará una componente fuertemente conexa.

10.1.3 Ciclos en grafos

Todos los grafos conexos, que no sean árboles, contienen ciclos. Los ciclos que *visitan* todos los arcos o todos los vértices del grafo tienen un interés especial.

Un *ciclo euleriano* es un circuito que recorre cada arco del grafo exactamente una vez. Los acertijos infantiles que consisten en dibujar una figura geométrica sin levantar en ningún momento el lápiz del papel, son un ejemplo de búsqueda de ciclos eulerianos (o, tal vez, caminos no cerrados), donde los vértices son las intersecciones en el dibujo y los arcos representan las líneas a trazar. El recorrido ideal de un cartero sería un ciclo euleriano, de esa forma visitaría todas las calles (arcos) del barrio una única vez antes de regresar a casa. Hablando en sentido estricto, los ciclos eulerianos son *circuitos*, no ciclos, puesto que pueden visitar los vértices más de una vez.

Un grafo no dirigido contiene un ciclo euleriano si es conexo y cada vértice es de grado par. ¿Por qué? Porque el circuito tiene que entrar y salir de cada vértice, lo que implica que todos los grados deben ser pares. La idea anterior sugiere, al mismo tiempo, una forma de encontrar un ciclo euleriano, añadiendo un ciclo cada vez que se retorna a un vértice. Se puede encontrar en el grafo un ciclo simple usando el algoritmo basado en la búsqueda en profundidad, como vimos en la sección 9.4.1. La eliminación de todos los arcos de este ciclo nos deja, de nuevo, cada vértice con un grado par. Una vez que hemos repartido los arcos en ciclos sin arcos comunes, podemos mezclar estos ciclos arbitrariamente en los vértices comunes para construir un ciclo Euleriano.

Si se trata de grafos dirigidos, la condición significativa es que todos los vértices tengan el mismo grado de entrada que de salida. Quitando cualquier ciclo, esta propiedad se conserva y, por tanto, los ciclos eulerianos en grafos dirigidos se construyen de la misma manera que antes. Los *caminos eulerianos* son recorridos que visitan cada arco exactamente una vez, pero que pueden terminar en un vértice distinto del inicial. Esto permite que la condición de paridad deje de cumplirse en dos vértices (exactamente dos), uno de los cuales será el nodo de partida y el otro el nodo final.

Un *ciclo hamiltoniano* es un recorrido que visita cada vértice del grafo exactamente una vez. El problema del viajante consiste en encontrar el más corto de tales recorridos en un grafo ponderado. Un problema de ciclo euleriano en $G = (V, E)$, se puede reducir a otro de ciclo hamiltoniano construyendo un grafo $G' = (V', E')$, tal que cada vértice en V' representa un arco de E y en E' hay arcos que conectan todos los pares de arcos contiguos en G.

Desgraciadamente, no existe ningún algoritmo eficiente para resolver el problema del ciclo hamiltoniano. Por tanto, solo tenemos dos opciones para encontrar uno. Si el grafo es lo suficientemente pequeño, se puede resolver por el método de rastreo exhaustivo (*backtracking*). Cada ciclo hamiltoniano queda determinado por una permutación de los vértices. Tendremos que retroceder cada vez que no exista un arco desde el último vértice a otro aún no visitado. Si el grafo es demasiado grande para un ataque de este tipo, hemos de tratar de encontrar una formulación alternativa del problema, tal vez como un problema de ciclo euleriano sobre un grafo diferente.

10.1.4 Grafos planares

Los *grafos planares* son aquellos que es posible dibujar en un plano sin que dos arcos se crucen entre sí. Muchos de los grafos de uso más común son planares. Cada árbol es planar: ¿sería el lector capaz de describir la forma de dibujar sin cruces un árbol dado? Toda red de carreteras que no tenga puentes físicos reales tiene que ser planar. Las estructuras de adyacencia de los poliedros convexos también producen grafos planares.

Los grafos planares tienen varias propiedades importantes. En primer lugar, existe una estrecha relación entre el número de vértices n, de arcos m y de caras f de cualquier grafo planar. La *fórmula de Euler* establece que $n - m + f = 2$. Los árboles tienen $n - 1$ arcos y, en consecuencia, cualquier representación gráfica de un árbol que sea planar, tiene una sola cara, a saber, la cara exterior. Cualquier representación de un cubo (8 vértices y 12 arcos) tiene que contener seis caras, como pueden atestiguar todos aquellos que hayan jugado alguna vez a los dados.

Existen algoritmos eficientes para comprobar la planaridad de un grafo y encontrar representaciones gráficas sin ningún cruce de arcos, pero todos son demasiado complicados de implementar. En cambio, la fórmula de Euler nos proporciona un criterio sencillo para demostrar que ciertos grafos *no son* planares. Para $n > 2$ cada grafo planar contiene a lo sumo $3n - 6$ arcos. Esta cota implica que, en cada grafo planar, al menos uno de los vértices tiene que ser de grado a lo sumo 5, y la eliminación de este vértice nos lleva a un grafo planar más pequeño, pero con esta misma propiedad. Comprobar si un determinado dibujo es una representación planar, es lo mismo que comprobar si en un conjunto dado de segmentos de líneas hay alguna intersección, tema que discutiremos cuando lleguemos a los algoritmos geométricos.

10.2 Árboles expandidos mínimos

Un *árbol expandido* de un grafo $G = (V, E)$ es un subconjunto de arcos de E que forman un árbol que contiene todos los vértices de V. Para grafos con arcos ponderados, el interés se centra especialmente en el *árbol expandido mínimo*, que es aquel árbol expandido tal que la suma de los pesos de sus arcos sea lo más pequeña posible.

Cada vez que tenemos que conectar un conjunto de puntos (que representan ciudades, intersecciones u otros lugares) con la menor longitud posible de carreteras, cables o tuberías, la respuesta está en los árboles expandidos mínimos. En términos de número de arcos, cualquier árbol expandido nos sirve, pero el árbol expandido mínimo debe serlo también en términos del peso de estos arcos.

Los dos principales algoritmos para calcular el árbol expandido mínimo son el de Kruskal y el de Prim, y ambos se explican en la mayoría de los cursos de algorítmica. Aquí, vamos a presentar el algoritmo de Prim, porque pensamos que es más fácil de programar, y porque con ligeros cambios nos permite llegar al algoritmo de Dijkstra sobre caminos más cortos.

Antes de nada, hemos de generalizar las estructuras de datos para grafos dadas en el capítulo 9, para que puedan incluir los grafos con arcos ponderados. Anteriormente, la entrada para cada arco solamente contenía el otro extremo del mismo. Ahora tenemos que cambiar esto por un registro que nos permita guardar el arco con su peso:

```
typedef struct {
        int v;                          /* vértices contiguos */
        int weight;                     /* peso del arco */
} edge;

```

```c
6   typedef struct {
7           edge edges[MAXV+1][MAXDEGREE];   /* información de adyacencias */
8           int degree[MAXV+1];              /* grado de salida de cada vértice */
9           int nvertices;                   /* número de vértices del grafo */
10          int nedges;                      /* número de arcos del grafo */
11  } graph;
```

y actualizar adecuadamente los distintos algoritmos de inicialización y recorrido de grafos. Pero esto no es una tarea complicada.

El algoritmo de Prim desarrolla el árbol expandido mínimo en etapas, a partir de un vértice dado. En cada iteración, añade un nuevo vértice al árbol expandido. Un algoritmo *voraz* basta para garantizar la corrección: siempre añadimos el arco de menor peso entre los que enlazan vértices que ya están en el árbol con los de fuera.

La implementación más sencilla de esta idea, sería asociar cada vértice con una variable booleana que nos indique si ya está en el árbol (el *array* intree del código que sigue) y después buscar, en cada iteración, todos los arcos, para encontrar el de menor peso que tenga exactamente un vértice con intree verdadero.

De alguna forma, nuestra implementación es más habilidosa. Conserva la pista del arco más *ligero* que va desde cada arco del árbol a todos los del grafo que aún no están en el árbol. El arco más *ligero* entre todos los restantes con extremos fuera del árbol, es el que se añade en cada iteración. Tras cada iteración, tenemos que actualizar los costes de los arcos que siguen teniendo un extremo fuera del árbol. Sin embargo, como el único cambio en el árbol es el nuevo vértice, todas las modificaciones posibles de arcos ponderados han de ser sobre los arcos que salen del mismo:

```c
1   prim(graph *g, int start)
2   {
3           int i,j;                 /* contadores */
4           bool intree[MAXV];       /* ¿está el vértice ya en el árbol? */
5           int distance[MAXV];      /* distancia inicial entre vértices */
6           int parent[MAXV];        /* almacena la topología del árbol */
7           int v;                   /* vértice que se está procesando */
8           int w;                   /* candidato a próximo vértice */
9           int weight;              /* peso de arco */
10          int dist;                /* distancia más corta en el momento */
11
12          for (i=1; i<=g->nvertices; i++) {
13                  intree[i] = FALSE;
14                  distance[i] = MAXINT;
15                  parent[i] = -1;
16          }
17
18          distance[start] = 0;
19          v = start;
20
```

```c
    while (intree[v] == FALSE) {
        intree[v] = TRUE;
        for (i=0; i<g->degree[v]; i++) {
            w = g->edges[v][i].v;
            weight = g->edges[v][i].weight;
            if ((distance[w] > weight) && (intree[w]==FALSE)) {
                    distance[w] = weight;
                    parent[w] = v;
            }
        }

        v = 1;
        dist = MAXINT;
        for (i=1; i<=g->nvertices; i++)
            if ((intree[i]==FALSE) && (dist > distance[i])) {
                    dist = distance[i];
                    v = i;
            }
    }
}
```

El propio árbol expandido mínimo, o su coste, se pueden reconstruir de dos formas diferentes. El método más sencillo sería aumentar esta función con sentencias que impriman los arcos en el momento en que son encontrados, o totalizar el peso de todos los arcos seleccionados en una variable, para recuperar dicho valor más tarde. Como alternativa, y dado que la topología del árbol está codificada por el *array* parent, este junto con el grafo original nos dicen todo sobre el árbol expandido mínimo.

Este algoritmo para construir el árbol expandido mínimo tiene algunas propiedades interesantes, que son de gran ayuda en la resolución de otros problemas relacionados:

- *Árbol expandido máximo* — Supóngase que contratamos con una compañía telefónica perversa la conexión de muchas casas entre sí, y que la tenemos que pagar un precio proporcional a la cantidad de cable que instale. Naturalmente, ellos querrán hacer un árbol expandido tan caro como sea posible. Es posible encontrar un *árbol expandido máximo* en cualquier grafo, simplemente cambiando de signo los pesos de todos los arcos y aplicando el algoritmo de Prim. El árbol más negativo (de menor peso por tanto) en el grafo con los signos cambiados, es el árbol expandido máximo del grafo inicial.

  La mayoría de los algoritmos sobre grafos no se adaptan tan convenientemente a cantidades negativas. Por ejemplo, los algoritmos de caminos mínimos tienen dificultades con números negativos y, de hecho, *no* generan el camino más largo posible utilizando esta técnica de cambio de signo.

- *Árbol expandido mínimo producto* — Supongamos que queremos es encontrar el árbol expandido tal que el producto de los pesos de sus arcos sea mínimo, supuesto que todos ellos son positivos. Puesto que $\lg(a \cdot b) = \lg(a) + \lg(b)$, el árbol expandido mínimo en un grafo, donde el peso de cada arco se reemplace con el valor de su logaritmo, nos da el árbol expandido mínimo producto.

- *Árbol expandido con mínimo cuello de botella* — A veces necesitamos un árbol expandido que minimice el peso del arco que más pesa, entre todos los árboles expandidos. De hecho, el árbol expandido mínimo tiene esta propiedad. La demostración se deduce directamente de la corrección del algoritmo de Kruskal.

  Estos árboles expandidos '*cuello de botella*' tienen aplicaciones interesantes cuando el peso de los arcos se interpreta como costes, capacidades o fuerzas. Una forma menos eficiente, pero más sencilla de resolver este tipo de problemas, puede ser ir eliminando todos los arcos *pesados* del grafo y comprobar si el resultado es todavía conexo. Estas últimas comprobaciones se pueden hacer fácilmente con BFS/DFS.

El árbol expandido mínimo de un grafo es único cuando los pesos de los m arcos en el grafo son todos distintos. Si no, el orden en que se decidan los desempates en el algoritmo de Prim determina el árbol expandido mínimo que construye el algoritmo.

10.3 Caminos más cortos

El problema de encontrar caminos más cortos en grafos no ponderados ya lo vimos en la sección 9.3.1, la búsqueda en anchura hace la tarea, y es lo único que aporta. Pero BFS *no* es suficiente para encontrar caminos más cortos en grafos ponderados, porque el camino ponderado más corto de a a b no es, necesariamente, el que tiene un menor número de arcos. Todos tenemos nuestras rutas favoritas para volver a casa, bien sea en coche o caminando, que dan más vuelta que el camino más corto, pero que para nosotros son mágicamente más cortas porque evitan semáforos, etc. En esta sección, implementaremos dos algoritmos distintos para encontrar caminos más cortos en grafos ponderados.

10.3.1 Algoritmo de Dijkstra

El algoritmo de Dijkstra es el mejor método para encontrar el camino más corto entre dos vértices en un grafo ponderado por arcos y/o vértices. Dado un vértice de salida s, es capaz de encontrar el camino más corto desde s hasta todos los otros vértices del grafo, incluido el destino buscado t.

La idea básica es similar a la del algoritmo de Prim. En cada iteración, vamos añadiendo exactamente un vértice al árbol de vértices para los que *ya* conocemos el camino más corto desde s. Igual que hacíamos en el caso de Prim, guardaremos la pista de los mejores caminos vistos hasta el momento para todos los vértices fuera del árbol, y los vamos insertando en orden de coste creciente.

La diferencia entre los algoritmos de Dijkstra y Prim es la forma en que evalúan la prioridad de los vértices aún no explorados. En el problema del árbol expandido mínimo, lo único que debemos considerar es el peso del potencial próximo arco del árbol. Para el camino más corto, lo que se pretende es añadir el vértice ajeno al árbol que está más próximo (en la distancia considerada) al de partida. Por tanto, depende simultáneamente del peso del nuevo arco y de la distancia desde el nodo de partida hasta el nodo del árbol al que es adyacente.

En realidad, se trata de un cambio mínimo. A continuación, damos una implementación del algoritmo de Dijkstra que consiste en cambiar exactamente tres líneas de nuestra implementación de Prim, una de las cuales es el nombre de la función.

```c
dijkstra(graph *g, int start)      /* ERA prim(g,start) */
{          int i,j;                /* contadores */
           bool intree[MAXV];      /* está el vértice en el árbol? */
           int distance[MAXV];     /* distancia de cada vértice al origen */
           int parent[MAXV];       /* almacena la topología del árbol */
           int v;                  /* el vértice que se está procesando */
           int w;                  /* siguiente vértice candidato */
           int weight;             /* peso del arco */
           int dist;               /* distancia más corta en ese momento */

           for (i=1; i<=g->nvertices; i++) {
                   intree[i] = FALSE;
                   distance[i] = MAXINT;
                   parent[i] = -1;
           }
           distance[start] = 0;
           v = start;

           while (intree[v] == FALSE) {
               intree[v] = TRUE;
               for (i=0; i<g->degree[v]; i++) {
                       w = g->edges[v][i].v;
                       weight = g->edges[v][i].weight;
/* MODIFICADO */       if (distance[w] > (distance[v]+weight)) {
/* MODIFICADO */           distance[w] = distance[v]+weight;
                           parent[w] = v;
                       }
               }
               v = 1;
               dist = MAXINT;
               for (i=1; i<=g->nvertices; i++)
                   if ((intree[i]==FALSE) && (dist > distance[i])) {
                           dist = distance[i];
                           v = i;
                   }
           }
}
```

Pero, ¿cómo tenemos que usar `dijkstra` para encontrar la longitud del camino más corto desde `start` a un vértice dado t? El valor coincide con el contenido en la variable `distance[t]`. Y, ¿cómo podemos reconstruir el camino en sí mismo? Siguiendo hacia atrás los punteros `parent` desde t hasta que nos encontremos con `start` (o -1 cuando no existe tal camino), de la misma forma que hemos hecho en la rutina `find_path()` de la sección 9.3.3.

A diferencia de Prim, el algoritmo de Dijkstra solo funciona sobre grafos cuyos arcos tienen pesos no negativos. La razón es que en el transcurso de la ejecución podemos encontrar un arco con un peso tan negativo que cambie el camino más *barato* para ir desde s a alguno de los vértices que ya están en el árbol. Ciertamente, el mejor camino para ir desde nuestra casa a la puerta de al lado es, desde el punto de vista económico, visitando la oficina de cualquier banco que le ofrezca suficiente dinero para que el rodeo valga la pena.

En la mayoría de las aplicaciones no tienen significado los arcos de peso negativo, lo que convierte esta discusión en meramente académica. El algoritmo de Floyd, que se discutirá a continuación, trabaja de forma correcta excepto que haya ciclos de coste total negativo, porque este hecho distorsiona bruscamente la estructura del camino más corto. A menos que el banco limite sus pagos a solamente uno por usuario, este se podría beneficiar haciendo un número infinito de viajes a la oficina, de manera que, de hecho, *nunca* se llegaría al destino.

10.3.2 Todos los caminos más cortos

En muchas aplicaciones, se necesita saber la longitud del camino más corto entre cada pareja de vértices de un grafo dado. Por ejemplo, supongamos que queremos localizar el vértice "centro", que es aquél desde el que se minimiza la distancia al nodo más lejano, o el promedio de distancias a todos los demás, según la versión. Puede ser el mejor lugar para instalar un nuevo negocio. O tal vez necesitemos conocer el *diámetro* del grafo, que es la mayor distancia más corta entre todos los pares de vértices. Esto se puede corresponder con el mayor tiempo posible que tarda una carta, o un paquete de información en una red, para ser despachada entre dos destinos arbitrarios.

Podríamos resolver este problema haciendo llamadas al algoritmo de Dijkstra para todos y cada uno de los n vértices de partida posibles. Pero el algoritmo de Floyd para todos los caminos más cortos es una forma sorprendentemente astuta de construir esta matriz de distancias, a partir de la matriz original de pesos del grafo.

Se saca más partido del algoritmo de Floyd si la estructura de datos es una matriz de adyacencias, lo cual no es extraño, puesto que, de de una forma u otra, tenemos que almacenar las n^2 distancias entre todos pares de vértices. Nuestro tipo de datos adjacency_matrix reserva espacio para la matriz más grande posible, y lleva la cuenta del número de vértices del grafo:

```c
typedef struct {
    int weight[MAXV+1][MAXV+1];     /* datos de adyacencia y peso */
    int nvertices;                   /* número de vértices del grafo */
} adjacency_matrix;
```

Una decisión importante en cualquier implementación mediante matrices de adyacencia es cómo denotar los arcos que no existen en el grafo. Para grafos no ponderados, un convenio muy extendido es escribir un 1 cuando el arco existe, y un 0 cuando no existe. Pero esto propicia una interpretación errónea cuando los números representan los pesos de los arcos, puesto que la ausencia de arco se interpreta como un camino libre entre vértices. En su lugar, deberíamos inicializar cada *no-arco* con MAXINT. De esta forma, podemos comprobar simultáneamente si está presente e ignorarlo automáticamente en los cálculos para determinar los caminos más cortos, ya que sólo se usarán los arcos que existen en realidad, a menos que MAXINT sea menor que el diámetro del grafo.

```
initialize_adjacency_matrix(adjacency_matrix *g)
{
        int i,j;                                /* contadores */

        g -> nvertices = 0;

        for (i=1; i<=MAXV; i++)
                for (j=1; j<=MAXV; j++)
                        g->weight[i][j] = MAXINT;
}


read_adjacency_matrix(adjacency_matrix *g, bool directed)
{
        int i;                          /* contador */
        int m;                          /* número de arcos */
        int x,y,w;                      /* temporales para el arco y el peso */

        initialize_adjacency_matrix(g);

        scanf("%d %d\n",&(g->nvertices),&m);

        for (i=1; i<=m; i++) {
                scanf("%d %d %d\n",&x,&y,&w);
                g->weight[x][y] = w;
                if (directed==FALSE) g->weight[y][x] = w;
        }
}
```

Todo esto parece demasiado trivial. Pero, ¿qué hay que hacer para calcular los caminos más cortos a partir de la matriz? El algoritmo de Floyd comienza numerando los vértices del grafo de 1 a n, pero no usa estos números como etiquetas, sino simplemente para ordenarlos.

Realizaremos n iteraciones, pero en la k-ésima iteración consideraremos que sólo los k primeros vértices son posibles nodos intermedios de los caminos entre cada pareja de vértices x e y. Cuando $k = 0$, no puede haber nodos intermedios, por lo que los únicos caminos admitidos son los arcos originales del grafo. Es decir, la matriz inicial en la búsqueda de todos los caminos mínimos coincide con la matriz de adyacencias normal del grafo. En cada iteración, contemplamos un conjunto más amplio de posibles caminos más cortos. La admisión del k-ésimo vértice como un posible nodo intermedio, solo repercute si existe un camino más corto que contenga a este nuevo nodo k, de manera que

$$W[i,j]^k = \text{mín}(W[i,j]^{k-1}, W[i,k]^{k-1} + W[k,j]^{k-1})$$

La corrección de este razonamiento es un tanto sutil, y es bueno que el lector se convenza por sí mismo de la igualdad anterior. Pero la brevedad y armonía de la implementación no tiene sutileza alguna:

```
1  floyd(adjacency_matrix *g)
2  {
3          int i,j;                    /* contadores de dimensión */
4          int k;                      /* contador de vértices intermedios */
5          int through_k;              /* distancia hasta el vértice k */
6
7          for (k=1; k<=g->nvertices; k++)
8                  for (i=1; i<=g->nvertices; i++)
9                          for (j=1; j<=g->nvertices; j++) {
10                                  through_k = g->weight[i][k]+g->weight[k][j];
11                                  if (through_k < g->weight[i][j])
12                                          g->weight[i][j] = through_k;
13                          }
14  }
```

La salida del algoritmo de Floyd, en la forma en que está escrito aquí, no nos permite construir, de hecho, el camino más corto entre un par de puntos dado. Si el lector necesita o quiere conocer los vértices del camino, puede usar el algoritmo de Dijkstra. Hay que tener en cuenta, sin embargo, que en la mayoría de las aplicaciones de este problema, solo se necesita la matriz de distancias resultante. El algoritmo de Floyd se diseñó para este tipo de trabajos.

Pero este algoritmo de Floyd tiene otra aplicación importante, la de calcular el *cierre transitivo* de un grafo dirigido. Cuando se analiza un grafo dirigido, no es raro que se necesite conocer los vértices a los que podemos llegar desde un nodo dado.

Por ejemplo, consideremos el *grafo del chantaje*, definido sobre un conjunto de n personas, donde hay un arco dirigido (i, j) si i tiene información privada sobre j lo suficientemente *interesante* para poder exigirle hacer lo que i quiera. Si alguien quiere contratar a una de estas n personas para que sea su representante personal. ¿Quién es el más rentable en términos de potenciales chantajes?

Una respuesta simplista sería el vértice de mayor grado, pero un representante mejor aún sería la persona que tiene más cadenas de chantaje a otras partes. Si Steve sólo es capaz de chantajear directamente a Miguel, pero Miguel puede chantajear a todos los demás, esta claro que Steve es la persona que busca.

Los vértices a los que es posible acceder desde un único nodo se pueden calcular usando la búsqueda en anchura o en profundidad. Pero se pueden calcular todos de golpe como si fuese un problema de búsqueda de todos los caminos mínimos. Si el camino mínimo desde i a j sigue siendo MAXINT después de ejecutar el algoritmo de Floyd, se puede asegurar que no existe un camino dirigido de i hacia j. Cualquier pareja de vértices con peso menor que MAXINT tiene que poder ser alcanzado, tanto en el sentido de la teoría de grafos como en el de la palabra chantaje.

10.4 Flujos de red y correspondencias biunívocas

Todo grafo con arcos ponderados se puede ver como una red de tuberías, donde el *peso* del arco (i, j) mide la *capacidad* de la tubería. Podemos imaginar que la capacidad es una función del área de la sección transversal de la tubería: una tubería ancha puede conducir 10 unidades de flujo en un tiempo dado, en el que una más estrecha sólo es capaz de conducir 5 unidades. Dado un grafo ponderado G y dos vértices s y t, el *problema del flujo de red* consiste en calcular la máxima cantidad de flujo que se puede enviar desde s hasta t, respetando las capacidades máximas de cada tubería.

Aunque el problema del flujo de red tiene interés por sí mismo, su principal importancia proviene de que es capaz de resolver otros problemas importantes de grafos. Un ejemplo es el de las correspondencias biunívocas, o emparejamientos. Un *emparejamiento* en un grafo $G = (V, E)$ es un subconjunto de arcos $E' \subset E$ tal que no hay ningún par de arcos en E' que tengan un vértice común. Por tanto un emparejamiento, hace parejas con algunos de los vértices, de tal manera que cada vértice pertenece, a lo sumo, a una de tales parejas.

El grafo G es *bipartito* o *bicoloreable* cuando los vértices se pueden dividir en dos grupos, digamos L y R, tales que todos los arcos en G tienen un vértice en L y un vértice en R. Muchos de los grafos que aparecen de forma natural, son bipartitos. Por ejemplo, supongamos que ciertos vértices representan trabajos que hay que realizar y el resto de los vértices personas que pueden realizarlos. La existencia de un arco (j, p) significa que la persona p, potencialmente, es capaz de realizar el trabajo j. O pensemos que ciertos vértices representan chicos y los otros chicas, con los arcos representando parejas compatibles. Los emparejamientos tienen una interpretación natural en estos grafos, como es la asignación de tareas o el matrimonio.

El flujo de red se puede utilizar para calcular la mayor correspondencia biunívoca posible. Hay que crear un nodo *fuente s* que está conectado con cada vértice en L por un arco de peso 1. Hay que crear también un nodo *sumidero* que está conectado con cada vértice en R por un arco de peso 1. Después asignar a cada arco del grafo bipartito G un peso también de 1. Ahora, el máximo flujo posible desde s a t determina el mayor emparejamiento posible en G. Es evidente que podemos encontrar un flujo tan grande como el emparejamiento, con solo tomar los arcos del emparejamiento y sus conexiones de la fuente al sumidero. Además, no es posible que exista un flujo mayor. Porque, ¿como podríamos hacer que pase más de una unidad de flujo a través de cada vértice?

El algoritmo más sencillo de implementar para calcular el flujo den red es el algoritmo de caminos aumentables de Ford-Fulkerson. Para cada arco, conservaremos simultáneamente la información sobre la cantidad de flujo que le atraviesa de hecho y también de su capacidad *residual* restante. Por tanto, tenemos que modificar nuestra estructura `edge` para acomodar los campos añadidos:

```c
typedef struct {
        int v;                          /* vértice adyacente */
        int capacity;                   /* capacidad del arco */
        int flow;                       /* flujo a través del arco */
        int residual;                   /* capacidad residual del arco */
} edge;
```

Entonces, miramos cualquier camino desde la fuente al sumidero, que incremente el flujo total y lo usamos para aumentar este flujo total. Terminamos en el flujo óptimo cuando ya no existen tales caminos *aumentables*.

```c
netflow(flow_graph *g, int source, int sink)
{
        int volume;                     /* peso del camino aumentable */

        add_residual_edges(g);

        initialize_search(g);
        bfs(g,source);
        volume = path_volume(g, source, sink, parent);
        while (volume > 0) {
                augment_path(g,source,sink,parent,volume);
                initialize_search(g);
                bfs(g,source);
                volume = path_volume(g, source, sink, parent);
        }
}
```

Cualquier camino *aumentable* de la fuente al sumidero, incrementa el flujo, de forma que podemos utilizar `bfs` para encontrar tales caminos en el grafo apropiado. Solo podemos movernos por los arcos de la red que aún conservan capacidad o, en otras palabras, cuyo flujo residual es positivo. Usamos este predicado para ayudar a `bfs` a distinguir entre los arcos saturados y los aún no saturados:

```c
bool valid_edge(edge e)
{
        if (e.residual > 0) return (TRUE);
        else return(FALSE);
}
```

El hecho de aumentar un camino, convierte el máximo volumen posible de capacidad residual en flujo positivo. La cantidad que podemos transferir está limitada por la menor cantidad de capacidad residual, de la misma forma que la velocidad con que el tráfico puede fluir está limitada por el punto más congestionado.

```c
int path_volume(flow_graph *g, int start, int end, int parents[])
{
        edge *e;                                 /* arco a analizar */
        edge *find_edge();

        if (parents[end] == -1) return(0);

        e = find_edge(g,parents[end],end);
        if (start == parents[end])
                return(e->residual);
        else
                return( min(path_volume(g,start,parents[end],parents),
```

```c
13                                  e->residual) );
14 }
15
16 edge *find_edge(flow_graph *g, int x, int y)
17 {
18         int i;                                  /* contador */
19
20         for (i=0; i<g->degree[x]; i++)
21                 if (g->edges[x][i].v == y)
22                         return( &g->edges[x][i] );
23         return(NULL);
24 }
```

El envío de una unidad adicional de flujo a través de un arco dirigido (i, j), reduce la capacidad residual del arco (i, j), pero *aumenta* la capacidad residual del arco (j, i). Por tanto, el hecho de aumentar un camino requiere mirar a la vez los arcos directo e inverso para cada enlace del camino.

```c
1  augment_path(flow_graph *g,int start,int end,int parents[],int volume)
2  {
3          edge *e;                                  /* arco a analizar */
4          edge *find_edge();
5
6          if (start == end) return;
7
8          e = find_edge(g,parents[end],end);
9          e->flow += volume;
10         e->residual -= volume;
11
12         e = find_edge(g,end,parents[end]);
13         e->residual += volume;
14
15         augment_path(g,start,parents[end],parents,volume);
16 }
```

La inicialización del grafo de flujo requiere la creación de arcos de flujo dirigidos (i, j) y (j, i) para cada arco de la red $e = (i, j)$. Los flujos iniciales se ponen todos a 0. El flujo residual inicial de (i, j) se fija en la capacidad de e, mientras que el flujo residual inicial de (j, i) se pone a 0.

Los flujos de red son una técnica algorítmica avanzada, y darse cuenta de si un problema concreto se puede resolver por flujos de red o no, requiere experiencia. Para más detalles sobre el tratamiento de este tema, referimos al lector a los libros de Cook y Cunningham [4] y Ahuja, Magnanti y Orlin [1].

10.5 Problemas

10.5.1 Pecas

ID en Online Judge: 10034 — **Popularidad:** B — **Tasa de éxito:** media — **Nivel:** 2

En un episodio de "El Show de Dick Van Dyke", el pequeño Richie conecta las pecas de la espalda de su padre para formar la imagen de la Campana de la Libertad. Por cierto, que una de las pecas en realidad era ser una cicatriz, pero le sirvió para entrar en el museo Ripley, de curiosidades casi increíbles.

Consideremos que la espalda de Dick es un plano con pecas en varios puntos (x, y). La tarea del problema consiste en decirle a Richie cómo conectar los puntos para minimizar la cantidad de tinta utilizada. Richie conecta los puntos por parejas utilizando líneas rectas, pudiendo levantar el bolígrafo entre unas líneas y otras. Cuando Richie termine, debe haber una secuencia de líneas conectadas desde cualquier peca a cualquier otra peca.

Entrada

La entrada comienza con un único entero positivo en una sola línea, que indica el número de casos de prueba, seguido de una línea en blanco.

La primera línea de cada caso de prueba contiene $0 < n \leq 100$, que indica el número de pecas que hay en la espalda de Dick. Seguirá una línea por cada peca, indicando las coordenadas (x, y) de la misma.

Habrá una línea en blanco entre cada dos casos de prueba consecutivos.

Salida

Por cada caso de prueba, el programa debe mostrar un único número real, con precisión de dos decimales: la longitud mínima de líneas de tinta que pueden conectar todas las pecas. La salida de dos casos de prueba consecutivos estará separada por una línea en blanco.

Ejemplo de entrada

```
1

3
1.0 1.0
2.0 2.0
2.0 4.0
```

Ejemplo de salida

```
3.41
```

10.5.2 El collar

ID en Online Judge: 10054 — **Popularidad:** B — **Tasa de éxito:** baja — **Nivel:** 3

Mi hermana pequeña tiene un bonito collar hecho de abalorios de colores. Dos abalorios sucesivos cualesquiera comparten un color común en su punto de contacto, como se muestra:

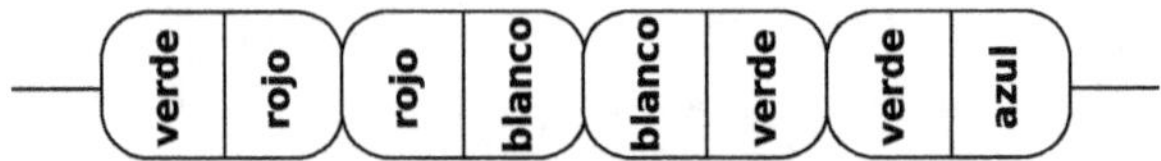

Pero un día el collar se rompió y todos los abalorios quedaron esparcidos por el suelo. Mi hermana hizo lo que pudo para recogerlos, pero no está segura de si los tiene todos. Ahora es cuando entramos nosotros. Ella quiere saber si es posible hacer un collar utilizando todos los abalorios que tiene, siguiendo el modelo del collar original. En caso de que sea posible, ¿cómo habría que colocar los abalorios? Escribamos un programa que resuelva este problema.

Entrada

La primera línea de la entrada contiene el entero T, que indica el número de casos de prueba. La primera línea de cada caso de prueba contiene un entero N ($5 \leq N \leq 1{,}000$), que indica el número de abalorios que encontró mi hermana. Cada una de las siguientes N líneas consta de dos enteros, que describen los colores de un abalorio. Los colores están representados por enteros en el rango de 1 a 50.

Salida

Por cada caso de prueba, se debe mostrar el número de caso, según el formato indicado en el ejemplo de salida. Si no es posible reconstruir el collar, se debe mostrar el mensaje "some beads may be lost" (*es posible que falten abalorios*) en una línea. En caso contrario, imprimir N líneas que describan cada uno de los abalorios, de forma que $1 \leq i \leq N - 1$. El segundo entero de la línea i debe ser igual al primero de la línea $i + 1$. Además, el segundo entero de la línea N debe ser igual al primer entero de la línea 1. Puede haber varias soluciones, en cuyo caso, cualquiera de ellas será considerada como válida. Imprimir una línea en blanco entre dos casos de prueba sucesivos.

Ejemplo de entrada

```
2
5
1 2
2 3
3 4
4 5
5 6
5
2 1
2 2
3 4
3 1
2 4
```

Ejemplo de salida

```
Case #1
some beads may be lost

Case #2
2 1
1 3
3 4
4 2
2 2
```

10.5.3 Parque de bomberos

ID en Online Judge: 10278 — Popularidad: B — Tasa de éxito: baja — Nivel: 2

En una ciudad hay varios parques de bomberos. Los habitantes se han quejado de que hay mucha distancia entre algunas casas y el parque más cercano, por lo que se debe construir uno nuevo. La tarea consiste en determinar la ubicación del nuevo parque para dar un mejor servicio a las casas más alejadas.

La ciudad tiene hasta 500 intersecciones, conectadas entre sí por segmentos de carretera de varias longitudes. No puede haber más de 20 segmentos de carretera que confluyan en una misma intersección. Las ubicaciones de las casas y los parques de bomberos también se consideran intersecciones. Además, asumimos que hay, al menos, una casa asociada a cada intersección. Puede haber más de un parque de bomberos por intersección.

Entrada

La entrada comienza con una línea que indica el número de casos de prueba, seguida de una línea en blanco. También habrá una línea en blanco entre cada dos casos de prueba.

La primera línea de cada caso consta de dos enteros positivos: el número de parques de bomberos existentes f ($f \leq 100$) y el número de intersecciones i ($i \leq 500$). Las intersecciones están numeradas de 1 a i, consecutivamente. A continuación aparecen f líneas, que contienen el número de intersección en el que hay un parque de bomberos. A esto le siguen otras líneas que contienen, cada una, tres enteros: el número de una intersección, el número de otra intersección y la longitud del segmento de carretera que las conecta. Todos los segmentos de carretera son de doble sentido (al menos para los camiones de bomberos), y siempre existe una ruta entre dos intersecciones cualesquiera.

Salida

Por cada caso de prueba, mostrar el número más bajo de una intersección en la que se puede construir un nuevo parque de bomberos, de forma que se minimice la distancia máxima desde cualquier intersección hasta el parque más cercano. Se debe imprimir una línea en blanco entre cada dos casos de prueba.

Ejemplo de entrada

```
1

1 6
2
1 2 10
2 3 10
3 4 10
4 5 10
5 6 10
6 1 10
```

Ejemplo de salida

```
5
```

10.5.4 Ferrocarriles

ID en Online Judge: 10039 — **Popularidad:** C — **Tasa de éxito:** media — **Nivel:** 3

Mañana por la mañana, Jill debe viajar de Hamburgo a Darmstadt para competir en el concurso de programación de la zona. Como tiene miedo de llegar tarde y ser descalificada, está buscando un tren que llegue a Darmstadt lo más pronto posible. Sin embargo, no le gusta llegar a la estación demasiado pronto, por lo que, si hay varias salidas de trenes con la misma hora de llegada, elegirá el que salga más tarde.

Jill nos ha pedido ayuda para resolver el problema. Partimos de una serie de horarios de trenes, y debemos calcular cuál es el tren que tiene programada su llegada más pronto, y cuál es la conexión más rápida de un lugar a otro. Por suerte, Jill tiene mucha experiencia en cambiar de trenes, por lo que puede hacerlo instantáneamente, ¡en tiempo cero!

Entrada

La primera línea de la entrada indica el número de casos de prueba. Cada caso consta de tres partes. La primera parte muestra una lista de todas las ciudades conectadas por ferrocarril. Comienza con un número $1 < C \leq 100$, seguido de C líneas, que contienen los nombres de las ciudades. Todos los nombres están formados únicamente por letras.

La segunda parte describe todos los trenes que funcionan ese día. Comienza con un número $T \leq 1{,}000$, seguido de T descripciones de trenes. Cada una de ellas consta de una línea con un número $t_i \leq 100$ y después t_i líneas más, que incluyen una hora y el nombre de una ciudad, lo que indica que los pasajeros pueden subir o bajar del tren a esa hora en esa ciudad.

La última parte consta de tres líneas: la primera contiene la hora de inicio más temprana que se permite, la segunda el nombre de la ciudad de origen del viaje y la tercera el nombre de la ciudad de destino. Las ciudades de origen y destino siempre son diferentes.

Salida

Por cada caso de prueba, se debe mostrar una línea que contenga el mensaje "`Scenario` i", donde i es el número del caso contando a partir de 1.

Si existe una conexión, imprimir las dos líneas que contengan las horas y las ciudades, como se muestra en el ejemplo. Para adecuar el formato, se deben utilizar espacios en blanco. Si no existe ninguna conexión el mismo día (es decir, la llegada es posterior a la medianoche), se debe mostrar un mensaje que diga "`No connection`".

Imprimir una línea en blanco entre cada dos casos de prueba.

Ejemplo de entrada

```
2
3
Hamburg
Frankfurt
Darmstadt
3
2
0949 Hamburg
1006 Frankfurt
2
1325 Hamburg
1550 Darmstadt
2
1205 Frankfurt
1411 Darmstadt
0800
Hamburg
Darmstadt
2
Paris
Tokyo
1
2
0100 Paris
2300 Tokyo
0800
Paris
Tokyo
```

Ejemplo de salida

```
Scenario 1
Departure 0949 Hamburg
Arrival   1411 Darmstadt

Scenario 2
No connection
```

10.5.5 Guerra

ID en Online Judge: 10158 — **Popularidad:** B — **Tasa de éxito:** media — **Nivel:** 3

Dos países están en guerra, A y B. Como somos unos leales ciudadanos de C, decidimos ayudar a nuestro país acudiendo en secreto a la conferencia de paz entre A y B. Hay otras n personas en la conferencia, pero no sabemos a qué país pertenece cada una. Vemos a la gente hablando, y observando su comportamiento durante las charlas ocasionales entre dos personas, podemos adivinar si son amigos o enemigos.

Nuestro país necesita saber si determinadas parejas de personas son de un mismo país o si son enemigos. Como nuestro Gobierno nos puede pedir que contestemos a ese tipo de preguntas durante la conferencia, debemos responder de acuerdo con lo que hayamos observado.

Ahora, de forma más seria, consideremos una caja negra que sea capaz de realizar las siguientes operaciones:

`fijarAmigos`(x,y)	indica que x e y pertenecen al mismo país
`fijarEnemigos`(x,y)	indica que x e y pertenecen a diferentes países
`sonAmigos`(x,y)	devuelve verdadero si estamos seguros de que x e y son amigos
`sonEnemigos`(x,y)	devuelve verdadero si estamos seguros de que x e y son enemigos

Las dos primeras operaciones deben indicar un error si contradicen nuestro conocimiento previo. Las dos relaciones "amigos" (indicado por $\sim$) y "enemigos" (indicado por $*$) tienen las siguientes propiedades:

$\sim$ es una relación de equivalencia: es decir,

1. Si $x \sim y$ e $y \sim z$, entonces $x \sim z$ (Los amigos de mis amigos son mis amigos).
2. Si $x \sim y$, entonces $y \sim x$ (La amistad es recíproca).
3. $x \sim x$ (Todo el mundo es amigo de sí mismo).

$*$ es simétrico e irreflexivo:

1. Si $x * y$ entonces $y * x$ (El odio es mútuo).
2. No $x * x$ (Nadie es enemigo de sí mismo).
3. Si $x * y$ e $y * z$ entonces $x \sim z$ (Un enemigo común hace amigas a dos personas).
4. Si $x \sim y$ e $y * z$ entonces $x * z$ (El enemigo de un amigo es un enemigo).

Las operaciones `fijarAmigos`(x,y) y `fijarEnemigos`(x,y) deben respetar estas propiedades.

Entrada

La primera línea contiene un único entero n, que indica el número de personas. Cada línea siguiente contiene tres enteros, c x y, donde c es el código de la operación,

$$
\begin{aligned}
c &= 1, \quad \texttt{fijarAmigos} \\
c &= 2, \quad \texttt{fijarEnemigos} \\
c &= 3, \quad \texttt{sonAmigos} \\
c &= 4, \quad \texttt{sonEnemigos}
\end{aligned}
$$

y x e y son sus parámetros, enteros en el intervalo $[0, n)$, que identifican a dos personas diferentes. La última línea contiene '0 0 0'.

Todos los enteros del archivo de entrada están separados por, al menos, un espacio o un salto de línea. Habrá un máximo de 10.000 personas, pero no hay limitación al número de operaciones.

Salida

Por cada operación `sonAmigos` y `sonEnemigos`, escribir "0" (significa no) ó "1" (significa sí). Por cada operación `fijarAmigos` o `fijarEnemigos` que entre en conflicto con un conocimiento previo, escribir "-1" en la salida. Dicha operación no tendrá ningún otro efecto y la ejecución deberá continuar. Si las operaciones `fijarAmigos` o `fijarEnemigos` tienen éxito, no se producirá ninguna salida.

Todos los enteros de la salida deben estar separados por un salto de línea.

Ejemplo de entrada

```
10
1 0 1
1 1 2
2 0 5
3 0 2
3 8 9
4 1 5
4 1 2
4 8 9
1 8 9
1 5 2
3 5 2
0 0 0
```

Ejemplo de salida

```
1
0
1
0
0
-1
0
```

10.5.6 Guía turístico

ID en Online Judge: 10199 — **Popularidad:** B — **Tasa de éxito:** media — **Nivel:** 3

Río de Janerio es una bella ciudad, pero tiene tantos lugares para visitar que, en ocasiones, resulta agobiante. Por suerte, nuestro amigo Bruno nos ha prometido que será nuestro guía turístico.

Por desgracia, Bruno es un pésimo conductor. Tiene muchas multas de tráfico pendientes de pagar y ya no quiere tener más. Por ello, quiere saber dónde están colocadas las cámaras de la policía, para conducir con más cuidado al pasar frente a ellas. Las cámaras están distribuidas estratégicamente por la ciudad, en lugares por los que un conductor debe pasar necesariamente para viajar de una zona a otra. En un lugar C estará ubicada una cámara si, y sólo si, hay dos puntos de la ciudad, A y B, tales que todas las rutas que conducen de A a B pasan por el punto C. Por ejemplo, supongamos que tenemos seis lugares (A, B, C, D, E y F), con siete rutas bidireccionales $B - C$, $A - B$, $C - A$, $D - C$, $D - E$, $E - F$ y $F - C$. En C habrá una cámara, ya que para ir de A a E es obligatorio pasar por C. En este caso C es la única cámara que existe.

Partiendo de un mapa de la ciudad, ayudemos a Bruno a evitar multas durante el recorrido escribiendo un programa que identifique las ubicaciones de las cámaras.

Entrada

La entrada constará de un número arbitrario de mapas de la ciudad, donde cada mapa comienza con un entero N ($2 < N \leq 100$), que indica el número total de posibles ubicaciones de la ciudad. A continuación, seguirán N nombres de lugares diferentes, uno por línea. Cada nombre tendrá entre 1 y 30 letras minúsculas. A continuación, sigue un entero no negativo R, que indica el número total de rutas que hay en la ciudad. Cada una de las siguientes R líneas describe una ruta bidireccional, representada por los dos lugares conectados por esta.

Los nombres de los lugares en las descripciones de las rutas serán siempre válidos, y no puede haber una ruta que conecte un lugar consigo mismo. Se debe leer la entrada hasta que $N = 0$, que no debe ser procesado.

Salida

Por cada mapa de la ciudad se debe mostrar la siguiente línea:

```
City map #d: c camera(s) found
```

(*Mapa de la ciudad #d: c cámara(s) encontradas*) donde d corresponde al número del mapa (comenzando en 1) y c indica el número total de cámaras. Deberán seguir c líneas con los nombres de las ubicaciones de cada cámara, en orden alfabético. Imprimir una línea en blanco entre cada dos casos de prueba.

Ejemplo de entrada

```
6
sugarloaf
maracana
copacabana
ipanema
corcovado
lapa
7
ipanema copacabana
copacabana sugarloaf
ipanema sugarloaf
maracana lapa
sugarloaf maracana
corcovado sugarloaf
lapa corcovado
5
guanabarabay
downtown
botanicgarden
colombo
sambodromo
4
guanabarabay sambodromo
downtown sambodromo
sambodromo botanicgarden
colombo sambodromo
0
```

Ejemplo de salida

```
City map #1: 1 camera(s) found
sugarloaf

City map #2: 1 camera(s) found
sambodromo
```

10.5.7 El gran banquete

ID en Online Judge: 10249 — **Popularidad:** C — **Tasa de éxito:** high — **Nivel:** 4

Cada equipo que participa en la final mundial de la ACM de este año, espera asistir al gran banquete programado para después de la ceremonia de entrega de premios. Para maximizar la cantidad de interacción entre los miembros de los diferentes equipos, no puede haber dos miembros de un mismo equipo sentados a la misma mesa.

Partiendo del número de miembros de cada equipo (incluyendo concursantes, entrenadores, reservas e invitados) y de la capacidad de cada mesa, determinar si es posible que los equipos se sienten como se ha descrito. Si dicha distribución es posible, mostrar la asignación de mesas. Si hay múltiples soluciones, cualquiera de ellas será válida.

Entrada

El archivo de entrada puede contener varios casos de prueba. La primera línea de cada caso contiene dos enteros, $1 \leq M \leq 70$ y $1 \leq N \leq 50$, que indican el número de equipos y de mesas, respectivamente. La segunda línea de cada caso contiene M enteros, donde el entero i-ésimo m_i indica el número de miembros del equipo i. Puede haber un máximo de 100 miembros en cada equipo. La tercera línea contiene N enteros, donde el entero j-ésimo n_j, $2 \leq n_j \leq 100$, indica la capacidad de la mesa j.

La entrada finaliza con una caso de prueba en el que $M = N = 0$.

Salida

Por cada caso de prueba, mostrar una línea que contenga 1 ó 0, indicando si existe una distribución válida de los miembros de los equipos. En caso de que sí exista, imprimir M líneas adicionales, en las que la línea i-ésima contenga un número de mesa (entre 1 y N) para cada uno de los miembros del equipo i.

Ejemplo de entrada

```
4 5
4 5 3 5
3 5 2 6 4
4 5
4 5 3 5
3 5 2 6 3
0 0
```

Ejemplo de salida

```
1
1 2 4 5
1 2 3 4 5
2 4 5
1 2 3 4 5
0
```

10.5.8 Las dificultades del autor de problemas

ID en Online Judge: 10092 — **Popularidad:** C — **Tasa de éxito:** media — **Nivel:** 3

Hay tantos estudiantes interesados en participar este año en el concurso de programación de la zona, que se ha decidido organizar una prueba inicial para identificar a los candidatos más prometedores. La prueba puede incluir hasta 100 problemas, tomados de hasta 20 categorías distintas. Nos han asignado el trabajo de determinar los problemas de la prueba.

En principio, el trabajo parecía fácil, ya que nos dijeron que dispondríamos de unos 1.000 problemas, divididos en categorías. Sin embargo, después de tener los problemas en la mano, descubrimos que los autores originales habían escrito varios nombres de categorías diferentes en los espacios destinados a ello. Como no se puede utilizar un mismo problema en más de una categoría, y el número de problemas necesario para cada categoría ya está especificado, asignar los problemas de la prueba resulta no ser tan sencillo.

Entrada

El archivo de entrada puede incluir varios casos de prueba, comenzando cada uno de ellos con una línea que contiene dos enteros, n_k y n_p, donde n_k es el número de categorías y n_p es el número de problemas entre los que se puede elegir. Habrá entre 2 y 20 categorías y un máximo de 1.000 problemas.

La segunda línea contiene n_k enteros positivos, donde el entero i-ésimo determina el número de problemas que se deben incluir en la categoría i ($1 \leq i \leq n_k$) de la prueba. Podemos asumir que la suma de estos enteros n_k nunca será mayor que 100. La línea j-ésima ($1 \leq j \leq n_p$) de las siguientes n_p líneas contiene la información de categorización del problema j-ésimo. Cada especificación de categorización comienza con un entero positivo, que especifica el número de categorías en las que se puede incluir el problema, seguido por los identificadores de dichas categorías.

La entrada finaliza con un caso de prueba en el que los valores de n_k y n_p sean cero.

Salida

Por cada caso de prueba, mostrar una línea que informe de si los problemas son aptos para ser seleccionados, teniendo en cuenta las retricciones indicadas, utilizando 1 en caso de que sea posible y 0 en caso contrario.

En caso de que la selección sea posible, imprimir n_k líneas adicionales, en las que la línea i-ésima contenga los números de los problemas que se deban incluir en la categoría i. Los números de los problemas son enteros positivos no mayores que n_p, y debe haber un espacio de separación entre ellos. Cualquier selección de problemas válida será aceptada.

Ejemplo de entrada

```
3 15
3 3 4
2 1 2
1 3
1 3
1 3
1 3
3 1 2 3
2 2 3
2 1 3
1 2
1 2
2 1 2
2 1 3
2 1 2
1 1
3 1 2 3
3 15
7 3 4
2 1 2
1 1
1 2
1 2
1 3
3 1 2 3
2 2 3
2 2 3
1 2
1 2
2 2 3
2 2 3
2 1 2
1 1
3 1 2 3
0 0
```

Ejemplo de salida

```
1
8 11 12
1 6 7
2 3 4 5
0
```

10.6 Sugerencias

10.5.1 ¿Qué problema del capítulo está tratando de resolver Richie?

10.5.2 ¿Se puede enfocar este problema como un modelo de ciclos Hamiltonianos o Eulerianos?

10.5.3 ¿Cómo podemos utilizar la información sobre el camino más corto para que nos ayude a colocar la estación?

10.5.4 ¿Cómo podemos tratar este problema como un modelo de caminos más cortos? ¿Cuál es el nodo de salida de nuestro grafo? ¿Cómo podemos deshacer los empates en favor de los trenes que parten más tarde en el día?

10.5.5 ¿Cómo podemos propagar algunas de las implicaciones de una observación a todo el cierre transitivo?

10.5.6 ¿Cuál es el concepto de teoría de grafos que define los lugares que ocupan las cámaras?

10.5.7 ¿Servirá un algoritmo voraz para hacer el trabajo, o tendremos que utilizar algo similar a una red de flujo?

10.5.8 ¿Se puede usar un modelo de flujo en redes, o existe un enfoque más elemental?

Capítulo 11

Programación dinámica

En nuestro trabajo como diseñadores de algoritmos y programadores, a veces recibimos el encargo de hacer un programa que sea capaz de encontrar la *mejor* solución en todos los casos posibles. Normalmente, es fácil escribir un programa que proporcione una solución decente y correcta, pero asegurar que siempre nos devuelve la mejor solución en términos absolutos, requiere que pensemos a fondo en el problema.

La programación dinámica es una herramienta general y muy poderosa para resolver problemas de optimización sobre elementos ordenados de izquierda a derecha, como las cadenas de caracteres. Una vez entendido, este método es relativamente fácil de aplicar, pero mucha gente pasa por un momento difícil antes de entenderlo.

La programación dinámica parece un método mágico hasta que hemos visto unos cuantos ejemplos. Vamos a comenzar revisando la función para calcular los coeficientes binomiales del capítulo 6, como un ejemplo de la forma en que almacenamos resultados parciales que nos ayudarán a calcular lo que finalmente estábamos buscando. Después revisaremos el algoritmo de Floyd para calcular todos los caminos más cortos en un grafo de la sección 10.3.2. Solo entonces debería el lector enfrentarse con los dos problemas de las secciones siguientes. El primero es un ejemplo clásico de programación dinámica que aparece en todos los libros de texto. El segundo es un ejemplo más específicamente representativo del uso de la programación dinámica para diseñar nuevos algoritmos.

11.1 No seamos codiciosos

Muchos problemas piden encontrar la mejor solución que satisface ciertas limitaciones. Existen unos cuantos trucos útiles para abordar tales trabajos. Por ejemplo, los problemas de rastreo exhaustivo del capítulo 8 nos pedían con frecuencia la configuración más grande, o la más pequeña, o la de máxima valoración. El rastreo exhaustivo busca todas las posibles soluciones y selecciona la mejor y, con ello, encuentra *necesariamente* la respuesta correcta. Pero este enfoque solo es factible para casos de tamaño pequeño.

Se conocen algoritmos correctos y eficientes para muchos problemas importantes sobre grafos, como el de los caminos mínimos, el árbol expandido mínimo, y la correspondencia biunívoca entre otros, como hemos visto en el capítulo 10. Conviene estar siempre atentos a la aparición de estos problemas, de forma que podamos simplemente insertar la solución apropiada.

Los algoritmos *voraces* se basan en tomar, cada vez que hay que decidir, la mejor elección posible desde el punto de vista local. Por ejemplo, una forma natural para calcular el camino más corto desde x a y puede ser salir andando de x, y seguir una y otra vez el eje más *barato* hasta que finalmente lleguemos a y. Natural, pero equivocada. Realmente, si no existe una demostración de corrección, es muy probable que estos algoritmos voraces fallen.

Entonces, ¿qué podemos hacer? La programación dinámica nos brinda un camino para diseñar algoritmos a medida que buscan sistemáticamente entre todas las posibilidades (lo que garantiza la corrección) pero almacenando los resultados para evitar recalcularlos (lo que mejora la eficiencia).

Los algoritmos de programación dinámica se definen recursivamente mediante algoritmos/funciones que describen la solución del problema global en términos de las soluciones de problemas más pequeños. El rastreo exhaustivo por retroceso es, como hemos visto, uno de tales métodos recursivos, como lo es la búsqueda en profundidad en grafos.

Conseguir eficiencia en cualquiera de estos algoritmos recursivos, exige el almacenamiento de información suficiente como para no tener que repetir ningún calculo que ya hayamos hecho previamente. ¿Por qué es tan eficiente la búsqueda en profundidad sobre grafos? Porque marcamos los vértices que hemos visitado para no visitarlos otra vez. ¿Por qué el rastreo exhaustivo es computacionalmente caro? Porque busca todos los caminos/soluciones posibles, en vez de centrarse en las posibilidades que no hemos analizado previamente.

Por tanto, la programación dinámica es una técnica para implementar un algoritmo recursivo de forma eficiente, mediante la conservación en memoria de resultados parciales. El truco está en darse cuenta de que los algoritmos recursivos obvios recalculan los mismos subproblemas una vez y otra, y otra más. Una vez visto, está claro que conservar las respuestas a los mismos en una tabla en vez de volver a calcularlos, nos puede proporcionar un algoritmo eficiente. Para entender los ejemplos que siguen, será de gran ayuda conseguir algún tipo de algoritmo recursivo. Sólo cuando ya se tiene uno correcto, es el momento de preocuparse de acelerarlo usando una matriz de resultados.

11.2 Distancia de edición

El problema de encontrar patrones en cadenas de texto es de una importancia indiscutible. Ciertamente, ya hemos presentado algoritmos para búsqueda de cadenas en el Capítulo 3. Sin embargo, allí limitamos la discusión al caso de coincidencias *exactas* entre cadenas, localizando donde la cadena patrón s estaba contenida exactamente en el texto t. Pero la vida no es siempre tan sencilla. Errores ortográficos en el texto o en el patrón imposibilitan esta exactitud. Los cambios evolutivos en la secuencia del genoma o en el uso del lenguaje, implican que muchas veces buscamos pensando en patrones arcaicos: "Aquel que quitare la vida a semejante" se transforma en "Quien asesine".

Pero si nos vamos a enfrentar con coincidencias aproximadas, lo primero que tenemos que hacer es definir una función de coste que nos diga la distancia que hay entre dos cadenas, es decir, una medida de las diferencias entre pares de cadenas. Una medida razonable de esta distancia minimiza el coste de los *cambios* que hay que hacer para convertir una cadena en la otra. Hay tres tipos naturales de cambios:

- *Sustitución* — Consiste en cambiar un único carácter del patrón s a un carácter diferente en el texto t, como en el cambio de "teja" a "tela".

- *Inserción* — Consiste en insertar un único carácter en el patrón s para ayudarle a coincidir con el texto t, como en el cambio de "día" a "días".

- *Eliminación* — Consiste en eliminar un único carácter del patrón s para ayudarle a coincidir con el texto t, como en el cambio de "hora" a "ora".

Para conseguir que la cuestión sobre la semejanza de cadenas sea una pregunta con sentido, es necesario que fijemos el coste de cada una de estas operaciones de transformación. Fijar el coste de cada operación como un paso define la *distancia de edición* entre dos cadenas. Otra asignación de costes también nos llevan a buenos resultados, como veremos en la sección 11.4.

Pero, ¿cómo podemos calcular, de hecho, la medida de diferencias? Podemos pensar en un algo-ritmo recursivo, observando que el último carácter en la cadena tiene que ser o bien coincidente, o sustituido, insertado o eliminado. Truncando los caracteres involucrados en el último proceso de modificación obtenemos un par de cadenas más pequeñas. Sean i y j los últimos caracteres de los prefijos pertinentes de s y t, respectivamente. Hay tres pares de cadenas más cortas después de la última operación, que se corresponden con las cadenas tras una coincidencia/sustitución, inserción o eliminación. *Si* conociésemos el coste de la diferencia de estos tres pares de cadenas menores, podríamos decidir cuál de las opciones nos lleva a la mejor solución y elegirla, en consecuencia. Y *podemos* conocer este coste, mediante la magia de la recursión:

```c
#define MATCH     0       /* símbolo de tipo numérico para coincidencia */
#define INSERT    1       /* símbolo de tipo numérico para inserción */
#define DELETE    2       /* símbolo de tipo numérico para eliminación */

int string_compare(char *s, char *t, int i, int j)
{       int k;                  /* contador */
        int opt[3];             /* coste de las tres opciones */
        int lowest_cost;        /* coste más bajo */

        if (i == 0) return(j * indel(' '));
        if (j == 0) return(i * indel(' '));
        opt[MATCH] = string_compare(s,t,i-1,j-1) + match(s[i],t[j]);
        opt[INSERT] = string_compare(s,t,i,j-1) + indel(t[j]);
        opt[DELETE] = string_compare(s,t,i-1,j) + indel(s[i]);

        lowest_cost = opt[MATCH];
        for (k=INSERT; k<=DELETE; k++)
                if (opt[k] < lowest_cost) lowest_cost = opt[k];
        return( lowest_cost );
}
```

Este programa es completamente correcto, como se puede comprobar. Pero también es inadmi-siblemente lento. En nuestro ordenador, tarda varios segundos para comparar dos cadenas de 11 caracteres, y la computación desaparece en la tierra de nunca jamás para cualquier texto de mayor longitud.

¿Por qué es tan lento este algoritmo? Su tiempo es exponencial porque recalcula muchos valores una vez tras otra. En cada posición de la cadena, la recursión se ramifica en tres caminos, lo que significa que crece a un ritmo de al menos 3^n, en realidad, más rápido puesto que la mayoría de las llamadas reduce solo uno de los dos índices, y no ambos.

Entonces, ¿qué podemos hacer para que el algoritmo resulte práctico? La observación crucial es que la inmensa mayoría de estas llamadas recursivas calculan cosas que ya han sido calculadas previamente. ¿Cómo lo sabemos? Bueno, solo pueden existir $|s| \cdot |t|$ llamadas recursivas distintas, puesto que solamente hay esta cantidad de pares (i, j) diferentes que puedan servir como parámetros de dichas llamadas. Almacenando los valores de cada uno de estos pares (i, j) en una tabla, podemos evitar recalcularlos y simplemente tomarlos cada vez que sea necesario.

A continuación, damos una implementación de este algoritmo como programación dinámica basada en un tabla. La tabla es una matriz bidimensional m donde cada una de las $|s| \cdot |t|$ celdas contiene el coste de la solución óptima para el correspondiente subproblema, además de un puntero *padre* para indicar como hemos alcanzado dicha posición:

```
typedef struct {
        int cost;                /* coste para alcanzar esta celda */
        int parent;              /* celda padre */
} cell;

cell m[MAXLEN+1][MAXLEN+1];      /* matriz de programación dinámica */
```

Esta versión en programación dinámica presenta tres diferencias con la versión recursiva. Primera, consigue los valores intermedios mirando en la tabla, en vez de hacer llamadas recursivas. Segunda, actualiza el campo `parent` de cada celda, lo que nos permite, más tarde, reconstruir la secuencia de modificaciones. Tercera, está escrita usando una función más general `goal_cell()`, en lugar de devolver simplemente el valor `m[|s|][|t|].cost`. Esto nos permitirá aplicarla a una clase de problemas más amplia.

El lector debe ser consciente de que en las siguientes rutinas nos acogemos a ciertas convenciones inusuales sobre cadenas e índices. En particular, suponemos que se ha añadido al principio cada cadena un carácter blanco (espacio), de forma que el auténtico primer carácter de la cadena s está ubicado en s[1]. Esto se hizo con el siguiente fragmento de código para la entrada:

```
s[0] = t[0] = ' ';
scanf("%s",&(s[1]));
scanf("%s",&(t[1]));
```

¿Por qué hicimos esto? Porque permite que los índices de la matriz m vayan sincronizados, para mayor claridad, con los de las cadenas. Recuerde que tenemos que dedicar las fila y columna cero de m para almacenar los valores límite que corresponden al prefijo vacío. Como alternativa, podríamos haber dejado las cadenas intactas y haber reajustado los índices adecuadamente.

```
int string_compare(char *s, char *t)
{
        int i,j,k;                /* contadores */
```

```c
    int opt[3];                  /* coste de las tres opciones */

    for (i=0; i<MAXLEN; i++) {
            row_init(i);
            column_init(i);
    }

    for (i=1; i<strlen(s); i++)
            for (j=1; j<strlen(t); j++) {
                    opt[MATCH] = m[i-1][j-1].cost + match(s[i],t[j]);
                    opt[INSERT] = m[i][j-1].cost + indel(t[j]);
                    opt[DELETE] = m[i-1][j].cost + indel(s[i]);

                    m[i][j].cost = opt[MATCH];
                    m[i][j].parent = MATCH;
                    for (k=INSERT; k<=DELETE; k++)
                            if (opt[k] < m[i][j].cost) {
                                    m[i][j].cost = opt[k];
                                    m[i][j].parent = k;
                            }
            }

    goal_cell(s,t,&i,&j);
    return( m[i][j].cost );
}
```

Merece especial atención el orden en que se rellenan las celdas de la matriz. Para determinar el valor de la celda (i, j), necesitamos tres valores contenidos y esperándonos, por cierto, en las casillas $(i-1, j-1)$, $(i, j-1)$ y $(i-1, j)$. Cualquier orden de evaluación que respete esta propiedad sirve, en particular el orden por filas que se usa en este programa.

A continuación, podemos ver un ejemplo de ejecución del programa, que nos muestra tanto el coste como el valor de los *padres* en la transformación de "thou shalt not" a "you should not" en cinco movimientos:

```
       y  o  u  -  s  h  o  u  l  d  -  n  o  t
 :  0  1  2  3  4  5  6  7  8  9 10 11 12 13 14
t:  1  1  2  3  4  5  6  7  8  9 10 11 12 13 13
h:  2  2  2  3  4  5  5  6  7  8  9 10 11 12 13
o:  3  3  2  3  4  5  6  5  6  7  8  9 10 11 12
u:  4  4  3  2  3  4  5  6  5  6  7  8  9 10 11
-:  5  5  4  3  2  3  4  5  6  6  7  7  8  9 10
s:  6  6  5  4  3  2  3  4  5  6  7  8  8  9 10
h:  7  7  6  5  4  3  2  3  4  5  6  7  8  9 10
a:  8  8  7  6  5  4  3  3  4  5  6  7  8  9 10
l:  9  9  8  7  6  5  4  4  4  4  5  6  7  8  9
t: 10 10  9  8  7  6  5  5  5  5  5  6  7  8  8
-: 11 11 10  9  8  7  6  6  6  6  6  5  6  7  8
n: 12 12 11 10  9  8  7  7  7  7  7  6  5  6  7
o: 13 13 12 11 10  9  8  7  8  8  8  7  6  5  6
t: 14 14 13 12 11 10  9  8  8  9  9  8  7  6  5
```

```
       y  o  u  -  s  h  o  u  l  d  -  n  o  t
 : -1  1  1  1  1  1  1  1  1  1  1  1  1  1  1
t:  2  0  0  0  0  0  0  0  0  0  0  0  0  0  0
h:  2  0  0  0  0  0  0  1  1  1  1  1  1  1  1
o:  2  0  0  0  0  0  0  0  1  1  1  1  1  0  1
u:  2  0  2  0  1  1  1  1  0  1  1  1  1  1  1
-:  2  0  2  2  0  1  1  1  1  0  0  0  1  1  1
s:  2  0  2  2  2  0  1  1  1  1  0  0  0  0  0
h:  2  0  2  2  2  2  0  1  1  1  1  1  1  0  0
a:  2  0  2  2  2  2  2  0  0  0  0  0  0  0  0
l:  2  0  2  2  2  2  2  0  0  0  1  1  1  1  1
t:  2  0  2  2  2  2  2  0  0  0  0  0  0  0  0
-:  2  0  2  2  0  2  2  0  0  0  0  0  1  1  1
n:  2  0  2  2  2  2  2  0  0  0  0  2  0  1  1
o:  2  0  0  2  2  2  2  0  0  0  0  2  2  0  1
t:  2  0  2  2  2  2  2  2  0  0  0  2  2  2  0
```

11.3 Reconstrucción del camino

La implementación como programación dinámica que hemos visto, nos da el coste de la solución óptima, pero no la solución propiamente dicha. Saber que podemos transformar "thou shalt not" en "you should not" con cinco modificaciones está muy bien, pero, ¿cuál es la sucesión de operaciones de cambio que lo hace?

Las posibles soluciones a un problema de programación dinámica dado se describen mediante caminos a través de la matriz de programación dinámica, que comenzando en la configuración inicial (el par de cadenas vacías $(0, 0)$) llegan al objetivo final propuesto (el par formado por las cadenas completas $(|s|, |t|)$). La clave para construir la solución es reconstruir las decisiones que hemos tomado en cada paso a lo largo del camino que conduce al coste óptimo. Estas decisiones se han guardado en el campo `parent` de cada celda de la matriz.

La reconstrucción de estas decisiones se hace caminando hacia atrás desde el estado final, y siguiendo los punteros `parent` a una casilla anterior. El proceso se repite hasta que se retrocede hasta la celda inicial. El campo `parent` de `m[i,j]` nos indica si la transformación en (i, j) fue `MATCH`, `INSERT` o `DELETE`. La sucesión de cambios desde "thou-shalt-not" a "you-should-not" es DSMMMMMISMSMMMM, lo que significa eliminar la primera "t", reemplazar la "h" con "y", coincidencia en los cinco caracteres siguientes, antes de insertar una "o", reemplazar "a" con "u", y finalmente reemplazar la "t" con una "d".

Este paseo hacia atrás reconstruye la solución en orden inverso. Sin embargo, un uso hábil de la recursión nos permite obtener el camino en el orden correcto:

```
reconstruct_path(char *s, char *t, int i, int j)
{
        if (m[i][j].parent == -1) return;

        if (m[i][j].parent == MATCH) {
                reconstruct_path(s,t,i-1,j-1);
                match_out(s, t, i, j);
                return;
        }
        if (m[i][j].parent == INSERT) {
                reconstruct_path(s,t,i,j-1);
                insert_out(t,j);
                return;
        }
        if (m[i][j].parent == DELETE) {
                reconstruct_path(s,t,i-1,j);
                delete_out(s,i);
                return;
        }
}
```

En muchos problemas, incluyendo este de medir las diferencias, se puede reconstruir el camino sin guardar explícitamente el vector de punteros de los últimos movimientos. El truco es ir trabajando hacia atrás para ver que cambio nos colocó en la posición actual al coste calculado.

11.4 Variantes de la distancia de edición

En las rutinas de optimización y de reconstrucción del camino que acabamos de ver, se hace referencia a varias funciones que aún no se han definido. Todas ellas están en una de las cuatro categorías siguientes:

- *Inicialización de la tabla* — Las funciones `row_init()` y `column_init()` inicializan la fila cero y la columna cero de la tabla de programación dinámica, respectivamente. Para el problema de medir las diferencias entre cadenas, las casillas $(i, 0)$ y $(0, i)$ se corresponden con las coincidencias entre cadenas de longitud i y la cadena vacía. Como esto requiere exactamente i inserciones/eliminaciones, la definición de estas funciones es evidente.

```
row_init(int i)                      column_init(int i)
{                                    {
  m[0][i].cost = i;                    m[i][0].cost = i;
  if (i>0)                             if (i>0)
      m[0][i].parent = INSERT;             m[i][0].parent = DELETE;
  else                                 else
      m[0][i].parent = -1;                 m[0][i].parent = -1;
}                                    }
```

- *Costes de penalización* — Las funciones `match(c,d)` y `indel(c)` muestran los costes de transformar un carácter c en d y de insertar/eliminar un carácter c. Para la medida de diferencias *estándar*, `match` no debería de costar nada si los caracteres son idénticos, y 1 en el caso contrario, mientras que `indel` nos devuelve 1 con independencia de cuál sea el argumento. Pero, ciertamente, se pueden considerar funciones de coste más ajustadas, tal vez más condescendientes con errores de teclas cercanas entre sí en los teclados habituales o con los que suenan o se ven parecidos.

```
int match(char c, char d)            int indel(char c)
{                                    {
  if (c == d) return(0);               return(1);
  else return(1);                    }
}
```

- *Identificación de la casilla objetivo* — La función `goal_cell` nos da los índices de la celda que marca el punto final de la solución. Para la medida de las diferencias, este queda determinado por las longitudes de las dos cadenas de entrada. Sin embargo, veremos que otras aplicaciones no tienen una posición fija para marcar el objetivo final.

```
goal_cell(char *s, char *t, int *i, int *j)
{
  *i = strlen(s) - 1;
  *j = strlen(t) - 1;
}
```

- *Acciones de retroceso* — Las funciones `match_out`, `insert_out` y `delete_out` realizan durante el retroceso las acciones apropiadas a cada una de las operaciones de modificación correspondientes. Para la medida de las diferencias, esto puede consistir en imprimir el nombre de la operación o del carácter involucrado, según venga determinado por las necesidades de la aplicación.

```
insert_out(char *t, int j)              match_out(char *s, char *t,
{                                                   int i, int j)
        printf("I");                    {
}                                               if (s[i]==t[j]) printf("M");
                                                else printf("S");
delete_out(char *s, int i)              }
{
        printf("D");
}
```

Para el cálculo de nuestra medida de las diferencias, todas estas funciones son realmente sencillas. Sin embargo, hemos de reconocer la dificultad de acertar con las condiciones límite y de manipular correctamente los índices. Aunque los algoritmos de programación dinámica son fáciles de diseñar una vez que se ha entendido la técnica, rematar los detalles de forma correcta requiere pensar cuidadosamente y comprobarlo todo.

Tenemos, pues, que desarrollar mucha infraestructura para un algoritmo tan sencillo. Sin embargo, hay varios problemas importantes que ahora se pueden resolver como casos especiales del de la distancia de edición, haciendo solo cambios menores en alguna de las partes.

- *Coincidencia de subcadenas* — Supongamos que queremos encontrar en que lugar de un texto largo t se encuentra la cadena más parecida a un patrón corto s, por ejemplo que buscamos "Skiena" en todas sus formas aproximadas (Skienna, Skena, Skina, …). Incorporar esta búsqueda a nuestra función original de la distancia de edición es poco rentable, puesto que la inmensa mayoría de los costes de edición serán los de borrado del contenido del texto.

  Lo que necesitamos es una búsqueda para medir diferencias en la que el coste de encontrar donde comienza la coincidencia sea independiente de su posición en el texto, de forma que una coincidencia en el centro no salga perjudicada. Además, el objetivo final no coincide necesariamente con el final de ambas cadenas, sino con el lugar en el que el patrón completo se localiza en el texto con el menor coste. Con modificar las dos funciones siguientes, tendremos la solución correcta:

```
row_init(int i)
{
        m[0][i].cost = 0;       /* advertir el cambio */
        m[0][i].parent = -1;    /* advertir el cambio */
}


goal_cell(char *s, char *t, int *i, int *j)
{
        int k;                  /* contador */

        *i = strlen(s) - 1;
```

```
12          *j = 0;
13          for (k=1; k<strlen(t); k++)
14                  if (m[*i][k].cost < m[*i][*j].cost) *j = k;
15  }
```

- *Subsucesión común más larga* — Con frecuencia, el interés se centra en encontrar la mayor cadena dispersa de caracteres que está incluida en las dos palabras. La *subsucesión común más larga* (LCS por sus siglas en inglés) entre "democrat" y "republican.^{es} eca.

  Una subsucesión común está definida por todas las correspondencias de caracteres idénticos existentes en una pasada de edición. Para maximizar el número de tales correspondencias, tenemos que dificultar la sustitución de caracteres no idénticos. Esto se puede conseguir cambiando la función de coste de una coincidencia:

```
1  int match(char c, char d)
2  {
3          if (c == d) return(0);
4          else return(MAXLEN);
5  }
```

  De hecho, basta con hacer que la penalización por sustituir sea mayor que la de una inserción más la de una eliminación, para que una sustitución pierda todas sus posibilidades de ser realizada.

- *Subsucesión monótona máxima* — Una sucesión numérica es *monótonamente creciente* si el i-ésimo elemento es, al menos, tan grande como el que ocupa la posición $i - 1$. El problema de la *subsucesión monótona máxima* consiste en eliminar la menor cantidad de elementos de una cadena de entrada S, de forma que lo que quede sea una subsucesión monótonamente creciente. Por ejemplo, la subsucesión creciente más larga de "243517698" es "23568".

  De hecho, se trata de un problema de subsucesión común más larga, donde la segunda cadena está formada por los elementos de S ordenados de menor a mayor. En efecto, cualquier subsucesión común de estas dos, necesariamente (a) tiene los caracteres en el orden propio original en S, y (b) sólo utiliza caracteres que están en posición creciente en la sucesión ordenada de referencia, por lo que la más larga cumple los requisitos del problema. Por supuesto, este enfoque se puede modificar para obtener la subsucesión decreciente más larga con solo invertir el criterio de ordenación.

Como hemos visto, es fácil conseguir que nuestra sencilla rutina original para medir las modificaciones haga muchas cosas sorprendentes. El truco está en darse cuenta de que el desafío al que nos enfrentamos es un caso particular de coincidencia aproximada de cadenas.

11.5 Ejemplo de diseño de un programa: optimización en el ascensor

Yo trabajo en un edificio muy alto con un ascensor muy lento. Es especialmente desesperante para mí cuando la gente aprieta los botones para muchos pisos seguidos (digamos 13, 14 y 15), ya que yo voy desde la planta baja hasta el piso más alto. Mi viaje hacia arriba se interrumpe tres veces, una vez en cada uno de estos pisos. Sería mucho más educado, por parte de ellos tres, ponerse de acuerdo en pulsar sólo el 14, y que la gente de los pisos 13 y 15 vaya un piso escaleras abajo y arriba, respectivamente. En cualquier caso, ellos podrían aprovechar el paseo.

Su tarea es escribir un programa de optimización del ascensor. Todos los usuarios pulsan, al principio del viaje, el destino al que quieren ir . Entonces, el ascensor decide en que pisos tendrá que parar a lo largo del camino. Limitamos el número de paradas del ascensor a un máximo de k en cada carrera concreta, pero el programa debe seleccionar los pisos de forma que el número total de pisos que la gente tiene que subir o bajar andando sea mínimo. Se puede suponer que el ascensor es lo suficientemente listo para saber cuantas personas quieren salir en cada piso.

Suponemos que la penalización por subir andando un tramo de escaleras es el mismo que para bajar uno, recuerde que estas personas pueden aprovechar el ejercicio. Con este espíritu, la gerencia propone romper los desempates entre soluciones con igual coste dando preferencia a las paradas del ascensor en los pisos lo más bajos posible, puesto que gasta menos electricidad. Téngase en cuenta que el ascensor no tiene que parar necesariamente en ninguno de los pisos elegidos por los usuarios. Si los viajeros especifican los pisos 27 y 29, el programa puede decidir parar en el piso 28.

Solución

Este es un ejemplo del típico problema de programación/algoritmia que se puede resolver elegantemente por programación dinámica. ¿Cómo reconocemos esta cualidad? Y, una vez lo hagamos, ¿como lo resolvemos?

Recordemos que los algoritmos de programación dinámica se basan en algoritmos recursivos. Decidir el mejor lugar para hacer la k-ésima parada depende del coste de todas las posibles soluciones con $k - 1$ paradas. Si alguien puede decirme el coste de las mejores soluciones parciales significativas, yo puedo tomar la decisión correcta sobre la parada final.

Los algoritmos de programación dinámica realmente eficientes normalmente requieren que la entrada esté *ordenada*. El hecho de que los destinos de los pasajeros se pueda ordenar de menor a mayor es importante. Pensemos en un viaje que para en el piso f_2, tras una parada inicial en f_1. Esta segunda parada puede carecer absolutamente de interés para cualquier pasajero cuyo destino real sea f_1 o algún piso inferior. Esto significa que el problema se puede descomponer en partes. Si yo quiero añadir una tercera parada f_3 por encima de f_2, para decidir su ubicación no es necesario conocer nada de f_1.

Con estas premisas ya intuimos la programación dinámica. ¿Cuál es el algoritmo? Necesitamos definir una función de costo para las soluciones parciales, que nos permitirá tomar la decisión en casos cada vez mayores. ¿Qué tal...?

> Denotemos como `m[i][j]` el mínimo coste para dar servicio a *todos* los pasajeros haciendo j paradas, la última de las cuales es en el piso i.

¿Nos puede ayudar esta función para asignar a la supuesta $(j + 1)$-ésima parada el valor más pequeño posible? Sí. La parada $(j + 1)$-ésima tiene, por definición, que estar por encima de la previa j-ésima parada en el piso i. Además, la nueva parada sólo tendrá interés para los pasajeros que vayan a algún piso por encima del i-ésimo. Para entender cómo puede ayudar, tenemos que dividir adecuadamente a los pasajeros entre la nueva parada e i, en base a la parada que les resulte más cercana. Esta idea se plasma en la siguiente recurrencia:

$$m_{i,j+1} = \min_{0 \leq k < i} \left(m_{k,j} - \text{pisos\_andando}(k, \infty) + \text{pisos\_andando}(k, i) + \text{pisos\_andando}(i, \infty) \right)$$

¿Qué nos dice la recurrencia? Si la última parada es en i, la anterior tiene que ser en algún piso $k < i$. ¿Cuál será el coste de dicha solución? Tenemos que restar de $m_{k,j}$ el coste de dar servicio a todos los pasajeros con destino por encima de k (es decir, pisos_andando(k, ∞)), y reemplazarle por el coste (presumiblemente inferior) tras añadir una parada en i (es decir, pisos_andando(k, i) + pisos_andando(i, ∞)).

La clave está en la función `floors_walked(a,b)` (*pisos_andando*), que cuenta el número total de pisos que hacen a pie los pasajeros cuyo destino está entre dos paradas consecutivas a y b. Cada uno de estos pasajeros va a la más cercana de tales paradas:

```c
int floors_walked(int previous, int current)
{
        int nsteps=0;           /* distancia total recorrida */
        int i;                  /* contador */

        for (i=1; i<=nriders; i++)
                if ((stops[i] > previous) && (stops[i] <= current))
                        nsteps += min(stops[i]-previous, current-stops[i]);
        return(nsteps);
}
```

Una vez asimilada esta lógica, la implementación de este algoritmo se convierte en evidente. Definimos matrices globales para mantener las tablas de la programación dinámica, que aquí hemos separado para almacenar los campos de costo y *antecesor*:

```c
#define NFLOORS        110      /* el número de plantas del edificio */
#define MAX_RIDERS      50      /* la capacidad del ascensor */
int stops[MAX_RIDERS];          /* planta en que se baja cada usuario? */
int nriders;                    /* número de pasajeros */
int nstops;                     /* número de paradas permitidas */
int m[NFLOORS+1][MAX_RIDERS];   /* matriz de costos dinámica */
int p[NFLOORS+1][MAX_RIDERS];   /* matriz de padres dinámica */
```

La función de optimización es una implementación directa de la recurrencia, teniendo cuidado de ordenar los bucles de forma que todos los valores estén listos antes de que sean necesarios:

```c
int optimize_floors()
{
        int i,j,k;              /* contadores */
        int cost;               /* costo temporal */
        int laststop;           /* última parada del ascensor */

        for (i=0; i<=NFLOORS; i++) {
                m[i][0] = floors_walked(0,MAXINT);
                p[i][0] = -1;
        }
        for (j=1; j<=nstops; j++)
            for (i=0; i<=NFLOORS; i++) {
                m[i][j] = MAXINT;
                for (k=0; k<=i; k++) {
                        cost = m[k][j-1] - floors_walked(k,MAXINT) +
                            floors_walked(k,i) + floors_walked(i,MAXINT);
                        if (cost < m[i][j]) {
                            m[i][j] = cost;
                            p[i][j] = k;
                        }
                }
            }
        laststop = 0;
        for (i=1; i<=NFLOORS; i++)
                if (m[i][nstops] < m[laststop][nstops])
                        laststop = i;
        return(laststop);
}
```

Finalmente, necesitamos reconstruir la solución. La lógica es exactamente la misma que
en los ejemplos anteriores: seguir los punteros *padre* y trabajar hacia atrás:

```c
reconstruct_path(int lastfloor, int stops_to_go)
{
        if (stops_to_go > 1)
                reconstruct_path(p[lastfloor][stops_to_go], stops_to_go-1);
        printf("%d\n",lastfloor);
}
```

La ejecución de este programa para un edificio de diez pisos en Europa (donde la planta
baja se considera el piso cero) con un único pasajero subiendo a cada planta de la 1 a
la 10, nos dice que la mejor parada única es en el piso 7, con un coste de 18 tramos a
pie (a los pasajeros de los pisos 1, 2 y 3 se les dice que suban andando desde la planta
baja). El mejor par de paradas son las plantas 3 y 8, con un coste de 11, mientras que
la mejor terna de paradas es en los pisos 3, 6 y 9 con un coste de 7 tramos.

11.6 Problemas

11.6.1 Cuanto más grande, ¿más listo?

ID en Online Judge: 10131 — **Popularidad:** B — **Tasa de éxito:** alta — **Nivel:** 2

Hay gente que piensa que un elefante es más listo cuanto más grande sea. Para demostrar que tal afirmación no es correcta, debemos analizar una manada de elefantes y presentar en forma de secuencia un subconjunto de elefantes lo más grande posible, en el que el peso de los paquidermos aumente, pero su coeficiente intelectual disminuya.

Entrada

La entrada constará de datos correspondientes a un grupo de elefantes, mostrando un elefante por línea hasta el final del archivo. La información de cada elefante particular incluirá una pareja de enteros: el primero representará su peso en kilogramos y el segundo su coeficiente intelectual en centésimas de puntos de coeficiente. Ambos enteros estarán entre 1 y 10.000. La información contendrá datos de un máximo de 1.000 elefantes. Puede haber dos elefantes que coincidan en peso, en coeficiente intelectual o, incluso, en ambos datos.

Salida

La primera línea de la salida debe contener un entero n, correspondiente a la longitud de la secuencia de elefantes encontrada. Las siguientes n líneas deben incluir un único entero positivo que represente a cada uno de los elefantes. Los números de la línea de datos i-ésima se denominarán como $W[i]$ y $S[i]$. Si la secuencia de n elefantes es $a[1]$, $a[2]$,..., $a[n]$, entonces debe darse el caso de que:

$$W[a[1]] < W[a[2]] < ... < W[a[n]] \quad \text{y} \quad S[a[1]] > S[a[2]] > ... > S[a[n]]$$

Con el fin de que la respuesta sea correcta, n debe ser lo más largo posible. Las normas son estrictas: los pesos deben incrementarse siempre, y los coeficientes intelectuales deben disminuir siempre.

Se considerará válida cualquier respuesta correcta.

Ejemplo de entrada	Ejemplo de salida
6008 1300	4
6000 2100	4
500 2000	5
1000 4000	9
1100 3000	7
6000 2000	
8000 1400	
6000 1200	
2000 1900	

11.6.2 Subsecuencias diferentes

ID en Online Judge: 10069 — **Popularidad:** B — **Tasa de éxito:** media — **Nivel:** 3

Una subsecuencia de una secuencia determinada S, consta de la misma S a la que se le han eliminado cero o más elementos. Formalmente, una secuencia $Z = z_1 z_2 \ldots z_k$ es una subsecuencia de $X = x_1 x_2 \ldots x_m$, si existe una secuencia estrictamente creciente $< i_1, i_2, \ldots, i_k >$ de índices de X, de forma que para todos los $j = 1, 2, \ldots, k$, tenemos $x_{i_j} = z_j$. Por ejemplo, $Z = bcdb$ es una subsecuencia de $X = abcbdab$, con la correspondiente secuencia de índices $< 2, 3, 5, 7 >$.

La tarea consiste en escribir un programa que cuente el número de apariciones de Z en X como una subsecuencia en la que cada una de ellas tenga un índice de secuencia diferente.

Entrada

La primera línea de la entrada contiene un entero N, que indica el número de casos de prueba que le siguen. La primera línea de cada caso de prueba consta de una cadena X, compuesta completamente por caracteres alfabéticos en minúscula y con una longitud no superior a 10.000. La segunda línea contiene otra cadena Z, con una longitud no superior a 100 y también compuesta únicamente por caracteres alfabéticos en minúscula. Se puede asumir que ni Z, ni ningún prefijo o sufijo de Z, aparecerá más de 10^{100} veces como subsecuencia de X.

Salida

Por cada caso de prueba, se debe mostrar el número de apariciones diferentes de Z como subsecuencia de X.

Se debe presentar cada caso de prueba en una línea diferente.

Ejemplo de entrada

```
2
babgbag
bag
rabbbit
rabbit
```

Ejemplo de salida

```
5
3
```

11.6.3 Pesos y medidas

ID en Online Judge: 10154 — **Popularidad:** C — **Tasa de éxito:** media — **Nivel:** 3

Como no desea ser aplastada, la tortuga Mack nos ha contratado para que le demos consejo sobre el orden en el que se deben apilar las tortugas en el trono de Yertle, el rey de las tortugas. Cada una de las 5.607 tortugas ordenadas por Yertle tiene un peso y una fuerza diferentes. La tarea consiste en construir la torre de tortugas más alta posible.

Entrada

La entrada consta de varias líneas, y cada una de ellas contiene una pareja de enteros separados por uno o más espacios, que determinan el peso y la fuerza de una tortuga. El peso de la tortuga se especifica en gramos. La fuerza, también en gramos, indica la capacidad total de soporte de la tortuga, incluyendo su propio peso. Es decir, un tortuga que pese 300 gramos, y que tenga una fuerza de 1.000 gramos, es capaz de soportar 700 gramos de tortugas sobre su caparazón. Habrá un máximo de 5.607 tortugas.

Salida

La salida constará de un único entero que indique el número máximo de tortugas que pueden formar la torre sin superar la fuerza de ninguna de ellas.

Ejemplo de entrada

```
300 1000
1000 1200
200 600
100 101
```

Ejemplo de salida

```
3
```

11.6.4 El problema unidireccional del viajante

ID en Online Judge: 116 — **Popularidad:** A — **Tasa de éxito:** baja — **Nivel:** 3

Dada una matriz de enteros $m \times n$, debemos escribir un programa que calcule una ruta de peso mínimo que cruce la matriz de izquierda a derecha. La ruta comienza en cualquier punto de la columna 1 y consta de una secuencia de pasos que finaliza en la columna n. Cada paso consiste en un viaje de la columna i a la $i + 1$, utilizando una fila adyacente (horizontal o diagonal). La primera y la última filas (1 y m) de la matriz se consideran adyacentes, es decir, la matriz representa un cilindro horizontal. A continuación, se especifican los pasos válidos:

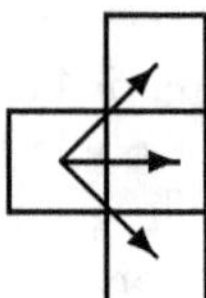

El *peso* de una ruta es la suma de los enteros de cada una de las n celdas de la matriz que son visitadas.

A continuación, se muestran los pasos mínimos a través de dos matrices 5×6, ligeramente diferentes. Los valores de las matrices difieren, únicamente, en la fila inferior. La ruta de la matriz de la derecha hace uso de la ventaja de la adyacencia entre la primera y la última fila.

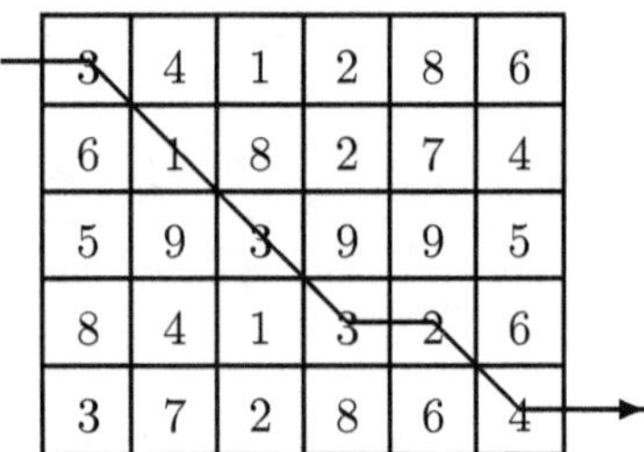 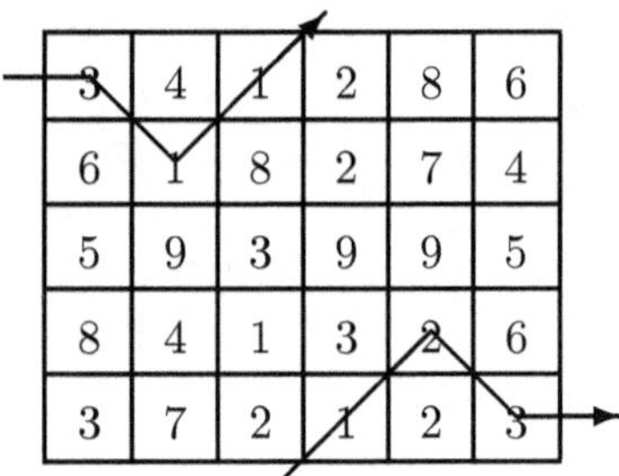

Entrada

La entrada consta de una serie de especificaciones de matrices. Cada una de ellas consta del número de filas y columnas de la matriz (que denominaremos m y n respectivamente) en una misma línea. A continuación, siguen $m*n$ enteros, que son los elementos de la matriz ordenados por filas, es decir, los primeros n enteros constituyen la primera fila de la matriz; los n enteros siguientes, la segunda fila y así sucesivamente. Los enteros de cada fila estarán separados entre sí por uno o más espacios en blanco.

Nota: Los enteros *no* son necesariamente positivos. Puede haber una o más especificaciones en el fichero de entrada, que terminará con el símbolo de final de archivo.

En cada especificación, el número de filas estará entre 1 y 10, ambos incluidos. El número de columnas será de entre 1 y 100, también incluyendo estos dos valores. El peso de ninguna ruta podrá superar valores enteros que se puedan representar con 30 bits.

Salida

Se deben imprimir dos líneas por cada matriz especificada. La primera línea representa la ruta de peso mínimo, y la segunda línea corresponde al coste de este peso mínimo. La ruta se especifica como una secuencia de n enteros (separados entre sí por uno o más espacios), que representan las filas que constituyen la ruta mínima. Si hay más de una ruta con peso mínimo, se considerará válida la primera en orden lexicográfico.

Ejemplo de entrada

```
5 6
3 4 1 2 8 6
6 1 8 2 7 4
5 9 3 9 9 5
8 4 1 3 2 6
3 7 2 8 6 4
5 6
3 4 1 2 8 6
6 1 8 2 7 4
5 9 3 9 9 5
8 4 1 3 2 6
3 7 2 1 2 3
2 2
9 10 9 10
```

Ejemplo de salida

```
1 2 3 4 4 5
16
1 2 1 5 4 5
11
1 1
19
```

11.6.5 Cortando varas

ID en Online Judge: 10003 — **Popularidad:** B — **Tasa de éxito:** media — **Nivel:** 2

Debemos cortar una vara de madera en varios trozos. La compañía más barata, Aserraderos y Cortes de Madera (ACM), tarifa en función de la longitud de la vara que se desea cortar. La sierra de la que disponen sólo les permite hacer un corte cada vez.

Es fácil entender que los distintos pedidos de cortes pueden tener diferentes precios. Por ejemplo, consideremos una vara de 10 metros de longitud que deba ser cortada a una distancia de 2, 4 y 7 metros desde un extremo. Tenemos varias opciones. Podemos cortar primero a 2 metros, después a 4 y finalmente a 7. Este trabajo tendrá un precio de $10 + 8 + 6 = 24$, porque la longitud de la primera vara era de 10 metros, la resultante después del primer corte de 8 y la última de 6. Otra posibilidad sería la de cortar a 4 metros, después a 2 y por último a 7. Esto haría que el precio fuese de $10 + 4 + 6 = 20$, lo que nos resulta más conveniente.

Nuestro jefe nos ha pedido que escribamos un programa para determinar el menor coste posible para el corte de cualquier vara.

Entrada

La entrada constará de varios casos de prueba. La primera línea de cada caso contendrá un número positivo l, que representa la longitud de la vara que debemos cortar. Podemos asumir que $l < 1,000$. La siguiente línea indicará el número de cortes n ($n < 50$) que se deben realizar.

A continuación, una línea presentará n números positivos c_i ($0 < c_i < l$), que determinan los puntos en los que se deben realizar los cortes, dados en orden estrictamente creciente.

Un caso de prueba en el que $l = 0$ indica el final de la entrada.

Salida

Imprimir el coste de la solución más barata para cortar cada vara, según el formato mostrado en el ejemplo.

Ejemplo de entrada

```
100
3
25 50 75
10
4
4 5 7 8
0
```

Ejemplo de salida

```
The minimum cutting is 200.
The minimum cutting is 22.
```

11.6.6 Carga de ferries

ID en Online Judge: 10261 — **Popularidad:** B — **Tasa de éxito:** baja — **Nivel:** 3

Los ferries se utilizan para transportar coches por los ríos y otros espacios acuáticos. Normalmente, los ferries son lo suficientemente anchos como para admitir dos filas de coches a lo largo. Las dos filas de coches acceden al ferry desde un extremo, el ferry cruza el río y los coches salen por el otro extremo. Los coches que esperan turno para embarcar en el ferry lo hacen en una cola única, y el operador indica a cada coche si se debe colocar a babor (izquierda), o estribor (derecha), para que la carga esté equilibrada. Cada coche tiene una longitud diferente, que el operador estima al inspeccionar la cola. En base a esta inspección, el operador decide a qué lado del ferry se debe colocar cada coche, y embarca todos los coches posibles en función de la longitud del ferry. Escribamos un programa que le diga al operador en qué lado debe colocar cada coche para maximizar el número de coches cargados.

Entrada

La entrada comienza con un único entero positivo en una línea independiente, que indica el número de casos de prueba, seguido de una línea en blanco. La primera línea de cada caso de prueba contiene un único entero entre 1 y 100: la longitud del ferry (en metros). Hay una línea de la entrada por cada coche de la cola, que especifica su longitud en centímetros con un entero entre 100 y 3.000, ambos incluidos. La última línea de la entrada contiene el entero 0. Los coches deben ser cargados en orden, teniendo en cuenta que la longitud total de los coches cargados no supere, en ninguno de los dos lados, la longitud del ferry. Se deben cargar tantos coches como sea posible, comenzando con el primero de la cola, y cargándolos en orden hasta que no se pueda continuar. Una línea en blanco servirá como separador entre dos casos de prueba consecutivos.

Salida

Por cada caso de prueba, se debe imprimir una primera línea que indique el número de coches que se pueden cargar en el ferry. Después, en una línea por cada coche cargado en el orden en el que aparecen en la entrada, se debe mostrar uno de los mensajes "port" o "starboard", en función de que este deba situarse en babor o estribor, respectivamente. Si hay varias soluciones correctas posibles, cualquiera de ellas será considerada como válida. Se debe separar la salida de dos casos consecutivos con una línea en blanco.

Ejemplo de entrada

```
1

50
2500
3000
1000
1000
1500
700
800
0
```

Ejemplo de salida

```
6
port
starboard
starboard
starboard
port
port
```

11.6.7 Palillos chinos

ID en Online Judge: 10271 — **Popularidad:** B — **Tasa de éxito:** media — **Nivel:** 3

En China, la gente utiliza un par de palillos para comer, pero el señor L. es un poco diferente. A él le gusta utilizar *tres* palillos: el par habitual más uno adicional. Este último en un palillo más largo, que le sirve para sostener trozos de comida grandes, clavándolo en ellos. La longitud de los dos palillos normales debería ser lo más parecida posible, pero la longitud del palillo adicional no tiene mucha importancia, siempre que sea el más largo. En un conjunto de palillos con longitudes A, B, C $(A \leq B \leq C)$, la función $(A - B)^2$ define la "*inutilidad*" del conjunto.

El señor L. ha invitado a K personas a su fiesta de cumpleaños, y está deseando presentarles su forma de utilizar los palillos. Debe preparar $K + 8$ conjuntos de palillos (para él, para su mujer, para su hijo, para su hija, para su madre, para su padre, para su suegra, para su suegro y para los K invitados). Pero los palillos del señor L. tienen longitudes muy diferentes. Teniendo en cuenta dichas longitudes, debe encontrar la manera de preparar los $K + 8$ conjuntos, de forma que el valor total de inutilidad sea mínimo.

Entrada

La primera línea de la entrada contiene un único entero T, que determina el número de casos de prueba $(1 \leq T \leq 20)$. Cada caso de prueba comienza con dos enteros, K y N $(0 \leq K \leq 1{,}000$, $3K + 24 \leq N \leq 5{,}000)$, que indican el número de invitados y el número de palillos de que dispone. A continuación, le siguen N enteros positivos L_i, en orden no decreciente, que indican la longitud de los palillos $(1 \leq L_i \leq 32{,}000)$.

Salida

Por cada caso de prueba, se debe mostrar una línea que contenga el mínimo total de inutilidad de todos los conjuntos de palillos.

Ejemplo de entrada

```
1
1 40
1 8 10 16 19 22 27 33 36 40 47 52 56 61 63 71 72 75 81 81 84 88 96 98
103 110 113 118 124 128 129 134 134 139 148 157 157 160 162 164
```

Ejemplo de salida

```
23
```

Nota: Una posible colección de los nueve conjuntos de palillos del ejemplo de entrada es $(8, 10, 16)$, $(19, 22, 27)$, $(61, 63, 75)$, $(71, 72, 88)$, $(81, 81, 84)$, $(96, 98, 103)$, $(128, 129, 148)$, $(134, 134, 139)$ y $(157, 157, 160)$.

11.6.8 Aventuras en movimiento: parte IV

ID en Online Judge: 10201 — **Popularidad:** A — **Tasa de éxito:** baja — **Nivel:** 3

Estamos considerando alquilar un camión de mudanzas para trasladarnos desde Waterloo a la Gran Ciudad. Como últimamente los precios de la gasolina han sido muy elevados, queremos saber cuánta necesitaremos.

El camión consume un litro de gasolina por cada kilómetro que recorre. Su depósito tiene una capacidad de 200 litros. Al alquilar el camión en Waterloo, el despósito está lleno a la mitad. Al devolverlo en la Gran Ciudad, el depósito deberá estar, al menos, lleno hasta la mitad o deberemos pagar a la empresa de alquiler un precio aún mayor por el combustible. Nos gustaría gastar la menor cantidad de gasolina posible, pero sin arriesgarnos a que se nos acabe durante el camino.

Entrada

La entrada comienza con un único entero positivo en una línea independiente, que indica el número de casos de prueba, seguido por una línea en blanco.

Cada caso de prueba está compuesto sólo de enteros. El primero, indica la distancia en kilómetros entre Waterloo y la Gran Ciudad, con un máximo de 10.000. A continuación, se presenta un conjunto de especificaciones de hasta 100 gasolineras, que son todas las que encontraremos en nuestra ruta, en orden de distancia no decreciente. Cada especificación, determina la distancia en kilómetros a la que está la gasolinera contando desde Waterloo, y el precio del litro de gasolina en la misma, en décimas de céntimo, con un máximo de 2.000.

Una línea en blanco separará dos casos de prueba consecutivos.

Salida

Por cada caso de prueba, se debe imprimir la cantidad mínima de dinero que hemos de gastar en gasolina para llegar desde Waterloo hasta la Gran Ciudad. Si no es posible llegar desde Waterloo a la Gran Ciudad sujetos a las restricciones mencionadas, se debe mostrar el mensaje "Impossible". La salida de cada dos casos de prueba consecutivos estará separada por una línea en blanco.

Ejemplo de entrada

```
1

500
100 999
150 888
200 777
300 999
400 1009
450 1019
500 1399
```

Ejemplo de salida

```
450550
```

11.7 Sugerencias

11.6.1 ¿Se puede reducir esto a algún tipo de problema de coincidencia de cadenas?

11.6.3 ¿El orden original de la entrada tiene algún significado, o somos libres de reordenarla? En este caso, ¿cuál es el orden más útil?

11.6.4 ¿Qué informaciones necesitamos sobre los recorridos más cortos, para ser capaces de seleccionar el último movimiento óptimo?

11.6.5 ¿Podemos sacar algún beneficio del hecho de que cada corte nos deja dos palillos más pequeños, para construir un algoritmo recursivo?

11.6.6 ¿Resuelve el problema poner siempre el siguiente coche en el lado con más espacio vacante? ¿Por qué o por qué no? ¿Podemos sacar partido del hecho de que la suma de las longitudes de los coches acumulados en cada lado del *ferry* sea siempre un número entero?

11.6.7 ¿Cómo podríamos resolver el problema si no nos tenemos que preocupar del tercer palillo chino?

11.6.8 ¿Qué información sobre los costos para llegar a ciertos lugares con ciertas cantidades de gasóleo será suficiente para seleccionar el último movimiento óptimo?

11.8 Comentarios

11.6.3 Se puede encontrar más información sobre Yertle, el rey de las tortugas, en [37].

Capítulo 12

Mallados

No es que las coordenadas polares sean complicadas, es que no hay derecho a que las coordenadas cartesianas sean tan sencillas.

Kleppner y Kolenkow, "Una introducción a la mecánica"

Los mallados están detrás de un amplia variedad de estructuras naturales. Los tableros de ajedrez son mallados. Los bloques de casas de las ciudades, normalmente están alineados sobre un mallado, de hecho, la forma más natural de medir distancias en un mallado se denomina, con frecuencia, la distancia "Manhattan". El sistema de longitud y latitud define un mallado sobre la tierra, bien que sobre la superficie de una esfera en vez de sobre un plano.

Los mallados son omnipresentes porque son el método más natural de dividir un espacio en regiones, de forma que los lugares puedan ser identificados. En el límite, estas celdas pueden ser puntos individuales, pero aquí tratamos con mallados no tan finos, cuyas celdas son lo bastante grandes como para tener una forma. En mallados *regulares*, todas ellas tienen la misma forma, y están dispuestas siguiendo un patrón regular. Los mallados más comunes son las subdivisiones rectangulares o *rectilíneas*, debido a su simplicidad, pero los mallados *hexagonales* basadas en triángulos también son muy importantes. De hecho, la industria de la miel ha explotado la eficiencia de los mallados hexagonales desde hace, literalmente, millones de años.

12.1 Mallados rectilíneos

Los mallados rectilíneos son familiares para cualquiera que haya utilizado un trozo de papel cuadriculado. En tales mallados, las celdas están habitualmente delimitadas por líneas horizontales y verticales regularmente espaciadas. Si el espaciado no es uniforme la topología resultante es aún regular, aunque el tamaño de las celdas puede ser diferente, Los mallados tridimensionales se forman conectando láminas regularmente espaciadas con mallados planos, mediante líneas perpendiculares que atraviesan las láminas. Los mallados tridimensionales también tienen caras planas, definidas entre cualquier pareja de cubos contiguos.

En un mallado plano hay tres componentes importantes: los vértices, los arcos y el interior de las celdas. A veces estamos interesados en los interiores de las celdas, como en las aplicaciones geométricas donde cada celda describe una región en el espacio. A veces nuestro interés se centra en los vértices del mallado, como cuando damos la dirección de las piezas sobre un tablero de ajedrez. Y, otras veces, lo que nos interesa son los arcos del mallado, como cuando encontramos caminos para movernos por una ciudad donde los edificios ocupan el interior de las celdas.

En los mallados planos, cada vértice está en contacto con cuatro arcos y con el interior de cuatro celdas, excepto los vértices de las fronteras. En mallados 3D los vértices contactan con seis arcos y ocho celdas. Y en d dimensiones, cada vértice toca a $2d$ arcos y 2^d celdas. Cada celda en un mallado plano es adyacente a otras ocho caras, a cuatro diagonalmente mediante los vértices y a cuatro mediante los arcos. En un mallado 3D cada celda esta en contacto con otras 26, compartiendo una cara con 6 de ellas, un arco con otras 12 y solamente un vértice con las 8 restantes.

12.1.1 Recorrido

Con frecuencia es necesario recorrer todas las celdas de un mallado rectangular $n \times m$. Se puede pensar en cualquiera de estos recorridos como una aplicación que envía cada uno de los nm pares ordenados en un entero de 1 a nm. En determinadas aplicaciones, el orden es importante, como en las estrategias de evaluación en programación dinámica. Los métodos de recorrido más importantes son:

- *Por filas* — Se trata de cortar la matriz entre las filas, de forma que los m primeros elementos que se visitan pertenecen a la primera fila, los siguientes m elementos a la segunda fila, y así sucesivamente. Este orden es el que utilizan internamente los compiladores de los lenguajes de programación más modernos, para representar matrices bidimensionales mediante un único *array* lineal.

```
(1,1)      row_major(int n, int m)
(1,2)      {
(1,3)           int i,j;          /* contadores */
(2,1)
(2,2)           for (i=1; i<=n; i++)
(2,3)                for (j=1; j<=m; j++)
(3,1)                     process(i,j);
(3,2)      }
(3,3)
```

- *Por columnas* — Ahora, los cortes a la matriz se dan entre las columnas, con lo que los primeros n elementos pertenecen a la primera columna, los siguientes n a la segunda columna, y así sucesivamente. Esto se puede hacer con solo intercambiar el orden de los bucles anidados en la ordenación por filas. Cuando se quiere optimizar el rendimiento de la *caché*, o realizar ciertas operaciones con punteros aritméticos. Es muy importante conocer si el compilador utiliza la ordenación por filas o por columnas.

```
(1,1)      column_major(int n, int m)
(2,1)      {
(3,1)            int i,j;          /* contadores */
(1,2)
(2,2)            for (j=1; j<=m; j++)
(3,2)                  for (i=1; i<=n; i++)
(1,3)                        process(i,j);
(2,3)      }
(3,3)
```

- *Serpenteante* — En lugar de empezar cada fila por el primer elemento, alternamos el orden de la dirección en que recorremos las filas. El efecto es el de una máquina de escribir que es capaz de escribir de izquierda a derecha y de derecha a izquierda para minimizar el tiempo de impresión.

```
(1,1)      snake_order(int n, int m)
(1,2)      {
(1,3)            int i,j;          /* contadores */
(2,3)
(2,2)            for (i=1; i<=n; i++)
(2,1)                  for (j=1; j<=m; j++)
(3,1)                        process(i, j + (m+1-2*j) * ((i+1) % 2));
(3,2)      }
(3,3)
```

- *Diagonal* — Ahora recorremos las diagonales arriba y abajo. Hay que considerar que un mallado $n \times m$ tiene $m + n - 1$ diagonales, con una cantidad variable de elementos. Esto es una labor delicada que se advierte al primer golpe de vista.

```
(1,1)      diagonal_order(int n, int m)
(2,1)      {
(1,2)              int d,j;        /* contadores de diagonales y puntos */
(3,1)              int pcount;     /* puntos en la diagonal */
(2,2)              int height;     /* fila del punto más bajo */
(1,3)
(4,1)              for (d=1; d<=(m+n-1); d++) {
(3,2)                      height = min(n,d);
(2,3)                      pcount = min(d, m+n-d);
(4,2)                      for (j=0; j<pcount; j++)
(3,3)                              process(height-j,1+max(0,d-n)+j);
(4,3)              }
           }
```

12.1.2 Grafos duales y representaciones

La representación más natural para los mallados rectangulares planos, son los *arrays* bidimensionales. Podemos usar m[i][j] para denotar, bien sea el vértice (i, j)-ésimo o la cara (i, j)-ésima, dependiendo de en qué estemos interesados. Los cuatro adyacentes de cada celda se deducen añadiendo ± 1 a una u otra de las coordenadas.

Un concepto útil para reflexionar sobre problemas de subdivisiones planares es la de *grafo dual*, que es el que tiene un vértice por cada región en la subdivisión, y arcos entre los vértices asociados a cualquier par de regiones que son vecinas entre sí.

El teorema de los cuatro colores establece que cada mapa planar se puede colorear usando únicamente cuatro colores, cumpliendo la condición de que dos regiones vecinas tienen siempre colores distintos. Sin embargo, *en realidad* es una afirmación sobre el número de coloración de vértices del grafo dual del mapa. De hecho, el grafo dual de cualquier subdivisión planar es también un grafo planar. ¿Puede el lector demostrar por qué?

Es preciso observar que los grafos duales de reticulados, bien sean rectangulares o hexagonales, son también reticulados del mismo tipo ligeramente más pequeños. Esta es la razón por la que cualquier estructura que usemos para representar conectividades de vértices se puede usar también para representar conectividades de caras.

La forma más natural para representar un mallado rectangular con arcos ponderados es por medio de adyacencias. Esto se puede hacer más fácilmente creando un *array* tridimensional m[i][j][d], donde d puede tomar uno de los cuatro valores (norte, este, sur, oeste) que denotan las direcciones de los arcos que parten del punto (i, j).

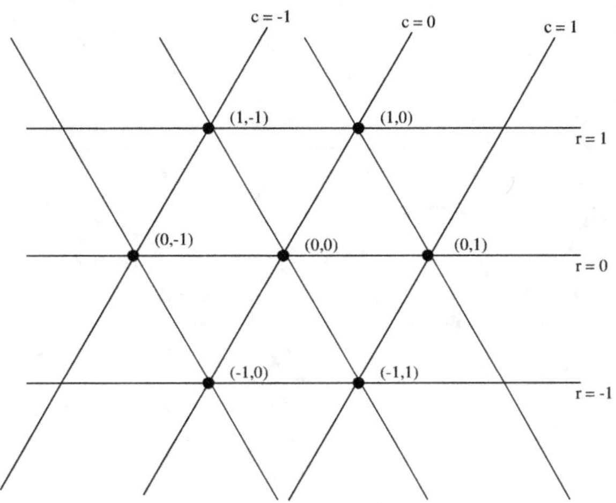

Figura 12.1: Un sistema de coordenadas fila-columna para mallados triangulares.

12.2 Mallados triangulares y hexagonales

Los otros mallados regulares de importancia son los reticulados *triangulares* y *hexagonales*. Ambos están estrechamente relacionados entre sí, ciertamente, los mallados hexagonales son esencialmente mallados triangulares en los que se han eliminado vértices alternos.

12.2.1 Reticulados triangulares

Los reticulados triangulares se construyen a partir de tres conjuntos de líneas igualmente espaciadas, a saber, un eje horizontal "fila", un eje "columna" formando un ángulo de 60° con la horizontal, y un eje "diagonal" cuyo ángulo con la horizontal es de 120°. En la figura 12.1 se puede ver un ejemplo. Los vértices de este reticulado son las intersecciones de tres líneas eje, así que cada cara del reticulado es un triángulo equilátero. Cada vértice v está conectado a otros seis, los que están inmediatamente antes y después de v a lo largo de cada uno de los tres ejes.

Para manejar reticulados triangulares, necesitamos ser capaces de identificar los vecinos propios de cada vértice, así como sus posiciones geográficas. Para hacerlo, necesitamos conservar información en dos sistemas de coordenadas:

- *Coordenadas triangulares/hexagonales* — En este sistema, se designa un vértice como origen del mallado, el punto $(0,0)$. Tenemos que asignar las coordenadas de tal forma que los vecinos lógicos de cada vértice se puedan obtener fácilmente. En un sistema de coordenadas rectilíneas estándar, los cuatro vecinos de (x,y) se derivan sumando ± 1 a sus coordenadas fila o columna.

  Aunque cada vértice del mallado viene definido por la intersección de tres líneas, de hecho bastan dos dimensiones para especificar la situación del mismo. Usaremos las dimensiones en la fila y la columna para definir nuestro sistema de coordenadas. En la figura 12.1 se puede ver un ejemplo. Un vértice (x,y) está x filas por encima del origen, e y columnas (inclinadas (60°)) a la derecha del origen. Los vecinos de un vértice v se pueden encontrar

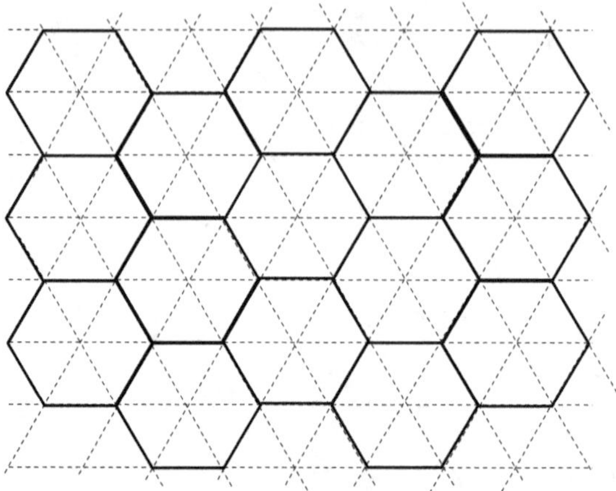

Figura 12.2: La eliminación de vértices alternos en un reticulado triangular desemboca en un reticulado hexagonal.

añadiendo los siguientes pares a las coordenadas de v, en sentido contrario a las agujas del reloj: $(0, 1)$, $(1, 0)$, $(1, -1)$, $(0, -1)$, $(-1, 0)$ y $(-1, 1)$.

Para representar las caras del mallado triangular se pueden usar unas coordenadas similares, ya que el grafo dual de las caras también será un mallado triangular. También son posibles otras elecciones de coordenadas; véase [24] como una alternativa.

- *Coordenadas geométricas* — Los vértices de un mallado triangular regular también se corresponden con puntos geométricos del plano. En la figura 12.1, se observa que los vértices del mallado triangular están en filas semi-desplazadas, porque las líneas eje están inclinadas 60°, en lugar de los 90° en un mallado rectilíneo.

Supongamos que cada punto del reticulado está a una distancia d de sus seis vecinos más cercanos, y que el punto $(0, 0)$ de las coordenadas triangulares, está exactamente en el punto geométrico $(0, 0)$. Entonces, el punto de coordenadas triangulares (x_t, y_t) estará en el punto geométrico

$$(x_g, y_g) = (d(y_t + x_t \cos(60°))), dx_t \operatorname{sen}(60°))$$

como se puede deducir por trigonometría elemental. Puesto que $\cos(60°) = 1/2$ y $\operatorname{sen}(60°) = \sqrt{3}/2$, ni siquiera necesitamos funciones trigonométricas para este cálculo.

En la siguiente sección, encontraremos código para manipulaciones similares con reticulados hexagonales.

12.2.2 Reticulados hexagonales

Eliminando uno de cada dos vértices de un reticulado triangular, nos encontramos con un reticulado *hexagonal*, como puede verse en la figura 12.2. Ahora, las caras del reticulado son hexágonos regulares, y cada hexágono es adyacente a otros seis hexágonos. Los vértices de un reticulado tienen ahora grado 3, porque este reticulado es el grafo dual del reticulado triangular.

Los reticulados hexagonales tienen muchas propiedades interesantes y útiles, sobre todo porque los hexágonos son "más redondos" que los cuadrados. Los círculos encierran la mayor cantidad de superficie por unidad de perímetro, por lo que son las estructuras más eficientes para construir. Los reticulados hexagonales también son más rígidos que los mallados rectilíneos, otra razón por la que las abejas hacen sus panales con forma de hexágonos. La minimización del perímetro por unidad de área, también tiene importancia para minimizar los problemas de visualización en los gráficos, esta es la razón por la que muchos juegos de ordenador usan en sus imágenes baldosas hexagonales con preferencia a las cuadradas.

En la sección anterior, analizamos la conversión entre coordenadas triangulares/hexagonales y coordenadas geométricas. Suponemos que, en ambos sistemas, el origen es el centro de un disco en $(0,0)$. La coordenada hexagonal (xh, yh) nos remite al centro del disco sobre la fila horizontal xh y la columna diagonal yh. La coordenada geométrica de dicho punto, es una función del radio del disco r, que es la mitad del diámetro d descrito en la sección precedente:

```
hex_to_geo(int xh, int yh, double r, double *xg, double *yg)
{
        *yg = (2.0 * r) * xh * (sqrt(3)/2.0);
        *xg = (2.0 * r) * xh * (1.0/2.0) + (2.0 * r) * yh;
}


geo_to_hex(double xg, double yg, double r, double *xh, double *yh)
{
        *xh = (2.0/sqrt(3)) * yg / (2.0 * r);
        *yh = (xg - (2.0 * r) * (*xh) * (1.0/2.0) ) / (2.0 * r);
}
```

La naturaleza fila-columna del sistema de coordenadas hexagonales implica una propiedad muy útil, a saber, es posible almacenar una superficie cubierta por hexágonos en una matriz `m[row][column]`. Usando índices equivalentes a los descritos para mallados triangulares, es fácil encontrar los seis vecinos a cada hexágono.

Sin embargo, existe un problema. Con el sistema de coordenadas hexagonales, el conjunto de hexágonos definidos por las coordenadas (hx, hy), donde $0 \leq hx \leq x_{\text{máx}}$ y $0 \leq hy \leq y_{\text{máx}}$, forman una región con forma de diamante, y no un rectángulo convencional orientado como los ejes. Sin embargo, para muchas aplicaciones lo que nos interesa son los rectángulos y no los diamantes. Para resolver este problema, definimos coordenadas vectoriales tales que (ax, ay) nos indica la posición en un rectángulo orientado como los ejes, con el $(0,0)$ como el punto inferior izquierdo de la matriz:

```
array_to_hex(int xa, int ya, int *xh, int *yh)
{
        *xh = xa;
        *yh = ya - xa + ceil(xa/2.0);
}
```

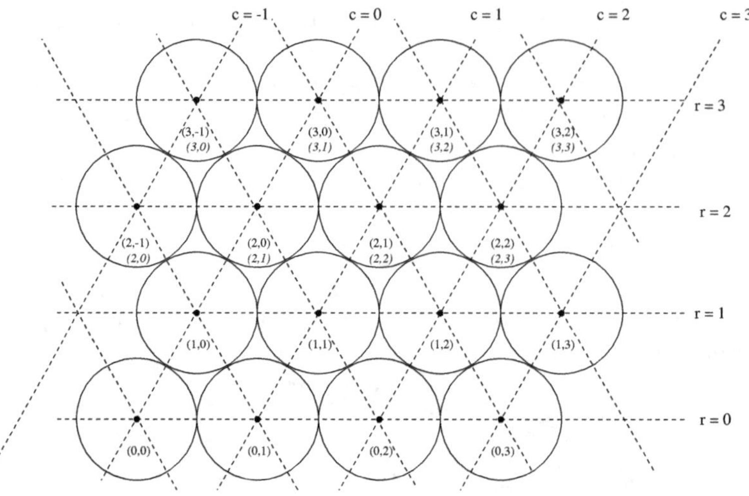

Figura 12.3: Un empaquetado de discos con coordenadas hexagonales, así como con coordinadas vectoriales diferentes (debajo en cursiva).

```
1  hex_to_array(int xh, int yh, int *xa, int *ya)
2  {
3          *xa = xh;
4          *ya = yh + xh - ceil(xh/2.0);
5  }
```

La figura 12.3 muestra un reticulado hexagonal en el que cada vértice está etiquetado simultáneamente con las coordenadas hexagonales y, debajo en letra cursiva, sus coordenadas vectoriales, en el caso de que sean diferentes.

12.3 Ejemplo de diseño de un programa: el peso de los platos

Un fabricante de platos para comer intenta entrar en el competitivo mercado de los comedores universitarios. Estos comedores solo compran platos de un único tamaño estándar, así es posible apilarlos todos juntos cómodamente. Los estudiantes suelen romper un montón de platos durante sus agitadas comidas, por lo que la venta de repuestos puede ser un negocio lucrativo. Por otra parte, se trata de un mercado muy sensible a los precios, ya que la administración está realmente harta de comprar tantos platos.

Nuestra compañía explora una entrada en el mercado por medio de su exclusiva tecnología de empaquetamiento. Esta explota el hecho de que los reticulados hexagonales son más densos que los rectangulares para empaquetar platos en cajas $l \times w$ como se ve en la figura 12.4(izquierda). Cada plato tiene un radio de r unidades, y la fila inferior contiene exactamente $p = \lfloor w/(2r) \rfloor$ platos. Las filas, o bien tienen siempre p platos o alternan entre p y $p-1$ platos, dependiendo de la relación entre w y r. A cada plato se le asigna un único número de identificación como muestra

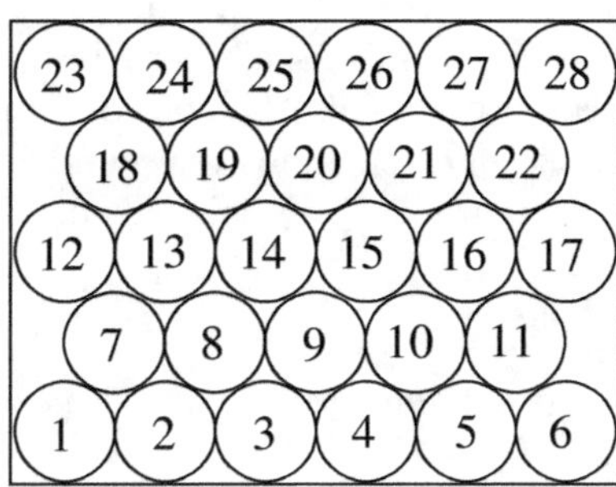 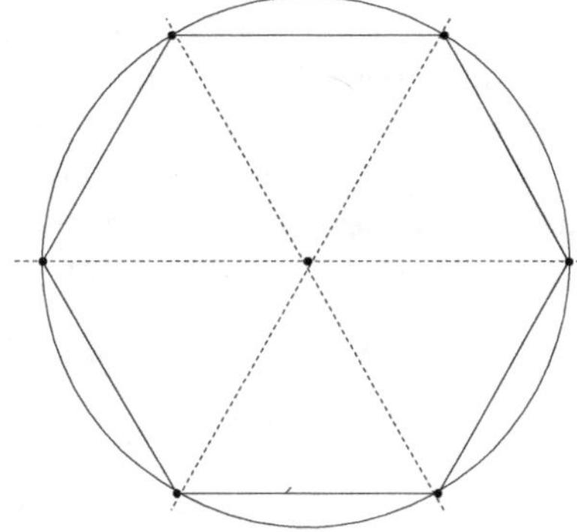

Figura 12.4: Empaquetado de platos en una caja (izquierda). Rejilla hexagonal vista como un empaquetado de discos (derecha).

la figura 12.4(izquierda). En la caja se colocan tantas capas como sea posible, en función de su longitud l.

La gerencia necesita saber cuantos platos caben en una caja de dimensiones dadas. También se necesita saber el máximo número de platos que hay encima de uno dado, para asegurarse de que los paquetes son lo bastante resistentes para evitar que se rompan (si el servicio de correos rompe los platos, ¿quién necesita a los estudiantes?). Su trabajo es identificar el plato que soporta mayor presión y cuántos platos hay encima de él, así como el número total de platos y capas en una caja, dadas sus dimensiones.

Solución

El primer problema es calcular cuántas filas de platos caben en la caja con el esquema del mallado hexagonal. Esta es una de las razones por las que Almighty inventó la trigonometría. La fila de platos inferior reposa sobre el fondo de la caja, por lo que los centros de disco inferiores están r unidades por encima del suelo, donde r es el radio de los platos. La distancia vertical entre filas de discos consecutivas es de $2r\,\mathrm{sen}(60^\circ) = 2r\sqrt{3}/2$. Es posible simplificar está expresión eliminando los factores 2, pero esto obscurece el origen de la fórmula.

```c
int dense_layers(double w, double l, double r)
{
        double gap;                      /* distancia entre capas */

        if ((2*r) > l) return(0);

        gap = 2.0 * r * (sqrt(3)/2.0);
        return( 1 + floor((l-2.0*r)/gap) );
}
```

El número de discos que caben en la caja es una función del número de filas de platos y de cuántos platos caben en cada fila. Siempre vamos a empaquetar la fila inferior (o fila cero) a partir del lado izquierdo de la caja, por lo que la misma contiene la mayor cantidad de discos posibles, solo limitados por la anchura de la caja. Los discos de filas impares están desplazados una distancia r, y es posible que tengamos que eliminar el último disco de estas filas, a menos que exista suficiente margen ($\geq r$) para acomodarlo:

```c
int plates_per_row(int row, double w, double r)
{
        int plates_per_full_row;        /* platos en una fila par llena */

        plates_per_full_row = floor(w/(2*r));

        if ((row % 2) == 0) return(plates_per_full_row);

        if ((((w/(2*r))-plates_per_full_row) >= 0.5) /* fila impar llena */
                return(plates_per_full_row);
        else
                return(plates_per_full_row - 1);
}
```

La determinación de cuántos platos se apoyan sobre uno dado se puede simplificar mediante el uso apropiado de nuestros sistemas de coordenadas. En un reticulado infinito, hay dos platos de la fila $r+1$, que se apoyan sobre el plato de coordenadas hexagonales (r, c), a saber, $(r+1, c-1)$ y $(r+1, c)$. En general, en la fila $r+i$ hay $i+1$ platos que se apoyan en él. Sin embargo, tenemos que recortar esta cantidad para tener en cuenta los límites de la región. Es más sencillo hacer este recorte en coordenadas vectoriales, por lo que hacemos la conversión para determinar el número de platos en el cono truncado resultante:

```c
int plates_on_top(int xh, int yh, double w, double l, double r)
{
        int number_on_top = 0;  /* total de platos en fila superior */
        int layers;             /* número de filas en el mallado */
        int rowlength;          /* número de platos en la fila */
        int row;                /* contador */
        int xla,yla,xra,yra;    /* coordenadas vectoriales */

        layers = dense_layers(w,l,r);

        for (row=xh+1; row<layers; row++) {
            rowlength = plates_per_row(row,w,r) - 1;

            hex_to_array(row,yh-(row-xh),&xla,&yla);
            if (yla < 0) yla = 0;                    /* frontera izquierda */

            hex_to_array(row,yh,&xra,&yra);
            if (yra > rowlength) yra = rowlength;/* frontera derecha */

            number_on_top += yra-yla+1;
        }

        return(number_on_top);
}
```

12.4 Empaquetamiento de círculos

Existe una relación de gran interés e importancia entre los mallados hexagonales y el empaquetamiento de objetos circulares. Los seis vecinos de cada vértice v en un mallado son equidistantes de v, de forma que es posible dibujar un círculo con centro en v y que pase por todos ellos, como se puede ver en la Figura 12.4(derecha). Cada uno de tales discos es tangente a los seis discos de sus vecinos, como demuestra la figura 12.3.

El problema de empaquetamiento de platos nos exige evaluar dos formas diferentes de empaquetar una colección de discos de igual tamaño, una donde los centros de los discos están en los vértices de un mallado rectilíneo, la otra con dichos centros en los vértices de un mallado hexagonal. ¿Cuál consigue un empaquetamiento más denso de los discos? Es fácil evaluar ambas disposiciones con las rutinas que ya hemos desarrollado:

```c
/* Platos de radio r que caben en reticula hexagonal, en una caja w*l */

int dense_plates(double w, double l, double r)
{
```

```
5       int layers;                              /* número de capas de bolas */
6
7       layers = dense_layers(w,l,r);
8
9       return (ceil(layers/2.0) * plates_per_row(0,w,r) +
10              floor(layers/2.0) * plates_per_row(1,w,r) );
11 }
12
13
14 /* Platos de radio r que caben, en reticulado mallado, en una caja w*l */
15
16 int grid_plates(double w, double l, double r)
17 {
18      int layers;                              /* número de capas de bolas */
19
20      layers = floor(l/(2*r));
21
22      return (layers * plates_per_row(0,w,r));
23 }
```

Para cajas lo suficientemente grandes, es evidente que el empaquetamiento hexagonal nos permite empaquetar más platos que la distribución en el mallado cuadrado. De hecho, el empaquetamiento hexagonal es, asintóticamente, la forma de empaquetar discos con la mayor densidad, y su análogo tridimensional el camino de obtener la mayor densidad posible en el empaquetamiento de esferas.

Una caja 4×4 tiene espacio para 16 platos de diámetro unidad colocados con el diseño cuadrado frente a los solo 14 con la distribución hexagonal, debido al efecto de la frontera. Pero en una caja 10×10 ya caben 105 platos con el diseño hexagonal, 5 más que con el de cuadrados, y ya nunca más está por debajo. Una caja 100×100 admite 11,443 platos en hexagonal frente a 10.000 en una distribución cuadrada.

12.5 Longitud y latitud

Un mallado de coordenadas especialmente importante es el sistema de longitud y latitud que posiciona de forma única cada punto de la superficie terrestre.

Las líneas que van de este a oeste, paralelas al ecuador, se denominan líneas de *latitud* o *paralelos*. El ecuador tiene latitud 0°, mientras que los polos norte y sur tienen latitudes 90° Norte y 90° Sur, respectivamente.

Las líneas que van de norte a sur se llaman líneas de *longitud* o *meridianos*. El *meridiano principal* o *meridiano cero* pasa por Greenwich, en Inglaterra, y tiene longitud 0°, mientras que el rango completo de longitudes va desde 180° Oeste a 180° Este.

Cada punto de la superficie de la Tierra viene determinado por la intersección de un paralelo y un meridiano. Por ejemplo, el centro del universo (Manhattan) está en 40°47′ Norte y 73°58′ Oeste.

Un problema muy habitual es encontrar la distancia más corta por avión entre dos puntos de la superficie terrestre. Un *círculo máximo* es una sección circular de una esfera que pasa por el centro de la misma. La distancia más corta entre los puntos x e y resulta ser la longitud del arco entre x e y sobre el único círculo máximo que pasa por x e y.

Nos resistimos a profundizar en la geometría esférica para centrarnos en el resultado. Denotemos la posición del punto p por sus coordenadas longitud-latitud, $(p_{\mathrm{lat}}, p_{\mathrm{long}})$, donde todos los ángulos están medidos en radianes. Entonces la distancia a lo largo del círculo máximo entre los puntos p y q es

$$d(p, q) \;=\; R * \mathrm{arc\,cos}(\mathrm{sen}(p_{\mathrm{lat}})\,\mathrm{sen}(q_{\mathrm{lat}}) + \cos(p_{\mathrm{lat}})\cos(q_{\mathrm{lat}})\cos(p_{\mathrm{long}} - q_{\mathrm{long}}))$$

donde R es el radio del círculo máximo.

12.6 Problemas

12.6.1 Una hormiga en un tablero de ajedrez

ID en Online Judge: 10161 — **Popularidad:** B — **Tasa de éxito:** alta — **Nivel:** 1

Un día, una hormiga llamada Alice llegó a un tablero de ajedrez de dimensiones $M \times M$. Como quería explorar todas las casillas del tablero, comenzó a caminar por el mismo partiendo de una de sus esquinas.

Alice comenzó en la casilla $(1,1)$. En primer lugar dio un paso adelante, luego uno a la derecha, luego uno hacia atrás. Después, dio otro a la derecha, dos hacia delante y dos hacia la izquierda. Cada vez añadía una nueva fila y una nueva columna a la esquina que estaba explorando.

Por ejemplo, en sus primeros 25 pasos hizo el siguiente recorrido, donde el número de cada casilla indica el orden en que la visitó:

25	24	23	22	21
10	11	12	13	20
9	8	7	14	19
2	3	6	15	18
1	4	5	16	17

El octavo paso la colocó en la casilla $(2,3)$, mientras que el paso número 20 lo hizo en la $(5,4)$. La tarea consiste en determinar su ubicación en un momento dado, asumiendo que el tablero de ajedrez es lo suficientemente grande como para admitir todos los movimientos.

Entrada

La entrada consta de varias líneas, con un entero N en cada una, que indica el número del paso, donde $1 \leq N \leq 2 \times 10^9$. El archivo terminará con una línea que contenga el número 0.

Salida

Por cada caso de la entrada, imprimir una línea con dos números (x,y) que indiquen los números de la columna y de la fila, respectivamente. Entre ellos debe haber un único espacio en blanco.

Ejemplo de entrada

```
8
20
25
0
```

Ejemplo de salida

```
2 3
5 4
1 5
```

12.6.2 El monociclo

ID en Online Judge: 10047 — **Popularidad:** C — **Tasa de éxito:** media — **Nivel:** 3

Un monociclo es un vehículo de una sola rueda. El nuestro será uno especial, que contará con una rueda sólida coloreada con cinco colores diferentes, como aparece en la figura:

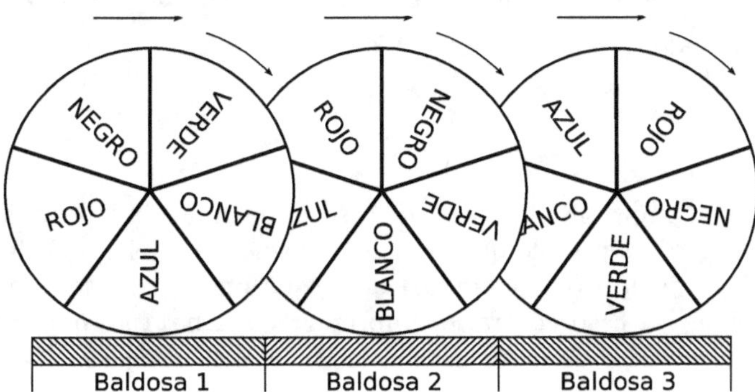

Los segmentos coloreados tienen ángulos idénticos (72°). Un monociclista conduce este vehículo por una superficie embaldosada de $M \times N$ baldosas cuadradas. Las baldosas tienen un tamaño que hace que, al desplazarse desde el centro de una de ellas hasta el centro de la siguiente, la rueda gire exactamente 72° sobre su centro. En la figura anterior, se muestra el efecto que se produce. Cuando la rueda está en el centro de la baldosa 1, el punto medio de su segmento azul está en contacto con el suelo. Pero cuando la rueda avanza hacia el centro de la siguiente baldosa (baldosa 2), es el punto medio de su segmento blanco el que toca el suelo.

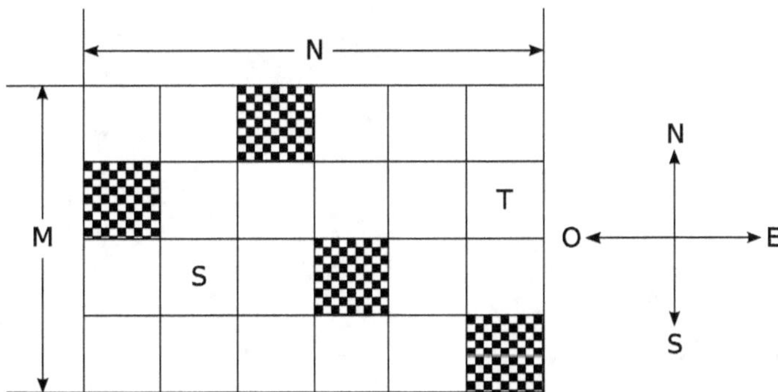

Algunas de las baldosas están bloqueadas y el ciclista no se puede colocar sobre ellas. El ciclista comienza desde una baldosa, y trata de moverse hasta la baldosa de destino en el menor tiempo posible. Desde una baldosa puede moverse hacia delante a la siguiente, o puede permanecer en la misma y girar 90° a la izquierda o a la derecha. La ejecución de cada una de estas acciones requiere, exactamente, 1 segundo. Siempre comienza el trayecto orientado al norte y con el punto medio del segmento verde tocando el suelo. En la baldosa de destino, el segmento verde también debe estar tocando el suelo, aunque es irrelevante la dirección hacia la que esté orientado.

Ayudemos al monociclista a determinar si puede llegar a su destino y, si es así, cuál es el tiempo mínimo que necesitará para hacerlo.

Entrada

La entrada puede contener varios casos de prueba. La primera línea de cada caso de prueba consta de dos enteros, M y N ($1 \leq M, N \leq 25$), que indican las dimensiones de la superficie embaldosada. A continuación, le sigue la descripción de la misma con M líneas de N caracteres cada una. El carácter "#" indica una baldosa bloqueada. El resto de casillas estarán libres. La ubicación inicial del ciclista estará marcada por una "S" y la final por una "T".

La entrada finaliza cuando el valor de M y N es cero.

Salida

Por cada caso de prueba, imprimir el número de caso en una línea independiente, como se indica en el ejemplo de salida. Si es posible que el ciclista llegue a la ubicación de destino, imprimir la mínima cantidad de tiempo (en segundos) en la que puede hacerlo, según el formato que aparece a continuación. En caso contrario, imprimir "destination not reachable", puesto que el destino no es alcanzable desde el origen.

Imprimir una línea en blanco entre cada dos casos de prueba sucesivos.

Ejemplo de entrada

```
1 3
S#T
10 10
#S.......#
#..#.##.##
#.##.##.##
.#....##.#
##.##..#.#
#..#.##...
#......##.
..##.##...
#.###...#.
#.....###T
0 0
```

Ejemplo de salida

```
Case #1
destination not reachable

Case #2
minimum time = 49 sec
```

12.6.3 Estrella

ID en Online Judge: 10159 — **Popularidad:** C — **Tasa de éxito:** media — **Nivel:** 2

Un tablero contiene 48 casillas triangulares. En cada una de las casillas hay escrito un número del 0 al 9. Cada casilla pertenece a dos o tres líneas. Estas líneas están marcadas por letras desde la A hasta la L. En la siguiente figura se puede ver cómo la casilla que contiene el dígito 9 pertenece a las líneas D, G e I, y la casilla que contiene el dígito 7 pertenece a B e I.

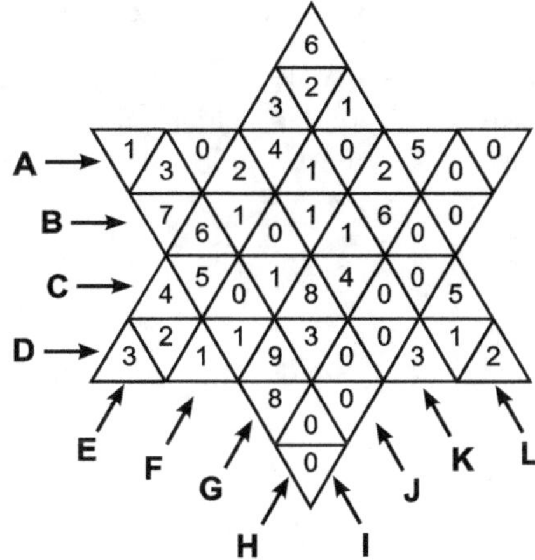

Para cada línea, podemos conocer el dígito más alto contenido en ella. En este caso, el dígito mayor de la línea A es 5, de la B es 7, de la E es 6, de la H es 0 y de la J es 8. La tarea consiste en escribir un programa que lea el dígito más alto de las 12 líneas descritas, y calcule las sumas mínima y máxima posibles de todos los dígitos del tablero.

Entrada

Cada línea de la entrada contiene 12 dígitos, separados entre ellos por un espacio. El primero describe el dígito más alto de la línea A, el segundo de la línea B, y así sucesivamente, hasta que el último dígito indica el más alto de la línea L.

Salida

Por cada línea de la entrada, imprimir el menor y el mayor de los valores posibles para la suma de los dígitos del tablero dado. Estos dos valores deben aparecer en la misma línea y estarán separados entre ellos por un espacio. Si no existe solución, se debe mostrar el mensaje "NO SOLUTION".

Ejemplo de entrada

```
5 7 8 9 6 1 9 0 9 8 4 6
```

Ejemplo de salida

```
40 172
```

ID en Online Judge: 10182 — **Popularidad:** B — **Tasa de éxito:** alta — **Nivel:** 2

Maya es una abeja. Vive en una colmena de celdas hexagonales con otros miles de abejas. Pero Maya tiene un problema. Su amigo Willi le ha dicho dónde pueden encontrarse, pero Willi (una abeja macho) y Maya (una abeja obrera) tienen sistemas de coordenadas diferentes:

- *Sistema de coordenadas de Maya* — Maya (a la izquierda) vuela directamente a una celda concreta utilizando una avanzada representación bidimensional de toda la colmena.

- *Sistema de coordenadas de Willi* — Willi (a la derecha) es menos inteligente, y lo único que puede hacer es ir avanzando por las celdas en el sentido de las agujas del reloj, comenzado desde el número 1 en el centro de la colmena.

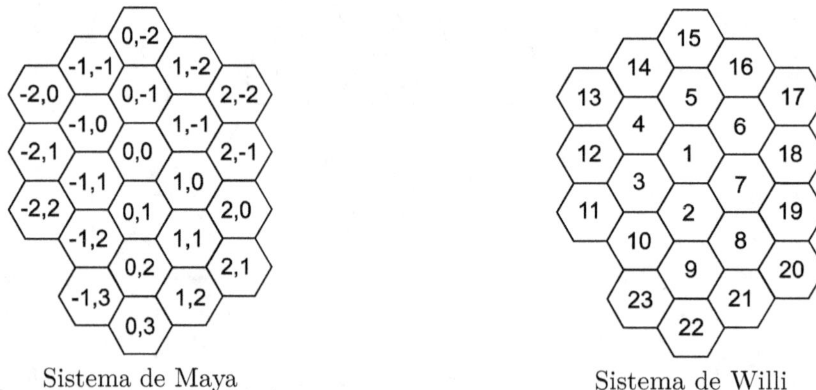

Sistema de Maya   Sistema de Willi

Ayudemos a Maya a convertir el sistema de Willi al suyo. La tarea consiste en escribir un programa que reciba el número de una celda y devuelva las coordenadas en el sistema de Maya.

Entrada

La entrada consta de uno o varios enteros, cada uno en una línea. Todos los números de las celdillas son inferiores a 100.000.

Salida

Imprimir las coordenadas de Maya correspondientes a los números de Willi, cada una de ellas en una línea independiente.

Ejemplo de entrada

```
1
2
3
4
5
```

Ejemplo de salida

```
0 0
0 1
-1 1
-1 0
0 -1
```

12.6.5 Robo

ID en Online Judge: 707 — **Popularidad:** B — **Tasa de éxito:** media — **Nivel:** 3

El inspector Robostop está furioso. Anoche robaron un banco y el ladrón escapó. Las carreteras de salida de la ciudad se cerraron lo más pronto posible, para impedir que el ladrón escapase. Después, el inspector le pidió a toda la gente de la ciudad que buscase al ladrón, pero las únicas respuestas que recibió decían "No le vemos".

Robostop está decidido a descubrir exactamente cómo escapó el ladrón. Nos pide que escribamos un programa, que analice la información del inspector, para determinar dónde estaba el ladrón en un momento determinado.

La ciudad en la que se produjo el robo tiene forma rectangular. Todas las carreteras que salen de la ciudad fueron bloqueadas un cierto periodo de tiempo t, durante el cual se recibieron varios informes del tipo "El ladrón no está en el rectángulo R_i a la hora t_i". Asumiendo que el ladrón no se puede mover más que una unidad de espacio por cada periodo de tiempo, tratemos de localizar la posición exacta del ladrón en cada momento.

Entrada

La entrada describe varios robos. La primera línea de cada descripción consta de tres números W, H y t ($1 \leq W, H, t \leq 100$), donde W es el ancho, H el alto de la ciudad y t es el periodo de tiempo durante el cual las carreteras estuvieron cerradas.

La siguiente línea contiene un único entero n ($0 \leq n \leq 100$), donde n es el número de mensajes que recibió el inspector. Las siguientes n líneas constan, cada una, de cinco enteros t_i, L_i, T_i, R_i, B_i, donde t_i es el momento en que se produjo la observación ($1 \leq t_i \leq t$), y L_i, T_i, R_i, B_i son la izquierda, parte superior, derecha y parte inferior, respectivamente, de la zona rectangular observada. El punto $(1,1)$ es la esquina superior izquierda, y (W, H) es la esquina inferior derecha de la ciudad. Los mensajes indican que el ladrón no estuvo en la zona indicada a la hora t_i.

La entrada finaliza con un caso de prueba en el que $W = H = t = 0$. Este caso no debe ser procesado.

Salida

Por cada robo, mostrar la línea "Robbery #k:" (*Robo #k:*), donde k es el número del robo. Después, hay tres posibilidades:

- Si es imposible que el ladrón siga todavía en la ciudad, mostrar el mensaje "The robber has escaped." (*El ladrón ha escapado*).

- En el resto de casos, asumiremos que el ladrón está todavía en la ciudad. Mostrar una línea con el formato "Time step τ: The robber has been at x,y." (*Tiempo τ: El ladrón estaba en x,y*) por cada instante en el que se pueda determinar la ubicación exacta, donde x e y son la columna y la fila, respectivamente, del ladrón en el instante τ. Ordenar estas líneas por el tiempo τ.

- Si no se puede deducir nada, mostrar el mensaje "Nothing known." (*No se sabe nada*) y esperar que el inspector no se enfade aún más.

Imprimir una línea en blanco al final de cada caso analizado.

Ejemplo de entrada

```
4 4 5
4
1 1 1 4 3
1 1 1 3 4
4 1 1 3 4
4 4 2 4 4
10 10 3
1
2 1 1 10 10
0 0 0
```

Ejemplo de salida

```
Robbery #1:
Time step 1: The robber has been at 4,4.
Time step 2: The robber has been at 4,3.
Time step 3: The robber has been at 4,2.
Time step 4: The robber has been at 4,1.

Robbery #2:
The robber has escaped.
```

12.6.6 ¿Cuadrados/Rectángulos/Cubos/Cajas (2/3/4)-D?

ID en Online Judge: 10177 — **Popularidad:** B — **Tasa de éxito:** alta — **Nivel:** 2

¿Cuántos cuadrados y rectángulos puede haber en la rejilla 4×4 mostrada a continuación? Quizá sea posible contar a mano en una rejilla tan pequeña pero, ¿qué pasaría en una de 100×100, o incluso mayor?

¿Y en dimensiones mayores? ¿Es posible contar el número de cubos o cajas de diferentes tamaños que se ocultan en un cubo de $10 \times 10 \times 10$, o el número de hipercubos e hipercajas que hay en un hipercubo $5 \times 5 \times 5 \times 5$ de cuatro dimensiones?

El programa debe ser eficiente, así que pongamos atención. Debemos considerar que los cuadrados no son rectángulos, los cubos no son cajas y los hipercubos no son hipercajas.

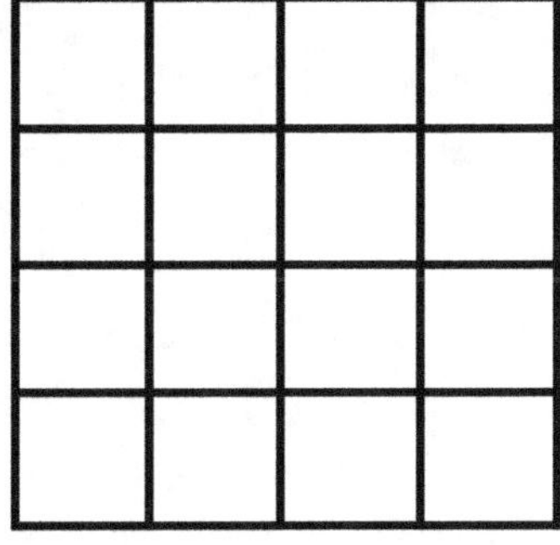

Una rejilla 4×4

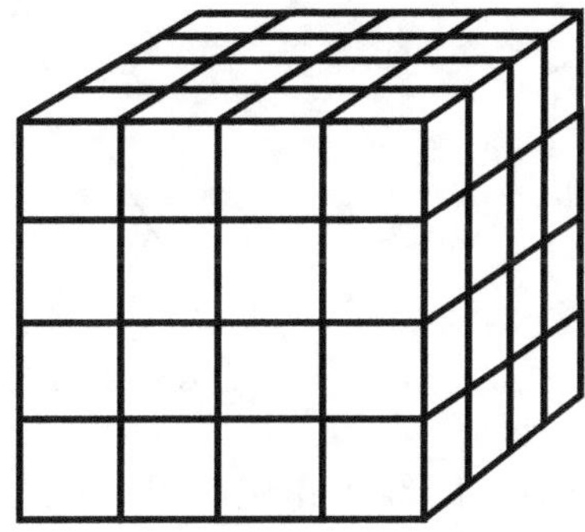

Un cubo $4 \times 4 \times 4$

Entrada

La entrada contiene un entero N $(0 \leq N \leq 100)$ en cada línea, que representa la longitud de una de las caras de la rejilla, cubo o hipercubo. En el ejemplo anterior $N = 4$. Puede haber hasta 100 líneas de entrada.

Salida

En cada línea de la salida, mostrar seis enteros $S_2, R_2, S_3, R_3, S_4, R_4$, donde S_2 indica el número de cuadrados y R_2 el número de rectángulos que se encuentran en un rejilla bidimensional $(N \times N)$. Los enteros S_3, R_3, S_4, R_4 indican las cantidades similares de las dimensiones más altas.

Ejemplo de entrada

```
1
2
3
```

Ejemplo de salida

```
1 0 1 0 1 0
5 4 9 18 17 64
14 22 36 180 98 1198
```

ID en Online Judge: 10233 — **Popularidad:** C — **Tasa de éxito:** alta — **Nivel:** 2

El Triángulo Dermuba es la zona triangular y plana, universalmente conocida, del planeta L-PAX en la galaxia Geometría. Los habitantes de Dermuba viven en campos de triángulos equiláteros de lado un kilómetro. Siempre construyen las casas en los circuncentros de los campos triangulares. Sus casas están numeradas como se indica en la siguiente figura:

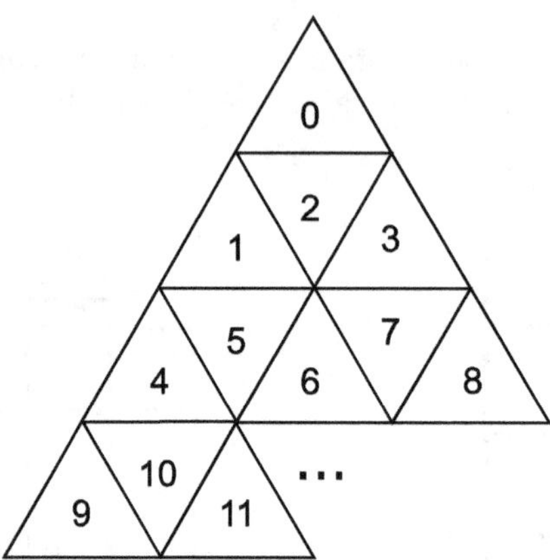

Cuando unos dermubianos visitan a otros, siguen la ruta más corta desde sus casas a las de su destino. La ruta más corta es, evidentemente, la distancia en línea recta que conecta las dos casas. La tarea consiste en escribir un programa que calcule la longitud de la ruta más corta entre dos casas, a partir de los números de las mismas.

Entrada

La entrada consta de varias líneas con dos enteros no negativos n y m en cada una, que especifican los números de las casas de origen y destino, donde $0 \leq n, m \leq 2{,}147{,}483{,}647$.

Salida

Por cada línea de la entrada, mostrar la distancia más corta en kilómetros entre las casas indicadas, redondeando a tres dígitos decimales.

Ejemplo de entrada

```
0 7
2 8
9 10
10 11
```

Ejemplo de salida

```
1.528
1.528
0.577
0.577
```

ID en Online Judge: 10075 — **Popularidad:** C — **Tasa de éxito:** alta — **Nivel:** 3

Una importante línea aérea nos ha contratado para escribir un programa que responda a la siguiente cuestión: partiendo de una lista de ubicaciones de ciudades y de vuelos directos, ¿cuál es la distancia mínima que debe recorrer un pasajero para volar de una ciudad a otra? Las ubicaciones de las ciudades se expresan en latitud y longitud. Para llegar de una ciudad a otra, el pasajero debe utilizar, si es posible, un vuelo directo; en otro caso, debe realizar una serie de vuelos en conexión.

Se asume que si un pasajero toma un vuelo directo de X a Y, nunca volará más que la distancia geográfica entre X e Y. La distancia geográfica entre dos lugares X e Y es la longitud del segmento de la línea geodésica que conecta X e Y. El segmento de la línea geodésica entre dos puntos de una esfera es la curva más corta trazada sobre la superficie de la esfera que conecta dichos puntos. Se considera que la Tierra es una esfera perfecta, con un radio de, exactamente, 6.378 kilómetros y que el valor de π es, aproximadamente 3,141592653589793. Se debe redondear la distancia geográfica de cada pareja de ciudades al entero más cercano.

Entrada

La entrada puede contener varios casos de prueba. La primera línea de cada caso de prueba contiene tres enteros $N \leq 100$, $M \leq 300$ y $Q \leq 10,000$, donde N indica el número de ciudades, M representa el número de vuelos directos y Q es el número de consultas.

Las siguientes N líneas contienen la lista de ciudades. La línea i-ésima de ellas contiene una cadena c_i, seguida de dos números reales, lt_i y ln_i, que representan el nombre de la ciudad, su latitud y su longitud, respectivamente. El nombre de la ciudad tendrá un máximo de 20 caracteres y no contendrá espacios en blanco. La latitud estará entre $-90°$ (Polo Sur) y $+90°$ (Polo Norte). La longitud se especificará entre $-180°$ y $+180°$, donde los valores negativos (positivos) indican ubicaciones al oeste (este) del meridiano que pasa por Greenwich, Inglaterra.

Las siguientes M líneas contienen la lista de vuelos directos. La línea i-ésima de estas contiene los nombres de dos ciudades, a_i y b_i, indicando que existe un vuelo directo entre las ciudades a_i y b_i. Los nombres de ambas ciudades habrán aparecido previamente en la lista inicial de ciudades.

Las siguientes Q líneas contienen la lista de consultas. La línea i-ésima de estas constará de dos nombres de ciudades, a_i y b_i, para las que habrá que calcular la distancia mínima que debe recorrer un pasajero que desea viajar desde a_i hasta b_i. Se puede asumir que los nombres de las ciudades a_i y b_i no serán iguales y que ambos aparecerán en la lista de ciudades. La entrada finalizará cuando el valor de N, M y Q sea cero.

Salida

Por cada caso de prueba, se debe mostrar, en primer lugar, el número de caso (empezando en 1), como aparece en el ejemplo de salida. A continuación, imprimir, por cada consulta de la entrada, una línea que indique la distancia más corta (en kilómetros) que debe recorrer un pasajero para desplazarse desde la primera ciudad (a_i) hasta la segunda ciudad (b_i). Si no es posible llegar desde una ciudad a la otra, basta con imprimir la línea "no route exists" (*no hay un camino*). Mostrar una línea en blanco entre cada dos casos de prueba consecutivos.

Ejemplo de entrada

```
3 4 2
Dhaka 23.8500 90.4000
Chittagong 22.2500 91.8333
Calcutta 22.5333 88.3667
Dhaka Calcutta
Calcutta Dhaka
Dhaka Chittagong
Chittagong Dhaka
Chittagong Calcutta
Dhaka Chittagong
5 6 3
Baghdad 33.2333 44.3667
Dhaka 23.8500 90.4000
Frankfurt 50.0330 8.5670
Hong_Kong 21.7500 115.0000
Tokyo 35.6833 139.7333
Baghdad Dhaka
Dhaka Frankfurt
Tokyo Hong_Kong
Hong_Kong Dhaka
Baghdad Tokyo
Frankfurt Tokyo
Dhaka Hong_Kong
Frankfurt Baghdad
Baghdad Frankfurt
0 0 0
```

Ejemplo de salida

```
Case #1
485 km
231 km

Case #2
19654 km
no route exists
12023 km
```

12.7 Sugerencias

12.6.1 ¿Necesitamos caminar de hecho a lo largo del recorrido completo, o podemos calcular el cuadro final por medio de alguna fórmula?

12.6.2 ¿Cuál es el grafo subyacente que mejor representa la estructura de colores?

12.6.3 ¿Podemos calcular las cotas superior e inferior para cada dígito aislado?

12.6.4 Si no podemos encontrar una fórmula para calcular los lugares con el sistema de Willi, ¿cómo podemos simular su recorrido de la mejor manera usando una estructura de datos explícita?

12.6.5 ¿Cuál es el grafo subyacente adecuado para representar a la vez el tiempo y el espacio?

12.6.6 ¿Cómo generalizaremos a 4-D las fórmulas de incidencia de caras en 2-D y 3-D? ¿Queda cada hipercubo determinado aún por dos de sus esquinas?

12.6.7 ¿Cómo haremos para convertir nuestros anteriores sistemas de coordenadas triangulares a este nuevo?

12.6.8 ¿Tienen sentido las distancias deducidas de sus círculos de longitud/latitud, o es un error? ¿Cuál es el problema de grafos subyacente?

Capítulo 13

Geometría

Sobre la puerta de entrada a la academia de Platón, se podía leer la inscripción, "Que ningún hombre ignorante de la geometría entre aquí". Los organizadores de las competiciones de programación piensan más o menos lo mismo, y hemos de contar con que, en cada concurso, habrá, al menos, un problema geométrico.

La geometría es una disciplina inherentemente visual, que requiere dibujar gráficos y estudiarlos cuidadosamente. Parte de la dificultad de la programación geométrica es que ciertas operaciones "obvias" cuando las hacemos con un lapicero, tal como encontrar la intersección de dos líneas, requieren un programa nada trivial para hacerlas correctamente con un ordenador.

La geometría es una materia que todo el mundo estudia en la escuela secundaria, pero que con frecuencia se oxida con el tiempo. En este capítulo, vamos a refrescar estos conocimientos con problemas de programación asociados con la geometría "real": líneas, puntos, círculos y demás. Tras resolver unos pocos de estos problemas, el lector debería sentir la confianza suficiente para entrar de nuevo en la academia de Platón.

Luego vendrá más geometría. Dejamos los problemas asociados con segmentos de líneas y polígonos para el capítulo 14.

13.1 Rectas

Las líneas *rectas* son la distancia más corta entre cada par de puntos. Las rectas tienen una longitud infinita en ambas direcciones, al contrario de los *segmentos de recta*, que son finitos. Aquí limitamos nuestra discusión a las líneas rectas en el plano.

- *Representación* — Las rectas se pueden representar de dos formas diferentes, bien como pares de puntos o como ecuaciones. Cada línea recta l queda totalmente determinada por cualquier par de puntos (x_1, y_1) y (x_2, y_2) que pertenezcan a la misma. Las rectas también se pueden describir completamente mediante ecuaciones como $y = mx + b$, donde m es la *pendiente* de la recta y b es la *ordenada en el origen*, es decir, del único punto $(0, b)$ donde la recta corta al eje y. La recta l tiene una pendiente $m = \Delta y / \Delta x = (y_1 - y_2)/(x_1 - x_2)$ y una ordenada en el origen $b = y_1 - mx_1$.

  Pero las líneas verticales no se pueden describir mediante tales ecuaciones, porque dividir por Δx es equivalente a dividir por cero. La ecuación $x = c$ representa una línea (recta) vertical que corta al eje x en el punto $(c, 0)$. Este caso especial, o *degeneración*, requiere una atención adicional cuando estemos haciendo programación geométrica. Aquí vamos a usar la fórmula más general $ax + by + c = 0$ como tipo base de nuestras rectas, porque cubre todas las posibles líneas rectas del plano:

```
typedef struct {
        double a;                       /* coeficiente de x */
        double b;                       /* coeficiente de y */
        double c;                       /* término constante */
} line;
```

Si se multiplican todos los coeficientes por cualquier constante no nula, tenemos una representación alternativa de la misma recta. Establecemos como representación canónica aquella que tiene un 1 como coeficiente de y, si es que no es cero. En otro caso, el coeficiente que fijamos a 1 es el de x:

```
points_to_line(point p1, point p2, line *l)
{
        if (p1[X] == p2[X]) {
                l->a = 1;
                l->b = 0;
                l->c = -p1[X];
        } else {
                l->b = 1;
                l->a = -(p1[Y]-p2[Y])/(p1[X]-p2[X]);
                l->c = -(l->a * p1[X]) - (l->b * p1[Y]);
        }
}
point_and_slope_to_line(point p, double m, line *l)
{
        l->a = -m;
        l->b = 1;
        l->c = -((l->a*p[X]) + (l->b*p[Y]));
}
```

- *Intersección* — Dos rectas distintas tienen un *punto de intersección*, a menos que sean *paralelas*, en cuyo caso no tienen ninguno. Las rectas paralelas tienen la misma pendiente pero diferente ordenada en el origen y, por definición, nunca se cortan.

```
bool parallelQ(line l1, line l2)
{
        return ( (fabs(l1.a-l2.a) <= EPSILON) &&
                 (fabs(l1.b-l2.b) <= EPSILON) );
}

bool same_lineQ(line l1, line l2)
```

```
 8  {
 9          return ( parallelQ(l1,l2) && (fabs(l1.c-l2.c) <= EPSILON) );
10  }
```

Un punto (x', y') pertenece a una recta $l : y = mx + b$ si, poniendo el valor de x' en la fórmula para x, se obtiene y'. El punto de intersección de las rectas $l_1 : y = m_1 x + b_1$ y $l_2 : y_2 = m_2 x + b_2$ es el punto en el que ambas coinciden, o sea,

$$x = \frac{b_2 - b_1}{m_1 - m_2}, \qquad y = m_1 \frac{b_2 - b_1}{m_1 - m_2} + b_1$$

```
 1  intersection_point(line l1, line l2, point p)
 2  {
 3      if (same_lineQ(l1,l2)) {
 4        printf("Warning: Identical lines, all points intersect.\n");
 5              /* Atención: Las rectas son idénticas */
 6        p[X] = p[Y] = 0.0;
 7        return;
 8      }
 9
10      if (parallelQ(l1,l2) == TRUE) {
11        printf("Error: Distinct parallel lines do not intersect.\n");
12              /* Error: Rectas paralelas diferentes no se cortan. */
13        return;
14      }
15
16      p[X] = (l2.b*l1.c - l1.b*l2.c) / (l2.a*l1.b - l1.a*l2.b);
17
18      if (fabs(l1.b) > EPSILON)     /* mira si la recta es vertical */
19              p[Y] = - (l1.a * (p[X]) + l1.c) / l1.b;
20      else
21              p[Y] = - (l2.a * (p[X]) + l2.c) / l2.b;
22  }
```

- *Ángulos*   Cada pareja de rectas que no son paralelas se cortan entre sí formando un cierto ángulo. Las rectas $l_1 : a_1 x + b_1 y + c_1 = 0$ y $l_2 : a_2 x + b_2 y + c_2 = 0$, escritas en la forma general, forman un ángulo θ dado por [1]:

$$\tan \theta = \frac{a_1 b_2 - a_2 b_1}{a_1 a_2 + b_1 b_2}$$

Para rectas escritas en la forma explícita, la fórmula se reduce a

$$\tan \theta = \frac{m_2 - m_1}{m_1 m_2 + 1}$$

---

[1]Observar que la tangente vale 0 cuando las líneas son paralelas, y toma valor infinito cuando son perpendiculares.

Dos rectas son *perpendiculares* si se cortan formando ángulos rectos entre sí. Por ejemplo, el eje x y el eje y de un sistema de coordenadas rectilíneo son perpendiculares, como lo son las rectas $y = x$ y $y = -1/x$. La recta perpendicular a $l : y = mx + b$ es $y = (-1/m)x + b'$, para cualquier valor de b'.

- *Punto más cercano* — Un subproblema muy útil es identificar el punto sobre la recta l que está más próximo a un punto dado p. Dicho punto más próximo está sobre la recta que pasando por p es perpendicular a l y, por tanto, es posible encontrarlo utilizando las rutinas que ya hemos desarrollado:

```
1   closest_point(point p_in, line l, point p_c)
2   {
3          line perp;         /* perpendicular a l que pasa por (x,y) */
4
5          if (fabs(l.b) <= EPSILON) {    /* recta vertical */
6                  p_c[X] = -(l.c);
7                  p_c[Y] = p_in[Y];
8                  return;
9          }
10
11         if (fabs(l.a) <= EPSILON) {    /* recta horizontal */
12                 p_c[X] = p_in[X];
13                 p_c[Y] = -(l.c);
14                 return;
15         }
16
17         point_and_slope_to_line(p_in,1/l.a,&perp); /* caso normal */
18         intersection_point(l,perp,p_c);
19  }
```

- *Rayos* — Son semirrectas que parten de algún vértice v, denominado el *origen*. Cada rayo queda completamente descrito por la ecuación de la recta, el origen y la dirección; o por el origen y otro punto del rayo.

13.2 Triángulos y trigonometría

Un *ángulo* es la unión de dos rayos que comparten un extremo común. La *trigonometría* es la rama de las matemáticas que trata de los ángulos y su medida.

Para la medida de los ángulos se usan habitualmente dos unidades, *radianes* y *grados*. El rango completo de los ángulos se extiende desde 0 a 2π radianes o, lo que es equivalente, de 0 a 360 grados. Desde el punto de vista computacional es mejor usar radianes, porque las bibliotecas trigonométricas que veremos en la sección 13.5 dan por supuesto que los ángulos están medidos en radianes. Sin embargo, reconocemos que resulta más natural pensar en grados. Históricamente, las partes fraccionarias de los ángulos medidos en grados se dan en *minutos*, o 1/60-ava parte de un grado. Pero trabajar en grados y minutos es desesperante, razón por la que los radianes (o al menos los grados decimales) son la medida preferida.

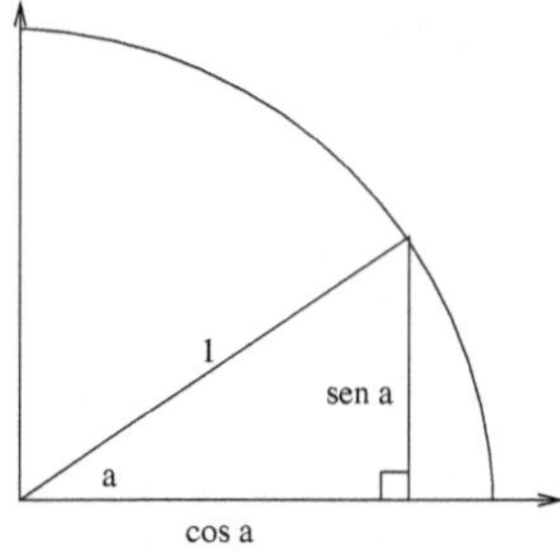

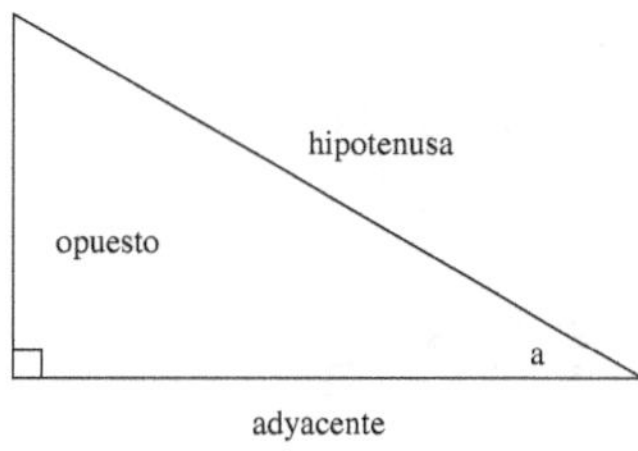

Figura 13.1: Definición de seno y coseno (izquierda). Etiquetas de los lados en un triángulo rectángulo (derecha).

La geometría de los triángulos ("tres ángulos") está íntimamente relacionada con la trigonometría, como analizaremos en las secciones siguientes.

13.2.1 Triángulos rectángulos y teorema de Pitágoras

Un ángulo *recto* mide 90° o $\pi/2$ radianes. Se forman ángulos rectos en la intersección de dos rectas perpendiculares, tales como los ejes de coordenadas cartesianas. Tales rectas dividen el espacio de los 360° $= 2\pi$ radianes en cuatro ángulos rectos.

Cada par de rayos con un extremo común determina, de hecho, dos ángulos, un *ángulo interno* de a radianes y un *ángulo externo* de $2\pi - a$ radianes. Los ángulos en los que normalmente estamos interesados son los internos. Los tres ángulos internos (los más pequeños) de cualquier triángulo suman un total de 180° $= \pi$ radianes, lo que significa que el ángulo interno mide 60° $= \pi/3$ radianes como promedio. Los triángulos con los tres ángulos iguales se llaman *equiláteros*, como ya dijimos en la sección 12.2.

Un triángulo se dice que es *rectángulo* si tiene un ángulo interior recto. Es especialmente sencillo trabajar con triángulos rectángulos, debido al *teorema de Pitágoras*, que nos permite calcular la longitud del tercer lado de cualquier triángulo dada la longitud de los otros dos. Concretamente, $|a|^2 + |b|^2 = |c|^2$, donde a y b son los dos lados más cortos, y c es el lado más largo o *hipotenusa*.

Es posible ir muy lejos analizando triángulos con solo el teorema de Pitágoras. Pero podemos ir incluso más allá utilizando la trigonometría.

13.2.2 Funciones trigonométricas

Las funciones trigonométricas *seno* y *coseno* de un ángulo se definen como las coordenadas x e y del punto correspondiente sobre el círculo unidad centrado en $(0,0)$, como se muestra en la Figura 13.1(izquierda). Por tanto, los valores del seno y el coseno están en el rango -1 a 1. Además, las dos funciones son realmente la misma cosa, puesto que $\cos(\theta) = \text{sen}(\pi/2 - \theta) = \text{sen}(\theta + \pi/2)$.

Una tercera función trigonométrica muy importante es la *tangente*, definida como el cociente del seno por el coseno. Es decir, $\tan(\theta) = \text{sen}(\theta)/\cos(\theta)$, valor que está bien definido excepto

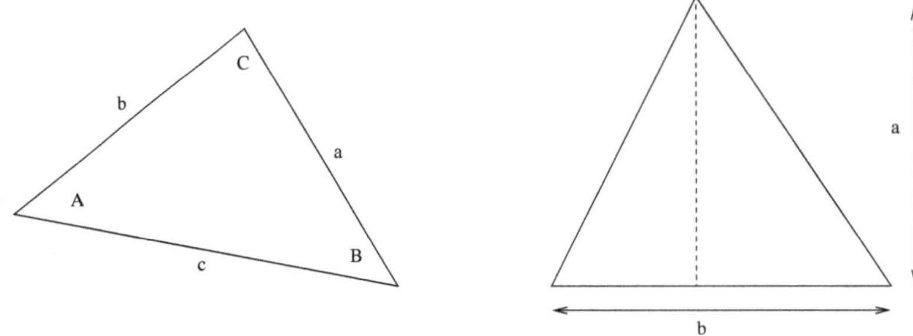

Figura 13.2: Notación para la resolución de triángulos (izquierda) y el cálculo de su área (derecha).

cuando $\cos(\theta) = 0$ para los valores $\theta = \pi/2$ y $\theta = 3\pi/2$.

Estas funciones son importantes, porque nos permiten relacionar las longitudes de dos lados cualesquiera de un triángulo rectángulo T con los ángulos no rectos de T. Recordemos que la hipotenusa de un triángulo rectángulo es el lado más largo en T, el lado opuesto al ángulo recto. Los otros dos lados en T se pueden etiquetar como lados *opuesto* y *adyacente* en relación con un ángulo dado a, como muestra la figura 13.1(derecha). En consecuencia

$$\cos(a) = \frac{|\text{adyacente}|}{|\text{hipotenusa}|}, \qquad \text{sen}(a) = \frac{|\text{opuesto}|}{|\text{hipotenusa}|}, \qquad \tan(a) = \frac{|\text{opuesto}|}{|\text{adyacente}|}$$

Merece la pena recordar estas relaciones. Como regla nemotécnica, se puede usar el nombre del famoso Jefe Indio Soh-Cah-Toa, pues cada sílaba de su nombre codifica una relación diferente. Por ejemplo, "Cah" significa *C*osenos es igual al *A*dyacente sobre la *H*ipotenusa.

El jefe Soh-Cah-Toa no sería demasiado útil sin las funciones inversas que aplican los valores $\cos(\theta)$, $\text{sen}(\theta)$ y $\tan(\theta)$ en los ángulos originales. Estas funciones inversas se denominan arccos, arcsen y arctan, respectivamente. Con ellas, podemos calcular fácilmente los restantes ángulos de cualquier triángulo rectángulo dadas las longitudes de dos lados.

El cómputo propiamente dicho de estas funciones trigonométricas se hace utilizando series de Taylor, pero el lector no debe preocuparse: la biblioteca matemática de su lenguaje de programación favorito ya las incluye. Las funciones trigonométricas tienden a ser numéricamente inestables, por lo que es recomendable andar con cuidado. No se debe esperar que θ sea exactamente igual a $\text{arcsen}(\text{sen}(\theta))$, especialmente para ángulos muy grandes o muy pequeños.

13.2.3 Resolución de triángulos

Dos poderosas fórmulas trigonométricas nos permiten calcular importantes propiedades de los triángulos. La *ley de los senos* proporciona la relación entre los lados y los ángulos de cualquier triángulo. Para ángulos A, B, C, y lados opuestos a, b, c (como se muestra en la figura 13.2(izquierda)),

$$\frac{a}{\text{sen}\,A} = \frac{b}{\text{sen}\,B} = \frac{c}{\text{sen}\,C}$$

La *ley de los cosenos* es una generalización del teorema de Pitágoras, más allá de los ángulos rectos. Para cada triángulo con ángulos A, B, C, y lados opuestos a, b, c,

$$a^2 = b^2 + c^2 - 2bc \cos A$$

La resolución de triángulos es el arte de obtener los ángulos y las longitudes de los lados no conocidos de un triángulo dado un subconjunto de dichas medidas. Tales problemas pertenecen a una de estas dos categorías:

- *Dados dos ángulos y un lado, encontrar el resto* — Encontrar el tercer ángulo es fácil, puesto que entre los tres han de sumar $180^\text{o} = \pi$ radianes. La ley de los senos nos proporciona la forma de encontrar las longitudes desconocidas de los lados.

- *Dados dos lados y un ángulo, encontrar el resto* — Si el ángulo está entre los dos lados, la ley de los cosenos no indica el camino para encontrar la longitud del otro lado. Entonces, basta aplicar la ley de los senos para obtener los ángulos desconocidos. En otro caso, podemos utilizar la ley de los senos y la propiedad de la suma de los ángulos para determinar todos los ángulos, y entonces la ley de los cosenos para conocer la longitud del lado que nos falta.

El área $A(T)$ de un triángulo T viene dado por $A(T) = (1/2)ab$, donde a es la altura y b es la base del triángulo. La base es uno cualquiera de los lados, mientras que la altura es la distancia desde el tercer vértice a esta base, como se puede ver en la figura 13.2(derecha). Esta altura se puede calcular fácilmente bien por trigonometría o por el teorema de Pitágoras, dependiendo de lo que se conozca del triángulo.

Otra forma de abordar el cálculo del área de un triángulo es, directamente, a partir de su representación por coordenadas. Usando álgebra lineal y determinantes, se puede demostrar que el área (con signo) $A(T)$ del triángulo $T = (a, b, c)$ es

$$2 \cdot A(T) = \begin{vmatrix} a_x & a_y & 1 \\ b_x & b_y & 1 \\ c_x & c_y & 1 \end{vmatrix} = a_x b_y - a_y b_x + a_y c_x - a_x c_y + b_x c_y - c_x b_y$$

Esta fórmula se generaliza elegantemente para calcular $d!$ (factorial de d) veces el volumen de un *simplex* en d dimensiones.

Hay que tener en cuenta que las áreas con signo pueden ser negativas, por lo que tenemos que tomar el valor absoluto como el área de hecho. Esto es una alternativa, no un fallo. En la sección 14.1, veremos cómo se puede utilizar el signo del área en la construcción de importantes primitivas para la geometría computacional.

```
1  double signed_triangle_area(point a, point b, point c)
2  {
3          return( (a[X]*b[Y] - a[Y]*b[X] + a[Y]*c[X]
4                  - a[X]*c[Y] + b[X]*c[Y] - c[X]*b[Y]) / 2.0 );
5  }
6
7  double triangle_area(point a, point b, point c)
```

```
 8  {
 9          return( fabs(signed_triangle_area(a,b,c)) );
10  }
```

13.3 Círculos

Una *circunferencia* se define como el conjunto de puntos que están a una distancia dada (o *radio*) de su *centro*, (x_c, y_c). Un *círculo* es la circunferencia más su interior, es decir, el conjunto de puntos cuya distancia al centro es, a lo sumo, r.

- *Representación* — Hay dos formas básicas en que se puede representar un círculo, bien como un trio de puntos frontera, o por el par centro/radio. Para la mayoría de las aplicaciones, la representación centro/radio resulta más conveniente:

```
1  typedef struct {
2          point c;                /* centro del círculo */
3          double r;               /* radio del círculo */
4  } circle;
```

La ecuación de una circunferencia se deduce directamente de esta representación centro/-radio. Puesto que la distancia entre dos puntos se define como

$$\sqrt{(x_1 - x_2)^2 + (y_1 - y_2)^2},$$

la ecuación de una circunferencia de radio r es

$$r = \sqrt{(x - x_c)^2 + (y - y_c)^2}, \text{ o su equivalente } r^2 = (x - x_c)^2 + (y - y_c)^2$$

para desembarazarse de la raíz.

- *Circunferencia y área* — Hay muchas magnitudes importantes asociadas con círculos y que son fáciles de calcular. Tanto el área A como la longitud de la frontera (circunferencia) C de un círculo dependen de la mágica constante $\pi = 3{,}1415926$. Concretamente, $A = \pi r^2$ y $C = 2\pi r$. Memorizar muchos más dígitos de π es una buena forma de probar que uno es un *geek*[2]. El *diámetro*, o mayor distancia en línea recta dentro del círculo, es simplemente $2r$.

- *Tangentes* — Una recta l lo más probable es que corte a la frontera de un círculo c en cero puntos o en dos, el primer caso se da cuando la recta no toca a c en absoluto y el segundo cuando la recta cruza el interior de c. El único caso restante es cuando la recta l contacta con la frontera de c pero no con su interior. Tales rectas se denominan *tangentes*.

  La construcción de una recta l tangente a c y que pase por un punto dado O se ilustra en la figura 13.3. El punto de contacto entre c y l está sobre la recta perpendicular a l pasando por el centro de c. Puesto que el triángulo con lados de longitudes r, d y x

---

[2]Fanático de la informática, entre otras cosas. En http://es.wikipedia.org/wiki/Geek hay más detalles.

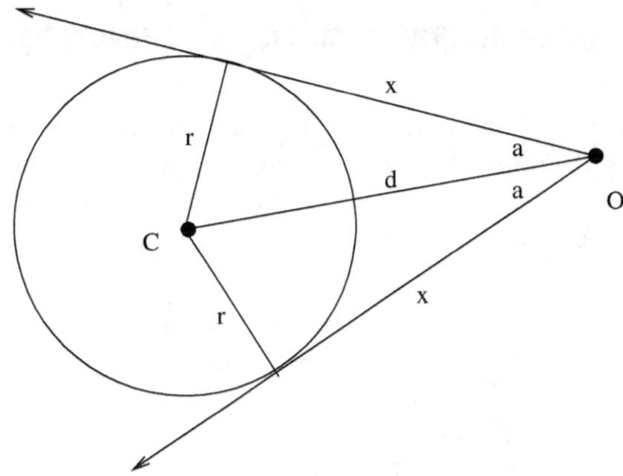

Figura 13.3: Construcción de la recta tangente a un círculo desde O.

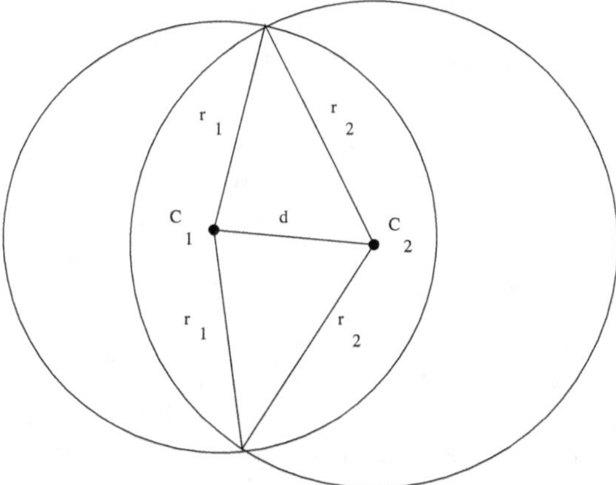

Figura 13.4: Los puntos de intersección de dos círculos.

es rectángulo, podemos calcular la longitud desconocida x de la tangente mediante el teorema de Pitágoras. A partir de x, ya podemos computar bien sea el punto de tangencia o el ángulo a. La distancia d desde O al centro se calcula usando la fórmula de la distancia entre dos puntos.

- *Intersecciones entre círculos* — Dos círculos c_1 y c_2 de radios distintos r_1 y r_2 pueden estar relacionados de varias maneras. Los círculos se cortarán si, y sólo si, la distancia entre sus centros es a lo sumo $r_1 + r_2$. El círculo más pequeño (digamos, c_1) estará completamente contenido en c_2 si, y sólo si, la distancia entre sus centros más r_1 es a lo sumo r_2. El otro caso se da cuando las fronteras de ambos círculos se cortan en dos puntos. Como muestra la figura 13.4, los puntos de intersección forman unos triángulos con los dos centros, cuyos lados tienen una longitud totalmente determinada (r_1, r_2, y la distancia entre los centros), de forma que los ángulos y las coordenadas se pueden calcular cuando se necesiten.

13.4 Ejemplo de diseño de un programa: más rápido que una bala

Superman tiene al menos dos poderes que los mortales normales no poseen, a saber, la visión
por rayos X, y la habilidad de volar más deprisa que una bala. Algunas de sus otras habilidades
no son tan impresionantes: si nos lo proponemos, cualquiera de nosotros podríamos cambiarnos
de ropa en una cabina telefónica.

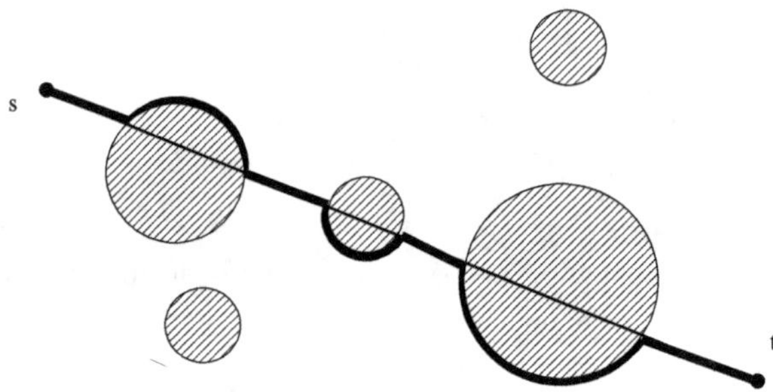

Figura 13.5: Plan de vuelo de Superman, con la densidad de rayos X asociada.

Superman trata de demostrar sus poderes entre su actual posición $s = (x_s, y_s)$ y una posición
de destino $t = (x_t, y_t)$. El entorno está lleno de obstáculos circulares (o cilíndricos). La visión
de rayos X de Superman no tiene un alcance ilimitado, sino que está acotada por la cantidad
de material a través del que tiene que ver. Está ansioso por calcular la longitud total de la
intersección con los obstáculos entre estos dos puntos para saber si puede intentar este truco.

Si esto falla, al Hombre de Acero le gustaría volar desde su actual posición al objetivo. Él puede
ver a través de los objetos, pero no atravesarlos volando. El trayecto preferido (figura 13.5)
va recto hacia el destino, hasta que choca en un objeto. En este punto, vuela a lo largo de la
frontera del círculo hasta que retoma la línea recta que enlaza las posiciones inicial y final de
su viaje. Este no es el recorrido más corto libre de obstáculos, pero Superman no es totalmente
estúpido, siempre toma el arco más corto de los dos posibles para rodear el círculo.

Podemos suponer que ninguno de los obstáculos circulares se intersecan entre sí, y que ambas
posiciones, la inicial y la final, están fuera de los obstáculos. Los círculos son especificados dando
las coordenadas del centro y el radio.

Resolver este problema requiere tres operaciones geométricas básicas. Necesitamos ser capaces de (1) comprobar si un círculo dado se corta con la recta l entre el punto de partida y el de destino, (2) calcular la longitud de la cuerda intersección entre l y el círculo, y (3) computar la longitud del arco alrededor del trozo más pequeño de un círculo atravesado por l.

La primera tarea es relativamente fácil. Basta encontrar la magnitud de la distancia más corta desde el centro del círculo a l. Si esta es menor que el radio, se cortan; si no, no lo hacen. Para saber si dicha intersección tiene lugar entre s y t, basta con comprobar si el punto de l más próximo al centro del círculo está en el intervalo delimitado por s y t. Medir las consecuencias de la intersección se presenta más difícil. Un enfoque sería comenzar calculando las coordenadas de los puntos de intersección entre la recta y el círculo. Aunque se podría hacer igualando las ecuaciones del círculo y la recta, y resolviendo la ecuación cuadrática que resulta, esto será un lío. *Habitualmente, para resolver un problema geométrico existe una forma más sencilla que la de encontrar explícitamente las coordenadas de los puntos.*

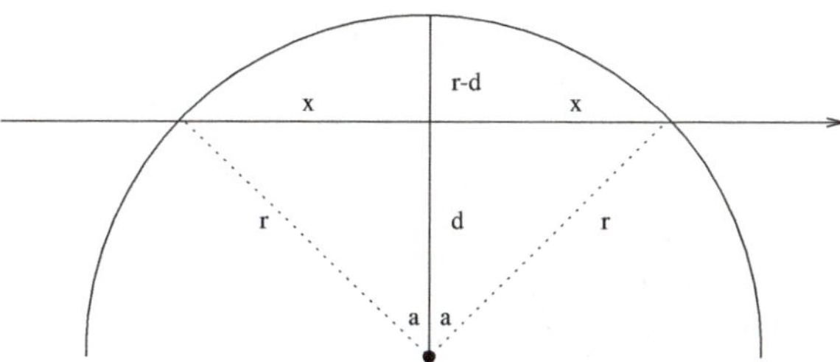

Figura 13.6: Cálculo de la cuerda y las longitudes de los arcos en una intersección recta-círculo.

Dicho camino más sencillo se ve claramente en la figura 13.6. La longitud de la cuerda intersección es igual a $2x$ en el diagrama. Sabemos que d, la distancia más corta del l al centro se alcanza en la recta perpendicular a l. Por tanto, los cuatro ángulos en la intersección son rectos, incluyendo los dos ángulos que pertenecen a los triángulos de lados r, d y x. Ahora se puede obtener x aplicando el teorema de Pitágoras.

La longitud del arco del camino más corto para rodear el círculo se puede obtener a partir del ángulo a de este triángulo. El arco que nos interesa está determinado por el ángulo $2a$ (en radianes), y por tanto es $(2a)/(2\pi)$ por el total de la circunferencia del círculo, que es exactamente $2\pi r$. El ángulo se calcula fácilmente a partir de los lados del triángulo usando las funciones trigonométricas inversas.

Visto de esta forma, y utilizando las subrutinas desarrolladas anteriormente, la solución se vuelve muy sencilla:

```c
    point s;                        /* posición inicial de Superman */
    point t;                        /* posición objetivo */
    int ncircles;                   /* número de círculos */
    circle c[MAXN];                 /* estructura de datos círculo */

    superman()
    {   line l;                     /* recta desde la salida al objetivo */
        point close;                /* punto más cercano */
        double d;                   /* distancia al centro del círculo */
        double xray = 0.0;          /* tramo intersección con los círculos */
        double around = 0.0;        /* longitud de los arcos de círculo */
        double angle;               /* ángulo subtendido por el arco */
        double travel;              /* distancia total recorrida */
        int i;                      /* contador */
        double asin(), sqrt();
        double distance();

        points_to_line(s,t,&l);

        for (i=1; i<=ncircles; i++) {
                closest_point(c[i].c,l,close);
                d = distance(c[i].c,close);
                if ((d>=0) && (d < c[i].r) && point_in_box(close,s,t)) {
                        xray += 2*sqrt(c[i].r*c[i].r - d*d);
                        angle = acos(d/c[i].r);
                        around += ((2*angle)/(2*PI)) * (2*PI*c[i].r);
                }
        }

        travel = distance(s,t) - xray + around;
        printf("Superman sees thru %7.3lf units, and flies %7.3lf units\n",
                xray, travel);
            /* Superman ve a traves de 'xray' unidades y vuela 'travel' */
    }
```

13.5 Bibliotecas de funciones trigonométricas

Las bibliotecas trigonométricas de los diferentes lenguajes de programación tienden a ser muy
similares. Conviene asegurarse de saber si la que usamos trabaja en grados o radianes y en que
rango nos devuelven los ángulos las funciones trigonométricas inversas. Así mismo, conocer que
semi-periodos asumen las funciones inversas del seno y el coseno. Estas no pueden determinar
el ángulo sobre el rango completo de $360^\circ = 2\pi$ radianes, sino únicamente sobre un periodo de
$180^\circ = \pi$ radianes.

Bibliotecas trigonométricas en C/C++

La biblioteca matemática estándar de C/C++ `math.h` tiene todas las funciones trigonométricas habituales. Hay que asegurarse de compilar incluyendo la biblioteca matemática para que la operación resulte correcta:

```
#include <math.h>

double cos(double x);             /* calcula el coseno de x radianes */
double acos(double x);            /* calcula el arco coseno de un x en [-1,1] */

double sin(double x);             /* calcula el seno de x radianes */
double asin(double x);            /* calcula el arco seno de de un x en[-1,1] */

double tan(double x)              /* calcula la tangente de x radianes */
double atan(double x);            /* calcula el valor principal de arctan de x */
double atan2(double y, double x); /* calcula el arco tangente de y/x */
```

La principal razón para utilizar dos funciones arctan diferentes es identificar correctamente en cuál de los cuatro cuadrantes está el ángulo. Esto depende de los signos de las dos coordenadas x e y.

Bibliotecas trigonométricas en Java

Las funciones trigonométricas de Java están contenidas en `java.lang.Math`, y suponen que los ángulos están dados en radianes. Se suministran funciones de biblioteca para convertir entre grados y radianes. Todas las funciones son estáticas, con una funcionalidad muy parecida a la biblioteca C:

```
double cos(double a);     // Da el coseno trigonométrico del ángulo a.
double acos(double a);    // Da el arco coseno de a, un ángulo en [0,pi].

double sin(double a);     // Da el seno trigonométrico del ángulo a.
double asin(double a);    // Da el arco seno de a, un ángulo en [-pi/2,pi/2].

double tan(double a);     // Da la tangente trigonométrica del ángulo a.
double atan(double a);    // Da el arco tangente de a, un ángulo en [-pi/2,pi/2].
double atan2(double a, double b);  // Convierte (b, a) a polares (r, theta).

double toDegrees(double angrad);   // Convierte ángulos de radianes a grados.
double toRadians(double angdeg);   // Convierte ángulos de grados a radianes.
```

13.6 Problemas

13.6.1 El perro y el topo

ID en Online Judge: 10310 — **Popularidad:** A — **Tasa de éxito:** media — **Nivel:** 1

En un campo bastante grande viven un perro y un topo. El perro quiere comerse al topo, mientras que este, lo que quiere es ponerse a salvo en alguna de las toperas que ha cavado en la superficie del campo.

Ni el perro ni el topo saben mucho de matemáticas, aunque ninguno de los dos es totalmente imbécil. El topo decide ir a una topera en concreto, y se dirige a ella en línea recta a una velocidad constante. El perro, que tiene una gran habilidad para entender el lenguaje corporal, es capaz de adivinar la topera que ha elegido el topo. El perro se dirige, al doble de velocidad que el topo, hacia la topera. Si el perro llega antes a la topera, el topo es capturado; en caso contrario, el topo escapa. El topo nos ha contratado para que le ayudemos a elegir la topera por la que puede escapar, si es que existe.

Entrada

La entrada consta de varios casos de prueba. La primera línea de cada caso contiene un entero y cuatro números de coma flotante. El entero n indica el número de toperas que hay en el campo. Los cuatro números de coma flotante determinan las coordenadas (x, y) del topo, seguidas por las coordenadas (x, y) del perro. Las siguientes n líneas de la entrada contienen dos números de coma flotante cada una: las coordenadas (x, y) de cada una de las toperas. Todas las distancias se dan en metros, con precisión al milímetro más cercano. Habrá una línea en blanco entre cada dos casos de prueba. El carácter de fin de archivo indica el final de la entrada.

Salida

Mostrar una única línea por cada caso de entrada. Si el topo puede escapar, la línea deberá decir "The gopher can escape through the hole at x,y)." (*El topo puede escapar por el hoyo que hay en x,y*), identificando la topera adecuada con preción al milímetro más cercano. En caso contrario, el mensaje será "The gopher cannot escape." (*El topo no puede escapar*). Si el topo puede escapar por más de una topera, se debe indicar aquella que aparezca en primer lugar en la entrada. Puede haber un máximo de 1.000 toperas y todas las coordenadas estarán en el intervalo entre –10.000 y +10.000.

Ejemplo de entrada

```
1 1.000 1.000 2.000 2.000
1.500 1.500

2 2.000 2.000 1.000 1.000
1.500 1.500
2.500 2.500
```

Ejemplo de salida

```
The gopher cannot escape.
The gopher can escape through the hole at (2.500,2.500).
```

ID en Online Judge: 10180 — **Popularidad:** B — **Tasa de éxito:** media — **Nivel:** 2

El tirasoga es un juego muy popular en Cuerdalandia, más o menos igual que el cricket en Bangladesh. Dos grupos de jugadores se colocan a ambos extremos de una cuerda y tiran. El grupo que consiga arrancar la cuerda al otro es el ganador.

Debido a la existencia de recortes en los suministros de cuerda, el rey del país ha declarado que los grupos no podrán comprar más cuerda de la que necesiten.

El tirasoga se practica en una habitación grande, que contiene un gran pilar redondo de un radio determinado. Si los dos grupos se colocan en lados opuestos del pilar, la cuerda de la que tiran no puede formar una línea recta. Partiendo de la posición de los dos grupos, determinar la longitud mínima de cuerda que necesitan para comenzar a jugar al tirasoga. Podemos asumir que la posición de cada grupo está determinada por un solo punto.

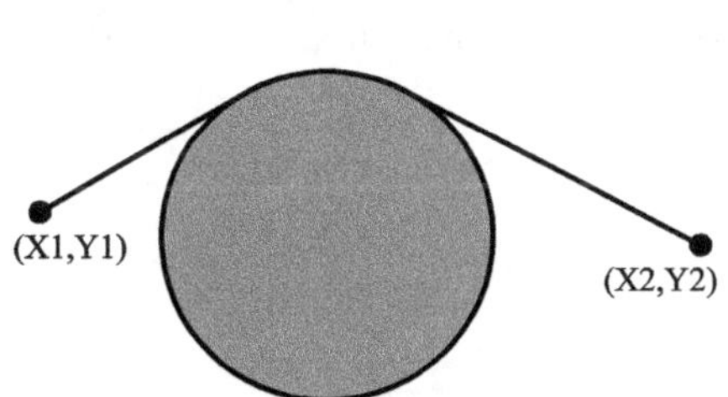

Dos grupos con el pilar entre ellos.

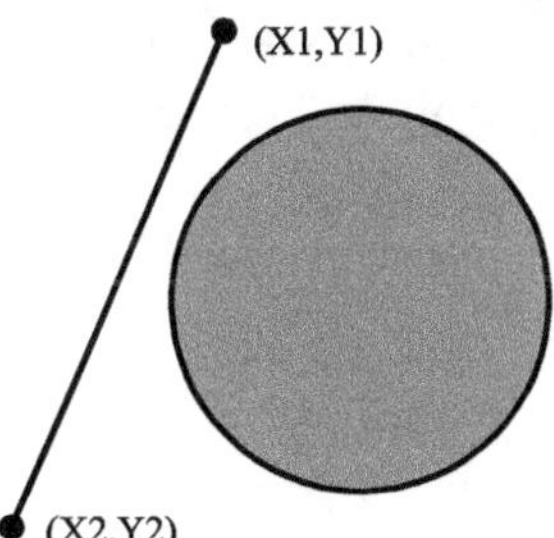

Dos grupos no afectados por el pilar.

Entrada

La primera línea de la entrada consta de un entero N, que indica el número de casos de prueba. Las siguientes N líneas contienen, cada una de ellas, cinco números X_1, Y_1, X_2, Y_2 y R, donde (X_1, Y_1) y (X_2, Y_2) son las coordenadas de los dos grupos y $R > 0$ es el radio del pilar.

El centro del pilar se sitúa siempre en el origen, y podemos asumir que ninguno de los dos equipos comienza en el círculo. Todos los valores de la entrada, excepto N, son de coma flotante, y su valor absoluto $\leq 10,000$.

Salida

Por cada caso de la entrada, mostrar, en una línea independiente, un número de coma flotante redondeado al tercer decimal, que indique la longitud mínima de cuerda que se necesita.

Ejemplo de entrada

```
2
1 1 -1 -1 1
1 1 -1 1 1
```

Ejemplo de salida

```
3.571
2.000
```

13.6.3 Los Caballeros de la Mesa Redonda

ID en Online Judge: 10195 — **Popularidad:** A — **Tasa de éxito:** media — **Nivel:** 2

El Rey Arturo está planeando construir una mesa redonda en una habitación que tiene una ventana triangular en el techo. Quiere que el sol ilumine su mesa redonda. En concreto, quiere que la mesa esté completamente iluminada cuando el sol llegue a su punto más alto al mediodía.

Por ello, la mesa debe ser construida en un área triangular concreta de la habitación. Evidentemente, el deseo del rey es que la mesa sea lo más grande posible, siempre que cumpla con las características especificadas.

Como Merlín ha salido a comer, debemos escribir un programa que determine el radio de la mesa circular más grande posible que puede ubicarse dentro de la zona iluminada por el sol.

Entrada

Habrá un número arbitrario de casos de prueba, representado cada uno de ellos por tres números reales (a, b y c), que indican la longitud de los lados del área triangular. Ninguna de las longitudes será superior a 1.000.000, y podemos asumir que máx$(a, b, c) \leq (a + b + c)/2$.

Se debe leer la entrada hasta llegar al carácter de fin de archivo.

Salida

Por cada configuración de las habitaciones que haya en la entrada, se debe mostrar la siguiente línea:

The radius of the round table is: r

donde r es el radio de la mesa redonda más grande posible que se pueda colocar dentro de la zona iluminada por el sol, con precisión de tres decimales.

Ejemplo de entrada

```
12.0 12.0 8.0
```

Ejemplo de salida

```
The radius of the round table is: 2.828
```

13.6.4 Galletas de virutas de chocolate

ID en Online Judge: 10136 — **Popularidad:** C — **Tasa de éxito:** media — **Nivel:** 3

Hacer galletas de virutas de chocolate requiere mezclar harina, sal, aceite, levadura y virutas de chocolate para hacer la masa, que se extiende con un rodillo para formar una lámina cuadrada de unos 50 centímetros de lado. De esta lámina se cortan círculos, que se colocan en una bandeja para galletas y se hornean durante unos 20 minutos. Cuando las galletas están terminadas, se sacan del horno y se dejan enfriar antes de servirlas.

Lo que nos preocupa aquí es el proceso del corte de la primera galleta, una vez que se ha extendido la masa. Cada viruta es visible en la lámina de masa, por lo que lo único que tenemos que hacer es colocar el molde de corte, de forma que maximicemos el número de virutas de chocolate contenidas en su perímetro.

Entrada

La entrada consta de un único entero positivo en una línea independiente, que indica el número de casos de prueba. A esta línea le sigue una en blanco. Además, habrá una línea en blanco entre cada dos casos de prueba.

Cada caso de la entrada consta de varias líneas, cada una de ellas con dos números en coma flotante, que indican las coordenadas (x, y) de una viruta en la superficie cuadrada de la masa de las galletas. Cada coordenada está contenida entre 0,0 y 50,0 (centímetros). Podemos considerar a cada viruta de chocolate como un punto; es decir, no son las galletas seleccionadas para el Presidente. Las virutas, 200 como máximo, están situadas en posiciones diferentes.

Salida

Por cada caso de prueba, se debe mostrar un único entero: el número máximo de virutas que pueden estar contenidas en una única galleta, cuyo diámetro es de 5 centímetros. No es necesario que la galleta esté contenida por completo en el cuadrado de masa de 50 centímetros de lado (es decir, puede tener un lado plano).

La salida de dos casos de prueba consecutivos estará separada por una línea en blanco.

Ejemplo de entrada

```
1

4.0 4.0
4.0 5.0
5.0 6.0
1.0 20.0
1.0 21.0
1.0 22.0
1.0 25.0
1.0 26.0
```

Ejemplo de salida

```
4
```

ID en Online Judge: 10167 — **Popularidad:** C — **Tasa de éxito:** media — **Nivel:** 2

Lucy y Lily son gemelas. Hoy es su cumpleaños, así que su madre les ha comprado una tarta. En ella hay $2N$ guindas, donde $1 \leq N \leq 50$. La madre quiere cortar la tarta en dos mitades con un sólo corte que pase por el centro, de forma que las dos gemelas reciban la misma cantidad de tarta y el mismo número de guindas. ¿Podremos ayudarla?

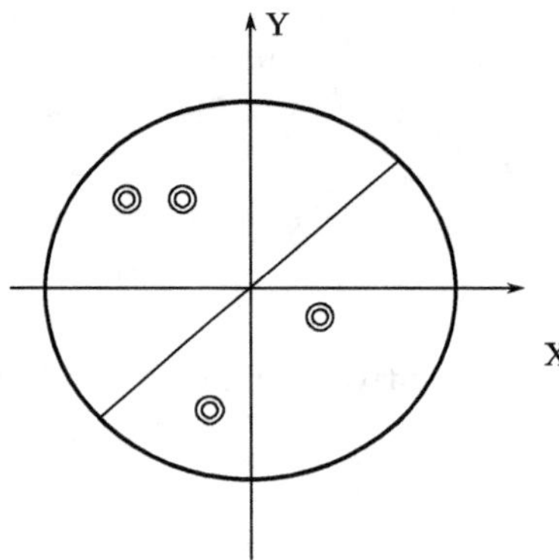

La tarta tiene un radio de 100 y su centro está situado en $(0,0)$. Las coordenadas de cada guinda están indicadas por dos enteros (x, y). Debemos indicar la línea de corte con el formato $Ax + By = 0$, donde tanto A como B son enteros en el rango $[-500, 500]$. No puede haber guindas en la línea de corte. Siempre habrá, al menos, una solución en cada caso de prueba.

Entrada

La entrada contiene varios casos de prueba. La primera línea de cada caso consta del entero N. A este le siguen $2N$ líneas, que contienen, cada una, la ubicación (x, y) de una guinda, con un espacio entre ellas. La entrada finaliza cuando $N = 0$.

Salida

Por cada caso de prueba, mostrar una línea que contenga A y B con un espacio entre ellos. Si existen varias soluciones, cualquiera de ellas será válida.

Ejemplo de entrada

```
2
-20 20
-30 20
-10 -50
10 -5
0
```

Ejemplo de salida

```
0 1
```

13.6.6 La caja más grande/más pequeña

ID en Online Judge: 10215 — **Popularidad:** A — **Tasa de éxito:** media — **Nivel:** 2

La siguiente figura muestra una tarjeta rectangular de ancho W, largo L y grosor 0. Se recortan cuatro cuadrados, de dimensiones $x \times x$, de cada una de las cuatro esquinas de la tarjeta, como muestran las líneas de puntos. A continuación, se dobla la tarjeta por las líneas discontínuas para construir una caja sin tapa.

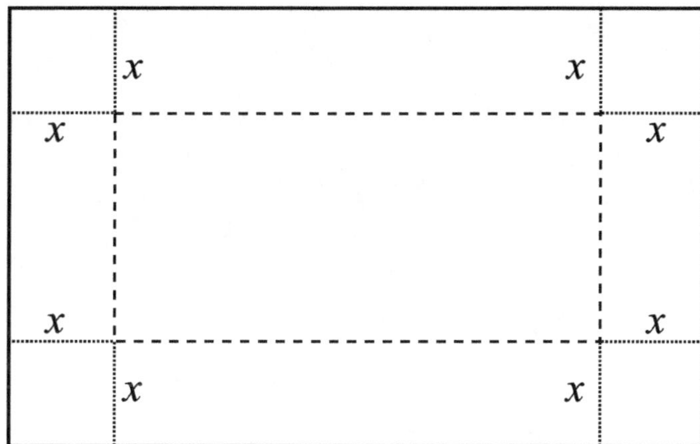

Dados el ancho y el alto de la caja, hallar los valores de x para que la caja tenga el máximo y el mínimo volumen.

Entrada

La entrada consta de varios casos de prueba. Cada línea contiene dos enteros positivos de coma flotante L ($0 < L < 10{,}000$) y W ($0 < W < 10{,}000$), que indican el largo y el ancho de la tarjeta, respectivamente.

Salida

Por cada línea de la entrada, mostrar una línea de salida que contenga dos o más números de coma flotante separados por un espacio en blanco. Cada número en coma flotante debe tener tres cifras decimales. El primero de los números indica el valor para el que el volumen de la caja es máximo, mientras que los siguientes valores (en orden ascendente), indican los valores de x que minimizan el volumen de la caja.

Ejemplo de entrada

```
1 1
2 2
3 3
```

Ejemplo de salida

```
0.167 0.000 0.500
0.333 0.000 1.000
0.500 0.000 1.500
```

13.6.7 ¿Se trata de integración?

ID en Online Judge: 10209 — **Popularidad:** A — **Tasa de éxito:** alta — **Nivel:** 3

La siguiente imagen muestra un cuadrado $ABCD$, donde $AB = BC = CD = DA = a$. Se dibujan cuatro arcos, que toman como centros los cuatro vértices A, B, C, D y a como radio. El arco que se dibuja tomando A como centro comienza en el vértice contíguo B y termina en el vértice contíguo D. El resto de arcos se dibujan de una forma similar. Con este método se crean regiones de tres formas diferentes. Debemos determinar el área de los diferentes tipos de regiones.

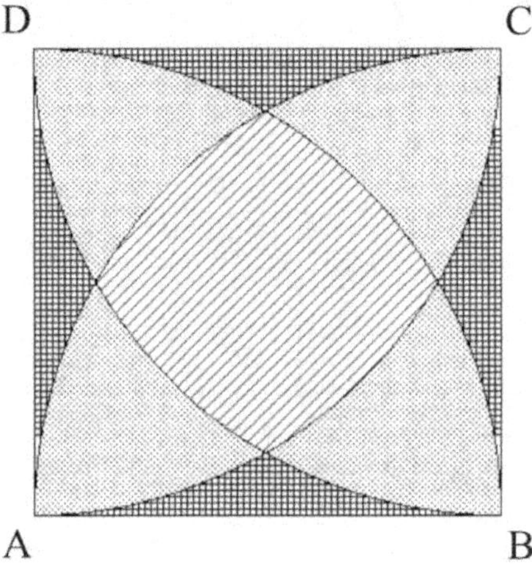

Entrada

Cada línea del archivo de entrada contiene un número de coma flotante a, que indica la longitud del lado del cuadrado, donde $0 \le a \le 10{,}000{,}0$. La entrada finaliza con el carácter de fin de archivo.

Salida

Por cada caso de prueba, se debe mostrar en una única línea el área de los diferentes tipos de regiones de la imagen anterior. La precisión de cada número de coma flotante debe ser de tres decimales. El primer número de cada caso debe corresponder al área de la region rayada, el segundo número al de la región punteada y el tercer número al del resto del área.

Ejemplo de entrada

```
0.1
0.2
0.3
```

Ejemplo de salida

```
0.003 0.005 0.002
0.013 0.020 0.007
0.028 0.046 0.016
```

ID en Online Judge: 10012 — **Popularidad:** B — **Tasa de éxito:** baja — **Nivel:** 3

Ian se va a California y debe empaquetar sus cosas, incluyendo su colección de círculos. Partiendo de un conjunto de círculos, el programa debe determinar la caja rectangular más pequeña en la que quepan todos.

Todos los círculos deben tocar el fondo de la caja. La siguiente figura muestra un empaquetado adecuado de un conjunto de círculos, aunque puede no ser el óptimo para estos círculos en concreto. En un empaquetado ideal, cada círculo debe tocar, al menos, a otro de los círculos, aunque eso no es muy difícil de imaginar.

Entrada

La primera línea de la entrada contiene un único entero positivo n, $n \leq 50$. Esto indica el número de casos de prueba que se presentan a continuación. Las siguientes n líneas constan de una serie de números separados por espacios. El primer número de cada una de estas líneas es un entero positivo m, $m \leq 8$, que indica la cantidad de números que aparecen en el resto de la línea. Los siguientes m números de la línea son los radios de los círculos que se deben empaquetar en una sola caja. Estos números no tienen por qué ser enteros.

Salida

Por cada caso de prueba, el programa debe mostrar el tamaño del réctangulo más pequeño posible que puede albergar los círculos. Cada caso debe mostrarse en una línea independiente, utilizando una precisión de tres decimales. No se deben mostrar ceros a la izquierda salvo que el número sea inferior a 1, como por ejemplo 0.543.

Ejemplo de entrada

```
3
3 2.0 1.0 2.0
4 2.0 2.0 2.0 2.0
3 2.0 1.0 4.0
```

Ejemplo de salida

```
9.657
16.000
12.657
```

13.7 Sugerencias

13.6.1 El agujero más próximo, ¿es *realmente* el lugar más seguro para el topo?

13.6.2 ¿Es de alguna ayuda calcular las rectas tangentes al pilar?

13.6.3 ¿Cuántos lados del triángulo tiene que tocar la mesa?

13.6.4 ¿Es siempre posible mover el cortador circular de forma que haya algún punto de chocolate en su frontera? ¿Si es posible, cuántos? Entre este dato y el radio, ¿quedan determinados todos los emplazamientos "interesantes"del cortador?

13.6.5 Siempre existe una solución a este problema si eliminamos la restricción de que la línea de corte tenga coordenadas enteras, ¿puede probarlo? ¿Existe una solución más eficiente que probar todos los posibles pares A y B?

13.6.6 ¿Para qué valores de x la caja tiene un volumen cero? Es útil el círculo para maximizar el volumen.

13.6.7 ¿Podemos usar inclusión-exclusión para obtener el área de regiones complicadas a partir de partes fáciles de calcular?

13.6.8 ¿Es mejor ordenar los círculos del mayor al más pequeño, o entremezclarlos? ¿Puede ser el orden incluso *indiferente*? ¿Funcionará el rastreo exhaustivo por retroceso para este problema?

Capítulo 14

Geometría computacional

La geometría computacional es cada vez más importante en aplicaciones tales como el tratamiento de imágenes, robótica y diseño asistido por ordenador, porque la forma es una propiedad inherente de los objetos reales. Pero la mayoría de los objetos del mundo real no están hechos de rectas que llegan al infinito. En cambio, la mayoría de los programas de ordenador representan la geometría como *arrays* de segmentos de recta. Curvas arbitrariamente cerradas o siluetas se pueden representar mediante colecciones ordenadas de segmentos de recta o *polígonos*.

La geometría computacional se puede definir (para el uso que vamos a hacer) como la geometría de los segmentos de recta aislados y los polígonos. Es un tema entretenido e interesante, pero que normalmente no se enseña en los niveles escolares obligatorios. Esto da al estudiante ambicioso, que aprende un poco de geometría computacional, una cierta ventaja en las competiciones, y una ventana a un área fascinante de algoritmos que aún son objeto de investigación activa. Existen libros excelentes sobre geometría computacional [30, 5], pero este capítulo debería ser suficiente para empezar.

14.1 Segmentos de recta e intersección

Un *segmento de recta s* es el trozo de una recta *l* comprendido entre dos puntos, incluyendo a los mismos. Por tanto, los segmentos de recta se representan de forma natural por el par de sus puntos extremos.

```
1  typedef struct {
2      point p1,p2;          /* puntos extremos del segmento de recta */
3  } segment;
```

La primitiva más importante sobre segmentos, comprobar si un par de ellos se cortan, resulta sorprendentemente complicada debido a los complejos casos especiales que se dan. Dos segmentos pueden estar sobre rectas paralelas, lo que implica que no se pueden cortar. Un segmento puede cortar a otro en uno de los extremos, o los dos segmentos pueden tener una parte coincidente, de forma que la intersección es un segmento en lugar de un sólo punto.

Este problema de los casos geométricos especiales, o *degeneraciones*, complica de manera significativa la labor de hacer implementaciones robustas de los algoritmos de geometría computacional. Abordar las degeneraciones es una cuestión que realmente se puede atragantar. Es preciso leer con mucho cuidado las especificaciones de cada problema para ver si garantizan que no hay líneas paralelas o segmentos superpuestos. Si no se tiene esa seguridad, lo mejor es programar defensivamente y tenerlas en cuenta.

La forma correcta de enfrentarse con tales degeneraciones es basar toda la computación en un pequeño número de primitivas geométricas cuidadosamente elaboradas. En el capítulo 13, hemos implementado el tipo general de datos line, que funciona perfectamente con las líneas verticales, es decir, las que tienen pendiente infinita. Podemos sacar provecho de esto generalizando nuestras rutinas de la intersección de rectas para los segmentos de recta:

```
bool segments_intersect(segment s1, segment s2)
{
        line l1,l2;      /* rectas que contienen los segmentos de entrada */
        point p;         /* punto de intersección */

        points_to_line(s1.p1,s1.p2,&l1);
        points_to_line(s2.p1,s2.p2,&l2);

        if (same_lineQ(l1,l2))   /* segmentos disjuntos o superpuestos */
                return( point_in_box(s1.p1,s2.p1,s2.p2) ||
                        point_in_box(s1.p2,s2.p1,s2.p2) ||
                        point_in_box(s2.p1,s1.p1,s1.p2) ||
                        point_in_box(s2.p2,s1.p1,s1.p2) );

        if (parallelQ(l1,l2)) return(FALSE);

        intersection_point(l1,l2,p);

        return(point_in_box(p,s1.p1,s1.p2) && point_in_box(p,s2.p1,s2.p2));
}
```

Usaremos nuestras rutinas de intersección para encontrar un punto de corte de las rectas, en el caso de que exista. En caso afirmativo, la siguiente cuestión es si este punto está dentro de la región definida por nuestros segmentos de recta. Esto resulta más fácil de confirmar, comprobando si el punto de intersección cae dentro del rectángulo acotado alrededor de los segmentos, que viene definido por los puntos extremos de los mismo:

```
bool point_in_box(point p, point b1, point b2)
{
        return( (p[X] >= min(b1[X],b2[X])) && (p[X] <= max(b1[X],b2[X]))
            && (p[Y] >= min(b1[Y],b2[Y])) && (p[Y] <= max(b1[Y],b2[Y])) );
}
```

La intersección de segmentos también se puede establecer claramente usando una primitiva para comprobar si tres puntos ordenados giran en la dirección contraria a las agujas del reloj. Tal primitiva se describe en la siguiente sección. Sin embargo, el método point_in_box nos parece más intuitivo.

14.2 Cálculos de polígonos y ángulos

Los *polígonos* son cadenas cerradas de segmentos de rectas que no se cortan entre sí. Que sean cerradas significa que el primer vértice de la cadena coincide con el último. Que no se corten, significa que los pares de segmentos sólo inciden en los extremos.

Los polígonos son la estructura básica para describir las formas en el plano. En lugar de dar una relación explícita de los segmentos (o lados) del polígono, podemos representarlos implícitamente dando la lista de los n vértices ordenados siguiendo la frontera del polígono. Entonces, existe un segmento entre los puntos i-ésimo e $i+1$-ésimo para $0 \leq i \leq n-1$. Tomamos los índices módulo n para asegurarnos de que existe un lado entre el primer punto y el último:

```c
typedef struct {
        int n;                       /* número de puntos del polígono */
        point p[MAXPOLY];            /* vector de puntos del polígono */
} polygon;
```

Un polígono P es *convexo* si cualquier segmento de recta delimitado por dos puntos dentro de P está totalmente contenido en P, es decir, no hay entrantes ni salientes que permitan que el segmento pueda salir y volver a entrar en P. Esto implica que todos los ángulos interiores en un polígono convexo tienen que ser menores de 180º o π radianes.

De hecho, calcular el ángulo definido por tres puntos consecutivos es un problema delicado. En la mayoría de los algoritmos geométricos, podemos evitar la necesidad de conocer el valor de los ángulos, usando el *predicado contrarreloj* ccw(a,b,c). Esta subrutina comprueba si el punto c está a la derecha de la recta dirigida que va desde el punto a al punto b. En caso afirmativo, el ángulo formado cuando se barre de a hasta c en el sentido contrario a las agujas de un reloj centrado en b es menor que 180º, de ahí el nombre de la función. En caso negativo, el punto está a la izquierda del vector $\vec{ab}$ o los tres puntos son colineales.

Los valores de este predicado se pueden calcular usando la fórmula introducida en el programa signed_triangle_area() de la sección 13.2.3. Un área positiva se da cuando el punto c está a la izquierda de $\vec{ab}$. Un área nula indica que los tres puntos están en línea recta. Para mayor robustez, y considerando los errores de los sistemas de coma flotante, comparamos el área con una pequeña constante ϵ en vez de con cero. Esto es una solución imperfecta, la construcción de código geométrico *que se pueda garantizar* robusto en aritmética de coma flotante es algo entre difícil e imposible. Sin embargo, es mejor que nada.

```c
bool ccw(point a, point b, point c)
{
        double signed_triangle_area();

        return (signed_triangle_area(a,b,c) > EPSILON);
}

bool cw(point a, point b, point c)
{
```

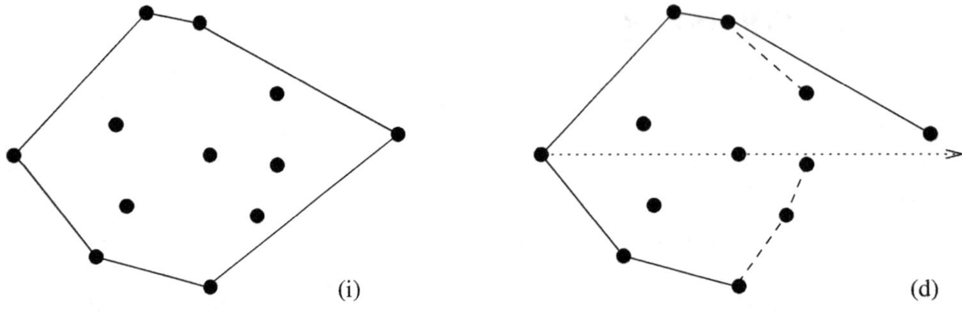

(i)   (d)

Figura 14.1: La envolvente convexa de un conjunto de puntos (i), con el cambio en la envolvente producido por la inserción del punto más a la derecha (d).

```
10        double signed_triangle_area();
11
12        return (signed_triangle_area(a,b,c) < - EPSILON);
13 }
14
15 bool collinear(point a, point b, point c)
16 {
17        double signed_triangle_area();
18
19        return (fabs(signed_triangle_area(a,b,c)) <= EPSILON);
20 }
```

14.3 Envolventes convexas

La envolvente convexa es a la geometría computacional lo que la ordenación al resto de los problemas algorítmicos, un primer paso a aplicar a datos no estructurados de forma que podamos hacer cosas más interesantes con ellos. La *envolvente convexa* $C(S)$ de un conjunto de puntos S es el polígono convexo más pequeño que contiene a S, como muestra la figura 14.1(i).

Hay casi tantos algoritmos diferentes para calcular la envolvente convexa, como para la ordenación. El algoritmo exploratorio de Graham que vamos a implementar, lo primero que hace es ordenar los puntos bien sea en ordenación angular o de izquierda a derecha, y después insertarlos progresivamente en la envolvente en el orden elegido. Los puntos que pertenecían a la envolvente y dejan de hacerlo debido a la nueva inserción, son eliminados.

Nuestra implementación se basa en la versión del algoritmo de Graham dada por Gries y Stojmenović [12], que ordena los vértices por el *ángulo* en torno al punto más bajo de los que están más a la izquierda. Consideremos que tanto el punto más a la izquierda como el más bajo *tienen que* pertenecer a la envolvente, porque no pueden estar dentro de ningún otro triángulo de puntos. En realidad, usamos el segundo criterio para romper los empates respecto al primero, ya que puede haber muchos puntos distintos igualmente a la izquierda. Todas estas consideraciones son necesarias para conseguir robustez frente a los casos degenerados.

El bucle principal del algoritmo va insertando los puntos en orden angular creciente en torno al punto inicial. Debido a esta ordenación, cada nuevo que se inserta tiene que estar en la envolvente de los puntos insertados hasta ese momento. Esta nueva inserción puede formar un triángulo que contenga puntos de anteriores envolventes, los cuales deben ser eliminados. Estos puntos a eliminar estarán situados al final de la cadena como supervivientes de las últimas inserciones. El criterio de eliminación es que la nueva inserción forme un ángulo mayor de 180º con los dos últimos puntos de la cadena – recordemos que en un polígono convexo todos los ángulos han de ser menores de 180º. Si el ángulo es demasiado grande, el último punto de la cadena tiene que desaparecer. Repetimos el proceso hasta que se forme un ángulo lo suficientemente pequeño o se terminen los puntos. Se puede utilizar nuestro predicado `ccw()` para comprobar si el ángulo es demasiado grande:

```
1   point first_point;                    /* primer punto de la envolvente */
2
3   convex_hull(point in[], int n, polygon *hull)
4   {
5           int i;                         /* contador de entrada */
6           int top;                       /* tamaño actual de la envolvente */
7           bool smaller_angle();
8
9           if (n <= 3) {                  /* todos los puntos en la envolvente! */
10                  for (i=0; i<n; i++)
11                          copy_point(in[i],hull->p[i]);
12                  hull->n = n;
13                  return;
14          }
15
16          sort_and_remove_duplicates(in,&n);
17          copy_point(in[0],&first_point);
18
19          qsort(&in[1], n-1, sizeof(point), smaller_angle);
20
21          copy_point(first_point,hull->p[0]);
22          copy_point(in[1],hull->p[1]);
23
24          copy_point(first_point,in[n]);   /* testigo de vuelta al origen */
25          top = 1;
26          i = 2;
27
28          while (i <= n) {
29                  if (cw(hull->p[top-1], hull->p[top], in[i]))
30                          top = top-1;     /* se descarta el último */
31                  else {
32                          if (!collinear(hull->p[top-1], hull->p[top], in[i]))
33                          top = top+1;
34                          copy_point(in[i],hull->p[top]);
35                          i = i+1;
```

```
36                    }
37            }
38
39        hull->n = top;
40  }
```

Lo bueno de esta implementación está en cómo elude de forma natural la *mayoría* de los problemas de degeneración. Un problema especialmente fastidioso surge cuando tres o más puntos están en línea recta, sobre todo si uno de estos puntos es el más bajo entre los que están más a la izquierda, que es con el que comenzamos la envolvente. Si no se tiene cuidado, podemos incluir tres vértices colineales en un lado de la envolvente, cuando de hecho sólo los puntos extremos pertenecen a la misma.

Aquí resolvemos esto rompiendo los empates de la ordenación por ángulos, de acuerdo con su distancia al punto inicial de la envolvente. Asegurándose de que el punto más alejado de entre los colineales es el último que se inserta, podemos afirmar que será el que permanece en la envolvente final y no su *hermano* de ángulo:

```
1   bool smaller_angle(point *p1, point *p2)
2   {
3          if (collinear(first_point,*p1,*p2)) {
4                  if (distance(first_point,*p1) <= distance(first_point,*p2))
5                          return(-1);
6                  else
7                          return(1);
8          }
9
10         if (ccw(first_point,*p1,*p2))
11                 return(-1);
12         else
13                 return(1);
14  }
```

Los demás casos con degeneraciones están relacionados con puntos repetidos. Porque, ¿qué ángulo definen tres puntos coincidentes? Para eliminar este problema, dejamos una sola copia de los puntos duplicados cuando los ordenamos para identificar el punto inicial de la envolvente convexa (recordemos, el más bajo entre los que están más a la izquierda):

```
1   sort_and_remove_duplicates(point in[], int *n)
2   {
3          int i;              /* contador */
4          int oldn;           /* número de puntos antes de la eliminación */
5          int hole;           /* índice marcado para posible eliminación */
6          bool leftlower();
7
8          qsort(in, *n, sizeof(point), leftlower);
9
```

```
10          oldn = *n;
11          hole = 1;
12          for (i=1; i<oldn; i++) {
13                  if ((in[hole-1][X]==in[i][X]) && (in[hole-1][Y]==in[i][Y]))
14                          (*n)--;
15                  else {
16                          copy_point(in[i],in[hole]);
17                          hole = hole + 1;
18                  }
19          }
20          copy_point(in[oldn-1],in[hole]);
21  }
22
23  bool leftlower(point *p1, point *p2)
24  {
25          if ((*p1)[X] < (*p2)[X]) return (-1);
26          if ((*p1)[X] > (*p2)[X]) return (1);
27
28          if ((*p1)[Y] < (*p2)[Y]) return (-1);
29          if ((*p1)[Y] > (*p2)[Y]) return (1);
30
31          return(0);
32  }
```

Hay unos pocos detalles finales que reseñar sobre `convex_hull`. Observar el elegante uso de centinelas para simplificar el código. Ver que copiamos el punto origen al final de la cadena de inserciones para evitar el tener que comprobar explícitamente que el final de la envolvente coincide con el punto inicial. Después eliminamos implícitamente este punto duplicado fijando el contador de salida en el valor apropiado.

Finalmente, es preciso notar que ordenamos los puntos por ángulos, sin calcular explícitamente los ángulos en ningún momento. La función predicado `ccw` se basta para hacer el trabajo.

14.4 Triangulación: algoritmos y problemas relacionados

Conocer el perímetro de un polígono es fácil, basta calcular las longitudes de cada lado usando la fórmula de la distancia Euclídea y sumarlas todas juntas. Calcular el área de manchas irregulares es algo un poco más complejo. El enfoque más directo consiste en dividir el polígono en triángulos disjuntos y sumar las áreas de todos ellos. La operación de particionar un polígono en triángulos, se denomina *triangulación*.

Triangular un polígono convexo es muy fácil, ya que basta conectar un vértice dado v con los $n - 1$ restantes, como un abanico. Sin embargo, esto no funciona con polígonos más generales, porque los lados así trazados pueden salirse del polígono. Tenemos que dividir un polígono P en triángulos usando cuerdas que no se corten entre sí y estén totalmente contenidas en P.

Podemos representar la triangulación bien dando una lista de las cuerdas o, como hacemos aquí, mediante la lista explícita de los índices de los vértices que forman cada triángulo.

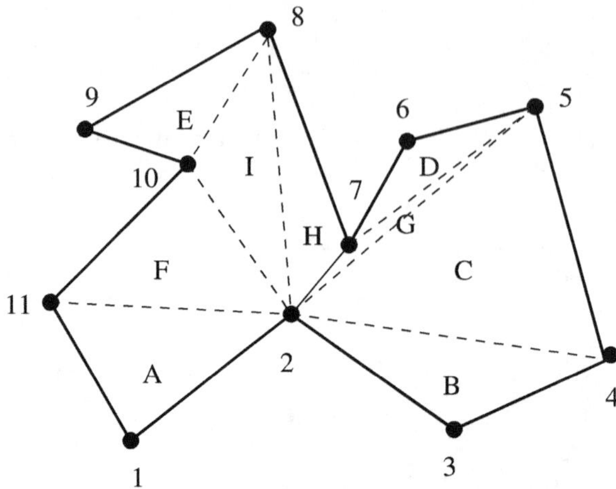

Figura 14.2: Triangulación de un polígono siguiendo el algoritmo de van Gogh (corte de oreja), con los triángulos etiquetados por su orden de inserción ($A - I$).

```
1   typedef struct {
2       int n;                  /* número de triángulos en la triangulación */
3       int t[MAXPOLY][3];      /* índices de vértices en la triangulación */
4   } triangulation;
```

14.4.1 Algoritmo de Van Gogh

Se conocen varios algoritmos para triangular polígonos, el más eficiente de los cuales tiene un tiempo de ejecución lineal en el número de vértices. Pero tal vez el algoritmo más sencillo de programar es el basado en el *corte de oreja*. Una *oreja* de un polígono P es un triángulo definido por un vértice v y sus vecinos de izquierda y derecha (l y r), tales que el triángulo (v, l, r) está completamente contenido en P.

Puesto que $\vec{lv}$ y $\vec{vr}$ son segmentos frontera de P, la cuerda que delimita la oreja es $\vec{rl}$. ¿Bajo qué condiciones puede esta cuerda formar parte de la triangulación? Primero, $\vec{rl}$ tiene que estar completamente contenida en el interior de P. Luego, para tener una oportunidad, el ángulo lvr tiene que ser menor que 180º. Segundo, la cuerda no puede cortar a ningún otro segmento del polígono, pues en ese caso un trozo del triángulo quedará fuera.

El hecho realmente importante es que *cada* polígono contiene siempre una oreja, de hecho tiene al menos dos para $n \geq 4$. Esto nos sugiere el siguiente algoritmo. Probar con cada uno de los vértices hasta que encontremos una oreja. Añadir la cuerda asociada y cortar la oreja por ella, de esta forma el número de vértices se reduce en una unidad. El polígono resultante también tiene que tener una oreja, por lo que podemos seguir cortando de forma recurrente hasta que queden únicamente tres vértices, que a su vez forman un triángulo.

La comprobación de si un vértice define una oreja tiene dos partes. Para comprobar el ángulo, podemos utilizar de nuevo nuestros predicados ccw/cw. Hay que tener cuidado de que nuestras expectativas sean consistentes con el orden de los vértices del polígono. Suponemos que los vértices están etiquetados en orden contrario a las agujas del reloj en torno al centro virtual, como en la figura 14.2. Invertir el orden del polígono requeriría cambiar el signo en la comprobación del ángulo.

```
bool ear_Q(int i, int j, int k, polygon *p)
{
        triangle t;                     /* coordenadas de los puntos i,j,k */
        int m;                          /* contador */
        bool cw();

        copy_point(p->p[i],t[0]);
        copy_point(p->p[j],t[1]);
        copy_point(p->p[k],t[2]);

        if (cw(t[0],t[1],t[2])) return(FALSE);

        for (m=0; m<p->n; m++) {
                if ((m!=i) && (m!=j) && (m!=k))
                        if (point_in_triangle(p->p[m],t)) return(FALSE);
        }

        return(TRUE);
}
```

Para comprobar si corta a algún otro lado, basta analizar si existe algún vértice que este dentro del triángulo inducido. Si el triángulo está vacío de puntos, el polígono ha de estar vacío de segmentos, puesto que P nunca se corta a sí mismo. El modo de comprobar si un punto dado está dentro de un triángulo, se discutirá en la Sección 14.4.3.

Por tanto, nuestra rutina principal de triangulación se limita a comprobar si los vértices definen una oreja o no, y a cortarlas una vez que las encuentra. Una propiedad gratificante de nuestra representación del polígono por un vector de puntos es que es muy fácil encontrar los dos vecinos inmediatos del vértice i, ya que están en las posiciones $(i-1)$-ésima y $(i+1)$-ésima del vector. Sin embargo, esta estructura de datos no es muy conveniente para la eliminación de los vértices. Para resolver esta dificultad, definimos vectores auxiliares l y r que apuntan en cada momento a los vecinos izquierdo y derecho de cada punto que todavía permanece en el polígono:

```
triangulate(polygon *p, triangulation *t)
{
    int l[MAXPOLY],r[MAXPOLY];   /* índices de vecino izquierdo/derecho */
    int i;                       /* contador */

    for (i=0; i<p->n; i++) {                              /* inicialización */
            l[i] = ((i-1) + p->n) % p->n;
            r[i] = ((i+1) + p->n) % p->n;
    }
```

```
11        t->n = 0;
12        i = p->n-1;
13        while (t->n < (p->n-2)) {
14                i = r[i];
15                if (ear_Q(l[i],i,r[i],p)) {
16                        add_triangle(t,l[i],i,r[i],p);
17                        l[ r[i] ] = l[i];
18                        r[ l[i] ] = r[i];
19                }
20        }
21 }
```

14.4.2 Cálculo de áreas

Podemos calcular el área de cualquier polígono ya triangulado sumando el área de todos los triángulos. Esto es muy fácil de implementar a partir de las subrutinas que ya hemos desarrollado.

Ahora bien, existe un algoritmo incluso más refinado que se basa en la noción del signo del área de los triángulos, que ya hemos usado como básico para la rutina ccw. Sumando adecuadamente las áreas, con su signo, de los triángulos determinados por un punto arbitrario p y cada uno de los lados del polígono P, tendremos el área de P, porque los triángulos con signo negativo cancelan el área exterior al polígono que se haya sumado. Estos cálculos se concretan en la ecuación

$$A(P) = \frac{1}{2} \sum_{i=0}^{n-1} (x_i \cdot y_{i+1} - x_{i+1} \cdot y_i)$$

donde todos los índices se toman módulo el número de vértices. Por tanto, ni siquiera se necesita usar la rutina signed_area. Ver [30] para una explicación de por qué esto funciona, pero lo cierto es que nos lleva a una solución muy sencilla:

```
1  double area(polygon *p)
2  {
3          double total = 0.0;              /* área total hasta el momento */
4          int i, j;                         /* contadores */
5
6          for (i=0; i<p->n; i++) {
7                  j = (i+1) % p->n;
8                  total += (p->p[i][X]*p->p[j][Y]) - (p->p[j][X]*p->p[i][Y]);
9          }
10
11         return(total / 2.0);
12 }
```

14.4.3 Localización de un punto

En nuestro algoritmo de triangulación definimos un vértice como *oreja* solo cuando el triángulo asociado no contenía ningún otro punto. Por tanto, demostrar dicha condición consiste en comprobar si un punto dado p está en el interior de un triángulo t.

Los triángulos son siempre polígonos convexos, puesto que tres vértices no permiten la creación de entrantes y salientes. Un punto está en el interior de un polígono convexo si está a la izquierda de cada una de las rectas orientadas $\overrightarrow{p_i p_{i+1}}$, donde los vértices del polígono están representados en orden contrario a la dirección de las agujas del reloj. La función predicado `ccw` nos permite decidir con facilidad sobre si el punto está o no a la izquierda:

```
bool point_in_triangle(point p, triangle t)
{
        int i;                                   /* contador */
        bool cw();

        for (i=0; i<3; i++)
                if (cw(t[i],t[(i+1)%3],p)) return(FALSE);

        return(TRUE);
}
```

Este algoritmo realiza la tarea de decidir sobre la *localización de un punto* (¿está en P o fuera?) para polígonos convexos. Pero falla para polígonos generales. Imaginemos la tarea de averiguar si el punto central de un polígono con forma de espiral está en el interior o en el exterior del mismo. Hay una solución directa para polígonos generales usando el código que ya hemos desarrollado. La eliminación de las orejas nos exigía comprobar si un punto dado estaba en el interior de un triángulo. Luego, podemos utilizar el código `triangulate` para dividir el polígono en celdas triangulares y después probar con cada una de las celdas para ver si contienen el punto. Si una de ellas lo hace, el punto está en el polígono.

Sin embargo, la triangulación es una solución demasiado costosa para este problema, como lo era para el cálculo del área. Hay un algoritmo mucho más simple que se basa en el *teorema de la curva de Jordan*, el cual establece que cada polígono, o cualquier otra figura cerrada, tiene una parte interior y otra exterior. No es posible ir de una de ellas a la otra sin cruzar la frontera.

Esto desemboca en el siguiente algoritmo, ilustrado en la figura 14.3. Supongamos que dibujamos una recta l a partir de un punto exterior al polígono P y que pase por el punto q. Si dicha línea corta la frontera del polígono un número par de veces antes de llegar a q, éste tiene que estar fuera de P. ¿Por qué? Como empezamos fuera del polígono, cada par de cruces de frontera nos deja otra vez fuera. Por tanto, una cantidad impar de pasos de frontera, nos sitúa dentro de P.

En los casos degenerados se dan interesantes sutilezas. Un corte por un vértice q de P, cruza la frontera solo si entramos en el interior de P, en vez de cortar simplemente el vértice. Es decir, cruzamos la frontera si, y solo si, los vértices vecinos a q quedan en diferente lado de la recta l. Moverse a lo largo de uno de los lados del polígono no cambia la cuenta de las fronteras cruzadas, aunque plantea la cuestión, específica para este problema, de si los puntos de la frontera se consideran dentro o fuera de P.

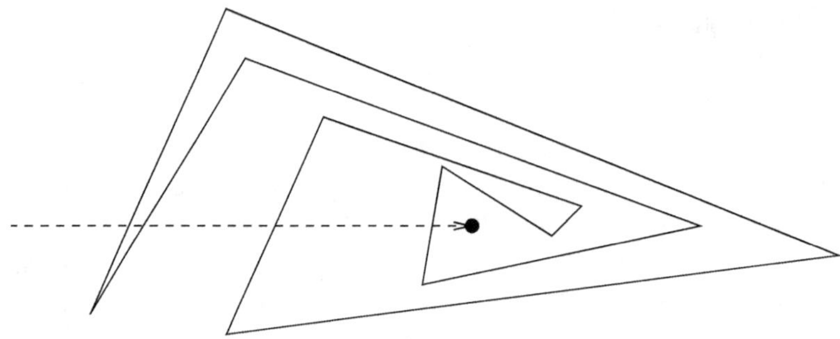

Figura 14.3: La paridad impar/par del número de cortes con la frontera determina si un determinado punto está dentro o fuera de un polígono dado.

14.5 Algoritmos sobre mallados

El hecho de que los polígonos trazados sobre mallados de puntos rectilíneas y hexagonales se puedan descomponer de forma natural en celdillas individuales, hace que sea útil conseguir resolver ciertos problemas computacionales sobre estas celdas:

- *Área* — La fórmula *largo* × *ancho* nos permite calcular el área de un rectángulo. Para triángulos, tenemos $1/2 \times base \times altura$. Un triángulo equilátero, en el que cada lado tenga una longitud r, tiene un área $\sqrt{3}r^2/4$, luego un hexágono regular de radio r tiene un área igual a $3\sqrt{3}r^2/2$.

- *Perímetro* — La fórmula $2 \times (largo + ancho)$ nos da el perímetro de un rectángulo. Para triángulos, basta sumar la longitud de los lados, $a + b + c$, lo que se reduce a $3r$ para triángulos equiláteros. Los hexágonos regulares de radio r tienen un perímetro de $6r$; que como se puede observar se acerca ya a la longitud de la circunferencia de un círculo que es $2\pi r \approx 6{,}28r$.

- *Envolvente convexa* — Los cuadrados, triángulos equiláteros y hexágonos regulares son todos ellos inherentemente convexos, luego son sus propias envolventes convexas.

- *Triangulación* — El trazado de una o las dos diagonales en un cuadrado o de las tres partiendo de uno cualquiera de los vértices en un hexágono regular, triangulariza estos polígonos. Esto es así, únicamente porque estas figuras son convexas; la existencia de entrantes y salientes hace el proceso más difícil.

- *Localización de un punto* — Como hemos visto, un punto está en el interior de un rectángulo con lados paralelos a los ejes, si y solo si $x_{max} > x > x_{min}$ y $y_{max} > y > y_{min}$. La misma comprobación es un poco más difícil para triángulos y hexágonos, pero rodeando estas formas con una caja limitante, normalmente se reduce la necesidad de considerar los casos complicados.

Terminamos esta sección con dos algoritmos de interés para la computación geométrica sobre mallados. Son especialmente indicados para el caso de mallados rectangulares, pero se pueden adaptar a otros reticulados si surge la necesidad.

14.5.1 Cuestiones sobre rangos

Cuando se trabaja con mallados rectangulares $n \times m$, las *cuestiones sobre rangos ortogonales* son muy frecuentes. Buscamos una estructura de datos que nos permita responder de forma rápida y sencilla a preguntas de la forma: "¿Cuál es la suma de los valores contenidos en un subrectángulo dado de una matriz?"

Los rectángulos cuyos lados son paralelos a los ejes se pueden especificar mediante dos puntos, la esquina superior izquierda (x_l, y_l) y la esquina inferior derecha (x_r, y_r). El algoritmo más sencillo es ejecutar los bucles anidados sumando todos los valores `m[i][j]` para $x_l \leq i \leq x_r$ y $y_r \leq j \leq y_l$. Pero esto resulta ineficiente, en particular si tenemos que hacerlo una y otra vez para buscar el rectángulo cuya suma sea la mayor o la menor.

Como alternativa, podemos construir otra matriz rectangular, cuyo elemento `m1[x][y]` represente la suma de todos los elementos `m[i][j]` donde $i \leq x$ y $j \leq y$. Esta *matriz de dominancia* `m1` hace que la búsqueda de la suma de los elementos dentro de cualquier rectángulo sea sencilla, porque la suma $S(x_l, y_l, x_r, y_r)$ de los elementos en dicha caja es

$$S(x_l, y_l, x_r, y_r) = m_1[x_r, y_l] - m_1[x_l - 1, y_l] - m_1[x_r, y_r - 1] + m_1[x_l - 1, y_r - 1]$$

Esto es realmente rápido, y reduce la computación a mirar exactamente cuatro elementos. Pero, ¿por qué es correcto? El término $m1[x_r, y_l]$ contiene la suma de todos los elementos en el rectángulo deseado, más todos los otros *dominados*. Los dos términos siguientes restan su aportación, pero eliminan los dominados por el vértice inferior izquierdo dos veces, por lo que es preciso añadirlos de nuevo. El argumento es el mismo que el de las habituales fórmulas de inclusión-exclusión en combinatoria. El vector m_1 se puede construir en un tiempo del orden $O(mn)$ rellenando las celdas ordenadamente por filas e ideas similares.

14.5.2 Polígonos en reticulados y teorema de Pick

Los mallados rectangulares de puntos equiespaciados por una unidad (también llamados *reticulados de puntos*) son el corazón de cualquier sistema de coordenadas basado en mallados. En general, se puede considerar que hay un punto por unidad de área en el mallado, porque a cada punto del mismo se le puede asignar el ser esquina superior derecha de un rectángulo vacío 1×1 diferente. Por tanto, el número de puntos dentro de una determinada figura debería darnos una aproximación bastante buena del área de la figura.

El *teorema de Pick* nos da una relación exacta entre el área de un polígono sobre un reticulado (una figura que no se corta a sí misma y cuyos vértices son siempre puntos del reticulado) y el número de puntos del mismo contenidos o sobre el polígono. Supongamos que hay $I(P)$ puntos del reticulado *dentro* de P y $B(P)$ puntos del reticulado sobre la frontera de P. Entonces, el área $A(P)$ de P viene dada por

$$A(P) = I(P) + B(P)/2 - 1$$

como queda patente en la figura 14.4.

Por ejemplo, consideremos un triángulo definido por las coordenadas $(x, 1)$, $(y, 2)$ y $(y + k, 2)$. Con independencia del valor que tengan x, y y k, no puede haber puntos interiores, porque los tres puntos están en dos filas adyacentes del reticulado. El punto del reticulado $(x, 1)$ sirve de ápice del triángulo y hay $k + 1$ puntos del reticulado sobre la frontera de la base. Por tanto,

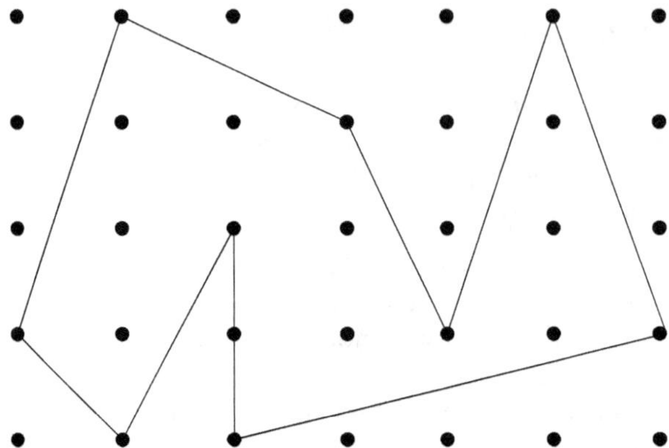

Figura 14.4: Un polígono reticulado con diez puntos frontera y nueve puntos interiores, por lo que su área debe ser 13 según el teorema de Pick.

$I(P) = 0$, $B(P) = k + 2$, y entonces el área es $k/2$, precisamente lo que se obtiene a partir de la fórmula del área de un triángulo.

Como otro ejemplo, se puede considerar un rectángulo definido por las esquinas (x_1, y_1) y (x_2, y_2). El número de puntos de la frontera es

$$B(P) = 2(|y_2 - y_1| + 1) + 2|x_2 - x_1| + 1) - 4 = 2(\Delta_y + \Delta_x)$$

donde se introduce el término -4 para evitar que los vértices se cuenten dos veces. El interior es el número total de puntos dentro o sobre el rectángulo menos la frontera, lo que nos da

$$I(P) = (\Delta_x + 1)(\Delta_y + 1) - 2(\Delta_y + \Delta_x)$$

El teorema de Pick calcula correctamente el área del rectángulo como $\Delta_x \Delta_y$.

La aplicación del teorema de Pick requiere contar exactamente los puntos del reticulado. En principio, esto se puede hacer por comprobación exhaustiva para polígonos de área *pequeña* usando funciones que (1) comprueben si un punto esta sobre un segmento de recta, y (2) comprueben si un punto está dentro o fuera de un polígono. Algoritmos más astutos de barrido por línea, eliminarían la necesidad de comprobar todos los puntos excepto los de la frontera, lo cual aumentaría la eficiencia. En [13] se puede encontrar una interesante discusión sobre el teorema de Pick y temas relacionados.

14.6 Bibliotecas de geometría

El paquete de Java `java.awt.geom` suministra las clases para definir y realizar operaciones con objetos relacionados con la geometría bidimensional. La clase `Polygon` proporciona gran parte de la funcionalidad que hemos desarrollado aquí, incluyendo el método `contains` para la localización de los puntos. La clase más general `Area` nos permite la unión y la intersección de polígonos con otras formas y curvas. La clase `Line2D` proporciona casi toda la funcionalidad que hemos desarrollado para segmentos de recta, incluyendo la comprobación de corte y el predicado `ccw`.

14.7 Problemas

14.7.1 Panda de novatos

ID en Online Judge: 10135 — **Popularidad:** C — **Tasa de éxito:** media — **Nivel:** 2

En una ocasión, una panda de novatos ocupó una zona de césped en el centro del campus. En un esfuerzo por mejorar el aspecto que presentaba, a uno de nuestros alumnos veteranos se le ocurrió rodearlos con una cuerda de seda rosa. La tarea consiste en calcular la cantidad de seda necesaria para completar la tarea.

El alumno veterano ató la seda al poste de teléfono, y caminó alrededor del perímetro de la zona en la que estaban los novatos, tensando la cuerda para que los sujetase a todos. El alumno veterano utilizó la mínima cantidad de seda necesaria para rodear a todos los novatos, más un metro adicional en cada extremo para poder atarla.

Podemos asumir que el poste de teléfono está en las coordenadas (0,0), donde la primera dimensión es norte/sur y la segunda es este/oeste. Las coordenadas de los novatos se indican en metros relativos al poste. No habrá más de 1.000 novatos.

Entrada

La entrada comienza con un único entero positivo en una línea independiente, que indica el número de casos de prueba, seguido de una línea en blanco.

Cada caso de prueba consta de una línea que especifica el número de novatos, seguida de una línea por cada novato con dos números reales que indican su posición.

Habrá una línea en blanco entre cada dos casos de prueba.

Salida

Por cada caso de prueba, se debe mostrar un único número: la longitud de la seda en metros, con precisión de dos decimales. La salida de dos casos consecutivos estará separada por una línea en blanco.

Ejemplo de entrada

```
1

4
1.0 1.0
-1.0 1.0
-1.0 -1.0
1.0 -1.0
```

Ejemplo de salida

```
10.83
```

ID en Online Judge: 10245 — **Popularidad:** A — **Tasa de éxito:** baja — **Nivel:** 2

Una compañía telefónica, especialmente incompetente, quiere demostrar que es capaz de proporcionar acceso a la red de alta velocidad a sus clientes. A efectos de promoción, bastará con que sean capaces de crear uno de esos enlaces, conectando directamente dos lugares. Como el coste de la instalación de esa conexión es directamente proporcional a la distancia entre los lugares, necesitan saber cuáles son los dos puntos más cercanos entre sí para minimizar los costes de su estrategia de marketing.

Más concretamente, dado un conjunto de puntos en el plano, determinar la distancia entre los dos puntos más cercanos, teniendo en cuenta que esta distancia sea inferior a un límite establecido. Si la pareja más cercana está demasiado alejada, el departamento de publicidad tendrá que buscar un estrategia más barata.

Entrada

La entrada consta de varios casos de prueba. Cada caso comienza con un entero N ($0 \leq N \leq 10{,}000$), que indica el número de puntos del mismo. Las siguientes N líneas contienen las coordenadas de N puntos bidimensionales. Los números corresponden a las coordenadas x e y, respectivamente. La entrada finaliza con un conjunto en el que $N = 0$, que no debe ser procesado. Todas las coordenadas tendrán valores inferiores a 40.000 y serán números no negativos.

Salida

Por cada caso de prueba, se debe mostrar una única línea de salida que contenga un número de coma flotante (con cuatro cifras decimales), que determine la distancia entre los dos puntos más cercanos. Si no existe ninguna pareja de puntos que disten menos de 10.000, se debe mostrar el mensaje "INFINITY".

Ejemplo de entrada

```
3
0 0
10000 10000
20000 20000
5
0 2
6 67
43 71
39 107
189 140
0
```

Ejemplo de salida

```
INFINITY
36.2215
```

14.7.3 Masacre con la motosierra

ID en Online Judge: 10043 — **Popularidad:** B — **Tasa de éxito:** baja — **Nivel:** 3

La Sociedad Canadiense de Leñadores acaba de celebrar su competición anual de tala y, como resultado, los bosques nacionales entre Montreal y Vancouver han quedado devastados. Y ahora le llega el turno a la celebración. Para poder instalar una pista de baile para la fiesta de la tarde, el comité organizador está buscando un área grande y rectangular sin árboles. Los leñadores ya están todos borrachos, por lo que nadie quiere arriesgarse a que intenten manejar una motosierra.

El comité organizador nos ha pedido que localicemos la zona rectangular más grande posible para que sirva como pista de baile. La búsqueda se realizará en una región muy concreta, también rectangular, y la pista de baile debe estar contenida en ella. Los lados de la pista deben ser paralelos a los de la región en la que se encuentra. No hay ningún problema en que la pista comparta alguno de sus lados con la región, y puede haber árboles en sus límites.

Entrada

La primera línea de la entrada especifica el número de casos. En cada caso, la primera línea indica el largo l y el ancho w de la región en metros ($0 < l, w \leq 10{,}000$, ambos enteros). Cada una de las siguientes líneas describe, o un árbol o una fila de árboles, de acuerdo con uno de los siguientes formatos:

- $1\ x\ y$, donde "1" corresponde a un único árbol, y x e y indican sus coordenadas respecto a la esquina superior izquierda.

- $k\ x\ y\ dx\ dy$, donde $k > 1$ corresponde al número de árboles en una fila con coordenadas $(x, y), (x + dx, y + dy), \ldots, (x + (k-1)dx, y + (k-1)dy)$.

- 0 indica el final del caso.

Las coordenadas x, y, dx y dy son números enteros. Todos los árboles estarán situados en la región especificada, es decir, con coordenadas entre $[0, l] \times [0, w]$. Habrá un máximo de 1.000 árboles.

Salida

Por cada caso de la entrada, mostrar una línea que contenga el tamaño de la pista de baile más grande posible, en metros cuadrados.

Ejemplo de entrada

```
2
2 3
0
10 10
2 1 1 8 0
2 1 9 8 0
0
```

Ejemplo de salida

```
6
80
```

14.7.4 Caliente y frío

ID en Online Judge: 10084 — Popularidad: C — Tasa de éxito: baja — Nivel: 3

El juego infantil *caliente y frío* consiste en lo siguiente: el jugador A abandona la habitación mientras el jugador B esconde un objeto en algún lugar de la misma; el jugador A vuelve a entrar, en la posición $(0,0)$, y va buscando en varios puntos de la habitación. Cuando el jugador A se coloca en una nueva posición, el jugador B dice "caliente" si esa posición está más cerca del objeto que la anterior, "frío" si la posición está más alejada e "igual" si está a la misma distancia.

Entrada

La entrada consta de hasta 50 líneas, y cada una de ellas contiene una pareja de coordenadas (x, y), seguida de uno de los mensajes "Hotter" (*Más caliente*), "Colder" (*Más frío*) o "Same" (*Igual*). Cada pareja representa una posición dentro de la habitación, que puede asumirse como un cuadrado con esquinas opuestas (0,0) y (10,10).

Salida

Por cada línea de la entrada, imprimir otra que indique el área total de la zona en la que aún puede estar oculto el objeto, con precisión de dos decimales. Si dicha zona no existe, mostrar "0.00".

Ejemplo de entrada

```
10.0 10.0 Colder
10.0 0.0 Hotter
0.0 0.0 Colder
10.0 10.0 Hotter
```

Ejemplo de salida

```
50.00
37.50
12.50
0.00
```

14.7.5 Embalajes mínimos

ID en Online Judge: 10065 — **Popularidad:** C — **Tasa de éxito:** media — **Nivel:** 3

Embalajes Mínimos, S.A., se enorgullece de su eficiencia. Como su nombre indica, su actividad consiste en embalar baldosas en menos espacio que otras compañías.

Las baldosas que embalan tienen un grosor uniforme y formas poligonales sencillas. Es necesario construir una caja específica para cada tipo de baldosa. La planta de la caja tiene forma de polígono convexo, de forma que tenga el menor espacio posible que permita albergar la baldosa para la que ha sido construida.

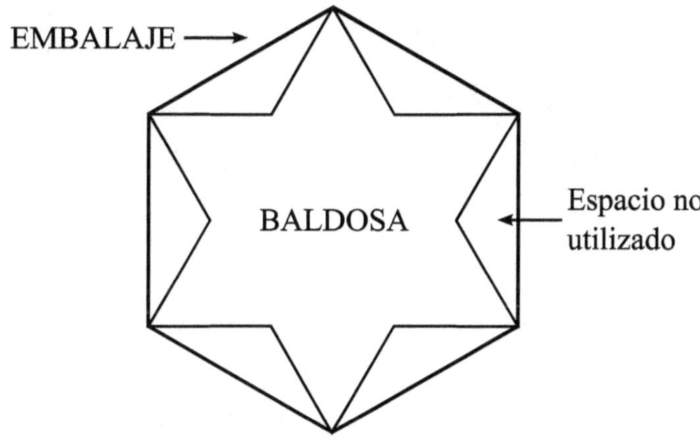

Esta estrategia lleva a que exista espacio no utilizado dentro de la caja. La tarea consiste en calcular el porcentaje de espacio no utilizado para una baldosa concreta.

Entrada

La entrada consta de varios bloques de datos. Cada bloque describe una baldosa. La primera línea de un bloque de datos contiene el entero N ($3 \leq N \leq 100$), que determina el número de esquinas de la baldosa. Cada una de las siguientes N líneas contiene dos enteros, que indican las coordenadas (x, y) de las esquinas (determinadas utilizando un origen apropiado y una orientación adecuada de los ejes), donde $0 \leq x, y \leq 1,000$. Los puntos de las esquinas tienen el mismo orden en los límites de la baldosa que el mostrado en la entrada. No hay tres puntos consecutivos que estén alineados.

La entrada finaliza cuando el valor de N es 0.

Salida

Por cada baldosa de la entrada, se debe mostrar el porcentaje de espacio no utilizado, con precisión de dos decimales. Se utilizará una nueva línea para cada baldosa.

Imprimir una línea en blanco después de cada bloque de la salida.

Ejemplo de entrada

```
5
0 0
2 0
2 2
1 1
0 2
5
0 0
0 2
1 3
2 2
2 0
0
```

Ejemplo de salida

```
Tile #1
Wasted Space = 25.00 %

Tile #2
Wasted Space = 0.00 %
```

14.7.6 Seguimiento por radar

ID en Online Judge: 849 — **Popularidad:** C — **Tasa de éxito:** baja — **Nivel:** 2

Un sistema de radar tierra-aire utiliza una antena que gira en el plano horizontal, en el sentido de las agujas del reloj, con un periodo de dos segundos. Siempre que la antena apunta hacia un objeto, se mide la distancia existente entre ambos y se muestra en una pantalla circular como un punto blanco. La distancia, desde el punto hasta el centro de la pantalla, es proporcional a la distancia horizontal entre la antena y el objeto y, el ángulo de la línea que pasa por el centro y por el objeto, representa la dirección del objeto con respecto a la antena. Un punto sobre el eje de la pantalla y por encima del centro indica que el objeto está al norte de la antena, un punto a la derecha del centro representa un objeto al este, etcétera.

Hay un número determinado de objetos en el cielo. Cada uno se mueve a una velocidad constante, por lo que el punto de la pantalla aparece en una posición distinta en cada barrido de la antena. La tarea consiste en determinar dónde aparecerá el punto la siguiente vez que la antena lo detecte, partiendo de las dos observaciones anteriores. Si hay varias posibilidades, se deben identificar todas.

Entrada

La entrada consta de un número de líneas, cada una de ellas con cuatro números reales: a_1, d_1, a_2, d_2. La primera pareja a_1, d_1 corresponde al ángulo (en grados) y a la distancia (unidades arbitrarias) de la primera observación, mientras que la segunda pareja a_2, d_2 es el ángulo y la distancia de la segunda observación.

Debemos tener en cuenta que la antena gira en el sentido de las agujas del reloj, es decir, si apunta hacia el norte en instante $t = 0{,}0$, apuntará al este cuando $t = 0{,}5$, al sur cuando $t = 1{,}0$, al oeste cuando $t = 1{,}5$, al norte nuevamente en el instante $t = 2{,}0$, y así sucesivamente. Si el objeto está situado exactamente en la vertical de la antena, no puede ser detectado. Los ángulos están especificados como en una brújula, donde el norte es 0° ó 360°, el este 90°, el sur 180° y el oeste 270°.

Salida

La salida consta de una línea que contenga todas las soluciones posibles por cada caso de la entrada. Cada solución consta de dos números reales (con precisión de dos decimales) que indican el ángulo a_3 y la distancia d_3 de la siguiente observación. Mostrar la salida por orden ascendente del valor del ángulo y, a igualdad de ángulo, por el valor descendente de la distancia.

Ejemplo de entrada

```
90.0 100.0 90.0 110.0
90.0 100.0 270.0 10.0
90.0 100.0 180.0 50.0
```

Ejemplo de salida

```
90.00 120.00
270.00 230.00
199.93 64.96 223.39 130.49
```

ID en Online Judge: 10088 — **Popularidad:** C — **Tasa de éxito:** media — **Nivel:** 3

Nos hemos comprado una isla y queremos plantar en ella árboles en filas y columnas. Los árboles plantados formarán una rejilla rectangular, de forma que cada uno de ellos pueda ser identificado con coordenadas de números enteros, tomando como origen un punto de la misma.

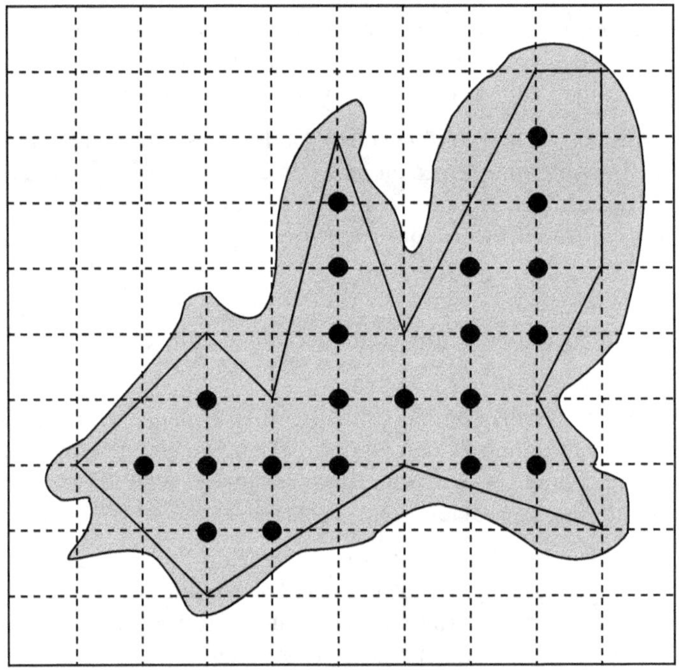

Un modelo de nuestra isla.

Sin embargo, la isla no es rectangular. Hemos identificado un área con forma de polígono sencillo dentro de ella, con vértices en los puntos de la rejilla, y hemos decidido plantar árboles sólo en los puntos que estén estrictamente dentro del polígono.

Debemos calcular el número de árboles que se pueden plantar.

Entrada

La entrada puede constar de varios casos de prueba. Cada caso de prueba comienza con una línea que contiene un entero N ($3 \leq N \leq 1{,}000$), que identifica el número de vértices del polígono. Las siguientes N líneas contienen los vértices del polígono, en el sentido de las agujas del reloj o en el sentido contrario. Cada una de estas N líneas incluye dos enteros, que identifican las coordenadas x e y de un vértice. Podemos asumir que el valor absoluto de cada coordenada no será mayor de 1.000.000.

Un caso de prueba en el que el valor de N sea cero supondrá el final de la entrada.

Salida

Por cada caso de prueba, se debe mostrar una línea que contenga el número de árboles que se pueden plantar dentro del polígono.

Ejemplo de entrada

```
12
3 1
6 3
9 2
8 4
9 6
9 9
8 9
6 5
5 8
4 4
3 5
1 3
12
1000 1000
2000 1000
4000 2000
6000 1000
8000 3000
8000 8000
7000 8000
5000 4000
4000 5000
3000 4000
3000 5000
1000 3000
0
```

Ejemplo de salida

```
21
25990001
```

14.7.8 A la rica leche

ID en Online Judge: 10117 — **Popularidad:** C — **Tasa de éxito:** baja — **Nivel:** 4

Al pequeño Tomy le gusta mojar el pan en leche. Lo hace introduciéndolo en la taza hasta que la parte inferior toca el fondo de la misma, como en la siguiente figura:

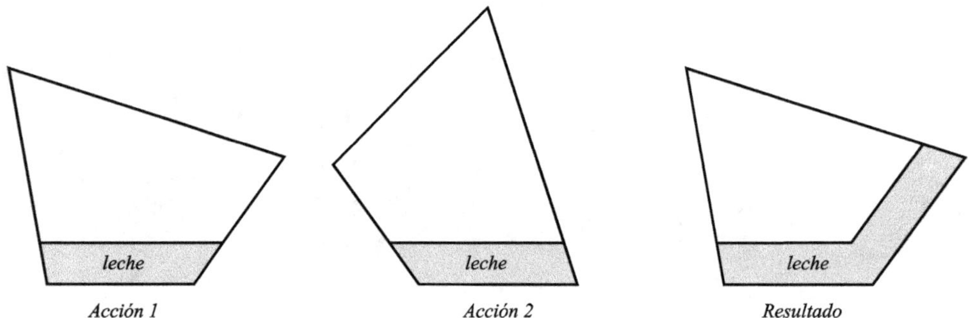

Como la cantidad de leche que cabe en la taza es limitada, sólo queda cubierta la zona entre la superficie de la leche y el lado inferior del pan. Hay que tener en cuenta que la pronfundidad de la leche es siempre h y no cambia con cada introducción del pan.

De esta forma, Tomy quiere mojar en la leche el mayor área de pan posible, pero no quiere tener que introducirlo en la taza más de k veces. ¿Podremos ayudarle? Se puede asumir que la taza es más ancha que el lado más ancho de cualquier trozo de pan, por lo que es posible mojar completamente cada lado.

Entrada

Cada caso de prueba comienza con una línea que contiene tres enteros n, k y h ($3 \leq n \leq 20$, $0 \leq k \leq 8$, $0 \leq h \leq 10$). El trozo de pan es un polígono convexo de n vértices. Cada una de las siguientes n líneas contiene dos enteros x_i e y_i ($0 \leq x_i, y_i \leq 1{,}000$), que representan las coordenadas cartesianas del vértice i-ésimo. Los vértices están numerados en el sentido de las agujas del reloj. El caso de prueba $n = k = h = 0$ supone el final de la entrada.

Salida

Mostrar (con dos decimales) el área de la mayor región mojada de pan que sea posible conseguir, introduciéndolo en la taza k veces. El resultado de cada caso de prueba debe imprimirse en una línea independiente.

Ejemplo de entrada

```
4 2 1
1 0
3 0
5 2
0 4
0 0 0
```

Ejemplo de salida

```
7.46
```

14.8 Sugerencias

14.7.1 ¿Cuál es la mejor forma de abordar la implicación del poste telefónico?

14.7.2 Comparar cada puntos con todos los demás puede resultar demasiado lento. ¿Podemos usar el hecho de que estamos solamente interesados en un *cercano* par más próximo para reducir el número de comparaciones?

14.7.3 ¿Será mejor representar los datos como una matriz $l \times w$, o dejarlos comprimidos como en el formato de entrada?

14.7.4 ¿Cómo podemos representar mejor la región de posibles ubicaciones? ¿Es siempre un polígono convexo?

14.7.5 ¿Es más fácil calcular la diferencia entre las dos áreas, o calcular el área de cada entrante exterior?

14.7.6 ¿Cómo pueden surgir múltiples soluciones?

14.7.7 ¿Es este un candidato al teorema de Pick o existe un camino mejor?

14.7.8 ¿Es probable que algún tipo de algoritmo voraz maximice el área cubierto por la leche, o tenemos que usar búsqueda exhaustiva?

Apéndice

Conseguir el rendimiento más alto en un concurso de programación, o en cualquier otro evento deportivo, no es solamente una cuestión de talento. Para poder competir con éxito, es importante conocer la competición, entrenar adecuadamente y desarrollar tácticas y estrategias propias.

En este capítulo, presentaremos los tres concursos de programación más importantes que existen, a saber, *International Collegiate Programming Contest* para estudiantes universitarios, *International Olympiad in Informatics* para estudiantes de secundaria, y, finalmente, *TopCoder Challenge* para todos los programadores en activo. Hablaremos de la historia, el formato y los requisitos para cada uno de los concursos. Además, hemos entrevistado a los mejores concursantes y entrenadores, así que podemos informar al lector de sus métodos de entrenamiento y sus estrategias secretas.

A.1 International Collegiate Programming Contest

El *International Collegiate Programming Contest* organizado por la ICPC Foundation para las universidades de todo el mundo, es el foro donde los estudiantes de ciencias de la computación demuestran al mundo que tienen buenas aptitudes. El concurso ICPC ha crecido continuamente en participantes, interés y prestigio desde su creación en 1976. En la edición de 2002 participaron 3.082 equipos de tres personas, representando a más de 1.300 centros educativos de 67 países, más otra cantidad incontable de estudiantes que participaron en concursos locales preclasificatorios y en concursos vía web.

El formato del concurso es el siguiente. Cada equipo se compone de tres estudiantes, a los que se propone un conjunto de entre cinco y diez problemas. Cada equipo dispone de un solo ordenador, por lo que la coordinación y el trabajo en equipo son esenciales.

El vencedor es el equipo que resuelve correctamente[1] la mayor cantidad de problemas en un tiempo límite prefijado, que normalmente es de cinco horas. No se reconocen méritos parciales, es decir, solo cuentan los problemas que están completamente correctos. Los empates entre equipos se deshacen comparando el tiempo empleado hasta que las soluciones son aceptadas. Por tanto, los programadores más rápidos (que no los programas más rápidos) ganan. No se adjudican puntos por el estilo de programación o la eficiencia, con tal de que el programa termine en los, normalmente, pocos segundos que los jueces asignan para la ejecución. Cada programa erróneo que se envía a los jueces es penalizado con 20 minutos en el tiempo total, lo que es un incentivo para que los estudiantes comprueben su trabajo cuidadosamente.

---

[1] Al menos de forma lo suficientemente correcta para satisfacer a los jueces. Alguna batalla legal ha tenido lugar sobre esta distinción.

Preguntamos a los concursantes y entrenadores de los equipos punteros del concurso ICPC del 2002, por sus secretos de entrenamiento y competición. Esto es lo que aprendimos...

A.1.1 Preparación

Selección del equipo y entrenamiento

Al entrenador le corresponde la tarea de selección de los miembros del equipo de su universidad o centro académico. En muchos centros esta labor de entrenador la realizan estudiantes postgraduados, como en las universidades de Cornell y Tsinghua, entre otras. En otros casos, como las universidades de Duke y Waterloo son miembros destacados e inquietos del claustro los que hacen este trabajo. Pero lo que es común a todos los casos, es que tener un buen equipo requiere una cuidadosa selección y un liderazgo efectivo. Ambos tipos de entrenador pueden obtener grandes éxitos, como demuestra el excelente rendimiento de todos estos centros que hemos mencionado.

Muchos de los centros punteros celebran concursos locales para seleccionar los equipos para la competición regional. El entrenador de Waterloo, Gordon Cormack, prefiere concursos individuales a concursos por equipos, para eliminar las barreras de entrada a los solitarios y, después, selecciona los mejores individuos para su equipo. Usando el servicio para celebrar concursos que está disponible en el juez automático Online Judge, estos concursos locales pueden ser relativamente fáciles de organizar y administrar.

Los mejores equipos realizan un entrenamiento muy completo. Por ejemplo, Waterloo practica como equipo dos o tres veces a la semana en un entorno similar al que se usa en las finales mundiales.

Medios

Las reglas del concurso ICPC permiten a los equipos llevar todo el material impreso que deseen usar durante el concurso[2], pero no permite el acceso a material en soporte electrónico. Los libros se revisan cuidadosamente en busca de algún CD-ROM, y la la conexión a la red, normalmente, se corta o se usan programas de rastreo para asegurarse de que nadie se conecta a internet.

¿Cuáles son los mejores libros para estudiar, además del que tiene el lector en sus manos? Como una referencia general sobre algoritmos, recomendamos el libro de Skiena *The Algorithm Design Manual* [38], cuestión en la están de acuerdo muchos concursante y entrenadores que no están directamente interesados en el mismo. Los libros que contienen implementaciones de algoritmos en un lenguaje de programación real, como Sedgewick [35] para teoría de grafos y O'Rourke [30] para geometría computacional, son especialmente populares. En cualquier caso, tras teclear alguna de estas rutinas copiadas de un libro, hay que contar con una penosa sesión de depuación, a menos que se entienda realmente el algoritmo. Cormack avisa, "el código es mucho menos útil de lo que uno piensa, a menos que sea uno mismo quien lo ha compuesto y/o tecleado". Los manuales de referencia de su lenguaje de programación favorito y sus bibliotecas asociadas, también son imprescindibles.

---

[2]Estas normas han cambiado en los últimos años y, de hecho, son distintas para las diferentes regiones, por lo que es conveniente visitar la página web del concurso, `https://icpc.global`, para conocer las que están vigentes en cada momento y lugar.

Los equipos bien preparados suelen llevar soluciones impresas de viejos problemas, por si se da el caso de que se proponga alguno similar a uno que hayan visto antes. Christian Ohler de la Universidad de Oldenburg (Alemania) hace hincapié en la importancia de las rutinas geométricas enlatadas. "Estás perdido si no las tienes preparadas y comprobadas previamente".

Tales plantillas son especialmente importantes si se va a usar Java. Subrutinas que proporcionen solución a las excepciones de entrada/salida y que analicen los tipos de datos más comunes son complicadas, aunque esenciales para conseguir que algo funcione. Puede resultar útil que uno de los miembros del equipo las teclee al comienzo de la competición, mientras que los otros dos leen los problemas.

Entrenamiento

El mejor recurso para entrenar es el juez automático Online Judge. Al menos el 80 % de los finalistas del último año se entrenaron con este juez. En el portal `https://onlinejudge.org` se celebran periódicamente concursos en directo, con mayor frecuencia en la época en que tienen lugar las competiciones regionales y mundiales. Conviene visitar esta página web para conocer el programa y una información más completa.

También mantienen jueces automáticos otras instituciones, bien académicas como la Ural State University (`http://acm.timus.ru/`), o más específicas, como el Internet Problem Solving Contest (IPSC) (*http://ipsc.ksp.sk/*), que realizan asimismo concursos con prestaciones similares. El portal del equipo de la USA Olympiad `http://www.usaco.org` contiene gran cantidad de problemas interesantes y otros materiales.

A muchos estudiantes les gusta pensar en las soluciones de concursos pasados, incluso si no van a llegar a implementarlos. Tales problemas están disponibles en la página oficial del concurso ICPC `https://icpc.global`. Rujia Liu, de la Tsinghua University, advierte que los tipos de problemas son diferentes en distintos países. Encuentra los problemas de Asia "muy extraños y difíciles" y, por tanto, buenos para pensar cuando son analizados. Los problemas en Norteamérica tienden a ser mejores para practicar la programación en las condiciones del concurso, pero requieren menos calado algorítmico.

A.1.2 Estrategias y tácticas

Trabajo en equipo

Los equipos en el ICPC están compuestos por tres personas. Como solo disponen de un ordenador por equipo, el trabajo conjunto es una prioridad. Los equipos que se pelean por la terminal no van a ninguna parte. Zhou Jian de la Shanghai Jiaotong University (los campeones del mundo en 2002) apunta en esta dirección: "El objetivo de cada cosa que hagas es conseguir un resultado mejor para el equipo, no que el tuyo personal lo sea".

Los equipos con más éxito asignan diferentes roles a los miembros del mismo, dependiendo de su característica individuales. Una organización típica, personaliza a un estudiante como el *programador*, el jinete que cabalga el teclado la mayor parte del concurso, debido a su mayor habilidad con el lenguaje y el teclado. Otro estudiante es el *algorítmico*, el mejor en desentrañar el problema y esbozar una solución. El tercer estudiante es el *corrector*, el que trabaja a su aire sobre las copias impresas del programa y genera pistas para arreglar cosas mientras libera al programador y al teclado para otros problemas.

Por supuesto, estos papeles cambian durante el desarrollo del concurso y varían considerablemente de un equipo a otro. Algunos equipos designan un capitán que decide qué miembro del mismo se ocupa de que problema y quién tiene el control de la máquina en un determinado momento.

Ciertos equipos adoptan estrategias especiales en la lectura de los problemas. La más eficiente parece ser dividirlos entre los miembros del equipo y leer en paralelo, puesto que los problemas más fáciles pueden estar entre los últimos. Cuando alguien encuentra un problema fácil, comienza a atacarlo, o se lo pasa al miembro del equipo más apropiado. En algunos equipos de habla no inglesa, se asigna al mejor lector de inglés la tarea de leer rápidamente los problemas y repartirlos entre el equipo.

Tácticas para el concurso

- *Conocer sus limitaciones* — Puesto que solo se consideran las soluciones correctas, conviene identificar los problemas más fáciles y trabajar sobre ellos primero. Con frecuencia, los problemas que suenan a fáciles tienen algún sucio truco o una especificación ambigua que nos lleva a una frustrante serie de mensajes de respuesta errónea. Shahriar Manzoor, de la Bangladesh University of Engineering and Technology, nos da el siguiente consejo: "Si tu solución al problema más sencillo del concurso es rechazado por razones poco claras, pide a otro miembro del equipo que lo rehaga, para evitar que la mente quede atrapada en ese problema".

- *Estar atento a la competición* — Si es posible, tratar de ver la clasificación actual y descubrir qué problemas están siendo resueltos con mayor frecuencia. Si tu equipo no ha intentado esos problemas... a por ellos. Lo más probable es que sea relativamente fácil.

- *Evitar respuestas erróneas* — Rujia Liu, de Tsinghua, opina que la corrección es mucho más importante que la velocidad. "Este año no terminamos entre los tres primeros equipos, debido al tiempo de las penalizaciones sufridas por respuestas erróneas". Reducir tales penalizaciones requiere una comprobación adecuada antes del envío y una discusión entre los miembros del equipo, para estar seguros de que se ha entendido el problema correctamente.

- *Problemas de parada* — El mensaje *tiempo límite superado* no siempre implica una cuestión algorítmica. El programa podría estar en un bucle infinito por problemas en la lectura de la entrada [25]. Quizás el programa esta esperando la entrada por la vía estándar, cuando el juez está esperando que se tome la entrada de un archivo. O puede ser que el formato de lectura de la entrada esté equivocado, suponiendo, por ejemplo, que ha de terminar con un símbolo 0, mientras que el juez termina la entrada con un final de archivo.

- *Conocer el compilador* — Ciertos entornos de programación tienen opciones que nos pueden hacer la vida más fácil. Banderas que limitan el uso de memoria nos pueden ayudar a comprobar las soluciones cuando el concurso obliga ciertos límites de memoria. "Eliminar sorpresas anticipándonos al entorno", dice Gordon Cormack.

- *Mantener la máquina ocupada* — Cormack insiste a sus equipos a "usar continuamente el teclado, aunque sólo sea para escribir una rutina para leer la entrada".

- *Corregir con cuidado* — ¿Cómo podemos depurar con tan poca información? Todo lo que el juez nos dirá es que el programa está mal. Es imposible ver en qué caso está fallando.

De vez en cuando, hay problemas con el juez, pero lo más probable cuando un programa no es aceptado es que tenga un error. Un aspecto ordenado del programa y una cabeza fría son las mejores herramientas.

Comprobar cuidadosamente los datos que se están usando de prueba para validar el programa. Una vez, uno de nuestros equipos perdió dos horas buscando errores en un programa correcto, porque se equivocaron al teclear los datos de prueba. Pero no es bueno abandonar las soluciones incorrectas con demasiada prisa. Jens Zumbrugel, de la University of Oldenburg, nos advierte de que nunca debemos "comenzar un problema nuevo cuando nos quedan solo 90 minutos y otros problemas aún por corregir".

- *Depurar con recursos* — He aquí un truco sucio que puede ayudar cuando se está realmente parado. Se trata de añadir un bucle infinito o una división por cero en el punto donde se cree que el programa está fallando. Se puede obtener un poquito de información a cambio de 20 minutos de penalización. No hay que probar esto con mucha frecuencia, o seguro que se desatará la ira de los compañeros de equipo en el momento en que el programa resulte aceptado.

- *Generar excepciones* — Daniel Wright, de Stanford University, recomiendo el siguiente truco. Si su lenguaje soporta el manejo de las excepciones, úselo para devolver una sospecha como respuesta, en vez del error de ejecución. Por ejemplo, capturar cualquier excepción y dar como salida que no existe solución, o que la entrada es inválida.

- *Conservar la calma en medio de la confusión* — Hay que intentar no ponerse nervioso y no discutir con los compañeros del equipo. "Divertirse y no perder el objetivo", insiste Gordon Cormack a sus estudiantes. "Puedes hacerlo bien identificando y resolviendo únicamente las cuestiones más evidentes".

A.2 Olimpiada Internacional de Informática

La *International Olympiad in Informatics* (IOI) es una competición anual en ciencias de la computación para estudiantes de escuela secundaria. Desde su fundación en 1989, ha crecido hasta llegar a ser la segunda más grande de las cinco olimpiadas científicas internacionales, por detrás sólo de la de matemáticas. En 2002, 78 países enviaron 276 concursantes a la final de Corea, pero estos finalistas se habían seleccionado de entre, literalmente, cientos de miles de estudiantes luchando para formar parte de sus equipos nacionales.

Los objetivos de la IOI son algo diferentes de los del ICPC. Normalmente, los participantes aún no han elegido una carrera y la IOI intenta estimular su interés por la informática (ciencia de la computación). La IOI reune a alumnos excepcionalmente inteligentes de varios países, para que puedan compartir experiencias científicas y culturales.

A.2.1 Participación

La IOI se celebra en un país diferente cada año: Wisconsin, USA, en 2003, Grecia en 2004 y Polonia en 2005. Cada nación participante envía una delegación de cuatro estudiantes y dos entrenadores acompañantes. Los estudiantes compiten individualmente y tratar de maximizar su puntuación, resolviendo un conjunto de problemas de programación durante dos días de competición. Normalmente, los estudiantes tienen cinco horas para resolver tres cuestiones en cada sesión del día.

Cada país tiene su propio procedimiento para seleccionar su equipo nacional. Ciertos países, como China e Irán, realizan exámenes de criba a cientos de miles de estudiantes, literalmente, para identificar aquellos con mejores perspectivas. La mayoría de los países celebran un examen de selección más modesto, para reducir la búsqueda a 20 candidatos más o menos. Estos estudiantes reciben un entrenamiento intensivo bajo el control del entrenador nacional, que más tarde elige los cuatro mejores como representantes.

La USA Computing Olympiad mantiene un excelente programa para entrenar en la página web http://train.usaco.org y realiza una serie de competiciones de programación por internet, en las que cualquiera puede participar. Para ser tenido en consideración para el equipo de Estados Unidos, un estudiante tiene que competir en el torneo U.S. Open National Championship. Esto requiere ser avalado por un profesor de su escuela secundaria. Los primeros clasificados son invitados al centro de entrenamiento de USA para una preparación adicional y la selección definitiva del equipo. Canadá escoge entre unos 1,000 candidatos mediante exámenes selectivos, y elige 22 para una semana larga en un centro de preparación.

A.2.2 Formato

A diferencia del ICPC, la Olimpiada reconoce el crédito parcial. Típicamente, cada problema tiene diez entradas de prueba y se obtienen 10 puntos por cada entrada que resulta correcta. Como, normalmente, se proponen tres problemas cada uno de los dos días, la máxima puntuación posible en el concurso es de 600 puntos.

Todos los problemas (llamados *tareas* en la jerga de la IOI) incluyen cálculos de naturaleza algorítmica. Siempre que la eficiencia algorítmica sea importante, tratan de introducir al menos una entrada de tal nivel que los programas ineficientes puedan también obtener algunos puntos.

Pero el miembro del Comité Científico de la IOI Ian Munro dice, "Es difícil diseñar cuestiones que den algún crédito a todos los competidores y sirvan al mismo tiempo para distinguir a los primeros".

Una clase de problemas específica de la IOI son las *tareas reactivas*, que incluyen entradas interactivas [17]. Estas entradas interaccionan con los programas mediante llamadas a funciones, en vez de ficheros de datos. Por ejemplo, se puede pedir explorar un laberinto, donde una llamada a una función nos dice si en el próximo movimiento se choca con la pared o no. O se puede pedir que se escriba un programa de juego que tiene que interactuar con un oponente real.

En la competición de 2002 se ofreció a los estudiantes la posibilidad de elegir entre Linux o Windows como entorno de programación. Los lenguajes posibles eran Pascal y C/C++. A los estudiantes no se les da acceso a ningún manual de referencia, ni impreso, ni en línea.

La puntuación de los envíos en la IOI se hace después del final de cada sesión, no al instante, como en el concurso ICPC. Como en los exámenes de un curso regular, los estudiantes no conocen su propia puntuación hasta que se anuncian las calificaciones.

La IOI es el menos corporativo de los concursos de programación importantes. Esto le da un carácter más académico, según Daniel Wright, quien ha alcanzado las finales de los tres concursos a que nos hemos referido en este libro. La diferencia se nota en el alojamiento. Los concursantes en la IOI se alojan en dormitorios universitarios, mientras que los finalistas de ICPC/TopCoder son instalados en hoteles de lujo.

A.2.3 Preparación

El entrenador del equipo de Estados Unidos para la IOI, Rob Kolstad, anima a todos los estudiantes interesados a trabajar duro en la página web de entrenamiento, y competir en los concursos preliminares antes del U.S. Open. Intenta enseñar a sus estudiantes a usar una distribución efectiva del tiempo durante el concurso. Gordon Cormack, que dobla como entrenador de Canadá para la IOI, anima a sus estudiantes a romper con la "costumbre de corregir hasta que el programa funciona", y buscar soluciones correctas que resuelvan todos los casos en el tiempo permitido. A veces, va tan lejos que prohibe a sus estudiantes usar el depurador, para ayudarles a alcanzar objetivos mayores.

Hay una coincidencia en que los problemas de la IOI son algo diferentes de los problemas del concurso ICPC. Según Kolstad, los problemas de la IOI son "totalmente algorítmicos" y están enunciados de forma más clara, evitando "engaños o entradas astutas". Los problemas del ICPC tienen más dificultades con la comprobación de la entrada y con el formato de la salida.

Según Cormack, los problemas de la IOI "tienen más o menos el mismo nivel de dificultad que los del ICPC". A veces tienen soluciones más cortas que los problemas del ICPC: después de todo, es un concurso para estudiantes individuales, en vez para un trabajo de equipo. Están diseñados de tal forma que programas simples y relativamente ineficientes resolverán, como mucho, unas pocas de las entradas, pero que el talento sea necesario para obtener el crédito total. Los problemas pasados están disponibles en la web oficial de la IOI, `http://olympiads.win.tue.nl/ioi/`. Este portal también contiene enlaces a dos libros oficialmente recomendados, el de Kernighan y Pike *The Practice of Programming* [19] y, estamos orgullosos de decirlo, el de Skiena *The Algorithm Design Manual* [38].

Para una competición de altos vuelos, parece necesaria una sólida formación en matemáticas. El campeón de la IOI en el 2001, Reid Barton, de los Estados Unidos, también ganó la Olimpiada Internacional de Matemáticas y probablemente lo hizo bastante bien cuando llegó el momento de entrar en la universidad.

La participación en la IOI es una buena preparación para el concurso ICPC. Hay una tremenda intersección entre los que concursan en la IOI un año y los finalistas del ICPC al año siguiente. Por ejemplo, los tres miembros del equipo de Tsinghua que participó en 2002 en la final del ICPC (y que terminó en cuarta posición) provenían de los 20 mejores candidatos de China para la IOI de 2001. De forma similar, sobre la mitad de las "estrellas" de TopCoder, habían sido destacados concursantes en la IOI o en el ICPC.

A.3 Topcoder.com

Hay muchas buenas razones para participar en concursos de programación. Uno se puede divertir mientras mejora, al mismo tiempo, sus habilidades como programador y sus perspectivas de trabajo en este campo. Los problemas que aparecen en este libro como desafíos de programación, son similares a los problemas que muchas importantes compañías proponen, como "rompecabezas", en sus entrevistas a los nuevos solicitantes de trabajo.

De alguna parte en este proceso surge TopCoder, una empresa que utiliza los concursos de programación como una herramienta para descubrir nuevos talentos y proporciona esta información a sus clientes. El gran atractivo de los concursos de TopCoder es el dinero. El TopCoder Collegiate Challenge de 2002 tuvo como patrocinador a Sun Microsystems y repartió 150.000

dólares en premios. Daniel Wright, de Stanford University, se llevó el primer premio de 100.000 dólares y amablemente compartió sus secretos con nosotros.

TopCoder tiene una elegante página web (`www.topcoder.com`) con nuevos artículos sobre las competiciones más recientes, que tienen un aspecto casi idéntico a las páginas de deportes. Mantienen concursos de práctica en su portal, para ayudar a los participantes a preparar los torneos semanales, cada uno de los cuales consta de tres problemas de programación. Más de 20.000 programadores de todo el mundo se han registrado como participantes desde que comenzaron los torneos semanales en el año 2001. TopCoder ha repartido hasta la fecha alrededor de 1 millón de dólares en premios.

El formato de los concursos de TopCoder está evolucionando rápidamente, ya que buscan el modelo de negocio más apropiado. Las rondas preliminares se realizan vía web, y las rondas finales de los grandes torneos son presenciales.

Todas las rondas comparten el mismo formato básico. Los programadores son repartidos en "cuartos", donde compiten contra los otros programadores. Cada ronda comienza con una *fase de codificación* de 75–80 minutos, en la que los concursantes hacen su programación principal. La puntuación para cada problema es una función decreciente del tiempo transcurrido desde que se empezó con él, hasta que fue enviado. Después, hay una *fase de desafío* de 15 minutos, en la que los programadores pueden ver los envíos de otros concursantes de su cuarto e intentar descubrir errores. Los participantes reciben puntos adicionales si envían un caso de prueba que hace fallar los programas de otro competidor. No hay puntuación parcial para las soluciones incorrectas.

Parece que la mayoría de la gente aborda los problemas en orden creciente de dificultad, aunque a Wright le gusta ir a por los problemas de mayor valor, si estima que no tendrá tiempo de resolver los tres. TopCoder permite reenvíos, a cambio de un tiempo de penalización, por lo que cabe algún tipo de estrategia al decidir cuando enviar y cuando comprobar. La presión del tiempo es un factor crítico en las competiciones de TopCoder. Para ganar en velocidad, Wright anima a los competidores a aprender a usar de forma eficiente sus librerías.

La fase de codificación del concurso es, generalmente, más importante que la fase de desafío, porque el número de puntos por un desafío no es suficiente para compensar la diferencia en el número de problemas resueltos. Para planificar sus desafíos, Wright examina rápidamente las soluciones, para ver si el algoritmo tiene sentido. Se lanza cuando encuentra un algoritmo que él analizó, pero descartó como incorrecto. Los errores más frecuentes que encuentra son tipográficos y fallos al pasarse una unidad en los límites.

A.4 Haz un postgrado

Si el lector encuentra interesantes los desafíos de programación presentados en este libro, es el tipo de persona que debería pensar en acudir a un centro para graduados. Los estudios para graduados en ciencias de la computación, incluyen cursos sobre temas avanzados que le permiten completar lo aprendido durante la graduación pero, lo que es más importante, se dedicará a hacer investigación nueva y original en el área que elija. Todos los programas de doctorado razonables en Estados Unidos pagarán los costes de la enseñanza y matrícula a todos los estudiantes aceptados como Ph.D., más un salario suficiente para vivir confortablemente, si no se derrocha.

Llegar a las finales del International Collegiate Programming Contest o de la International

Olympiad on Informatics, o incluso terminar en los puestos de cabeza de un concurso regional, es un logro importantísimo. Claramente sugiere que el implicado tiene la materia prima suficiente para realizar estudios avanzados. Yo les animaría seriamente a continuar a continuar sus estudios, idealmente viniendo a trabajar conmigo (Steven Skiena) en Stony Brook. Mi grupo investiga en una interesante variedad de temas de algorítmica y matemática discreta. Por favor, conózcanos en `http://www.algorist.com/gradstudy`.

En definitiva, que espero que el lector vendrá a unirse a nosotros. Por cierto, que la reglas oficiales del ICPC permiten que, en cada equipo, uno de los concursantes sea de primer año de postgrado. Tal vez nos pueda ayudar a llegar a las finales del próximo año [3].

A.5 Relación de autores de los problemas

El primer nombre de última columna de la tabla que sigue es el de la persona que desarrolló, encargó o dió forma definitiva al correspondiente problema, y que nos autorizó a usarlo en este libro. Los siguientes nombres (en los problemas que los hay) son de otras personas, o grupos, que participaron en la elaboración de los mismos, tal vez como autores principales en algunos casos, pero con las que no tuvimos contacto directo. Es posible que falte algún otro nombre que, en justicia, debiera estar por su aportación al resultado final, pero no nos consta. En cualquier caso, muchas gracias a todas estas personas por su contribución a este proyecto.

En esta relación, hemos conservado los títulos de los problemas en inglés, tal y como los escribieron los correspondientes autores. Con independencia de la traducción que se les haya dado en el texto, las referencias numéricas son más que suficientes para su identificación.

---

[3]Las reglas del concurso ICPC han cambiado, y los estudiantes de primer curso de postgrado solo pueden participar si han pasado, como mucho, cinco años desde que comenzaron sus estudios de grado. Por supuesto, estaremos felices de tenerlo haciendo estudios de postgrado en Stony Brook, aunque no sea seleccionable para el equipo.

# OJ		Título	Responsable/Autores
1.6.1	100	The $3n+1$ problem	Owen Astrakan
1.6.2	10189	Minesweeper	Pedro Demasi
1.6.3	10137	The Trip	Gordon Cormack
1.6.4	706	LCD Display	Miguel Revilla, Immanuel Herrman
1.6.5	10267	Graphical Editor	Alexander Denisjuk
1.6.6	10033	Interpreter	Gordon Cormack
1.6.7	10196	Check the Check	Pedro Demasi
1.6.8	10142	Australian Voting	Gordon Cormack
2.8.1	10038	Jolly Jumpers	Gordon Cormack, Wim Nuij
2.8.2	10315	Poker Hands	Gordon Cormack
2.8.3	10050	Hartals	Shahriar Manzoor, Rezaul Alam Chowdhury
2.8.4	843	Crypt Kicker	Gordon Cormack
2.8.5	10205	Stack 'em Up	Gordon Cormack
2.8.6	10044	Erdös Numbers	Miguel Revilla, Felix Gaertner
2.8.7	10258	Contest Scoreboard	Gordon Cormack, Michael Van Biesbrouck
2.8.8	10149	Yahtzee	Gordon Cormack
3.8.1	10082	WERTYU	Gordon Cormack
3.8.2	10010	Where's Waldorf?	Gordon Cormack, UWCSC
3.8.3	10252	Common Permutation	Shahriar Manzoor
3.8.4	850	Crypt Kicker II	Gordon Cormack
3.8.5	10188	Automated Judge Script	Pedro Demasi
3.8.6	10132	File Fragmentation	Gordon Cormack, Charles Clarke
3.8.7	10150	Doublets	Gordon Cormack
3.8.8	848	Fmt	Gordon Cormack
4.6.1	10041	Vito's Family	Miguel Revilla, Pablo Puente
4.6.2	120	Stacks of Flapjacks	Owen Astrakan
4.6.3	10037	Bridge	Gordon Cormack
4.6.4	10191	Longest Nap	Pedro Demasi
4.6.5	10026	Shoemaker's Problem	Alex Gevak, Antonio Sánchez
4.6.6	10138	CDVII	Gordon Cormack
4.6.7	10152	ShellSort	Gordon Cormack, Charles Clarke
4.6.8	10194	Football (aka Soccer)	Pedro Demasi
5.9.1	10035	Primary Arithmetic	Gordon Cormack
5.9.2	10018	Reverse and Add	Enrique Moreno
5.9.3	701	The Archeologist's Dilemma	Miguel Revilla
5.9.4	10127	Ones	Gordon Cormack, Piotr Rudnicki
5.9.5	847	A Multiplication Game	Gordon Cormack, Piotr Rudnicki
5.9.6	10105	Polynomial Coefficients	Alexander Denisjuk
5.9.7	10077	Stern-Brocot Number System	Shahriar Manzoor, Rezaul Alam Chowdhury
5.9.8	10202	Pairsumonious Numbers	Gordon Cormack, Piotr Rudnicki
6.6.1	10183	How Many Fibs?	Rujia Liu, Walter Guttmann
6.6.2	10213	How Many Pieces of Land?	Shahriar Manzoor
6.6.3	10198	Counting	Pedro Demasi
6.6.4	10157	Expressions	Petko Minkov
6.6.5	10247	Complete Tree Labeling	Shahriar Manzoor
6.6.6	10254	The Priest Mathematician	Shahriar Manzoor, Miguel Revilla
6.6.7	10049	Self-describing Sequence	Shahriar Manzoor, Rezaul Alam Chowdhury
6.6.8	846	Steps	Gordon Cormack, Piotr Rudnicki
7.6.1	10110	Light, More Light	S.M. Mahbub Mrushed, Sadi Khan
7.6.2	10006	Carmichael Numbers	Manuel Carro, César Sánchez
7.6.3	10104	Euclid Problem	Alexander Denisjuk
7.6.4	10139	Factovisors	Gordon Cormack
7.6.5	10168	Summation of Four Primes	Shahriar Manzoor
7.6.6	10042	Smith Numbers	Miguel Revilla, Felix Gaertner
7.6.7	10090	Marbles	Shahriar Manzoor, Rezaul Alam Chowdhury
7.6.8	10089	Repackaging	Shahriar Manzoor, Rezaul Alam Chowdhury

#	OJ	Título	Responsable/Autores
8.6.1	861	Little Bishops	Shahriar Manzoor, Rezaul Alam Chowdhury
8.6.2	10181	15-Puzzle Problem	Shahriar Manzoor, Rezaul Alam Chowdhury
8.6.3	10128	Queue	Marcin Wojciechowski
8.6.4	10160	Servicing Stations	Petko Minkov
8.6.5	10032	Tug of War	Gordon Cormack
8.6.6	10001	Garden of Eden	Manuel Carro, Manuel J. Petit de Gabriel
8.6.7	704	Color Hash	Miguel Revilla, Pablo Puente
8.6.8	10270	Bigger Square Please...	Rujia Liu
9.6.1	10004	Bicoloring	Manuel Carro, Álvaro Martínez Echevarría
9.6.2	10067	Playing With Wheels	Shahriar Manzoor, Rezaul Alam Chowdhury
9.6.3	10099	The Tourist Guide	Shahriar Manzoor, Rezaul Alam Chowdhury
9.6.4	705	Slash Maze	Miguel Revilla, Immanuel Herrman
9.6.5	10029	Edit Step Ladders	Gordon Cormack
9.6.6	10051	Tower of Cubes	Shahriar Manzoor, Rezaul Alam Chowdhury
9.6.7	10187	From Dusk Till Dawn	Rujia Liu, Ralf Engels
9.6.8	10276	Hanoi Tower Troubles Again!	Rujia Liu
10.5.1	10034	Freckles	Gordon Cormack
10.5.2	10054	The Necklace	Shahriar Manzoor, Rezaul Alam Chowdhury
10.5.3	10278	Fire Station	Gordon Cormack
10.5.4	10039	Railroads	Miguel Revilla, Philipp Hahn
10.5.5	10158	War	Petko Minkov
10.5.6	10199	Tourist Guide	Pedro Demasi
10.5.7	10249	The Grand Dinner	Shahriar Manzoor, Rezaul Alam Chowdhury
10.5.8	10092	Problem With Problem Setter	Shahriar Manzoor, Rezaul Alam Chowdhury
11.6.1	10131	Is Bigger Smarter?	Gordon Cormack, Charles Rackoff
11.6.2	10069	Distinct Subsequences	Shahriar Manzoor, Rezaul Alam Chowdhury
11.6.3	10154	Weights and Measures	Gordon Cormack
11.6.4	116	Unidirectional TSP	Owen Astrakan
11.6.5	10003	Cutting Sticks	Manuel Carro, Julio Mariño
11.6.6	10261	Ferry Loading	Gordon Cormack
11.6.7	10271	Chopsticks	Rujia Liu
11.6.8	10201	Adventures in Moving: Part IV	Gordon Cormack, Ondrej Lhotak
12.6.1	10161	Ant on a Chessboard	Long Chong
12.6.2	10047	The Monocycle	Shahriar Manzoor, Rezaul Alam Chowdhury
12.6.3	10159	Star	Petko Minkov, Martins Opmanis
12.6.4	10182	Bee Maja	Rujia Liu, Ralf Engels
12.6.5	707	Robbery	Miguel Revilla, Immanuel Herrman
12.6.6	10177	(2/3/4)-D Sqr/Rects/Cubes?	Shahriar Manzoor
12.6.7	10233	Dermuba Triangle	Arun Kishore
12.6.8	10075	Airlines	Shahriar Manzoor, Rezaul Alam Chowdhury
13.6.1	10310	Dog and Gopher	Gordon Cormack
13.6.2	10180	Rope Crisis in Ropeland!	Shahriar Manzoor, Rezaul Alam Chowdhury
13.6.3	10195	Knights of the Round Table	Pedro Demasi
13.6.4	10136	Chocolate Chip Cookies	Gordon Cormack
13.6.5	10167	Birthday Cake	Long Chong
13.6.6	10215	The Largest/Smallest Box ...	Shahriar Manzoor
13.6.7	10209	Is This Integration?	Shahriar Manzoor
13.6.8	10012	How Big Is It?	Gordon Cormack, UWCSC
14.7.1	10135	Herding Frosh	Gordon Cormack
14.7.2	10245	The Closest Pair Problem	Shahriar Manzoor
14.7.3	10043	Chainsaw Massacre	Miguel Revilla, Christoph Mueller
14.7.4	10084	Hotter Colder	Gordon Cormack
14.7.5	10065	Useless Tile Packers	Shahriar Manzoor, Rezaul Alam Chowdhury
14.7.6	849	Radar Tracking	Gordon Cormack
14.7.7	10088	Trees on My Island	Shahriar Manzoor, Rezaul Alam Chowdhury
14.7.8	10117	Nice Milk	Rujia Liu

Bibliografía

[1] R. Ahuja, T. Magnanti y J. Orlin. *Network Flows*. Prentice Hall, Englewood Cliffs NJ, 1993.

[2] A. Bergeron. A very elementary presentation of the Hannenhalli-Pevzner theory. En *Proc. 12th Symp. Combinatorial Pattern Matching (CPM)*, volumen 2089, páginas 106-117. Springer-Verlag Lecture Notes in Computer Science, 2001.

[3] COMAP. *For All Practical Purposes*. W. H. Freeman, New York, tercera edición, 1994.

[4] W. Cook y W. Cunningham. *Combinatorial Optimization*. Wiley, 1997.

[5] M de Berg, M. van Kreveld, M. Overmars y O. Schwarzkopf. *Computational Geometry: Algorithms and Applications*. Springer-Verlag, Berlin, segunda edición, 2000.

[6] P. Diaconis, R.L. Graham y W.M. Kantor. The mathematics of perfect shuffles. *Advances in Applied Mathematics*, 4:175, 1983.

[7] E. W. Dijkstra. A discipline of programming, 1976.

[8] J. Gallian. Graph labeling: a dynamic survey. *Electronic Journal of Combinatorics*, DS6, www.combinatorics.org, 2001.

[9] M. R. Garey y D. S. Johnson. *Computers and Intractability: A guide to the theory of NP-completeness*. W. H. Freeman, San Francisco, 1979.

[10] B. Gates y C. Papadimitriou. Bounds for sorting by prefix reversals. *Discrete Mathematics*, 27:47-57, 1979.

[11] R. Graham, D. Knuth y O. Patashnik. *Concrete Mathematics*. Addison-Wesley, Reading MA, 1989.

[12] D. Gries e I. Stojmenović. A note on Graham's convex hull algorithm. *Information Processing Letters*, 25(5):323-327, julio de 1987.

[13] B. Grunbaum y G. Shephard. Pick's theorem. *Amer. Math. Monthly*, 100:150-161, 1993.

[14] D. Gusfield. *Algorithms on Strings, Trees, and Sequences: Computer Science and Computational Biology*. Cambridge University Press, 1997.

[15] G. H. Hardy y E. M. Wright. *An Introduction to the Theory of Numbers*. Oxford University Press, quinta edición, 1979.

[16] P. Hoffman. *The Man Who Loved Only Numbers: The Story of Paul Erdös and the Search for Mathematical Truth*. Little Brown, 1999.

[17] G. Horvath y T. Verhoeff. Finding the median under IOI conditions. *Informatics in Education*, 1:73-92, 2002.

[18] R. Kaye. Minesweeper is NP-complete. *Mathematical Intelligencer*, 22(2):9-15, 2000.

[19] B. Kernighan y R. Pike. *The Practice of Programming*. Addison Wesley, Reading MA, 1999.

[20] D. E. Knuth. *The Art of Computer Programming, Volume 1: Fundamental Algorithms*. Addison-Wesley, Reading MA, segunda edición, 1973.

[21] D. E. Knuth. *The Art of Computer Programming, Volume 2: Seminumerical Algorithms*. Addison-Wesley, Reading MA, segunda edición, 1981.

[22] D. E. Knuth. *The Art of Computer Programming, Volume 3: Sorting and Searching*. Addison-Wesley, Reading MA, 1973.

[23] J. Lagarias. The $3x+1$ problem and its generalizations. *American Mathematical Monthly*, 92:3-23, 1985.

[24] E. Luczak y A. Rosenfeld. Distance on a hexagonal grid. *IEEE Transactions on Computers*, 25(5):532-533, 1976.

[25] S. Manzoor. Common mistakes in online and real-time contests. ACM Crossroads Student Magazine, http://www.acm.org/crossroads/xrds7-5/contests.html, 2001.

[26] W. McDaniel. The existance of infinitely many k-Smith numbers. *Fibonacci Quarterly*, 25:76-80, 1987.

[27] S. Morris. *Magic Tricks, Card Shuffling, and Dynamic Computer Memories: The Mathematics of the Perfect Shuffle*. Mathematical Association of America, Washington, D.C., 1998.

[28] D. Musser, G. Derge y A. Saini. *STL Tutorial and Reference Guide: C++ Programming with the Standard Template Library*. Addison-Wesley, Boston MA, segunda edición, 2001.

[29] M. Newborn. *Kasparov Versus Deep Blue: Computer Chess Comes of Age*. Springer-Verlag, 1996.

[30] J. O'Rourke. *Computational Geometry in C*. Cambridge University Press, New York, segunda edición, 2000.

[31] S. Pemmaraju y S. Skiena. *Computational Discrete Mathematics: Combinatorics and Graph Theory with Mathematica*. Cambridge University Press, New York, 2003.

[32] J. Schaeffer. *One Jump Ahead: Challenging Human Supremacy in Checkers*. Springer-Verlag, 1997.

[33] B. Schechter. *My Brain Is Open: The Mathematical Journeys of Paul Erdös*. Touchstone Books, 2000.

[34] B. Schneier. *Applied Cryptography*. Wiley, New York, 1994.

[35] R. Sedgewick. *Algorithms in C++: Graph Algorithms*. Addison-Wesley, tercera edición, 2001.

[36] Dr. Seuss. *Hop on Pop*. Random House, 1963.

[37] Dr. Seuss. *Yertle the Turtle*. Random House, 1958.

[38] S. Skiena. *The Algorithm Design Manual*. Springer-Verlag, New York, 1997.

[39] D. Stinson. *Cryptography: Theory and Practice*. Chapman y Hall, segunda edición, 2002.

[40] D. West. *Introduction to Graph Theory*. Prentice-Hall, Englewood Cliffs NJ, segunda edición, 2000.

[41] A. Wilansky. Smith numbers. *Two-Year College Math. J.*, 13:21, 1982.

[42] S. Wolfram. *A New Kind of Science*. Wolfram Media, 2002.

[43] H. Zuckerman, H. Montgomery, I. Niven y A. Niven. *An Introduction to the Theory of Numbers*. Wiley, New York, quinta edición, 1991.

Índice alfabético